AF536532

Robin Waterfield

PLATON VON ATHEN

Ein Leben für die Philosophie – eine Biografie

ROBIN WATERFIELD

PLATON VON ATHEN

EIN LEBEN FÜR DIE PHILOSOPHIE – EINE BIOGRAFIE

Bibliografische Information der Deutschen Nationalbibliothek
Die Deutsche Nationalbibliothek verzeichnet diese Publikation in der Deutschen Nationalbibliografie. Detaillierte bibliografische Daten sind im Internet über http://dnb.d-nb.de abrufbar.

Für Fragen und Anregungen:
info@m-vg.de

Wichtiger Hinweis
Ausschließlich zum Zweck der besseren Lesbarkeit wurde auf eine genderspezifische Schreibweise sowie eine Mehrfachbezeichnung verzichtet. Alle personenbezogenen Bezeichnungen sind somit geschlechtsneutral zu verstehen.

1. Auflage 2024

Türkenstraße 89
80799 München
Tel.: 089 651285-0
Fax: 089 652096

Übersetzung: Caroline Weißbach
Redaktion: Anne Horsten
Umschlaggestaltung: Marc-Torben Fischer
Umschlagabbildung: shutterstock.com/Yueh Chiang
Satz: Zerosoft, Timisoara
Druck: GGP Media GmbH, Pößneck
Printed in Germany

ISBN Print 978-3-95972-729-7
ISBN E-Book (PDF) 978-3-98609-414-0
ISBN E-Book (EPUB, Mobi) 978-3-98609-415-7

Weitere Informationen zum Verlag finden Sie unter

www.finanzbuchverlag.de

Beachten Sie auch unsere weiteren Verlage unter www.m-vg.de.

Inhalt

Für Kathryn
meine beste Freundin und Co-Autorin meiner Bücher

»Platon hatte kurz vor seinem Tod einen Traum, in dem er ein Schwan war, der geschwind von Ast zu Ast flog und so den Vogelfängern großen Ärger bereitete, die ihn nicht zu fassen bekamen. Als Simmias der Sokratiker von diesem Traum hörte, deutete er ihn so, dass alle Menschen versuchen würden, Platons Bedeutung zu erfassen. Jedoch werde keiner von ihnen erfolgreich sein, jeder würde ihn entsprechend seiner eigenen Ansichten anders interpretieren.«

Anonyme Prolegomena zu Platons Philosophie 1.29-37

Vorwort

Das Vorhaben, eine Biografie über Platon zu schreiben, schreckt nicht nur ab, sondern scheint vielen geradezu aussichtslos. Die Quellenlage ist dünn, das Wenige, das vorliegt, nicht verlässlich, die Informationen bleiben sporadisch und oft ungenau, die zeitliche Reihenfolge von Platons Schriften lässt sich unmöglich sicher feststellen. Uns sind keine offiziellen Athener Dokumente überliefert, die ihn auch nur erwähnen. Zudem verweist Platon in den Dialogen (wie seine schriftlichen Arbeiten genannt werden) kaum auf sich selbst und meldet sich auch sonst in ihnen nicht zu Wort. Dennoch hoffe ich, mit diesem Buch zu zeigen, dass Platons Leben nicht nur ein ganzes Buch füllen kann, sondern auch lesenswert ist. Wer ein solches Vorhaben angeht, muss nicht nur biografische Details ausgraben, sondern auf viele Gebiete eingehen, welche die eigene Meinung über Platon fundamental beeinflussen können, etwa: Was für eine Art Schriftsteller war er? Wie sollten wir seine Dialoge lesen? Inwieweit entspricht unser heutiger Begriff »Platonismus« seinem Ursprung? Auch wer sich nicht mit Philosophie beschäftigt, hat schon einmal von Platon gehört – was für einen Philosophen eher ungewöhnlich ist –, schließlich hat er im Grunde die Disziplin, die wir heute als Philosophie bezeichnen, erst erfunden. Es ist also sinnvoll, sich einen Eindruck davon zu verschaffen, wer dieser Mann war.

Dementsprechend beginnen viele Bücher über Platon mit einem Kapitel oder ein paar Absätzen über sein Leben. Soweit ich es überblicke, erschien die letzte Biografie im englischsprachigen Raum allerdings im Jahr 1839. B. B. Edwards übersetzte Wilhelm Gottlieb Tennemanns *Leben des Plato* und fügte es den *Selections from German Literature* hinzu, die er zusammen mit E. A. Park herausbrachte.[1] Das Buch, das Sie nun in Händen halten, hat mit seinem Vorgänger wenig gemein, außer dass beide Texte einem kritischen Ansatz folgen. Ich schreibe hier nicht einfach nur über »Fakten« und Schlussfolgerungen, sondern erkläre auch zu einem gewissen Grad, wie ich meine Annahmen belege und wie ich zu ihnen gelangt bin. Das ist meines Erachtens angemessen für ein Buch, das sich an ein breites Publikum wendet – außerdem bleibt nichts in der Platon-Forschung unumstritten. Zudem ist mein Buch nicht nur länger als Edwards 56 Seiten, es holt auch weiter aus. Da der wichtigste Aspekt von Platons Leben darin besteht, dass er ein Schriftsteller war, dient mein Buch gleichzeitig als eine Einführung in sein Werk. Mit »Einführung« meine ich wirklich ein erstes »Kennenlernen«: Feinsinnigere Interpretationen und philosophisch Komplexes tauchen hier nicht auf, und ich halte mich bei den meisten Themen, die Platon-Interpreten umtreiben, eher an die allgemein anerkannten Auslegungen. Dies ist kein Buch über Platons Philosophie, es handelt von der Person Platon, wobei natürlich, da wir von der Biografie eines Philosophen sprechen, unvermeidlich der ein oder andere Verweis auf seine Theorien auftauchen wird. Dennoch konzentriere ich mich in erster Linie auf allgemeine Charakteristika und weniger auf Einzelheiten, über deren genaue Details sowieso immer wieder gestritten wird. Ich werde die Leser wohl eher mit den vielsagenden und faszinierenden Überlegungen locken, die Platon anstellte, als dass ich sie auserzähle oder deren Vor- und Nachteile erkläre.

Selbst nach circa 2400 Jahren sind Platons Schriften kaum gealtert; sie sind nach wie vor brillant, geistreich, tiefgründig und verblüffend. Die meisten von ihnen sind nicht nur genial, sie beflügeln auch die eigenen Gedanken; sie lassen sich gut lesen, und selbst die trockeneren Texte enthalten herrlich geistreiche Passagen. Kein Philosoph erschließt sich einem fachfremden Publikum so leicht wie Platon. Ich hoffe, dieses Buch regt die Leser dazu an, als Nächstes die Dialoge zur Hand zu nehmen und auf eigene Faust mehr über Platons Arbeiten herauszufinden. Zu diesem Zweck habe ich eine längere Bibliografie angehängt. In Bezug auf meine eigene Biografie laufen in diesem Buch mehrere Stränge meines Schaffens zusammen, es ist das Ergebnis vieler Jahre des Nachdenkens und Schreibens über Platon (obwohl er nie mein ausschließlicher Forschungsgegenstand war). Einer meiner ersten Artikel, den ich vor mehr als 40 Jahren veröffentlichte, befasste sich mit der chronologischen Reihenfolge von Platons Dialogen – ein Thema, das mich selbstverständlich auch in dieser Biografie beschäftigt. Obwohl ich mittlerweile der These dieses Artikels nicht mehr zustimme, schließt sich mit diesem Buch für mich ein Kreis.

Einleitung

Platons Bedeutung für die Philosophie ist allgemein anerkannt. Er war der erste westliche Denker, der sich systematisch mit den Themen beschäftigte, die Philosophen noch heute umtreiben, wie: Metaphysik, Epistemologie, Politikwissenschaft, Rechtswissenschaft und Strafrecht, Ethik, Wissenschaft, Religion, Sprache, Kunst und Ästhetik, Freundschaft und Liebe. Er knüpfte an eine lange Tradition des Nachdenkens über die Welt und alle darin Lebenden an, neu an seiner Arbeit war jedoch, wie er mit diesem Erbe umging. In der Tat war er es, der die Philosophie erfand, und das in einer Zeit, in der es kaum Vokabeln oder einen gedanklichen Rahmen für das gab, was er unternahm – es fehlten Worte für »universal«, »Attribut«, »abstrakt« und so weiter. Damit nicht genug, er gründete eine Schule, die Akademie, die sich nicht nur der Philosophie widmete, sondern auch dem wissenschaftlichen Forschen und praktischer Politik. Diese Schule brachte Denker von Format hervor, wie Aristoteles und Eudoxos, die wiederum spätere Denker stark beeinflussten. Die Akademie unterrichtete Philosophie über beinahe 1000 Jahre hinweg und brachte Forschungen voran; eine Zeitspanne, auf die keine andere Bildungseinrichtung im Westen verweisen kann.

Die Vielzahl der Gebiete, mit denen Platon sich beschäftigte, die tiefgehende Auseinandersetzung damit und die Kühnheit seiner Theorien, all das ist und bleibt erstaunlich. Er warf nicht nur Fragen auf, die uns noch heute beschäftigen, sondern dachte darüber nach – wie jeder gute Philosoph – ob es möglich ist, gültige Antworten auf diese Fragen zu formulieren und ob Wissen überhaupt erlangt werden kann. Er beschäftigte sich nicht nur mit Schlussfolgerungen, sondern damit, wie wir zu ihnen gelangen. Zwar stellte er einige Doktrinen auf, oder vielleicht nennen wir sie lieber Theorien, aber auch diese werden in den Dialogen geprüft. Philosophie als eine immerwährende Suche zu begreifen, ist einer der faszinierendsten Aspekte seiner Arbeit. Darüber hinaus vermittelt er diese Ansichten auf eine Weise, die jeder intelligente Leser versteht, da Platons Schreibtalent seiner Brillanz als Philosoph in nichts nachstand. In den folgenden Jahrhunderten schrieben auch andere Denker philosophische Dialoge, jedoch vermag keiner dieser Texte den gleichen Fluss und eine ähnlich realistische Gesprächsführung wiederzugeben, die Platons beste Werke auszeichnen.

Ich habe soeben behauptet, Platon habe Fragen aufgeworfen, die uns nach wie vor aus der Reserve locken, allerdings schließt dieses »uns« vor allem praktizierende Philosophen ein. Vielleicht sollte ich lieber bemerken, er stellte Fragen, die uns nach wie vor beschäftigen *sollten* – uns alle, nicht nur die Philosophen. In einer Welt, in der sogar liberale Demokratien durch fanatische, inkompetente und emotional unreife Anführer ins Wanken geraten können, könnten wir Platons Vorschlägen gemäß politische Verantwortliche hervorbringen, die sowohl kompetent sind als auch nach wünschenswerten Prinzipien handeln. In einer Welt, in der sich Information und Desinformation dank sozialer Medien und des Internets schneller und weiter verbreiten als je zuvor, sollten wir uns da nicht Platon durch den Kopf gehen lassen, der lehrte, dass unsere Handlungen auf Wissen aufbauen sollten, nicht auf Überzeugung oder Meinung? Wenn viele Vertreter der Populärkultur uns auf unseren kleinsten gemeinsamen Nenner reduzieren, sollten wir über Platons Gründe nachdenken, warum er sowohl die Trivialisierung als auch die unhinterfragte Akzeptanz von Ideen und Praktiken verabscheut, selbst wenn sie von der Gesellschaft weitgehend gebilligt werden. Platon war insofern ein Idealist, weil er davon ausging, dass Perfektion, oder zumindest eine deutliche Verbesserung der gegebenen Umstände, in jedem Bereich des menschlichen Lebens möglich sei und mit der Arbeit an der eigenen Person beginne. Sollten wir dementsprechend unsere Energie nicht nutzen, um uns selbst und die Welt um uns herum besser zu machen, sodass jede Generation der nächsten gesündere und nachhaltigere Lebensumstände als zuvor hinterlässt?

Während der gesamten Antike und auch in den darauffolgenden Generationen lösten Platons Arbeiten Diskussionen und Reaktionen aus. Nach wie vor erscheint jedes Jahr eine enorme Anzahl an Büchern und Artikeln über Platon. Ein Leben würde nicht ausreichen, um alle Veröffentlichungen zu lesen, geschweige denn alle Sprachen zu erlernen, in denen sie geschrieben werden. Ich wage zu behaupten, dass Platon in jedem Land dieser Erde gelesen und studiert wird. In den Bücherregalen vieler Leser steht bei den Sachbüchern bestimmt auch eine Publikation, die sich in irgendeiner Weise mit Platon auseinandersetzt. Platon war nicht nur wichtig, er war superwichtig. Einige der größten Geister unserer Zeit kommen zu einem ähnlichen Schluss.

Wohl am bekanntesten ist die Einschätzung, die der englische Philosoph Alfred North Whitehead (1861–1947) in *Prozeß und Realität* (1929) formuliert: »Die sicherste allgemeine Charakterisierung der philosophischen Tradition Europas lautet, daß sie aus einer Reihe von Fußnoten zu Platon besteht.«[1] Ich stimme ihm in dem Sinne zu, dass Platon das erfand, was wir heute Philosophie nennen; wie alle großen Denker und Erfinder baute aber auch er auf der Arbeit seiner Vorgänger auf. Platon könnte ebenso wie Isaac Newton behauptet haben: »Wenn ich weiter geblickt habe, so deshalb, weil ich auf den Schultern von Riesen stehe.«

Ich möchte noch einmal verdeutlichen, was Whitehead meinte: Jeder große Denker seit Aristoteles steht in Platons Schuld. Natürlich erscheinen Aristoteles' Anleihen wesentlich näher und klarer als die von, sagen wir, Judith Butler, aber auch für Butlers Arbeiten hat Platon den Grundstein gelegt. Wenn sich ein Genie nicht nur dadurch zeigt, dass eine Person besonders intelligent ist, sondern erkennbar wird, weil sie ihr Gebiet für immer verändert oder sogar ein ganz neues Feld schafft, dann können wir Platon als Genie bezeichnen. Wenn Whitehead und ich davon sprechen, Platon habe die Philosophie erfunden, dann wollen wir damit keinesfalls behaupten, er hätte alles richtig gemacht. Natürlich nicht: Dadurch wäre ja jede Form von Philosophie, die auf ihn folgte, obsolet und eine noch größere Zeitverschwendung, als viele Leute ohnehin schon denken! Außerdem besteht die Aufgabe eines Philosophen nicht darin, Lösungen zu präsentieren, es geht vielmehr darum, sich mit vielem auseinanderzusetzen. Platon brachte erstmals das philosophische Nachforschen hervor.

Whiteheads Äußerung ist so bekannt, dass sie schon lange als Klischee gilt. Dabei wird häufig darauf hingewiesen, dass jemand auf der anderen Seite des Atlantiks Whitehead zuvorkam: Ralph Waldo Emerson, Anführer der Transzendentalisten, schrieb in seinem Kapitel über Platon in *Repräsentanten der Menschheit* (1876): »Aus Plato[n] kommen alle Dinge, die noch heute geschrieben und unter denkenden Menschen besprochen werden.«[2] Wir sehen den Grad von Platons Bedeutung in seiner Formulierung »alle Dinge«.

Ich könnte weitere Aussagen vieler anderer hinzufügen, wie beispielsweise von Georg Wilhelm Friedrich Hegel (1770–1831), der in seinen Vorlesungen über die Geschichte der Philosophie meinte, Platon und Aristoteles

»sind, so wenn irgend welche, Lehrer des Menschengeschlechts zu nennen«[3]. Ich könnte des Weiteren Verweise und Anmerkungen von zeitgenössischen Denkern anbringen, aber es ist nun einmal so, dass uns die Zeit noch kein abschließendes Urteil über die aktuellen Philosophen und Forscher geliefert hat. Uns fehlt der zeitliche Abstand, um abzuschätzen, ob sie den gleichen Status wie Whitehead, Emerson und andere erreichen werden. So beschließe ich mein Plädoyer mit den obigen Zitaten früherer Denker und dem Hinweis, dass mindestens *Politeia* (und oft noch andere Werke Platons) zum Kanon der Weltliteratur gehören. Hierbei handelt es sich auch nicht um ein Phänomen der Neuzeit. Ein Großteil der Literatur des antiken Griechenlands ist verloren gegangen. Manchmal geschah dies durch Zufall, öfter jedoch lag es daran, dass niemand die verlorenen Werke für wertvoll genug erachtete, um sie zu bewahren. In einer Zeit ohne Druckerpressen war ein Text darauf angewiesen, dass jemand ihn für wertvoll genug hielt, um einen Schreiber zu beauftragen, diesen zu kopieren. Dennoch liegen uns Platons gesammelte Dialoge vor; nicht ein einziges Wort, das er veröffentlicht hat, ist uns verloren gegangen. Jede neue Generation von Lesern im antiken Griechenland und im Mittelalter war der Ansicht, Platons Werk sei es wert, bewahrt zu werden.

Kurz gesagt, wäre die europäische Kultur ohne Platon wesentlich ärmer. Jedenfalls hätte sie viel mehr darum kämpfen müssen, so reich zu werden, wie sie es heute ist. Man kann Platon nicht einfach als toten weißen Mann abtun. Es lässt sich mit Fug und Recht behaupten, dass, abgesehen von der Bibel, kein anderes Werk den gleichen tiefgehenden Einfluss auf die westliche Welt hatte wie Platons Dialoge. Über die Jahrhunderte hinweg taucht Platonismus immer wieder in der ein oder anderen Form auf – im Kontext früher jüdischer, christlicher und islamischer Denkschulen; in den Gedanken der Platoniker aus Cambridge, wie Henry More und Ralph Cudworth; in dem kurz darauf im 17. Jahrhundert stattfindenden Disput zwischen John Locke und Gottfried Leibniz; sogar im »Platonismus« des ausgehenden 19. Jahrhunderts von Gottlob Freges mathematischer Philosophie. Das ist aber gar nicht das, worauf ich hinauswill, mein Punkt ist folgender: Platon hat nachhaltig beeinflusst, wie wir heute denken. Wie wir *alle* denken, egal wie unser Geschlecht, unsere Hautfarbe, unser kultureller Hintergrund oder unsere philosophischen oder politischen Neigungen im Einzelnen aussehen mögen. Wenn ich das sage, so möchte ich auf keinen Fall die chauvinistische Ansicht fortführen, wonach die einzig wahre »Philosophie« die westliche sei, die Platon begründete. Meiner Meinung nach hat er, ob wir uns dessen bewusst sind oder nicht, den Verstand eines jeden von uns beeinflusst. Ich habe bereits angemerkt, dass wir nach wie vor vieles von ihm lernen können und er *weiterhin* Einfluss auf unser Denken ausüben sollte, gerade wenn wir über die aktuellen Probleme nachdenken. Dieses Buch soll daher zeigen, in welchem Kontext das Werk dieses bedeutenden Denkers entstanden ist, und es deckt soweit möglich auf, was er noch getan hat, außer Bücher zu schreiben.

Die Quellen

Woher beziehen wir unser Wissen über Platons Leben? Was sind die Quellen, und wie verlässlich sind sie? Im Falle Platons stellen sie eine besondere Herausforderung dar. Wir verfügen über dreierlei Arten von Quellen: Biografien, die während der Antike entstanden sind, Briefe, die in Platons Namen verfasst wurden, und die Texte, die Platon selbst veröffentlichte. Jede dieser Quellen ist auf ihre eigene Weise problematisch. Überdies beziehen sich andere antike Schriftsteller an zahllosen Stellen auf Platon, wobei es in diesen Verweisen eher um Philosophisches als um biografische Details geht.

Antike Biografien über Platon

Es sind insgesamt sechs antike Beschreibungen von Platons Leben vollständig oder in Teilen überliefert. Philodemos von Gadara fügte im ersten Jahrhundert v. Chr. seiner umfassenden *Geschichte der Akademie* einen maßgeblichen Abriss von Platons Leben hinzu. Von diesem Text haben nur Fragmente die Zeit überdauert: auf verkohlten Papyrusrollen aus Herkulaneum in Italien, verbrannt und konserviert durch den Ausbruch des Vesuvs im Jahr 79 v. Chr. Es ist ein hoher technischer Aufwand notwendig, um den Text lesbar zu machen, und dieser Prozess ist bisher noch nicht abgeschlossen. Außerdem beschäftigen sich die verbleibenden Textstellen vor allem mit der Akademie, während die meisten Details zu Platons Leben verloren gegangen sind. Was wir der Schrift dennoch entnehmen können, deckt sich größtenteils mit anderen vollständig überlieferten Lebensberichten Platons und ergänzt diese nur marginal. Bei den verbleibenden Beschreibungen handelt es sich, chronologisch aufgelistet, um: *Über Platon und seine Lehre* (2. Jhd. n. Chr.) des antiken Romanautors und Platonikers Apuleius von Madaura; das dritte Kapitel aus *Leben und Meinungen berühmter Philosophen* (3. Jhd. n. Chr.) von Diogenes Laertios; die Anfangspassagen des *Kommentars zu Pla-*

tons Erstem Alkibiades (6. Jhd. n. Chr.) des platonischen Gelehrten Olympiodoros (dem Jüngeren); anonyme *Prolegomena* zur platonischen Philosophie (6. Jhd. n. Chr.); und der Eintrag »Platon« im *Dictionary of Wise Men Distinguished in the Field of Intellectual Studies (Lexikon weiser Männer, die sich auf dem Feld der intellektuellen Studien ausgezeichnet haben)* aus dem 6. Jahrhundert n. Chr. von Hesychios von Milet.[1]

Bei all diesen Biografien fallen drei Eigenschaften besonders ins Auge. Erstens entstanden sie Jahrhunderte nach Platons Tod. Zweitens sind sie, mit Ausnahme der von Diogenes Laertios, äußerst kurz: Apuleius widmet Platons Leben ungefähr 800 Wörter, bevor er sich dessen Lehren zuwendet; dagegen verwendet Hesychios an die 600 Wörter auf unseren Philosophen, wobei er auch dessen Ideen kurz zusammenfasst. Olympiodoros und die anonymen *Prolegomena* kommen auf jeweils ungefähr 1000 Wörter, und Diogenes schreibt an die 4000 Wörter, bevor er sich den philosophischen Theorien Platons widmet. Drittens verlassen sich alle stark auf Anekdoten, von denen sich viele wiederholen, was zeigt, dass sich die Autoren mit ihren Texten in eine lang andauernde Tradition einschrieben, während der diese »Fakten« über Platons Leben zu oft unterhaltsamen Dogmen wurden. Daher bemühe ich mich auch nicht sonderlich, die genauen Quellen herauszufinden, aus denen die uns vorliegenden Lebensbeschreibungen schöpfen; schließlich beziehen sie sich im Grunde alle auf »die Tradition«.

Diese Tradition beginnt im 4. Jahrhundert v. Chr., da seine Anhänger und andere bereits in den Jahrzehnten nach Platons Tod im Jahr 347 Biografien, Memoiren und Gedichte des Andenkens über ihn schrieben: Aristoteles und Speusippos verfassten Gedichte; Speusippos, Xenokrates und Philip von Opus schrieben Biografien, die höchst wahrscheinlich enkomiastischer Natur waren; Erastos aus Skepsis und ein gewisser Asklepiades schrieben Memoiren. In der nachfolgenden Generation verfassten Dikaiarchos, Satyros von Kallatis und Neanthes von Kyzikos Biografien, und Klearchos von Soloi brachte ein Enkomion hervor, um vielleicht den feindlichen Berichten über Platon entgegenzuwirken, denn auch solche entstanden bereits kurz nach Platons Tod: Theopompos von Chios schrieb eine Streitschrift *Gegen Platons Schule*, in der er Platon beschuldigt, viel Falsches zu verkünden und sich auf sinnloses Zeug zu konzentireren. Idomeneus von Lampsakos schrieb das Buch *On the Followers of Socrates* (*Über die Anhänger des Sokrates*) über skandalösen Klatsch; Aristoxenos von Tarents *Leben des Platon* bestand, soweit wir es aus den wenigen überlieferten Fragmenten herauslesen können, vor allem aus auf Klatsch und Tratsch basierenden Anekdoten und warf Platon vor, er habe plagiiert und noch einiges mehr verbrochen. Phainias von Eresos schrieb bestimmt ebenfalls etwas über Platon in seiner Schrift *Über die Sokratiker*, der sizilianische Historiker Philistos verfasste einen feindseligen Bericht über Platons Aufenthalte auf Sizilien. Zudem machten die Komödiendichter sich bereits zu seinen Lebzeiten über Platon lustig, wobei sie nicht all ihre Anspielungen zwangsläufig abfällig meinten: Er wird vor allem verspottet, weil er so obskur bleibt, sich auf reiche Gönner verlassen haben soll und weil seine Philosophie nutzlos sei – bei allen Vorwürfen handelt es sich um standardisierte Spitzen gegen Intellektuelle.[2]

Von diesen Werken aus dem 4. und frühen 3. Jhd. v. Chr. hat, mit Ausnahme einiger Fragmente, keines die Zeit überdauert. Es besteht allerdings kein Zweifel, dass genau diese Schriften die ursprünglichen Quellen der uns heute vorliegenden Biografien darstellen. Schließlich stammen viele der Texte von Menschen, die spätere Autoren als authentisch einschätzen konnten, besonders Speusippos und Xenokrates. Speusippos war Platons Neffe und leitete nach dessen Tod die Akademie, und Xenokrates war wiederum Speusippos' Nachfolger.

Über die Jahrhunderte folgten weitere Lebensgeschichten von Platon; man führte die Tradition fort. Aber wie die Texte des 4. und 3. Jahrhunderts v. Chr. gingen auch sie verloren. Uns bleiben lediglich die späteren, bis heute überlieferten Texte; aus ihnen schöpfen wir, was wir über Platon wissen oder zu wissen glauben.[3] Lassen wir einmal die Berichte über Platons Philosophie beiseite, so arbeiten alle vorliegenden Texte die gleichen Punkte ab: Platons Geburt, Name, Vorfahren und frühe Ausbildung (mein 1. Kapitel); seine Beziehung zu Sokrates und anderen Denkern (Kapitel 2); seine Reisen, besonders nach Sizilien (Kapitel 3, 4 und 7); die Gründung der Akademie (Kapitel 5) und seinen Tod (Kapitel 8).

Ich werde an gegebener Stelle auf die überlieferten Lebensbeschreibungen zurückgreifen, leider kann man sich nur bedingt auf die antike Biografische Tradition verlassen. Zwar stimmt das generelle Bild, wie Platons Leben verlaufen sein soll, bei Details verfällt diese Tradition jedoch oft in Tratsch oder kippt schlichtweg ins Fantastische. Diese Autorenn waren das antike Äquivalent unserer heutigen Boulevardpresse. Am besten lassen sich die Anekdoten mit gesundem Menschenverstand beurteilen. Einige Behauptungen kann man problemlos von vornherein als falsch abtun, etwa die Geschichte, die Mitglieder der Akademie, Platons Schule, hätten sich selbst geblendet, damit sie nichts von der Philosophie ablenken könne oder dass Platon vor Scham starb, als er ein Rätsel nicht lösen konnte. Wer die antiken Biografien eine Zeit lang studiert, erkennt schon bald, dass die Verleumdungen und Sticheleien der Komödiendichter manchmal als scheinbare Informationsfragmente in die Biografische Tradition einsickern. Es ist, als nähme man Monty Pythons *Philosopher's Song* für bare Münze: »Plato, they say, could stick it away: half a crate of whisky every day.« (»Platon, erzählt man, konnte was heben: trank nen halben Kasten Whisky pro Tag mal eben.«) Auf diese Art von Unsinn stößt man immer wieder. Viel interessanter ist, was die Anekdoten uns im Grunde über Platon erzählen: Er war zu seinen Lebzeiten weithin bekannt, eine große Persönlichkeit und wurde derart vergöttert, dass sich Legenden um ihn rankten und seine Gegner bis zum Äußersten gingen, um ihn von seinem Sockel zu stoßen. Und sein Ruhm, der dem von Homer gleichkam, hielt nach seinem Tod noch viele Jahrhunderte lang an.

Die Platonischen Briefe

Von den vielen uns überlieferten Briefen, die Platon geschrieben haben soll, sind 13 in den platonischen Korpus eingeflossen. Diese Briefe reichen möglicherweise sogar bis ins späte 3. Jahrhundert v. Chr. zurück und könnten am ehesten authentisch sein, allerdings befinden sie sich in schlechter Gesellschaft: Die meisten antiken, berühmten Männern und Frauen zugeschriebenen Briefe sind nicht echt. In der Tat betreffen einige der am heißesten geführten Debatten in der Platon-Forschung Platons Briefe. Hierbei handelt es sich um eines der Themen, die der wissenschaftlichen Mode folgen. Aktuell besagt der bei Weitem nicht einhellige wissenschaftliche Konsens, sogar die Briefe, die das größte Echtheitspotenzial aufweisen, seien wahrscheinlich gefälscht. Dagegen tendierte die Lehrmeinung Mitte des 20. Jahrhunderts genau in die entgegengesetzte Richtung, und heute scheint es, als würde das Pendel wieder zurückschwingen. Wenn es sich um »Fälschungen« handelt, dann nicht in dem Sinne, dass sie mit einer bösartigen Absicht verfasst wurden, die Autoren versuchten nicht, Platon in irgendeiner Weise schlechtzumachen. Die genauere Bezeichnung wäre »Pseudepigrafen«, also Texte, die unter anderem Namen geschrieben werden. Hier gibt sich jemand als ein anderer aus, es ist kein arglistiger Betrug. Wahrscheinlich wollte der Autor Platon eher Respekt zollen. Die meisten Briefe sind entweder direkt an die Herrscher und Staatsmänner von Syrakus und Süditalien adressiert, mit denen Platon während seiner Besuche im zentralen Mittelmeerraum zu tun hatte, oder diese Schriftstücke beschäftigen sich mit diesen Personen.

Nach wie vor bewertet eine kleine Gruppe von Forschenden einige der Briefe als authentisch. Die meisten dieser Schriftstücke lassen sich aus stilistischen oder anachronistischen Gründen leicht ausschließen. Bei den Platonischen Dialogen haben sich um einen Kern authentischer Dialoge mehrere unechte angesammelt. Wahrscheinlich ist im Fall der Briefe das Gleiche geschehen: Über Jahrzehnte hinweg gesellten sich zu den wenigen echten Texten dieser Art andere hinzu, die unter Platons Namen verfasst worden waren. Das ist gar nicht so unüblich. Sehen wir uns zwei weitere Autoren aus dem 4. Jahrhundert v. Chr. an, stellen wir fest, dass Gleiches mit den Reden von Demosthenes und mit Speusippos' Briefen geschehen ist: Der Korpus beinhaltet bei beiden sowohl authentische als auch unauthentische Texte. Das Für und Wider in puncto Echtheit von Platons Briefen ergeht sich oft in ausgesprochen fachspezifischen technischen Argumenten. Um dem Sinn dieses Buchs weiterhin gerecht zu bleiben, gebe ich diese Argumente hier nicht in voller Länge wieder. Ich erwähnte bereits, dass der wissenschaftliche Konsens keinen der Briefe als echt anerkennt, doch es würde jetzt zu weit führen, diejenigen aufwendig auszuschließen, die ich ebenfalls ablehne. Stattdessen erläutere ich einfach, weshalb ich drei der Briefe akzeptiere.

Soweit wir es uns heute vorstellen können, imitierte man Platon und andere aus verschiedenen Gründen. Vielleicht wollte man eine Lücke in einem historischen Bericht schließen und verfasste dafür einen Brief, der die fehlenden oder vermeintlichen Fakten enthielt. Möglicherweise tat man es zum Spaß oder man wollte sich als Entdecker eines wichtigen Dokuments rühmen, das man dann an eine Bibliothek verkaufen konnte.[4] Vielleicht war das Verfassen eines solchen Briefes eine Schulübung. Insbesondere die Briefe, die im Namen eines Philosophen verfasst wurden, können ein Mittel gewesen sein, mit dem der Verfasser einen bestimmten Aspekt einer Doktrin betonen wollte.

Generell ist festzuhalten, dass sich ein langer Text für jemand, der fälschen wollte, kaum gelohnt hätte. Das führt uns direkt zur wichtigsten von

Platons Episteln, dem *Siebten Brief*, denn hier handelt es sich um einen langen Text. Nach der Standardpaginierung von Platons Werk umfasst der Brief 28 Stephanus-Seiten,[5] womit er länger ist als elf der Dialoge. Außerdem bleiben gefälschte Briefe tendenziell eher vage; ihr Schreiber scheut eindeutige Aussagen, da er befürchtet, man könne seine Fälschung erkennen. Der *Siebte Brief* ist alles andere als langweilig. Jemand mit hohen literarischen Fähigkeiten hat ihn wohlüberlegt formuliert: Dieser Text lässt weitaus mehr von Platons Persönlichkeit und seinen Gefühlen durchscheinen, als es für Fälschungen üblich ist. Er enthält Einblicke in die sizilianische Geschichte, die man nirgendwo sonst findet, und sein Blick auf Platons philosophische Lehren ist komplex und ungewöhnlich. Die Details darüber, wie Platon sich in seiner Jugend der Philosophie zuwandte, sind vollkommen plausibel. Dieser Meinung sind übrigens sogar diejenigen, die bezweifeln, ob die Briefe echt sind. Dieses Schriftstück ist schlichtweg zu elaboriert, um eine Fälschung zu sein.

Bedenken wir Platons Status, dann müsste ein Fälscher schon äußerst dreist sein, um so viele Details über Platons Charakter und sein Denken zu behaupten. Kein Fälscher hätte sich getraut, derart beiläufig über Sokrates, Platons Lehrer, zu sprechen wie in diesem Brief. Kein Fälscher hätte gewagt, zu behaupten, das Wissen um Platons metaphysische Lehren könne nicht durch das geschriebene Wort – also seine veröffentlichten Dialoge – transportiert werden. »Denn es [Platons Lehre] lässt sich keineswegs in Worte fassen, wie andere Lerngegenstände, sondern aus häufiger gemeinsamer Bemühung um die Sache selbst und aus dem gemeinsamen Leben entsteht es plötzlich – wie ein Feuer, das von einem übergesprungenen Funken entfacht wurde – in der Seele und nährt sich dann schon aus sich heraus weiter.« Platon meint außerdem: »Es gibt ja auch von mir darüber keine Schrift und kann auch niemals eine geben.«[6]

Diese Zeilen haben einige wissenschaftliche Diskussionen ausgelöst, mich überraschen sie jedoch nicht. Sieht man von der lebendigen Sprache ab, so sagt die Stelle im Grunde nichts anderes, als dass man Wissen oder Verstehen, im Gegensatz zu Informationen, nicht durch Bücher erlangen kann. Um Glauben in Wissen und Wissen in sicheres Wissen umzuwandeln, braucht es Zeit, man muss über das aus Büchern und Vorträgen Erlernte nachdenken, um es zu verinnerlichen. Platon zog Gespräche oder innere Dialoge der passiven Aufnahme von geschriebenen oder vorgetragenen Worten vor. Er verfasste Dialoge, jedoch keine Abhandlungen, vor allem, um uns Leser zu ermutigen, selbst nachzudenken und so aus uns heraus zu verstehen.

Noch drei weitere Faktoren sprechen dafür, dass der *Siebte Brief* echt ist. Einer ist chronologischer Natur: Der Text besagt, es sei notwendig, Sizilien neu zu bevölkern, da die griechischen Städte in dieser Region sich aufgrund von Krieg und Vertreibung deutlich geleert hätten. Dies stellte für Sizilien ein echtes Problem dar, das in den frühen 330er-Jahren v. Chr. behoben wurde. Der Brief geht also von einer Situation aus, die zu Platons Zeit offensichtlich war, allerdings etwa 15 Jahre später bereinigt wurde. Der zweite Faktor betrifft den Stil des Briefes In den 1980er-Jahren wurden aufwendige, computerbasierte Stilanalysen bezüglich Platon durchgeführt, die plausibel nahelegen, dass er diesen Brief verfasst hat. In einem so langen Text wäre es schlichtweg unmöglich, Platons Stil derart getreu nachzuahmen. Selbst weniger detailliert betrachtet, zeigt sich hier ein für Platon typischer Stil, denn er spricht wichtige philosophische Themen über Exkurse an. Das ist äußerst charakteristisch für Platon: Themen fließen ineinander, verschwinden und kommen wieder auf. Alle zentralen Aspekte in *Politeia* – die Gleichnisse von Sonne, Linie und Höhle; die fundamentale Bedeutung des Guten in der Welt; das Ausbildungsprogramm für Philosophen – führt der Text über Exkurse ein. Und der dritte Faktor besteht darin, dass der garantiert unechte *Zweite Brief* versucht, den *Siebten Brief* zu imitieren,[7] was sonderbar wäre, wenn es sich bei beiden um Fälschungen handelte.

Obwohl es nicht bis ins Letzte beweisbar ist, sprechen doch alle hier angeführten Punkte dafür, dass Platon den *Siebten Brief* tatsächlich verfasst hat. Für dieses Buch liefert dieses Schriftstück eine Fülle von Einzelheiten über Platons Leben, besonders über seine Teilhabe an den politischen Machenschaften in Syrakus. Er ist eine Rechtfertigung seines Lebens als Ganzes, verfasst als Autobiografie; insbesondere musste sich Platon angesichts seiner langen Beziehungen zu den syrakusischen Tyrannen gegen den Vorwurf verteidigen, er unterstütze die Tyrannei. Indem wir den *Siebten Brief* als authentisch ansehen, bringt er uns Platon so nahe, wie wir es uns nur wünschen könnten. Er zeigt uns einen Mann, der nicht nur ein Theoretiker war, sondern prüfen wollte, ob sich seine Theorien auf die wirkliche Welt anwenden lassen.[8]

Ich ordne außerdem auch den *Dritten Brief* und den *Achten Brief* als authentisch ein, denn beide stimmen in Stil und Fakten mit dem *Siebten Brief* überein. Dass der *Achte Brief* echt ist, belegt außerdem ein Papyrusfragment aus der Mitte des 3. Jahrhunderts v. Chr., das einige Zeilen dieses Textes enthält.[9] Beide Briefe sind bei Weitem nicht so lang wie der *Siebte Brief* – jeder umfasst um die sechs Stephanus-Seiten – der entscheidende Faktor ist, dass sie aus derselben Feder zu stammen scheinen. Die meisten der wenigen Forschenden, die manche der Briefe als authentisch einschätzen, akzeptieren diese drei Schriftstücke. Sie unterscheiden sich insofern von den restlichen zehn Briefen, die man Platons Werkausgaben in der Regel beifügt, als dass sie im Grunde Manifeste oder Pamphlete sind, die sich lediglich als Briefe ausgeben. Sie wenden sich nicht nur an den genannten Adressaten, sie wurden auch für die allgemeine Öffentlichkeit auf Sizilien und in Athen geschrieben. Platon tat es seinem Zeitgenossen Isokrates gleich, der ebenfalls eine autobiografische Verteidigung seines Lebens verfasste und Briefe über politische Angelegenheiten schrieb – darunter einen an Dionysios I., den ersten Syrakuser Tyrannen, den Platon persönlich traf. Sowohl der *Siebte Brief* als auch der *Achte Brief* richten sich an die Freunde von Platons Freund und Schüler Dion, wohingegen der *Dritte Brief* sich direkt an den Syrakuser Tyrannen Dionysios II. wendet. Er besteht größtenteils aus scharfen Zurechtweisungen und reagiert wahrscheinlich auf eine verloren gegangene Schmähschrift des Dionysios über Platon. Gemeinsam bilden diese drei Briefe, insbesondere in Verbindung mit Plutarchs Lebensbeschreibung von Dion (und auch Cornelius Nepos' kurzem *Dion*, obwohl dieser kaum etwas ergänzt), die Grundlage für meinen Bericht über Platons Besuche in Syrakus. Außerdem liefert uns der *Siebte Brief* auch Details über sein früheres Leben. Niemand bezweifelt, dass Platon nach Sizilien reiste, selbst diejenigen nicht, welche die Briefe ablehnen, da Plutarch, obwohl er sich selbst in großen Teilen auf Platons Briefe bezieht, Informationen hinzufügt, die sonst nirgends auftauchen.

Auf den ersten Blick mag die Fülle an Details, die uns über die Besuche in Sizilien vorliegen, sich bedauerlich unausgewogen auswirken: Wir wissen weitaus mehr über sie als über den Rest von Platons Leben. Ich glaube jedoch nicht, dass dieses Ungleichgewicht uns in die Irre führt. Die Reisen nach Sizilien waren Ausnahmen in einem ansonsten eher ruhigen und gelehrten Dasein. Man könnte sich an J.R.R. Tolkiens Leben erinnert fühlen: Abgesehen von dem, was sich in seiner brillanten Vorstellungskraft abspielte, führte er das gewöhnliche, unaufgeregte Leben eines Oxford-Professors.

Wir verfügen über Platons Schriften, wir wissen von seinen sizilianischen Interventionen. Dies sind die beiden ausschlaggebenden Elemente in einem ansonsten friedlichen und zurückgezogenen Leben.

Was sagen die Dialoge über Platons Leben aus?

Wir erfahren aus den Dialogen nur wenig über Platons Charakter. Er spricht, wie ein Autor von Theaterstücken, in seinen Dialogen nie selbst. Doch auch wenn er es täte, wäre es gefährlich, sich auf solche Aussagen zu verlassen. Der schottische Philosoph David Hume entwickelte im 18. Jahrhundert eine skeptische Philosophie, die ihm selbst den Kopf verdrehte, als er zu seiner eigenen Zufriedenheit bewies, dass sich keine Theorie bis ins Letzte beweisen ließe und wir den Informationen, die unsere Sinne uns liefern, nicht vertrauen können. Dennoch gesteht er uns in seinem *Traktat über die menschliche Natur,* er lege im wirklichen Leben seine skeptische Persona aus seinen philosophischen Schriften ab: »Da die Vernunft unfähig ist, diese Wolken zu zerstreuen, so ist es ein glücklicher Umstand, daß die Natur selbst dafür Sorge trägt und mich von meiner philosophischen Melancholie und meiner Verwirrung heilt […] Ich esse, spiele Tricktrack, unterhalte mich, bin lustig mit meinen Freunden.«[10]

Kurz gesagt lässt sich nur schwer von einem Werk auf denjenigen schließen, der ihn verfasst hat. Vladimir Nabokov schrieb zwar *Lolita,* hatte aber keinesfalls etwas für minderjährige Mädchen übrig. Am bekanntesten ist Platon für seine Ansicht, die einzig wahre ontologische Wirklichkeit liege in den Ideen begründet,[11] den immateriellen Entitäten, die uns dazu befähigen, die Dinge dieser Welt einzuordnen und konzeptionell zu denken. Ich bin mir jedoch sicher, dass Platons erster Gedanke, wenn er sich an einem Stein stieß, nicht lautete: »Dieser Stein ist nicht echt.« Nicht nur ist es schwer, von einer schriftstellerischen Persona auf das tatsächliche Wesen eines Menschen zu schließen. Hinzu kommt bei Platon, dass man oft gar nicht genau sagen kann, wie seine Haltung zu gewissen Sachverhalten aussah, selbst in Bezug auf die fundamentalen Dinge. Dennoch werde ich es an einigen Stellen riskieren, manche von Platons Eigenschaften aus seinen Schriften herauszuarbeiten. Das werde ich so selten wie möglich tun, aber diesem Risiko setzen sich alle Biografen von Schriftstellern aus.

Politik, mit einem besonderen Fokus auf politischer Führung, gehörte zu Platons Hauptinteressen, nicht zuletzt, weil sie auch für seinen Lehrer Sokrates von zentraler Bedeutung gewesen war. Platon widmete nicht nur *Politeia* und *Nomoi* diesem Gebiet, beide Texte machen gemeinsam beinahe 40 Prozent seines Gesamtwerks aus, sondern auch seine drittlängste Schrift (*Gorgias*) und den mittellangen *Politikos*. Des Weiteren finden sich auch in einigen anderen Dialogen politische Aspekte, besonders in *Menexenos, Kriton* und *Kritias*. Bedenkt man zum einen, dass es sich bei der Politik um einen Gegenstand der realen Welt handelt (im Gegensatz zur Metaphysik), und zum anderen, wie viel Zeit Platon mit dem Versuch verbrachte, in der großen sizilianischen Stadt Syrakus eine verantwortungsvolle Herrschaftsform zu etablieren, dann erscheint es angebracht, seine Ansichten zu gewissen politischen Themen, besonders bezüglich Herrschaft und des Verhältnisses zwischen Herrscher und Gesetz, an diesen Texten festzumachen. Jedenfalls solange sie in einem Verhältnis zu seinen Lebensumständen stehen. Dementsprechend spielt Politik in diesem Buch eine größere Rolle als andere Gebiete der Philosophie, und da Politik und Ethik (welche die Regeln für das menschliche Zusammenleben aufstellt) in antiker Philosophie ineinander übergehen, werde ich auch auf Platons ethische Grundsätze eingehen. Diese Gebiete der Philosophie dienen der praktischen Anwendung, und entsprechend sollte man ihnen in einer Biografie ausreichend Platz einräumen.

Wie gehen wir mit Verweisen auf zeitgenössische Ereignisse in den Dialogen um? Was verraten sie uns über den Verlauf von Platons Leben? Hier bleibt die Auswahl klein. Einige Dialoge – in der Reihenfolge der in ihnen stattfindenden Handlung: *Theaitetos, Euthyphron, Sophistes, Politikos, Apologie des Sokrates, Kriton* und *Phaidon* – beschäftigen sich mit den Entwicklungen, die Sokrates' Prozess vorausgingen, dem Prozess an sich und seiner Zeit im Gefängnis im Jahr 399 v. Chr., während er auf die Vollstreckung seines Todesurteils wartete. Diese Dialoge entstanden also nach 399. Die anderen Dialoge, für die sich ein eindeutiger Schauplatz festlegen lässt, beziehen sich auf Sokrates' Lebzeiten, ihre Handlung findet also während des 5. Jahrhunderts v. Chr. statt. Deswegen liefern sie uns keine Informationen über die Zeit, in der sie geschrieben wurden. Es gibt allerdings ein paar anachronistische Verweise auf Ereignisse des 4. Jahrhunderts v. Chr.[12] Daher können wir davon ausgehen, dass Platon *Nomoi*, zumindest einen Teil davon, in seinen späten Jahren verfasste, da der Dialog auf ein Ereignis verweist, das sich erst in den 350er-Jahren ereignete. *Menexenos* bezieht sich auf den Frieden des Antalkidas im Jahr 386, mit dem der Korinthische Krieg endete, und *Symposion* erwähnt ein Ereignis aus dem Jahr 385/4. *Theaitetos* erzählt davon, wie Theaitetos im Jahr 391 der Ruhr und seinen Kampfwunden erlag.[13] *Philebos* bezieht sich auf einige Ansichten von Eudoxos von Knidos, der ungefähr 370 nach Athen kam, um an der Akademie zu studieren, zu forschen und zu unterrichten. *Menon* scheint auf ein anti-sokratisches Pamphlet anzuspielen, das ungefähr im Jahr 390 v. Chr. erschien.

An einigen Stellen verrät Platon sein eigenes Alter. Der Philosophenherrscher in *Politeia* muss mindestens 50 Jahre alt sein, und Platon hätte dies wahrscheinlich nicht geschrieben, wenn er nicht selbst entsprechend alt gewesen wäre. In *Nomoi* sprechen drei ältere Männer miteinander, und an einer Stelle heißt es: »Als junger Mensch sieht ja jedermann solche Dinge ganz undeutlich, als Greis aber am schärfsten.«[14] Damit ist so ziemlich alles ausgeschöpft, was uns die Dialoge in Bezug auf die einzelnen Phasen von Platons schriftstellerischem Schaffen liefern können. Die Dialoge spielen in einem fiktionalen Universum, das Platon schuf und das ungefähr dem Athen des 5. Jahrhunderts v. Chr. entspricht. Sie konzentrieren sich auf Sokrates und beschäftigen sich nur wenig mit der restlichen Welt.

Platon verweist in den Dialogen an drei Stellen auf sich selbst, allerdings ist keine davon besonders informativ. In der *Apologie des Sokrates* wird zweimal erwähnt, dass er bei Sokrates' Prozess im Jahr 399 anwesend war und zu denjenigen gehörte, die Sokrates bei der Bezahlung einer Strafe geholfen hätten, hätte das Gericht eine verhängt.[15] In *Phaidon* erklärt er, eine Krankheit habe ihn davon abgehalten, Sokrates an seinem letzten Tag im Gefängnis beizustehen.

Ansonsten taucht Platon in den Dialogen im Grunde nicht auf. Oft tilgt er sich sogar völlig: In *Theaitetos* heißt es, Eukleides von Megara habe den Text verfasst, was Platon zum unerwähnt bleibenden Kopisten macht. Seine Abwesenheit hat gute Gründe: Sie bewahrt die Leser davor, vorschnell von einem maßgebenden Standpunkt auszugehen – von dem des Autors. In den anonymen *Prolegomena* heißt es dazu: »In unserem Verstand, der urteilt, finden wir uns einmal auf Seiten des Fragenden und ein andermal auf der Seite des Befragten.«[16] Wir müssen selbst entscheiden, mit wem wir übereinstimmen, und uns so unsere eigenen Überzeugungen vor Augen führen. Auf diese Weise arbeiten wir mit dem Text und werden selbst zu Philosophen, indem sich in unseren Köpfen ein zweiter Dialog abspielt. Platon lässt Sokrates Folgendes sagen:

> Ihr aber, wenn ihr mir folgen wollt, kümmert euch wenig um den Sokrates, sondern weit mehr um die Wahrheit, und wenn ich euch dünke, etwas Richtiges zu sagen, so stimmt mir bei, wenn aber nicht, so widerstrebt mir auf alle Weise, damit ich nicht im Eifer, mich und euch zugleich betrügend, euch wie eine Biene den Stachel zurücklassend davongehe.[17]

Der Eindruck, wirklich an den Dialogen teilzuhaben, ist einer der Hauptgründe, weshalb es solche intellektuelle Freude bereitet, Platon zu lesen. Selbstverständlich sollte man den Grad von Platons Anonymität nicht überbewerten, schließlich wussten die Leser schon immer, dass sie etwas »von Platon« in den Händen hielten. Er ist in den Dialogen immer präsent, er bleibt nur unsichtbar. Da er sich selbst aus ihnen zurückzieht, sind die Dialoge jedoch auch keine geeignete Quelle, um etwas über sein Leben und seinen Charakter herauszufinden. Wir müssen uns also vor allem auf die authentischen Briefe und auf externe Quellen verlassen und ergänzen, was wir über die athenische Gesellschaft und Geschichte der damaligen Zeit wissen. Wir werden über Platon nie die Art von Biografie schreiben können, wie sie zu Philosophen der jüngeren Vergangenheit existiert. So können wir zum Beispiel bei Immanuel Kant oder Bertrand Russell auf ausführliche persönliche Korrespondenzen zurückgreifen, die ihren Alltag erkennen lassen und aufzeigen, was sie dachten. Für Platon fehlen uns diese Quellen; und dennoch entsteht, trotz der Schwierigkeiten und der beschränkten Mittel, über die wir verfügen, vor unseren Augen nach und nach sein Portrait.

1

Aufwachsen im kriegsgebeutelten Athen

Platon wurde im attischen Jahr 428/7 v. Chr. geboren.[1] So steht es in fast jedem Buch und Artikel über Platon, dabei ist diese Aussage höchstwahrscheinlich falsch. Platons großer Ruhm und die Ehrfurcht, die er auslöste, führten zu Legendenbildung und überschwänglichen Lobpreisungen. Diese Verehrung beeinflusste sein Geburtsjahr, weil man davon ausging, dass er unter dem besonderen Schutz des Gottes Apollon stand, der unter anderem als Gott der Weissagung und der geistigen Klarheit galt. Es hieß, Bienen, entsandt von Apollons Dienerinnen, den Musen, hätten sich auf die Lippen des frischgeborenen Platon gesetzt und seinen Mund mit Honig gefüllt – als Zeichen für seine zukünftige Eloquenz und Gelehrsamkeit.

Die Vorstellung, Platon verfüge über eine apollonische Natur, war bereits zu seinen Lebzeiten verbreitet, oder zumindest kurz nach seinem Tod. Seinem Neffen Speusippos, der nach ihm die Akademie leitete, war die Legende, Apollon sei Platons eigentlicher Vater, schon bekannt; vielleicht dachte Speusippos sie sich auch für die Trauerrede aus, die er auf Platons Beerdigung hielt. Platons irdischer Vater soll der Überlieferung nach versucht haben, sich mit Gewalt an seiner frisch angetrauten jungen Frau zu vergehen (Frauen in Athen wurden häufig im Alter von 15 Jahren verheiratet), sei aber »gescheitert« – einfacher ausgedrückt: Er litt an Impotenz. Als er seine Versuche einstellte, wurde er in einem Traum gewarnt, in den nächsten zehn Monaten nicht mit seiner Frau zu schlafen, um die Reinheit von Platons göttlicher Geburt nicht zu beflecken. Frühe christliche Schriftsteller, die einen Großteil von Platons Texten mit ihrem eigenen Glauben vereinten, interpretierten diese Legende als Parthenogenese. »[U]nd sie glauben also, daß der Fürst der Weisheit nicht anders als von einer Jungfrau geboren worden sei«, ergeht sich der Kirchenvater Hieronymus.[2] Er folgte eindeutig der biografischen Tradition, die Platon zum Erstgeborenen der Familie machte, tatsächlich war seine Mutter aber keine Jungfrau: Platon war ihr viertes Kind.

Diese Legende zog zwei Konsequenzen nach sich. Die eher Triviale ist die, dass Platons Geburtstag auf den 7. Thargelion im attischen Kalender (etwa im späten Mai unserer Zeitrechnung) gelegt wurde, weil Apollon in diesem Zeitraum geboren wurde. Wahrscheinlich wählte Speusippos dieses Datum nach Platons Tod aus, damit die Mitglieder der Akademie (der von Platon gegründeten Schule) an diesem Tag jährliche Gedenkrituale durchführen konnten. Später feierten Platoniker wie Plutarch von Chaironeia (1./2. Jahrhundert n. Chr.) und Plotin (3. Jahrhundert n. Chr.) Platons Geburtstag an diesem Tag und den von Sokrates einen Tag davor.[3] Die größere Konsequenz betrifft Platons Geburtsjahr. Das einzig sichere Datum, das wir für Platons Leben haben, von Historikern ebenfalls bestätigt, ist sein Todesjahr 348/7. Zum Zeitpunkt seines Todes war er bereits berühmt genug, sodass Geschichtsschreiber dieses Datum notierten, das Jahr seiner Geburt kannten sie allerdings nicht. Da es neun Musen gibt, wurde seine Geburt auf 428/7 zurückgerechnet, 81 (9*9) Jahre vor seinem Tod.[4] Es wurde sogar behauptet, er sei an seinem Geburtstag verstorben, wodurch er genau 81 Lebensjahre vollendet hätte.

Später kam ein weiterer Faktor hinzu, der Platons Geburtsdatum verfestigte. Im 2. Jahrhundert v. Chr. entwarf der Gelehrte Apollodor von Athen, der im Museum von Alexandria in Ägypten arbeitete, ein einflussreiches chronografisches System, das ein Menschenleben in Abschnitte von 20 Jahren einteilte. Demzufolge erreichte ein Mensch seine Akme im Alter von 40 Jahren. Im Falle Platons lief das auf Folgendes hinaus: Er wurde 428/7 geboren, traf Sokrates 408/7, gründete die Akademie 388/7, reiste 368/7 nach Sizilien und starb 348/7. Apollodor wusste, dass dies ein starres Schema war, doch er wollte Historikern ein Werkzeug an die Hand geben, um Ereignisse im Weltgeschehen wenigstens grob miteinander verbinden zu können. Präzise biografische Angaben lassen sich leider nicht aus apollonischen Schemata oder Datumsangaben, die auf der apollodorischen Numerologie aufbauen, ableiten.

Verschiedene Aspekte weisen auf eine Geburt nach 428/7 hin. Das stärkste Argument dafür ist, dass nichts andeutet, Platon habe in einer der letzten Schlachten des Peloponnesischen Krieges 406 und 405 gekämpft – daher war er zu diesem Zeitpunkt höchstwahrscheinlich keine 20 Jahre alt. Damals fehlte es Athen an Personal fürs Militär, weswegen er sicherlich eingezogen worden wäre. In Athen absolvierten junge Männer von 18 oder 19 Jahren eine Art Wehrdienst, der aber auf die Grenzen Attikas (der umliegenden Landschaft, in deren Zentrum Athen lag) beschränkt blieb; erst mit 20 Jahren schickte man die Männer in weiter entfernte Gebiete. Im Jahr 405 muss Platon also jünger als 20 Jahre gewesen sein. Dies bestätigt der *Siebte Brief*.[5] Er besagt, dass Platon vorhatte, am öffentlichen Leben in Athen teilzunehmen (wie es viele Männer aus gutem Hause taten), sobald er volljährig war – das war man mit 20 Jahren. Nach dem Ende des Peloponnesischen Krieges im Jahr 404 setzten die siegreichen Spartaner 30 Oligarchen ein, die über Athen herrschen sollten, allgemein wird dies als die Herrschaft der Dreißig bezeichnet (später mehr dazu). Platon gibt zu, sich für deren Vorhaben zur moralischen Reform Athens interessiert zu haben. Außerdem erwähnt er, dass einige der Dreißig und deren Gehilfen Freunde und Verwandte von ihm waren, die ihn einluden, sich der Herrschaft anzuschließen. Daher war Platon im Jahr 404 wahrscheinlich entweder alt genug, um ein politisches Amt anzunehmen, oder er erreichte bald darauf das entsprechende Alter. Im Jahr zuvor (405) war er dagegen noch nicht alt genug. Dementsprechend wurde Platon frühestens 424/3 geboren.

Der Peloponnesische Krieg

Platons Kindheit fiel mit einem schrecklichen Krieg zwischen seiner Geburtsstadt und Sparta zusammen.[6] Der Krieg sollte entscheiden, ob Athen (das eine mächtige Allianz von Staaten entlang der Ägäis anführte) oder Sparta (an der Spitze einer kaum weniger mächtigen Allianz, hauptsächlich der peloponnesischen Staaten) die Führung unter den Stadtstaaten in Griechenland übernehmen würde, um sich dann an den untergeordneten Staaten bereichern zu dürfen. Der Krieg begann im Jahr 431. Zwischen 421 und 413 herrschte ein fragiler Friede zwischen beiden Seiten. Die Athener beteiligten sich während dieser Zeit dennoch an Kampagnen außerhalb der eigenen Gebiete. Im Jahr 415 veranlassten der ehrgeizige Aristokrat Alkibiades und seine politischen Verbündeten, die eine populistische Strategie verfolgten, eine Invasion Siziliens, deren mächtigste Stadt, Syrakus, ein potenzieller Verbündeter Spartas war.

Dies entpuppte sich als desaströse Fehlentscheidung. Es war vollkommen unrealistisch anzunehmen, man könne eine so große und unruhige Insel wie Sizilien vom fernen Athen aus regieren. Zwei Jahre später waren die athenischen Expeditionstruppen am Ende, nachdem sie während des gesamten Unterfangens 40 000 Mann verloren hatten – Athener, Verbündete und Söldnerhilfstruppen. Die Truppenstärke der Athener war bereits durch die Attische Seuche, die in den frühen 420er-Jahren die Stadt und die Armee heimsuchte, und durch vorherige Schlachten stark reduziert worden. Mit den Verlusten auf Sizilien verfügte Athen nur noch über ungefähr ein Drittel seiner ursprünglichen Streitkräfte, außerdem drohte der Stadt die Insolvenz. Im selben Jahr (413) begannen die Spartaner wieder mit offenen Angriffen, nachdem die Athener im vorangegangenen Jahr die Friedensvereinbarungen gebrochen hatten, als sie sich an der Invasion von spartanischem Territorium beteiligten.

Die Sizilienexpedition brachte den Unmut, der in einem Großteil der Athener Elite brodelte, zutage. Sie hatten gute Gründe, ungehalten zu sein, nicht zuletzt, weil sie genau dann Militäroperationen finanzieren sollten, als ihnen der Krieg die meisten ihrer Einnahmequellen geraubt hatte. Im Jahr 411 übernahm eine Oligarchie die Regierung und setzte einen Rat aus 400 Sympathisanten aus den Rängen der verstimmten Reichen ein. Die Übernahme verlief verhältnismäßig friedlich, allerdings begehrte das Volk schon wenige Monate später gegen den Rat auf, der eklatant an der Umsetzung seiner Versprechen gescheitert war – die Demokratie wurde wiederhergestellt. Platon war zu dieser Zeit alt genug, um diese Umwälzungen kritisch zu verfolgen; seine Familie gehörte derselben Gesellschaftsschicht an wie die Oligarchen, und einige von ihnen sympathisierten vielleicht mit dem Vorhaben.

Militärisch gesprochen, stand für die Athener das Menetekel an der Wand; mit der Sizilienexpedition hatten sie ihre eigene Niederlage heraufbeschworen. Kurz keimte zwischen 411 und 408 noch einmal Hoffnung auf, als Alkibiades signifikante Erfolge auf See verzeichnete, danach schwand jedoch jede Aussicht auf Erfolg endgültig. Die Perser, die ihre Macht über die griechischen Stadtstaaten Kleinasiens zurückforderten, begannen das Kriegstreiben der Spartaner finanziell zu unterstützen. So bauten die Spartaner eine kampfstarke Flotte auf, womit sie den Athenern nun Konkurrenz machten – bis dahin hatte sich Athen auf seine Überlegenheit auf See verlassen, denn die Marine war Grundlage seines militärischen Erfolgs gewesen. Eine Niederlage war absehbar, und im Jahr 404 war es schließlich so weit. Ein Jahr zuvor war die athenische Flotte ausgelöscht worden, was die Stadt besonders verwundbar zurückließ. Die Spartaner belagerten Athen, bis der Hunger die Stadt in die Knie zwang, anschließend begann die Herrschaft der Dreißig.

Platon verbrachte seine Jugend dementsprechend in einer Stadt, die mit Blick auf ihre sichere Niederlage in tiefe Schwermut verfallen war. Zum Zeitpunkt seiner Geburt konnten die Athener noch mit Recht behaupten, im reichsten und mächtigsten Staat der griechischen Welt zu leben. Als Platon volljährig wurde, hatte sich das Blatt gewendet, Athens finanzielle Rücklagen waren aufgebraucht, und die Niederlage hatte die Stadt zur Demut gezwungen. Die Situation muss für ihn bedrückend und erschreckend zugleich gewesen sein.

Er erlebte die berühmte Athener Demokratie an ihrem tiefsten Punkt und in ihrer ganzen Rücksichtslosigkeit, geleitet von Menschen, die nur an ihre eigene Macht dachten, nicht daran, was gut für die Stadt als Ganzes war. Man stimmte enthusiastisch für die Invasion des wohlhabenden Sizilien und suhlte sich in den Erfolgen Alkibiades', verbannte ihn aber schon nach seinem ersten Misserfolg. In einer Abstimmung, die wahrscheinlich nicht rechtens, sicherlich aber unklug war, verurteilte man acht von zehn gewählten Generälen nach einer Seeschlacht im Jahr 406 zum Tode. Athen hatte die Schlacht zwar gewonnen, den Generälen war es aber aufgrund eines aufkommenden Sturms nicht gelungen, mehr als 2000 Athener und Alliierte zu retten, die während der Schlacht über Bord gegangen waren, sodass sie schließlich ertranken. Die meisten Ruderer in der Athener Marine kamen aus den ärmeren Schichten, wie auch die Menschen daheim, die für die Verurteilung der Generäle aus den höheren Klassen stimmten. In den kommenden Jahren stand Platon der Demokratie nie sonderlich positiv gegenüber, obwohl er im Alter anerkannte, dass es dem Volk erlaubt sein müsse, am politischen Leben teilzunehmen. In seiner Jugend hatte er gesehen, wie desaströs es sich auswirkte, wenn politisch unbedarfte Menschen herrschten, und so hatte er sich dem Ideal eines wahrhaft gebildeten politischen Anführers verschrieben. Wahrscheinlich hätte er sich der Meinung Alkibiades' angeschlossen, der die Athener Demokratie als »anerkannten Unsinn«[7] bezeichnete.

Das Athen von Platons Jugend war eine Stadt in Auflösung. Die Vorstellungen von Moral waren fließend, wie so oft in Kriegszeiten, und in seinem späteren Leben sprach sich Platon immer für hohe moralische Standards aus.

Die Stadt war in sich gespalten, die Risse verliefen zwischen den Generationen und zwischen den Klassen – später bestand Platon darauf, Geschlossenheit und Einigkeit seien grundlegend für politische Stabilität. Wobei politische Stabilität wiederum die Voraussetzung sei, damit Menschen sich positiv entwickeln und ein erfülltes Leben führen könnten. »Gibt es nun wohl ein größeres Übel für den Staat«, fragt Sokrates in Platons *Politeia*, »als das, welches ihn zerreißt und zu vielen macht anstatt zu einem? Oder ein größeres Gut als das, was ihn zusammenbindet und zu einem macht?«[8] Ihm zufolge verdiente eine gespaltene Gesellschaft es nicht, sich überhaupt als solche zu bezeichnen. Insbesondere benennt er Uneinigkeit zwischen Armen und Reichen als das grundlegende Problem, aus dem sich alle weiteren Konflikte speisen.[9]

Platons engster Familienkreis

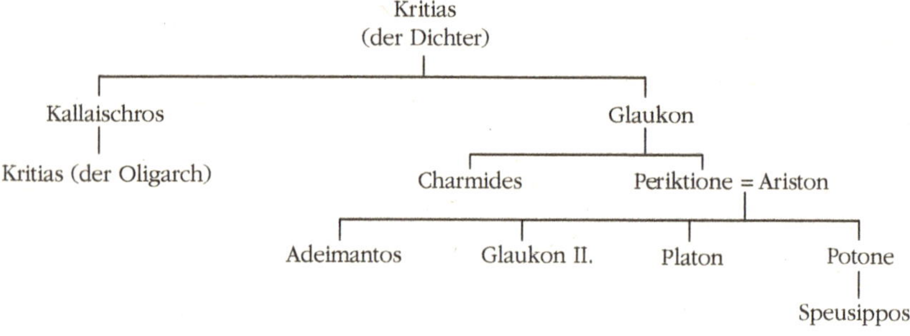

Abbildung 1.1 Platons Familie

Platon stammte aus einer hoch angesehenen Familie (siehe Abbildung 1.1). Sowohl sein Vater als auch seine Mutter konnten unter ihren Ahnen einige namhafte Staatsmänner aus früheren Jahrhunderten vorweisen, und Platons Vater konnte, wie es unter den aristokratischen Familien Athens durchaus üblich war, seine Abstammung sogar bis zum Gott Poseidon zurückverfolgen. Platon entwickelte dagegen Zweifel an solchen Behauptungen.[10] Wie für die Familien der Athener Elite typisch, speiste sich der Reichtum der Familie aus ihrem Landbesitz. Platons Vater war Ariston, Sohn des Aristokles, vom Demos Kollytos und Stamm Aigeis, seine Mutter war Periktione, Tochter des Glaukon. Platon hatte zwei ältere Brüder, Adeimantos und Glaukon, und eine ältere Schwester, Potone. Adeimantos kam wahrscheinlich im Jahr 430 zur Welt und sein Bruder Glaukon ein Jahr später, da beide im Jahr 409 alt genug waren, um an einer Schlacht außerhalb von Attika teilzunehmen. Ein an die beiden gerichtetes Gedicht beginnt so: »Göttlich Geschlecht, ihr Söhne des herrlichen Mannes Ariston.«[11] Potone wurde um 426 geboren und schließlich Platon im Jahr 424 oder 423. Potone heiratete einen Mann mit Namen Eurymedon und gebar ungefähr im Jahr 407 einen Sohn, Speusippos, der selbst ein berühmter Philosoph werden sollte und Platons Nachfolge als Leiter der Akademie antrat. Wenn wir den Informationen des pseudo-platonischen *Dreizehnten Briefes* vertrauen können, dann hatte Platon in den 360er-Jahren vier Großnichten, also die Kinder der Kinder seiner Geschwister.

An irgendeinem Punkt kam die Geschichte auf, Platon hätte ursprünglich Aristokles, nach seinem Großvater, geheißen und Platon sei nur ein Spitzname gewesen, der sich durchsetzte. Die antiken Biografen und andere schreiben, er wurde »Platon« genannt, weil er feist und stämmig (Griechisch *platus*) war oder vielleicht »weitläufig« im Sinne eines umfassenden Intellekts. Sobald sie festgelegt hatten, dass »Platon« ein Spitzname war, mussten sie sich anschließend eine Namensänderung für ihn ausdenken, dabei kamen sie auf Aristokles, nach Platons Großvater, eine durchaus vernünftige Idee. Allerdings ist das völliger Unsinn: Wie wir wissen, gab es im 4. und 5. Jahrhundert v. Chr. in Athen und anderswo mehrere Platons (darunter ein bekannter Komödiendichter). Es handelte sich also um einen vollkommen normalen Namen.[12] Außerdem war es Brauch, seinen erstgeborenen Sohn nach dessen Großvater zu benennen, was Platon nicht war. Dementsprechend lautet der vollständige Name unseres zukünftigen Philosophen: Platon, Sohn des Ariston, vom Demos Kollytos und Stamm Aigeis (siehe Abbildung 1.1).[13]

Alle vollwertigen Athener Staatsbürger gehörten einem ererbten Demos und Stamm an. Bei einem Demos handelt es sich zwar um eine Siedlungsgemeinschaft – in Attika existierten 139 –, ein Bürger konnte aber einem Demos angehören, ohne dort zu leben. Er war in dem Demos registriert, in welchem seine Vorfahren am späten Ende des 6. Jahrhunderts eingetragen waren, als die athenische Gesellschaft demokratisch reformiert wurde. Diese Zugehörigkeit wurde beibehalten, ob die Familie noch dort wohnte oder nicht. Platons Demos, Kollytos, befand sich innerhalb der Stadtmauern, südwestlich der Akropolis; wahrscheinlich hat er dort, im Herzen der Stadt, seine Kindheit und Jugend verbracht. Aus administrativen Gründen gehörten alle Athener Bürger einem von zehn Stämmen (Phylen) an. Männer desselben Stamms nahmen gemeinsam an verschiedenen gesellschaftlichen und religiösen Ritualen teil und kämpften Seite an Seite auf dem Schlachtfeld. Alle zehn Stämme benannten sich nach legendären lokalen Helden und Königen. Aigeus war der Namensgeber des Stamms Aigeis, er war ein früher König von Athen und galt als Vater des Theseis (nach ihm wurde auch das Ägäische Meer benannt).

Abbildung 1.2 Platon. Diese Büste ist eine römische Kopie vom Kopf einer Statue und wurde kurz nach Platons Tod im Garten der Akademie – der von Platon gegründeten Schule – aufgestellt. Altes Museum, Berlin.

Platon kam wahrscheinlich auf der Insel Ägina zur Welt, die im Saronischen Golf südwestlich von Athen liegt. Die Insel wurde im Jahr 431 von Athen eingenommen, im ersten Jahr des Peloponnesischen Krieges. Die Inselbewohner standen Athen schon lange feindselig gegenüber und unterhielten dementsprechend gute Beziehungen zu Sparta. Nach der Übernahme vertrieb Athen die ursprünglichen Bewohner und besiedelte die Insel anschließend mit eigenen Bürgern; unter ihnen befand sich auch Ariston. Ägina lag nahe bei Peloponnes und war daher eine strategisch vorteilhafte Marinebasis für die Athener. Es dauerte jedoch nicht lange, bis Platons Familie wieder zurück in die Stadt zog, vielleicht war es ihr auf der Insel zu gefährlich geworden. Wahrscheinlich behielt Ariston das Land, das er auf der Insel erhalten hatte. Allerdings war er ein Grundherr, der sein Land nur aus der Ferne verwaltete, das Gut betrieben vor Ort wohl größtenteils Sklaven. So verhielten sich viele Menschen, die nahe am politischen Zentrum in Athen leben wollten. Jedoch gaben die Spartaner, nachdem sie den Peloponnesischen Krieg im Jahr 404 gewonnen hatten, die Insel an ihre ursprünglichen Bewohner zurück, jedenfalls an die überlebenden: Während des Krieges waren die Athener über die Insel hergefallen und hatten so viele der von den Spartanern angesiedelten Ägineten niedergemetzelt, wie sie konnten. Später werden wir sehen, dass die Feindseligkeit der Ägineten gegenüber den Athenern Platons Leben beeinflusst haben mag.

Nicht lange nach seiner Rückkehr nach Athen starb Ariston, entweder vor Platons Geburt oder kurz darauf. Nach athenischem Gesetz durften Frauen kein Eigentum besitzen, und da alle von Periktiones Söhnen noch minderjährig waren, verheiratete man die junge Witwe mit ihrem Onkel Pyrilampes. Eine solche Verbindung galt nicht als Inzest; in den damaligen Verhältnissen war das eine übliche Maßnahme, damit das Vermögen in der Familie verblieb. Platon lernte seinen leiblichen Vater also niemals kennen, für ihn war Pyrilampes im Grunde sein Vater.

Pyrilampes war ebenfalls hoch angesehen und dafür bekannt, auf seinen Ländereien Pfauen zu züchten. Athen sandte ihn als Botschafter zum persischen König oder zu dessen Satrapen (Stadthaltern) nach Kleinasien, weswegen er selten daheim war. Perser und Griechen waren insofern Nachbarn, als das Reich des persischen Großkönigs von Afghanistan und Punjab nach Westen bis zur Küste der heutigen Türkei reichte. Das persische Reich erstreckte sich über eine Fläche von mehr als 10 Prozent des Planeten und hatte im frühen 5. Jahrhundert v. Chr. versucht, auch die Griechen zu unterwerfen. Die Perser scheiterten dank der beeindruckend tapferen Gegenwehr einer griechischen Koalition, die von Spartanern und Athenern angeführt wurde. Dennoch stellte das persische Reich nach wie vor eine Gefahr für die Griechen dar, weswegen es für sie wichtig war, regelmäßig Botschafter zu entsenden. Pyrilampes erhielt seine berühmten Pfauen auf einer dieser Missionen im Namen Athens. Diese Tiere bekam man in Athen nicht zum ersten Mal zu Gesicht – andere Botschafter hatten sie ebenfalls schon als Geschenke erhalten –, dennoch waren sie nach wie vor herrlich exotisch. In einem seiner Dialoge macht Platon seinem Vater ein Kompliment, während er erklärt, weshalb das gute Aussehen von einem von Pyrilampes Neffen so typisch für die Familie sei: »Denn für schöner und stattlicher als dein Oheim Pyrilampes soll keiner auf dem Festland gehalten worden sein, sooft jener zum Großkönig oder sonst wohin auf das Festland als Gesandter geschickt worden ist.«[14] Die Vorstellung, in einem schönen Körper wohne ein schöner Geist, war im antiken Griechenland weitverbreitet.

Pyrilampes starb in seinen 60ern im Jahr 413, zu diesem Zeitpunkt war Adeimantos alt genug, um als Familienoberhaupt zu agieren, weswegen Periktione nicht noch einmal heiraten musste. Pyrilampes und Periktione hatten einen gemeinsamen Sohn, Antiphon, geboren um 421. Über diesen Halbbruder Platons wissen wir so gut wie nichts. Platon ernennt ihn zum Erzähler seines Dialogs *Parmenides*, was ein Interesse an Philosophie vermuten lässt, allerdings scheint daraus nichts weiter entstanden zu sein. In seinen späteren Jahren soll sich Antiphon mehr der Pferdezucht als dem abstrakten Denken gewidmet haben – und in *Parmenides* erscheint einiges äußerst abstrakt.

Über das Leben von Platons Brüdern wissen wir kaum etwas. Es ist sicher, dass Glaukon politische Ambitionen hegte, Adeimantos wahrscheinlich ebenfalls, allerdings erlangte keiner von beiden größere Bedeutung. Beide tauchen ab und zu in Platons Dialogen auf, am bedeutendsten ist sicherlich ihre Rolle als Gesprächspartner von Sokrates in *Politeia*. Glaukon tritt auch in einem anderen Werk als Gegenüber von Sokrates auf, in einer der sokratischen Schriften von Xenophanes, einem von Platons Zeitgenossen. Außerdem soll Glaukon selbst einige Dialoge geschrieben haben, in denen Sokrates vorkam. Unabhängig davon, ob diese Schriften authentisch waren oder nicht, keiner dieser Dialoge hat überlebt. Adeimantos stand Sokrates nahe genug, um im Jahr 399 zusammen mit Platon seinem Prozess beizuwohnen. Auf jeden Fall können wir guten Gewissens annehmen, dass Glaukon und Adeimantos Sokrates persönlich kannten. Als ihr größtes Vermächtnis für Platons Leben und die Nachwelt mag gelten, dass sie ihren jüngeren Bruder eines Tages seinem zukünftigen Lehrer vorstellten. Platon muss gewusst haben, dass *Politeia* das wichtigste Buch sein würde, das er je schreiben würde. Seine Brüder zu Sokrates' Gesprächspartnern zu ernennen – und sie zählen in den Dialogen bei Weitem zu den intelligenteren unter Sokrates' Gesprächspartnern – war sicher seine Art, ihnen dafür zu danken.

Platons entferntere Verwandtschaft

Nach dem Tod Aristons befand sich Platon unter dem Schutz seiner Familie mütterlicherseits; neben Pyrilampes gehörten zwei weitere einflussreiche Politiker zu diesem Familienzweig. Kritias war Periktiones Cousin ersten Grades. Er war bekannt für seine Gedichte und Theaterstücke und bewunderte nicht nur die Verfassung Spartas, sondern auch den Lebenswandel der Spartaner, die er in einigen seiner Werke lobte.[15] In Hinblick auf die beiden politischen Pole im klassischen Griechenland, die Oligarchie und Demokratie, lässt sich Kritias klar als Oligarch einordnen. Er sicherte sich seinen Platz in den Geschichtsbüchern, indem er einer der Anführer und wahrscheinlich auch der ideologische Führer der Dreißig Tyrannen wurde. Pyrilampes war dagegen ein Demokrat. In Kriegszeiten kann Politik eine Familie leicht spalten.

Wenn Platon im *Siebten Brief* also schreibt, dass er Verwandte unter den Dreißig hatte, muss er in erster Linie Kritias gemeint haben. Er dachte aber auch an Periktiones Bruder Charmides. Die Dreißig setzten zehn Männer ein, die gemeinsam Piräus, Athens Hafen, verwalten sollten. Charmides war eines der zehn Mitglieder dieses Verwaltungsrats. Kritias und Charmides sollen in einen fehlgeschlagenen Putschversuch der Oligarchen im Jahr 415 verwickelt gewesen sein. Charmides floh anschließend aus der Stadt und wurde in Abwesenheit zum Tode verurteilt. Wie bereits an anderer Stelle dargelegt, war der hauptsächliche Grund für die Machtübernahme der Oligarchen im Jahr 411 darauf zurückzuführen, dass die Reichen in eine relative Armut gestürzt wurden. Und wir wissen mit Sicherheit, dass Charmides in diesem Bereich Verluste erlitt.[16] Im Jahr 411 muss er sich nach wie vor im Exil befunden haben, da er sich sonst sicher am Putsch der Oligarchen beteiligt hätte.

Kritias' Verbindungen zu Platons enger Verwandtschaft verstärkten sich durch seine Liebesbeziehung zu Glaukon. In den höheren Klassen der Athener Gesellschaft galt »Griechische Liebe« (eine Bezeichnung für Homosexualität, die im 18. Jahrhundert aufkam) nicht als Abweichung von einem heterosexuellen Standard. Obwohl manche Männer sicher eine dauerhafte Liebesbeziehung eingingen (wie der Athener Dramatiker Agathon und ein gewisser Pausanias, der in Platons *Symposion* auftaucht), handelte es sich bei der Homoerotik meistens um *paiderastia* – »ein sexuelles Verlangen nach Knaben« ungefähr ab dem Alter von 14 Jahren. Gemeinhin galt ein adliger Jugendlicher als attraktiv und zog ältere Männer an, und diese versuchten, durch die Zuneigung des Jungen ihr eigenes Ansehen zu vergrößern. Wenn sich ein Mann zu einem Jungen hingezogen fühlte, sagte das nichts über seine Sexualität aus, wie wir sie heute verstehen. Der Mann galt dadurch nicht als schwul oder bisexuell in Abgrenzung zu heterosexuell. In puncto Sex spielte das Geschlecht bei den Griechen eine untergeordnete Rolle, vielmehr ging es um die Position, der Beteiligten – wer wurde penetriert und wer penetrierte. So oder so musste eine solche Beziehung nicht zwangsläufig sexuell sein.

Während einer Affäre, ob sexuell oder nicht, blieben sich die Partner in der Regel treu und mehrere Jahre zusammen, solange die Jungen noch keinen Bart hatten. Der Junge profitierte von einer solchen Beziehung – und auch das belegt, dass es sich um ein Phänomen der oberen Schichten handelte – durch eine Art Patronage. Da er seinen Liebhaber »zufriedenstellte«, wie es die Griechen so schön umschrieben, erwartete der Jüngere vom Älteren, dass er für ihn in der Öffentlichkeit als ein zusätzlicher Patron agierte. Der Ältere sollte ihn in die besten gesellschaftlichen Kreise einführen und später, mitunter auch Jahre nach dem sexuellen Verhältnis, seinen Einstieg ins politische Leben des Stadtstaates unterstützen. Vermutlich hatte auch Platon, der ja aus gutem Hause stammte, als Jugendlicher einen männlichen Liebhaber als Patron.

Platon schrieb zwei hervorragende Dialoge, in denen er die männliche homosexuelle Liebe sowie ihr philosophisches Potenzial und ihre Auswirkungen pries: *Symposion* und *Phaidros*. Auch in anderen Dialogen finden sich immer wieder homoerotische Stellen.

> [...] da, du Herrlicher, sah ich ihm unter das Gewand und entbrannte und war nicht mehr bei mir, sondern gedachte, Kydias wäre wohl sehr weise in der Liebe, welcher in Beziehung auf einen schönen Knaben bildlich sagt, es hüte das Reh sich, nicht dem Löwen ins Angesicht kommend, zur Beute ergriffen zu werden. Denn ich selbst dünkte mich nun von einem solchen Tier gefangen.[17]

Platon schrieb nie in gleicher Weise über heterosexuelle Liebe. Dementsprechend vereinnahmt ihn gerne die LGBTQIA+-Community (Abkürzung für lesbische, schwule, bisexuelle, transsexuelle/Transgender-, queere, intersexuelle und asexuelle Menschen) als einen der Ihrigen. Allerdings gilt es, Platons Worte im gerade dargelegten Kontext zu sehen. Vielleicht war Platon in unserem heutigen Sinn homosexuell,[18] oder er gab den Beziehungen, die er um sich herum in Athen erlebte, eine ungewöhnliche philosophische Wendung. Die Männer der Athener Oberschicht heirateten in der Regel nicht aus Liebe, sondern vielmehr mit Blick auf die politischen und kommerziellen Vorteile, die ihre Ehefrauen der Familie einbrachten. Durch eine Beziehung zu einem jungen Mann oder einer Mätresse konnten sie die eigene Leidenschaft ausleben. Die durch echte Leidenschaft freigesetzte Energie interessiert Platon in *Symposion* und *Phaidros*; besonders die Möglichkeit, diese Leidenschaft für philosophische und lebensverändernde Ziele zu nutzen. Er heiratete nie, im Kontext des antiken Athens ist das zwar ungewöhnlich, sagt aber nichts über die Sexualität einer Person aus. Ironischerweise war es in dem Stadtstaat, den er in *Nomoi* konstruierte, für einen Mann verpflichtend, zwischen 30 und 35 zu heiraten.

Frühe Bildung

Wir verfügen über keine konkreten Aussagen über Platons kindliche Ausbildung, sie entsprach jedoch sicherlich den Normen der damaligen Zeit. Schulbildung zielte in erster Linie darauf ab, Kinder zu sozialisieren – ihnen die Werte der eigenen Gesellschaft einzuprägen. So überrascht es kaum, dass Platon im Großen und Ganzen ein Mann seiner Zeit war. Er besaß Sklaven – sein Testament erwähnt fünf Haussklaven, und vermutlich bewirtschaftete ungefähr ein halbes Dutzend Sklaven jedes seiner Landgüter, wie es damals die Regel war. Auch seine imaginierten Gesellschaften Kallipolis und Magnesia (aus *Politeia* und *Nomoi*) verfügten über eine institutionalisierte Form von Sklaverei, bei der ein Sklave als Eigentum oder Vieh galt; außerdem waren die Strafen, die Platon in Magnesia für die Verfehlungen von Sklaven ansetzte, härter als die der Athenischen Gesetzgebung.

Ähnlich verhält es sich in Bezug auf Frauen. Obwohl er in der Ausarbeitung von Kallipolis der Logik seines eigenen Arguments folgend zugeben musste, dass einige wenige Wächterinnen ihren männlichen Kollegen intellektuell und moralisch ebenbürtig sein könnten und Frauen in Magnesia über die gleichen Bürgerrechte verfügen wie Männer, scheint Platon im echten Leben Frauen als den Männern unterlegen angesehen zu haben. Er hielt fest, Männer könnten Aufgaben, die Frauen vorbehalten waren, besser ausführen als diese; Männer seien intelligenter als Frauen; Leichen auf dem Schlachtfeld zu plündern, hätten sich Frauen ausgedacht; feige Männer würden in ihrem nächsten Leben als Frauen wiedergeboren; Frauen seien verschwiegener und unaufrichtiger als Männer. Sogar in *Nomoi* sind Frauen, obwohl Vollbürgerinnen, offensichtlich von höheren politischen Ämtern ausgeschlossen. Um es auf den Punkt zu bringen: Platon ging es weniger um die Frauen als solche, vielmehr interessierte ihn, ob sie sich wie Männer verhalten konnten.

Im antiken Griechenland existierte keine einheitliche schulische Ausbildung: Die wenigen Schüler mussten nicht viel leisten. In Athen kam Schulunterricht ungefähr zu Beginn des 5. Jahrhunderts auf, allerdings gab es während der klassischen Periode nur wenige Lehrer, und sie genossen weder sonderliches Ansehen noch staatliche Unterstützung. Die Schulen waren keine vom Lehrer unabhängigen Institutionen, sie starben mit dem Lehrer, der sie leitete, und befanden sich auch nicht in einem bestimmten Gebäude oder Zimmer. Die Mädchen und Jungen der ärmeren Familien ergatterten vielleicht daheim ein wenig grundsätzliche Bildung. Jungen, die das Glück hatten, das eigene Haus verlassen zu dürfen, wurden sporadisch über einige Wochen oder Jahre hinweg von drei Arten von Lehrern unterrichtet. Ein *grammatistēs* unterrichtete sie in Lesen, Schreiben und Rechnen, mit ihm lasen die Schüler die Epen und lernten sogar große Teile von ihnen auswendig, da besonders Homer in vielen Bereichen als ein Quell der Weisheit galt. Später kritisierte Platon die Ansicht, die Auseinandersetzung mit Dichtung liefere den Schülern nachahmenswerte Vorbilder. Seiner Meinung nach, besonders in *Politeia* ausformuliert, waren die Götter und anderen Figuren, die Homer und andere Gelehrte in ihren Texten beschrieben, in der Regel zu korrupt, um gute Vorbilder abzugeben. Die von einem *grammatistēs* vermittelten Fähigkeiten waren so grundlegend, dass wahrscheinlich auch die Söhne ärmerer Familien ihren Unterricht besuchten, schließlich kostete es nicht viel.

Die anderen zwei Fachbereiche waren eher den Kindern der Eliten vorbehalten und gingen mehr ins Detail. Ein *kitharistēs* unterrichtete Musik, Gesang, Tanz und die lyrischen Dichter. Ziel war es, dass sich die Jungen bei einem kultivierten Gastmahl behaupten und an Festspielen teilnehmen konnten. Ein *paidotribēs* leitete die sportliche Ausbildung in einem Gymnasion (in der Regel in öffentlichem Besitz) oder in einem »palaestra« (oft ein privat unterhaltener Ringplatz). Dort trainierten die Jungen für sportliche Wettkämpfe und das Kämpfen im Krieg. »Hat dein Vater dich denn nicht unterrichten lassen in dem, worin hier die andern unterrichtet werden, die angesehener Eltern Kinder sind? Wie lesen und die Leier spielen und ringen nebst den andern Leibesübungen?«[19] Platon soll ein guter Ringer gewesen sein, wobei die anekdotische Tradition wahrscheinlich zu weit geht, indem sie behauptet, er sei in den Panhellenischen Spielen angetreten und sogar ein olympischer Sieger gewesen. Die antiken Biografen nennen die Namen von Platons Lehrern: ein gewisser Dionysios war sein *grammatistēs,*[20] Drakon der Athener und Metellus von Akragas waren seine *kitharistai,* und Ariston von Argos war sein *paidotribēs.* Von Speusippos, der sich auf »Familiendokumente« beruft, erfahren wir, Platon sei lernbegierig und frühreif gewesen.[21] Beide Eigenschaften scheinen wahrscheinlich.

Schulbildung sollte die Lehren ergänzen, die man aus der Gesellschaft von Erwachsenen zog, von Letzteren lernte man durch Imitation angemessenes Verhalten und Denkansätze im Sinne des Bürgertums. Platon umriss diesen Aspekt der kindlichen Bildung in *Protagoras:*

> Schon von der zartesten Kindheit anfangend, solange sie leben, belehren und ermahnen sie ein Kind, sobald es nur versteht, was zu ihm geredet wird, sowohl die Wärterin als die Mutter, der Paidagoge und der Vater selbst kämpfen dafür, daß der Knabe aufs beste gedeihe, indem sie ihn bei jeder Handlung und Rede belehren und ihm zeigen, dies ist recht, jenes ist un-

> recht, dies gut, jenes schlecht, dies fromm, jenes gottlos, dies tue, jenes tue nicht [...]. Hernach, wenn sie ihn in die Schule schicken, schärfen sie dem Lehrer weit dringender ein, für die Sittsamkeit der Kinder zu sorgen, als für ihr Lesen und ihr Spiel auf der Lyra.[22]

Platons Ansicht nach war das Ergebnis dieses Systems dennoch reine Glückssache: Die bedeutenden Athener Staatsmänner Themistokles und Perikles waren (wie wir annehmen) gute Männer und erzogen ihre Söhne korrekt, dennoch ist nicht bekannt, dass sie besondere Leistungen vollbracht hätten.[23] Warum? Kann man jemandem Exzellenz (Vortrefflichkeit, *aretē*) beibringen? Vielleicht war es gerade diese grundsätzliche Frage, die Platon zum Philosophen werden ließ. Sie wird besonders in *Menon* und *Protagoras* verhandelt, taucht aber auch anderswo immer wieder auf.

In Athen gehörte es ebenfalls zur Ausbildung eines Jungen, an Theaterfestspielen und dramatischen Wettkämpfen teilzunehmen. Vielleicht ergab sich für ihn so eine der wenigen Gelegenheiten, eine Vorstellung von kritischem Denken zu entwickeln, da die Dramen, die in der sagenumwobenen Vergangenheit spielten, stets für das zeitgenössische Athen wichtige soziale und politische Themen aufwarfen. Tragödiendichter galten als »die Lehrer Griechenlands«[24]. Platon wuchs zu einer Zeit auf, als der Tragödiendichter Euripides, der philosophischste unter den Dramatikern, sich auf der Höhe seines Erfolgs befand. Dennoch kritisierte Platon später das Theater als eine Form der Rhetorik, die das Volk zwar bewog, an bestimmte Dinge zu glauben, jedoch kein Wissen vermitteln könne.[25] Bei einer anderen Art von Festspiel waren es wiederum professionelle Rezitatoren und Interpreten von epischer Dichtung, bekannt als »Weber von Gesängen« (»Rhapsoden«, so wie Ion in Platons Dialog), die Homer und andere Dichter für ihr Publikum lebendig hielten und vertieften. Einem ebenso wichtigen Aspekt der Bildung eines jungen Atheners gemäß nahm dieser an den Entscheiden der Volksversammlung oder des Gerichts teil und lauschte dem Klatsch und den Gesprächen auf der Agora, dem zentralen Marktplatz Athens. Auf diese Weise sollte derjenige lernen, was die Gemeinschaft lobte und was sie tadelte. Einige wenige Jungen, nur aus den Reihen der Aristokratie, wurden zusätzlich sozialisiert, indem sich ein älterer Liebhaber ihrer annahm (siehe Abbildung 1.3), was weiter oben bereits beschrieben wurde.

Für ein Kind der Oberschicht, wie Platon eines war, gehörten Gastmahle (Symposien) ebenfalls zu seiner Ausbildung, sobald es endlich, wie seine älteren Brüder, das *andrōn* seines Vaters oder anderer Männer besuchen durfte – den Wohnbereich der Männer, wo Symposien stattfanden. Das Wort »Symposion« meint buchstäblich »Feier mit alkoholischen Getränken«, allerdings sind damit irreführende Konnotationen verbunden: Die Griechen nippten nicht an Gläsern mit Sherry und knabberten gesalzene Nüsschen, und es nahmen keine Frauen teil – auf jeden Fall keine, die etwas auf sich hielten. In der Tat war es der vorrangige Zweck einer solchen Zusammenkunft, Alkohol zu trinken, wenn man auch vorher zu Abend aß. Nach dem Essen folgte eine Pause, während der man abräumte und Rituale vollzog, anschließend begann man zu trinken.

Abbildung 1.3 Homoerotische Szene während eines Symposions. Ein älterer Mann (rechts, mit Bart) und ein Jugendlicher teilen sich während eines Symposions eine Liege. Foto von Carole Raddato.

Dabei floss der Wein zwar in rauen Mengen, allerdings gut verdünnt. Obwohl es manchmal bezahlte Unterhaltung gab, wie Tänzerinnen, Akrobaten oder Pantomimen, sollten dennoch in erster Linie die Gäste einander unterhalten. Nach einer Hymne an die Götter setzte man sich zusammen, um geistreiche und elegante Konversation zu betreiben. Man sang Lieder und begleitete sich dabei auf der Lyra, man trug Gedichte vor – sogar eigene –, tanzte, stellte einander Rätsel, machte Witze und spielte Spiele, beispielsweise *kottabos*. Bei Letzteren schnipste man die Tropfen, die sich am unteren Rand des eigenen Bechers sammelten, auf ein Ziel. Auf diese Weise lernte Platon wohl die feine Salonwelt voller gehobener Literatur und kultivierter Herren kennen. In *Nomoi* beschreibt er umfangreich, wie bedeutsam korrekt abgehaltene Symposien für die Bildung seien.

Der jugendliche Dichter

Platon soll sich auch mit Malerei beschäftigt haben, was aber unwahrscheinlich erscheint: In der Regel handelte es sich dabei nicht um einen für die Oberschicht üblichen Zeitvertreib. Zumindest zwei der Schriftsteller, die uns dies behaupten, belegen mit einer Passage aus *Timaios*, dass Platon sich mit Malerei befasste. Wir werden hier Zeugen einer riskanten Taktik, bei der man aus den Schriften einer Person auf ihr Leben schließt. Konsistenter ist die biografische Tradition in der Aussage, dass Platon schon in jungen Jahren Schriftsteller werden wollte. Vor ihm gab es nur wenig geschriebene Prosa, die Texte dieser kleinen Schrifttradition beschränkten sich auf Arbeiten zur Medizin und Geschichtsschreibung, technische Abhandlungen und Handbücher. Außerdem waren bereits einige politische oder juristische Reden erschienen. Philosophie – in Platons Jugend umfasste der Begriff von Logik bis zu Geografie alles – wurde sowohl in Prosa als auch in lyrischer Form verbreitet, allerdings waren diese Werke in der Regel kurz und dogmatisch gehalten. Das lag vor allem daran, dass, bis noch vor einigen Jahrzehnten vor Platons Geburt, Literatur in erster Linie für Aufführungen geschrieben wurde und nicht für schriftliche Veröffentlichungen. Als Platon im 4. Jahrhundert v. Chr. anfing, seine Dialoge zu schreiben, befand sich diese Praxis bereits im Wandel, Bücher wurden nun auch direkt zur schriftlichen Veröffentlichung verfasst. Dementsprechend fielen die Texte fortan länger und weniger dogmatisch aus, da die Leser nun Zeit hatten, ein Argument mehrmals zu lesen und abzuwägen, ob die sich daraus ergebenden Konsequenzen korrekt waren.

Platon und andere Anhänger von Sokrates veränderten das Gebiet der philosophischen Prosa für immer. Zunächst faszinierte Platon jedoch offenbar die Dichtung; vielleicht wollte er in Kritias' Fußstapfen treten und eine politische Karriere mit dem Schreiben verbinden. Die Geschichte, wonach er seine frühen Tragödien vernichtete, nachdem er zur Philosophie »konvertierte«,[26] stellt ein solches Klischee dar, dass wir alle Erzählungen in diese Richtung als falsch abtun könnten, wären sie nicht so plausibel. Für einen gebildeten jungen Mann mit einem Hang zum Literarischen, der an Symposien teilnahm, ist es wahrscheinlich, sich im Dichten versucht zu haben. In *Politeia* legt Platon Sokrates eine »Liebe und Scheu, die ich von Kindheit an für den Homeris hege« in den Mund, die er sicherlich selbst spürte.[27] Auf jeden Fall hatte Platon einen Sinn fürs Tragische; daran kann niemand zweifeln, der die Dialoge über Sokrates' Gerichtsprozess und Tod gelesen hat (*Apologie des Sokrates, Kriton, Phaidon*).

In Platons Namen wurden uns 31 Epigramme überliefert; drei von ihnen werden allerdings nicht »Platon«, sondern »Platon dem Jüngeren« zugesprochen, bei dem es sich genauso gut um einen sonst unbekannten Dichter mit gleichem Namen handeln kann. Ein Großteil der überlieferten Epigramme findet sich in der *Griechischen Anthologie*, einer Sammlung von Tausenden Gedichten, vollendet im 13. oder 14. Jahrhundert n. Chr. In der Platon-Biografie von Diogenes Laertios finden sich elf Epigramme, bei denen es sich ausschließlich um Liebesgedichte handelt (davon befinden sich neun ebenfalls in der *Griechischen Anthologie*). Ein Epigramm ist ein kurzes, eingängiges Gedicht, welches das Gedenken einer Person oder eines Ereignisses sichern sollte – beispielsweise als Inschrift am Fuße einer Statue, um dem Leben der dargestellten Person zu gedenken. Bis zum 3. Jahrhundert v. Chr. hatte sich daraus eine eigenständige Kunstform entwickelt, die vor allem dazu diente, Liebesbeziehungen treffend zu beschreiben. Dies begründet auch, weshalb keines der Epigramme, die Diogenes Laertios Platon zuschreibt, authentisch sein kann: Sie folgen Regeln, die sich erst lange nach Platons Tod durchsetzten. Bedenkt man außerdem, dass Platon die Texte als Jugendlicher oder junger Mann geschrieben haben soll, ist seine Urheberschaft noch unwahrscheinlicher. Mindestens eines der Gedichte hat sicher ein anderer Dichter im frühen 3. Jahrhundert v. Chr. komponiert, anschließend wurde es, in leicht abgeänderter Form, Platon zugeschrieben.

All dies lässt sich wie folgt erklären: Man wusste von Platons jugendlichen literarischen Schriften. Außerdem war klar, dass er, nach der biografischen Überlieferung, mehrere Liebesbeziehungen mit verschiedenen Männern und Frauen geführt haben sollte. Also erfand man Epigramme, die man an seine mutmaßlichen Partner und Partnerinnen oder auch an andere ihm bekannte Personen adressierte: der Dramatiker Agathon (in dessen Haus das Symposion aus *Symposion* stattfindet); Dion, Platons Freund und Schüler aus Syrakus; Xanthippe, Sokrates' Frau; Phaidros (im Epigramm »Aster« genannt), nach dem Platon einen seiner Dialoge benannte. Die meisten historischen Details in den Texten stimmen nicht: Niemals hätte Platon ein Liebesgedicht an die Frau von Sokrates adressiert, genauso wenig hätte er Agathon und Phaidros wie seine jungen Liebhaber behandelt, da sie beide älter waren als er. Wer auch immer diese Epigramme schrieb, gab vielleicht vor, Platon zu sein, der Sokrates imitiert, so wie in seinen Dialogen geschehen.

> Als ich Agathon küsste, befand sich meine Seele auf meinen Lippen.
> Das arme Ding war dorthin gewandert, um die Lücke zwischen uns zu überwinden.

> Du schaust auf die Sterne, Aster, mein Stern! Wenn ich doch nur der Himmel wär!
> Ich würde mit unzähligen Augen auf dich hinabschauen!

Bei dem an Dion adressierten Epigramm handelt es sich in der Tat um ein Gedicht zum Zweck des Andenkens, allerdings wandelt es sich am Ende in eine Liebeserklärung:[28]

> Thränen für Hekabe wohl und Ilions blühende Frauen
> Entspannen die Moiren dereinst schon an dem Tag der Geburt;
> Dion, doch dir nach gefeiertem Sieg ruhmwürdiger Thaten
> Schütteten Götter die weit greifenden Hoffnungen aus.
> Aber du liegst, von den Bürgern geehrt, in gebreiteter Heimath,
> Dion, um den mein Herz tobende Liebe bewegt.[29]

Die anderen, nicht von Diogenes überlieferten Epigramme sind hauptsächlich Gedichte des Gedenkens. Es ist durchaus möglich, dass Platon eines oder mehrere verfasste, wir können dies aber nicht sicher feststellen. Hier ein eher einfaches, das dem großen Dichter Pindar gedenkt, der im frühen 5. Jahrhundert wirkte:

Der Mann, der hier liegt, war Fremden angenehm
und seinen Mitbürgern lieb –
Pindar, Diener der wohlklingenden Musen.

Ein weiteres Gedicht ehrt eine andere berühmte Dichterin:

Die Leute meinen, es gäbe neun Musen. Wie nachlässig!
Seht Sappho aus Lesbos: sie ist die zehnte.

Ein besonders treffendes Epigramm ehrt die Bewohner der Stadt Eretria auf der Insel Euböa. Sie hatten sich den Athenern angeschlossen, als diese die Perser in Kleinasien im frühen 5. Jahrhundert v. Chr. angriffen, und damit die Rebellion der griechischen Stadtstaaten in Kleinasien gegen die persische Herrschaft unterstützt. Im Jahr 490 sandten die Perser als Reaktion eine Armee, die von den Athenern in der großen Schlacht von Marathon besiegt wurde. Bevor sie Marathon erreichten, unterwarfen die Perser Eretria und siedelten seine Bewohner aufs Festland nach Medien weit im Landesinneren um, im heutigen nordwestlichen Iran gelegen.

Hier liegen wir, mitten in der Steppe Ekbatanas,
Wir, die wir früher über die Tiefen des Ägäischen Meers segelten.
Lebewohl, weithin berühmtes Eretria, einst unsere Heimat!
Lebewohl, Athen, Nachbarin von Euböa!
Lebewohl, geliebte See![30]

Es handelt sich hier um ansprechende Texte, aber sie sind nicht überragend. Falls einer von ihnen tatsächlich von Platon stammt, dann mag er an seine jugendlichen dichterischen Eskapaden gedacht haben, als er schrieb:

Die dritte Eingeistung und Wahnsinnigkeit von den Musen ergreift eine zarte und heilig geschonte Seele aufregend und befeuernd, und in festlichen Gesängen und anderen Werken der Dichtkunst tausend Taten der Urväter

> ausschmückend bildet sie die Nachkommen. Wer aber ohne diesen Wahnsinn der Musen in den Vorhallen der Dichtkunst sich einfindet, meinend, er könne durch Kunst allein genug ein Dichter werden, ein solcher ist selbst ungeweiht, und auch seine, des Verständigen Dichtung, wird von der des Wahnsinnigen verdunkelt.[31]

Möglicherweise hielt sich Platon für zu vernünftig und rational, um einen guten Dichter abzugeben.

Erwachsen werden

Junge athenische Männer wurden formal von ihren jeweiligen Demen als Bürger registriert, sobald sie 18 Jahre alt waren. Dementsprechend wäre Platon im Jahr 406 oder 405 eingetragen worden. Aristoteles beschreibt dieses Prozedere, das sich nicht sonderlich von demjenigen zu Platons Zeiten unterschieden haben sollte:

> Das Bürgerrecht haben diejenigen, deren Eltern beide Bürger sind; sie werden mit Vollendung des 18. Lebensjahres in die (Liste der) Gemeindemitglieder eingeschrieben. Wenn sie eingeschrieben werden, prüfen die Gemeindemitglieder sie unter Eid und auf dem Wege der Abstimmung in folgenden Punkten. Zunächst, ob es bestimmt ist, daß sie das gesetzlich vorgeschriebene Alter tatsächlich erreicht haben; falls sie anders entscheiden, kehren sie (die Kandidaten) wieder in die (Reihe der) Knaben zurück. Zweitens, ob er (der Kandidat) frei ist und seine Abstammung den Gesetzen entspricht. [...] Danach überprüft der Rat die Eingeschriebenen, und falls er entscheidet, daß jemand jünger als 18 Jahre alt ist, erlegt er den Gemeindemitgliedern, die ihn eingeschrieben haben, eine Geldstrafe auf.[32]

In Athen gab es kein Geburtenregister; um festzustellen, ob ein junger Mann 18 Jahre alt war, musste man ihn sich ansehen. Das Gesetz, wonach beide Elternteile registrierte Bürger zu sein hatten, war noch relativ neu, es trat 451/0 in Kraft. Als Platon eingeschrieben wurde, legte man diese Regel bereits weniger strikt aus; aufgrund der Verluste während des Peloponnesischen Krieges konnte die Stadt sich keine Exklusivität mehr erlauben, erst nach Kriegsende setzte man die Regel wieder strikt durch. So oder so erfüllte Platon die Voraussetzungen: Seine Eltern waren beide Bürger, er war frei und nie zuvor ein Sklave gewesen, und er muss den Rat von seinem Alter überzeugt haben.

Mit seiner Einschreibung wurde Platon umgehend zum »Epheben«, zum wehrfähigen jungen Mann. Nach obiger Beschreibung fährt Aristoteles fort und äußert sich über die *ephēbeia*. Zwar handelte es sich, im Gegensatz zum späten 5. Jahrhundert, zu Zeiten Aristoteles' nur noch um eine Formalität, der Sinn blieb dennoch gleich: Die jungen Männer sollten durch Erfahrung lernen, was es hieß, ein Bürger Athens zu sein. Zuerst schworen sie einen Eid:

> Ich werde keine Schande über meine heiligen Waffen bringen, auch werde ich die Männer neben mir nicht im Stich lassen, wo auch immer ich in der Reihe stehe. Ich werde das Heilige und Weltliche verteidigen, und ich werde den Wert meines Vaterlandes nicht mindern, sondern ihn größer und besser an die nach mir weitergeben, mit allem, was in meiner Kraft und der aller liegt. Und ich werde zu jeder Zeit denjenigen folgen, die ihre Macht mit Vernunft einsetzen, und ich werde den Gesetzen Folge leisten, die jetzt in Kraft sind und auch allen sinnvollen, die noch in Zukunft erlassen werden. Sollte jemand diese zerstören, so werde ich ihm nicht folgen, so es in meiner Kraft und der aller liegt. Und ich werde die Religion der Vorfahren ehren.[33]

Nach dem feierlichen Schwur führte man Platon und seine Mitstreiter durch alle Tempel von Attika, damit sie sich mit den Heiligtümern der Landschaft vertraut machen konnten, die sie verteidigen sollten. In den folgenden zwei Jahren absolvierten die Epheben eine militärische Ausbildung innerhalb der attischen Grenzen. Wie genau die Pflichten eines Epheben in Platons Zeit aussahen, wissen wir nicht, wahrscheinlich leisteten sie Garnisondienst in Piräus, dem Hafen Athens, absolvierten Drills und trainierten an Waffen. Im zweiten Jahr erhielten sie vom Staat einen Schild und einen Speer und bekamen die gefährlichere Aufgabe, an den Grenzen zu patrouillieren, sie gegen Feinde zu sichern und entlaufene Sklaven festzunehmen. Dafür wurden sie an den verschiedenen Stützpunkten stationiert, die über das Grenzland hinweg verteilt lagen. Die jungen Bürger erweiterten so ihren Horizont, sie kamen aus ihrem vertrauten Familienumfeld heraus und lernten, dass sie dem gesamten Staatskörper verpflichtet waren. Platon sollte nie vergessen, wie wichtig es war, eine Gesellschaft als Ganzes anzusehen.

Platons Reichtum

Ein hervorstechendes Merkmal von Platons äußeren Lebensumständen war sein Reichtum. Er stammte aus einer vermögenden Familie und blieb sein ganzes Leben über wohlhabend. Eine Überlieferungslinie in den antiken Biografien beschreibt ihn als arm oder verarmt, das trifft allerdings nicht zu. Wahrscheinlich nahm man dies aufgrund der negativen Tradition an, die ihn mit offener Hand an der Tür sizilianischer Tyrannen darstellt. Platon mag derartige Geschenke durchaus angenommen haben, allerdings aus Respekt für sein Gegenüber und nicht, weil sie für ihn lebensnotwendig gewesen wären. In seinem ganzen Leben musste er nie Geld verdienen, er lebte von der Arbeit derer, die seine Ländereien verwalteten und bestellten. Es heißt sogar, Platon habe als Erster keine Bezahlung für seinen Unterricht verlangt, wobei diese Auszeichnung eher Sokrates zusteht.[34] Jedenfalls war Platon so vermögend, dass der Staat in den 360er-Jahren eine Leiturgie (*leiturgia*, »öffentliche Dienstleistung«) von ihm verlangte. In Athen war es üblich, dass wohlhabende Privatleute sich an den öffentlichen Ausgaben beteiligten. Es gab keine reguläre Einkommenssteuer. Einige Abgaben waren unregelmäßig (beispielsweise Spenden für die Kriegsführung), Leiturgien wurden jedoch jedes Jahr eingefordert – je nach Jahr wurden zwischen 97 und 118 solcher Zahlungen benötigt.

Im Athen des 4. Jahrhunderts belief sich die Gesamtbevölkerung auf ungefähr 220 000 Menschen (deutlich weniger als ihr Höchststand von 340 000 kurz vor dem Peloponnesischen Krieg). Darunter befanden sich etwa 2000 Männer, die reich genug waren, um eine Leiturgie zu zahlen. Von diesen war nur eine extrem reiche Gruppe von vielleicht 300 oder 400 Bürgern in der Lage, die teuersten Leiturgien zu finanzieren. Dazu zählte zum Beispiel eine »Trierarchie«, bei der es sich um die Finanzierung einer gesamten Triere (eines Kriegsschiffs) handelte, diese Form der Leiturgie bemannte ein solches Schiff, stattete es aus und zahlte die laufenden Kosten für ein gesamtes Jahr. Den Schiffskörper stellte der Staat bereit. Eine solche äußerst kostspielige Leiturgie finanzierte einmal Demos, Pyrilampes' Sohn, was uns eine ungefähre Vorstellung von dem Reichtum gibt, den Pyrilampes mit in Platons Familie brachte, als er Periktione heiratete. Im Bereich der Festspiele war die teuerste Leiturgie eine *chorēgia;* dabei ging es darum, einen Chor für ein Theater- oder Chorfestspiel zusammenzustellen. Dies umfasste Zahlungen für die Chorleiter, die Ausbildung der Chormitglieder, die Proben, die Kostüme, das Bühnenbild und die Requisiten. Eine solche Leiturgie verlangte man von Platon; er zahlte für ein Fest die Ausbildung eines Knabenchors. Vielleicht war es günstiger, einen Knabenchor zu finanzieren als den Männerchor einer Tragödie, aber einen großen Unterschied dürfte es nicht gemacht haben.

Der Staat nahm also an, Platon könne mehrere Hundert Drachmen entbehren, und da er der Aufforderung folgte, gab er dieser Annahme recht. Er war einer der circa 2000 wohlhabendsten Männer Athens und gehörte damit eindeutig zum obersten Prozent. Selbst wenn wir der Erzählung glauben, nach der ein anderer Platons Ausgaben für die Leiturgie zahlte,[35] ändert dies nichts daran, dass man ihn um diese Finanzierung bat. Das wäre nicht geschehen, wenn Platons Grundbesitz nicht groß genug gewesen wäre, um ihn zur Spitze dazuzuzählen. Wahrscheinlich sollte Platon lediglich das notwendige Geld zur Verfügung stellen, dennoch hat er vermutlich mehr als das getan. Als er seinen imaginären Stadtstaat in *Nomoi* erbaute, widmete er mehrere Seiten dem Mehrwert, den der Tanz und seine korrekte Ausführung zur Bildung beiträgt.[36]

Diogenes Laertios gibt Platons persönliches Testament wieder, das authentisch scheint.[37] Ich spreche hier von einem »persönlichen Testament«, weil Platon seine Schule, die Akademie, mit keinem Wort erwähnt, für diese muss er separate Vorkehrungen getroffen haben, möglicherweise in Form einer dauerhaften Stiftung. Vielleicht überließ er die Institution aber auch sich selbst, da sie zu seinen Lebzeiten ebenfalls eigenständig gewesen war; so oder so führten seine Nachfolger schon bald Studiengebühren ein. Der Großteil von Platons Vermögen stammte wohl von zwei weitläufigen Gütern, die im ländlichen Norden und Osten Athens lagen, eins davon hatte er von seiner Familie übernommen und das andere selbst erworben.

Folgendes ist die Hinterlassenschaft Platons und seine Verfügung darüber: Das Grundstück am Iphaistiadenheiligtum, in dessen Nähe nördlich der Weg vom Kephisiadenheiligtum sich hinzieht, südlich das Herakleion im Iphaistiadenheiligtum liegt, und das östlich den Archestratos aus dem Demos Phrearrhoi, westlich den Philippos aus dem Demos Chollidai zum Nachbar hat. Dies zu verkaufen oder in andre Hände zu bringen, soll niemandem erlaubt sein, sondern es soll, wenn irgend möglich, im Besitz des jungen Adeimantos [wahrscheinlich der Enkel von Platons Bruder] verbleiben. Das Eiresideische

Grundstück, das ich von Kallimachos gekauft habe, das nördlich zum Nachbar den Eurymedon aus dem Demos Myrrhinus hat, südlich den Demostratos aus dem Demos Xypete, östlich den Eurymedon aus Myrrhinus, und westlich an den Kephisos grenzt.[38] An Silber drei Minen, eine silberne Schale im Werte von hundertfünfundsechzig Drachmen, ein Trinkbecher im Werte von fünfundvierzig, ein goldner Fingerring und ein goldner Ohrring, beide zusammen im Werte von vier Drachmen und drei Obolen. Der Steinmetz Eukleides schuldet mir drei Minen. Der Artemis schenke ich die Freiheit. Tychon, Biktas, Apolloniades, Dionysios hinterlasse ich als Sklaven. An Geräten das, was im Verzeichnis steht, von dem Demetrios eine Abschrift hat. Ich schulde keinem Menschen irgendetwas. Zu Testamentsvollstreckern ernenne ich den Sosthenes, Speusippos, Demetrios, Hegias, Eurymedon, Kallimachos, Thrasippos.[39]

Anhand des Testaments können wir sehen, dass Platon über kein großes Barvermögen verfügte, was im antiken Griechenland durchaus üblich war. Es gab damals nie genügend geprägte Münzen, um den Bedarf zu decken, stattdessen existierte ein florierendes Kreditsystem, das Banken und Freunde bereitstellten. Deswegen erwähnt Platon, er hätte bei niemandem Geldschulden, und der Steinmetz Eukleides schulde ihm die nicht unbedeutende Summe von drei Minen (300 Drachmen, heute ungefähr 20 000 US-Dollar). Neben geprägten Münzen verwendete man auch ungeprägtes Geld beziehungsweise Gold- und Silberbarren, weswegen Platon den Wert seiner kostbarsten Gegenstände ebenfalls auflistet. Platons Reichtum war nur von Vorteil: Er verschaffte ihm freie Zeit. Wäre Platon arm gewesen, wäre auch die heutige Philosophie deutlich ärmer.

Die Athener der wohlhabenden Oberschicht, zu denen Platon zählte, waren gut ausgebildet und stolz auf ihre Kultur. Wie für viele seiner Zeitgenossen wandelte sich dieser Stolz wohl auch bei Platon in Snobismus. In einer brillanten Passage in *Politeia* beklagt er zunächst, dass die Art Mensch, die im Grunde Philosophie studieren sollte, zu schnell von den Verlockungen weltlicher Macht zu verführen sei, und lässt sich dann über die Unfähigen aus, die sich der Philosophie nur aufgrund des damit verbundenen Prestiges verschreiben.[40] Er schließt mit folgendem schonungslosen kleinen Portrait:

> Sind diese nun wohl, sprach ich, viel anders anzusehen, als ein zu Geld gekommener Arbeiter aus der Schmiede etwa, der, ein kleiner kahlköpfi-

> ger Kerl, neulich erst aus dem Gefängnis gelöst, nun aber wohlgebadet und neugekleidet und wie ein Bräutigam herausgeputzt, weil sein Herr verarmt und heruntergekommen ist, dessen Tochter heiraten soll?[41]

In diesem Sinne sind auch die Angehörigen der Arbeiterklasse im imaginären Stadtstaat in *Politeia* strikt von der Regierung ausgeschlossen. Begründet wird das mit der Behauptung, ihre Arbeit mache es ihnen unmöglich, höhere und langwierige Überlegungen anzustellen, wozu man als politischer Führer in der Lage sein müsse. In seinen späten Jahren wurde Platon etwas milder, dennoch prägte ihn seine Kindheit nachhaltig, er verfügte nicht nur über den gleichen Stolz wie andere seiner Gesellschaftsschicht, sondern auch über den gleichen Snobismus gegenüber Menschen, die für ihr Geld arbeiten mussten. Auch in diesem Punkt war Platon ein Kind seiner Zeit.

Religion und Religiosität

Die Götter durchdrangen im antiken Griechenland das gesamte Alltagsleben. Das ging so weit, dass es gar kein Wort für »Religion« als eigenständigem Bereich gab. Und die Götter sowie ein Sinn für das Göttliche bestimmen so viele von Platons Dialogen, dass es scheint, als entstammten diese Texte einem zutiefst Gläubigen. Gott und die Götter kommen mehr als 100-mal in *Politeia* vor und doppelt so oft in *Nomoi*. Platon lässt seine Figuren in den Dialogen immer wieder derart vom Göttlichen sprechen, dass sie es offensichtlich ernst meinen und die Götter als Mächte des Guten ansehen. Pietät (das heißt, sowohl göttliche als auch menschliche Höhergestellte mit dem gebotenen Respekt und ehrfürchtig zu behandeln) empfand Platon als eine der grundlegenden Tugenden. Dennoch stand er nicht allen Aspekten der traditionellen Religion positiv gegenüber. Zunächst einmal glaubte er nicht alle Geschichten, die man sich über die Götter erzählte, und die in den, wie wir sie heute nennen, griechischen Mythen überliefert wurden (obwohl sie in seiner frühen Kindheit einen Großteil der Ausbildung eingenommen haben müssen). Da er die Götter ausschließlich als gut betrachtete, lehnte er Geschichten ab, in denen sie logen, betrogen, sich rachsüchtig verhielten und so weiter. »Aber daß Hera von ihrem Sohne gebunden und Hephaistos von seinem Vater untergeworfen worden ist, weil er der geschlagenen Mutter beistehen wollte, und alle Göttergefechte, welche Homeros gedichtet hat, diese sind nicht zuzulassen in unserer Stadt, mag nun ein verborgener Sinn darunterstecken oder auch keiner.«[42]

Die Religion der Griechen fußte mehr auf Praxis als auf Glauben. Es gab keine Heilige Schrift, an deren Vorschriften man sich zu halten hatte, keine Gebote oder Glaubensbekenntnisse, von denen man überzeugt sein musste, um als »orthodox« zu gelten. Auch fehlte eine kirchliche Institution, welche die Ausübung von Religion koordinierte oder Doktrinen aufstellte. Religion bestand größtenteils darin, Rituale angemessen zu praktizieren. Doch auch Letztere ruhten auf einer gewissen Basis an Überzeugungen: Man glaubte, die Götter existieren und sorgen für uns, sie wissen mehr als wir und sind mächtiger als wir, und Opfer und Gebete können ihre Entscheidungen beeinflussen. Denker und Dichter im späten 5. Jahrhundert v. Chr. forderten all diese Behauptungen entweder heraus oder lehnten sie schlichtweg ab. Platon hat dies durch seine jugendlichen Studien und Theaterbesuche sicher mitbekommen, allerdings lehnte er nur den letzten oben aufgezählten Glaubensgrundsatz ab. Da die Götter seiner Meinung nach gut waren und sich um uns sorgten, würden sie sowieso das Beste für uns tun, ohne dass wir versuchen mussten, sie zu beeinflussen. Sollten wir dennoch etwas von ihnen verlangen, dann jedoch keinen weltlichen Wohlstand. Vielmehr sollten wir nur dann um Unterstützung bitten, wenn wir Hilfe bei unserem eigenen Handeln brauchten. Hier ein Beispiel:

> Oh lieber Pan und ihr Götter, die ihr sonst hier zugegen seid, verleiht mir, schön zu sein im Innern und daß, was ich Äußeres habe, dem Inneren befreundet sei. Für reich möge ich den Weisen halten und solche Menge Goldes besitzen, wie ein anderer als der Mäßige gar nicht tragen und führen könnte.[43]

Des Weiteren hielt Platon fest, die Götter existierten, und wir, obwohl wir sie nie ganz erkennen können, dürften uns sicher sein, dass sie gut und uns Menschen wohlgesonnen sind. Er war auch überzeugt, die Welt könne kein Produkt des Zufalls sein, und dass das Göttliche am Ende nicht nur die Welt erschaffen habe, sondern sie ebenso verwaltete und in Ordnung hielt. Atheismus sei nicht nur ein intellektueller Fehlschluss, sondern eine sichere Methode, um unsere Seelen in die Verdammnis zu führen.[44]

Platon war trotzdem ein fortschrittlicher Denker; ihm war bewusst, wie wichtig die konventionelle Religiosität für die breite Masse war, weswegen er sie in seinen fiktionalen Städten beibehielt, aber mit philosophischen Ansichten untermauerte. Radikal ist vor allem, dass er in seinen Dialogen nicht nur von den traditionellen Göttern des griechischen Pantheons spricht – Zeus und seine weitverzweigte olympische Familie –, sondern auch von einem singulären Gott. Einige wenige Denker vor ihm und einige Zeitgenossen hielten es ebenso. Diese Tradition begann im 5./6. Jahrhundert v. Chr. mit Xenophanes von Kolophon und schloss einen weiteren Anhänger Sokrates' namens Antisthenes mit ein. Platon war ein maßgeblicher Teil einer Bewegung, die, wenige Jahrzehnte nach seinem Tod, in den Monotheismus der Stoiker mündete. Die Stoiker verglichen die traditionellen Gottheiten mit dem, was für die heutigen semitischen Religionen Engel sind: Agenten, die nach Gottes Vorsehung handeln. Platon tendiert bereits in diese Richtung, besonders im Astralkult, den er in den späten Dialogen *Timaios* und *Nomoi* beschreibt. Darin sind die Himmelskörper Götter, die – auf eine beinahe astrologische Weise – zwischen Gott und den Menschen liegen und vermitteln.

Die Götter des Olymps waren in der Welt präsent, man nahm ihren Einfluss umgehend wahr. Zeus ließ es regnen; Poseidon ließ die Erde beben; Demeter ließ den Weizen wachsen und so weiter. Die monotheistische Tradition der griechischen Denker diente immer dem Ziel, diese weltliche Perspektive zu überwinden. Platons Charakter erschließt sich uns aus seiner Philosophie. Wenn wir bedenken, welchen außerweltlichen Schwerpunkt sie auf die Seele und die transzendenten Ideen legt, sollte es uns wenig überraschen, dass Platon dem Club der griechischen Monotheisten beitrat.

Auf diesem quasi-monotheistischen Fundament aufbauend, kam Platon zu der erstaunlichen Ansicht, dass die Philosophie an sich einen religiösen Zweck erfüllte – es ging darum, sich Gott anzunähern.[45] Die meisten praktischen Philosophen verstanden unter der Perfektibilität einer Person (ihre Fähigkeit, sich selbst zu perfektionieren), dass sie ihre menschliche Natur zu erfüllen vermochte. Ihnen ging es weniger darum, diese Natur zu überwinden. Platon war dagegen überzeugt, die menschliche Natur weise sowohl göttliche als auch tierische Eigenschaften auf – dass uns sowohl das, was wahr ist, anzieht, als auch das, was angenehm ist. Er sah unsere Bestimmung darin, dass Göttliche in uns herauszuarbeiten, um selbst gottähnlich zu werden. Allerdings erkannte er auch an, dass die wenigsten unter uns diese harte und persönliche Arbeit auf sich nehmen würden, wie es ein solcher Lebensweg mit sich brächte. Ihm war bewusst, dass die meisten Menschen Religion weiterhin als öffentliche Kulthandlung betrachteten, um die olympischen Götter mit Festen und Opfern zu verehren. Gott blieb nach Platon trotzdem ein Paradigma des Guten und moralisch unangreifbar, was immerhin einige wenige dazu inspirierte, dem göttlichen Ideal nachzueifern und sich ihm so weit anzunähern, wie es einem Sterblichen möglich war. Unsere Seelen sind unsterblich, und die Philosophie sollte die Seele so weit reinigen, dass sie dem ständigen Kreislauf der Wiedergeburt entkommen und sich mit Gott vereinigen kann. Jeder Mensch, der in drei aufeinanderfolgenden Reinkarnationen zu einem Philosophen würde, müsste nie mehr wiedergeboren werden.[46] Für die anderen, die diesen Zustand der Versenkung nicht erreichten, war Platon zufolge auch die gewöhnliche Religion, also die Verehrung der olympischen Götter, eine positive Kraft, da sie die Menschen auf dem schmalen Grat der Moral hielt. Diese polytheistische Form der Religion war die seiner eigenen Kindheit und Jugend. Daher ist anzunehmen, dass er ihre Vorteile am eigenen Leib erfuhr.

Platons Überlegungen im Erwachsenenalter bezüglich Gott und Religion enthalten einige seiner wahrhaftigsten Überzeugungen. Sein Gott ist ein rationales Wesen, welches das Universum so lenkt, dass es seinen Kreaturen, besonders den Menschen, zum Guten gereicht, und das uns versteckte Hinweise auf ein solches Handeln hinterlassen hat, die diejenigen mit einem Blick für das Wesentliche deuten können. Obwohl Platons Gott die personifizierte Vernunft ist, kann er dennoch in uns die entsprechenden Emotionen hervorrufen, um religiös zu empfinden. Dies gelingt ihm, weil er ausschließlich Gutes tut. Alles Schlechte in unserem Leben ist unsere eigene, nicht Gottes, Schuld. Gott ist es, der als »beste Seele für das Weltall sorgt und es auf einer ebensolchen Bahn lenkt«[47].

Eine weitere ungewöhnliche Seite von Platons Einstellung zur Religion betonte bestimmte Gesichtspunkte, die zwar traditionell waren, aber nicht zum Mainstream gehörten. Wenn er das Ziel des Lebens darin sieht, sich Gott anzunähern, schwingt darin eine ekstatische und heilsbringerische Strömung der griechischen Religion mit, derzufolge man die materielle Welt überwinden kann, indem man sich alles Unreine austreibt und damit im Grunde selbst zu einem Gott wird. Für Platon kann man diesen Zustand aber nicht durch Drogen erreichen oder indem man sich in Trance tanzt (wie es zu seiner Zeit die Korybanten in Kleinasien taten), vielmehr bedarf es einer rationalen Auseinandersetzung. Zwar gibt Platon zu, es bedürfe »eines Wahnsinnes, der von den Göttern kommt«, um aus der materiellen Welt herauszusteigen und einen Blick auf »der Wahrheit Feld«[48] werfen zu können. Diesen flüchtigen Eindruck kann man aber nur durch Vernunftarbeit in ein dauerhaftes Bewusstsein umwandeln.

Wir sehen Platon also vor uns als jemanden, der ein Leben lang die zivilen Formen der Religion ausübte, indem er private kultische Handlungen vollzog und an den wiederkehrenden Athener Ritualen teilnahm. Der Beginn von *Politeia* vermittelt uns eine gute Vorstellung, wie eine solche Beteiligung aussah; dort lässt er Sokrates ein Fest in Piräus besuchen. Gleichzeitig verlangte er von sich selbst und anderen, nicht gedankenlos die bestehenden Konventionen zu akzeptieren (ein wiederkehrendes Thema in seinem Werk). Sie sollten weiter und tiefer gehen und sogar versuchen, die Grenze zwischen Menschlichkeit und Unsterblichkeit zu überwinden. Es ist die »Nähe [zu transzendenten Ideen], die einem Gott seine göttlichen Eigenschaften verleiht«[49]. Platon verspricht, dass ein wahrer Philosoph ebenfalls in der Lage sein kann, das Feld der Wahrheit, wo diese Formen existieren, zu erkennen und darüber nachzudenken. Das Feld sollte man nicht wortwörtlich als solches verstehen, Platon verweist damit auf die Dinge, die unsere Wahrnehmung übersteigen.

Persönliche Eigenschaften

Als Kind war Platon also fleißig und hegte literarische Ambitionen, und als Erwachsener war er reich, versnobt und religiös. Was wissen wir noch über seinen Charakter und seine Fähigkeiten? Für diese Frage müssen wir uns stark auf die antiken Biografen verlassen, allerdings sind sie gerade auf dem Gebiet von Platons Persönlichkeit und seinem Temperament am wenigsten verlässlich. Sie leiten Eigenschaften aus seinen Dialogen ab, und sie übertreiben und widersprechen einander. Die meisten Details über seine Persönlichkeit entstammen der feindseligen Tradition, die im Besonderen auf Aristoxenos von Tarent zurückgeht: Platons Äußeres war abstoßend, er war moralisch verdorben und intellektuell verlogen. Er war ein Päderast, ein Zuhälter, und Tyrannen hörig, obwohl er nach politischer Macht lechzte. Keine seiner Schriften kam von ihm selbst; er stahl alles bei anderen Denkern. Wir können Aristoxenos nicht endgültig widerlegen, allerdings verrät ihn seine Vehemenz.

Auf jeden Fall verfügte Platon über Humor. In den Dialogen existiert einiges an scherzhaftem Hin und Her, Ironie und Sarkasmus, allerdings regt wenig dazu an, laut aufzulachen. Platons Humor bleibt subtil, eher wie der von Cervantes als der von P. G. Wodehouse. In der *Apologie des Sokrates, Euthydemos* und *Symposion* zeigt sich Platons Humor am deutlichsten. Ab und zu ereignen sich auch komische Szenen wie die mit dem mürrischen Türsteher in *Protagoras* oder die homoerotische Szene am Anfang von *Charmides*. Sokrates ruft den jungen Charmides herein, weil er sich für die schönen Jungen Athens interessiert – sowohl schön im Geiste als auch körperlich. Charmides »kam und verursachte uns großes Gelächter. Denn jeder von uns, die wir saßen, drückte seinen Nebenmann weg, um Platz zu machen, damit er sich neben ihn setzen möchte, so daß von denen, die am Ende saßen, der eine aufstehen mußte und der andere platt zur Erde fiel«[50].

Da wir uns bereits von der Annahme distanziert haben, sein Name verweise auf sein stämmiges Aussehen, können wir nichts über Platons Aussehen sagen. Es existieren zwar Büsten, die den Philosophen abbilden sollen, allerdings handelt es sich bei allen um römische Kopien von verlorenen griechischen Originalen. Hinzu kommt, dass sie nur Kopf und Schultern zeigen (siehe Abbildung 1.2). Die Büsten richten sich nach den kanonischen Portraitkonventionen für Philosophen: Platon trägt einen Pony (was fast zu römisch ist, als dass wir diese Frisur für authentisch halten können) und einen dichten Bart. Seine Gesichtszüge sind ernst, seine Mundwinkel zeigen leicht nach unten, und das viele Nachdenken hat in seiner Stirn tiefe Falten hinterlassen. Eine Quelle behauptet, Platon hätte seine Schultern hängen lassen und seine Bewunderer hätten diese Haltung nachgeahmt. Diejenigen, die seinen Namen auf seine Statur zurückführen, beschreiben ihn als stark.

Einige meinen, er habe eine schwache Stimme gehabt. Andere behaupten, er habe keusch gelebt, wieder andere berichten von mehreren Affären. Er war nüchtern, sogar düster, ernst, demütig; er mochte, trotz seines Reichtums, Oliven, ein bäuerliches Nahrungsmittel; er versuchte, nicht zu viel zu schlafen. Anscheinend urteilte er nicht schnell über andere, sondern fragte sich erst: »Geht es mir nicht genauso?« In jüngster Zeit haben einige Wissenschaftler daraus, dass Platon in seinen eigenen Dialogen nicht auftaucht und aus dem ihm nachgesagten Hochmut geschlossen, er sei schüchtern gewesen. Es gäbe noch einiges mehr aufzulisten, über die lächerlicheren Anekdoten werde ich hier schweigen. Das Problem mit diesen Geschichten ist, entweder aus den negativen oder den komischen Überlieferungen über Platon zu stammen oder aus den Reaktionen auf Feindseligkeiten. In der negativen Tradition erscheint Platon als boshaft, auf arrogante Weise respektlos, eifersüchtig, unehrlich, gierig; in der ihm gegenüber positiv eingestellten Tradition ist er altruistisch, ein treuer Freund, mutig und so weiter.[51] Das alles sagt uns wenig. Selbst wenn wir über frühe Lebensbeschreibungen verfügten, verfasst von Menschen, die Platon kannten, wären diese nur mit großer Vorsicht zu genießen. Wir wissen, wie die enkomiastischen Biografien der Griechen im 4. Jahrhundert v. Chr. aussahen: beispielsweise *Euagoras* von Isokrates und *Agesilaos* von Xenophon, die mit ihrer eher ermüdenden Auflistung der Tugenden ihrer jeweiligen Subjekte mehr einer Hagiografie als einer Biografie ähneln.

So viel also zu Platon als Kind und Mann. Wahrscheinlich unterschied er sich kaum von einem Dutzend anderer hochgeborener junger Männer seiner Generation, vorausgesetzt, dass sie ihm intellektuell ebenbürtig waren. Zwei Ereignisse sollten ihn allerdings so tief und persönlich beeinflussen und ihn zu dem Menschen machen, der auch heute noch hohes Ansehen genießt. Das Erste war die Grausamkeit der Dreißig Tyrannen, das Zweite die Verdammung von Sokrates durch die wiederhergestellte Demokratie.

2

Das intellektuelle Umfeld

Platons Ausbildung verlief zunächst, wie wir gesehen haben, wenig zielgerichtet und war eher von grundlegender Natur. In *Politeia* und in *Nomoi* schlägt Platon zahlreiche Veränderungen vor.[1] Als er begann, sich für Philosophie zu interessieren, muss er sich sein Wissen größtenteils selbst beigebracht haben. Wahrscheinlich sprach er mit seinen Brüdern und anderen, las die Bücher verstorbener oder abwesender Denker und besuchte die Vorträge und Seminare der lebenden. Er konnte sich glücklich schätzen, denn Athen hatte bereits die kulturelle Führung für ganz Griechenland übernommen – Thukydides bezeichnete die Stadt zur Zeit von Platons Jugend sogar als »Schule Griechenlands«[2]. Künstler und Intellektuelle aller Art kamen auf Besuch oder ließen sich dort nieder. Es gab einen florierenden Tauschmarkt für Bücher, obwohl nach wie vor nur die wohlhabenderen Schichten in Athen und einige Sklaven gut lesen konnten. Gerade fand ein folgenschwerer Wandel statt, die Bürger begannen nun, selbst zu lesen, anstatt sich von Sklaven vorlesen zu lassen.

Die anekdotische Tradition betrachtet Platon eindeutig als umfassend belesen, man muss sich nur anschauen, wie viele Schriftsteller er plagiiert haben soll. Dieser Tradition zufolge stammt fast die gesamte *Politeia* von Protagoras von Abdera und der *Timaios* von Philolaos von Kroton; Platon soll außerdem vieles vom pythagoreischen Dramatiker Epicharmos von Kos entlehnt haben. Angeblich schlossen pythagoreische Gruppen Platon von Treffen aus, damit er keine Ideen stehlen konnte. Die Idee, seine Werke in Dialogform zu schreiben, habe er von Sophron, der Mimen schrieb (derbe, komödiantische Einzelszenen, eine frühe Form der griechischen Komödie), und dessen Talent für Charakterdarstellungen soll er ebenfalls nachgeahmt haben. Darüber hinaus kopierte er die Werke seiner sokratischen Kollegen Anthistenes und Aristippos von Kyrene und, warum auch immer, das Werk des Mathematikers Bryson von Herakleia. Platons Einfälle waren so grundlegend neu, dass die Mitglieder der negativen Tradition seine Originalität unbedingt anfechten wollten. Natürlich sind diese Anschuldigungen nicht vollkommen falsch, denn wie jeder andere Schriftsteller griff Platon auf viele Quellen zurück. Die Kritiker wendeten dies nur ins Negative und übertrieben, aus »von X gelernt« wurde »von X plagiiert«. Platon übernahm selten einfach eine Idee seiner Lehrer, darunter auch Sokrates. In der Regel veränderte er die Gedanken anderer und nutzte sie auf seine Art, sodass sie im Kontext seiner eigenen philosophischen Prinzipien funktionierten.

Sokrates und die Vorsokratiker

Unter dem Begriff »Vorsokratiker« vereint man viele verschiedene Denker – frühe Naturwissenschaftler, Philosophen, sogar der ein oder andere mystische Prophet – die, wie der Name schon sagt, vor Sokrates lebten und arbeiteten. Sie verband der Versuch, eine systematische Beschreibung des gesamten bekannten Universums und aller seiner wichtigen Merkmale anzufertigen, von den Sternen am Himmel bis zur regelmäßig auftretenden Nilschwemme. Unabhängig von ihrem Namen setzte sich die wissenschaftliche Arbeit der Vorsokratiker auch während und nach Sokrates' Leben weiter fort. Platon nennt folgende Vorsokratiker beim Namen: Thales von Milet, Heraklit von Ephesos, Parmenides und Zenon von Elea, Empedokles von Agrigent, Pythagoras von Samos (und die Pythagoreer) und Anaxagoras von Klazomenai. Damit hat er die wichtigsten Denker der damaligen Zeit genannt. An anderen Stellen verweist und bezieht sich Platon auf vorsokratische Doktrinen, ohne Namen zu erwähnen. Weshalb er allerdings Demokrit von Abdera, einen bedeutenden Denker und produktiven Schriftsteller zu Platons Lebzeiten, nicht namentlich aufführt, wird für immer ein Rätsel bleiben (auf das zuerst Diogenes Laertios hinwies). Offensichtlich las Platon viele Arbeiten der Vorsokratiker, und wir dürfen annehmen, dass er auch mit den Sammlungen von Hippias von Elis über die vorsokratischen und weitere Theorien vertraut war, die der Universalgelehrte Ende des 5. Jahrhunderts v. Chr. anlegte.

Von den Vorsokratikern übernahm Platon in erster Linie das Grundprinzip, wonach die Welt nicht der Spielplatz launenhafter Götter ist, sondern vielmehr ein geordnetes System, das ein menschlicher Geist zu verstehen vermag und das er deswegen mithilfe von Vernunft und Argumentation durchdringen kann, weniger mittels seiner Sinne und seines Glaubens. Gegenüber ihrer wissenschaftlichen Arbeit zeigt sich Platon eher kritisch. Einige Vorsokratiker waren Materialisten und glaubten, alle Gegenstände in der Welt bestünden aus der gleichen Substanz oder aus einigen wenigen Substraten. So meinte Anaximenes von Milet, dass Luft der Urstoff ist, aus dem alles andere durch Verdichtung und Verdünnung gebildet werde. Platon nennt solche Gedanken kindisch und sogar atheistisch;[3] seiner Meinung nach ist die Annahme falsch, dass nur Körper und deren Eigenschaften in der Welt existieren. In *Phaidon* legt Platon Sokrates eine Art intellektuelle Autobiografie in den Mund, die genauso gut seine eigene sein könnte. Ihm zufolge begeisterte Sokrates sich für die Arbeiten des Anaxagoras, der behauptete, dass der Geist die kreative und treibende Kraft des Kosmos sei. Allerdings wirft er Anaxagoras vor, er ginge dieser Erkenntnis – genau wie Anaximenes und andere – nicht konsequent nach, sondern bleibe bei den materiellen und mechanischen Vorgängen stehen.[4] In *Timaios*, dem vorsokratischsten seiner Dialoge, gab Platon dieser sozusagen vorwissenschaftlichen Idee wohlwollend mehr Raum.[5] Im Großen und Ganzen konnte er einer solchen Überlegung aber nicht viel abgewinnen, sondern fand, dass die Vorsokratiker in Gebiete vordrangen, in denen man die Wahrheit schlichtweg nicht herausfinden konnte.

Die beiden Vorsokratiker, die Platon am meisten beeinflussten, waren: Parmenides (Platon nennt ihn »ehrenwert mir und zugleich furchtbar«[6]) und Heraklit. Er präsentiert die beiden als grundsätzlich verschieden – Parmenides und die Eleaten (wie man sie nennt) als Vertreter der Stabilität und des unveränderlichen Seins und Heraklit als Prophet des universalen Wandels und Werdens. Von den Eleaten lernte Platon außerdem, wie überzeugend eine gute Argumentation sein kann und wie wichtig es ist, sich die versteckten Annahmen bewusst zu machen, auf denen ein Argument aufbauen kann. Wichtige Abschnitte in *Sophistes* widmen sich allein dem Aufklären solcher Fehlannahmen – ironischerweise solcher, welche die Eleaten erschaffen und verbreitet haben.

Es scheint, als ob Platon schon früh in seinem Leben mit den beiden Strömungen im vorsokratischen Denken konfrontiert wurde, schließlich klären uns die antiken Biografien und Anekdoten darüber auf, dass er neben Sokrates noch zwei weitere Philosophielehrer hatte: einen Herakliten namens Kratylos und den Parmeniden Hermippos.[7] Aristoteles nennt keinen parmenidischen Lehrer, erwähnt aber Kratylos als Platons frühesten Lehrer.[8] Von wem auch immer er stammen mag, der Einfluss von Eleaten und Herakliteern lässt sich in Platons Werk klar nachweisen. In seiner Metaphysik kombiniert er den eleatischen Glauben an die Existenz von ewigen und stabilen Entitäten mit der heraklitischen Überzeugung, dass die Welt der Sinne sich in einem stetigen Wandel befinde. In dieser Welt ändert sich alles mit der Zeit, und nichts ist verlässlich, nicht einmal in seinen dominanten Eigenschaften. Deswegen müssen wir woanders nach Entitäten suchen, die wahrhaftig und ohne Einschränkung wirklich das sind, was sie sind, und die wir daher erfassen und definieren können. Alles, was ich als »schön« bezeichne, mag für jemand anderen nicht schön sein, auch Kontext und Zeitpunkt können das beeinflussen, was wir als schön empfinden. Woher wissen wir also, wie wir dieses Wort verwenden sollen? Platon ging davon aus, dass wir es dennoch verwenden können, weil es eine Entität geben muss, die für uns ein permanentes Paradigma des Schönen darstellt. Von den Eleaten lernte Platon, äußere Wirkung und Realität zu unterscheiden, wovon er seine grundlegende epistemologische Trennung von Meinung und Wissen ableitete.

In Bezug auf den Pythagoreismus liefern uns die antiken Biografien verschiedene Standpunkte. Eine geht so weit zu behaupten, Platons Überlegungen seien eine Synthese aus heraklitischen, pythagoreischen und sokratischen Ideen gewesen: »Denn in seiner philosophischen Lehre wird die sinnliche Erkenntnis nach Heraklit, die gedachte Erkenntnis nach Pythagoras und die praktisch-politische nach Sokrates beurteilt.«[9] Andere bezeichnen Platon lediglich als Mitglied der pythagoreischen Schule. Dies ist übertrieben, aber eben auch nicht mehr als das. Die Pythagoreer beeinflussten Platons Metaphysik, im Besonderen übernahm Platon die pythagoreische Vorstellung von Zahlen, deren Immaterialität, Permanenz und Perfektion er ebenfalls seinen metaphysischen Entitäten zuschrieb, die er als Ideen bezeichnete. Außerdem beeinflussten die Pythagoreer, wie er die fundamentalen Prinzipien des Universums beschrieb. Darüber hinaus lernte Platon aber noch viel mehr von ihnen, wie wir in Kapitel 6 sehen werden. Er zollte den Pythagoreern noch auf andere Weise seinen Respekt: Er überlässt es einem fiktiven Pythagoreer, Timaios von Lokroi, das physische Universum zu beschreiben. Damit verdeutlicht er, dass ähnliche pythagoreische Werke seine Überlegungen inspirierten.

Zweifellos beschäftigte sich Platon sein gesamtes Arbeitsleben hindurch mit den Vorsokratikern; wahrscheinlich setzte er sich während seiner Reise nach Süditalien in den 380er-Jahren detailliert mit den pythagoreischen Lehren auseinander, da sich dort zu dieser Zeit das Zentrum des Pythagoreismus befand. In der Tat geht Diogenes Laertios davon aus, dass Platon auf seiner Reise die beiden Pythagoreer traf, die ihn am meisten beeinflussen sollten. Vermutlich hat sich Platon allerdings schon in frühen Jahren mit den Werken der Vorsokratiker befasst, sodass seine Auseinandersetzung mit ihnen sein Denken fundamental prägte.

Platon und die Sophisten

Als sich das 5. Jahrhundert seinem letzten Viertel näherte, kamen neue Lehrer nach Athen und ermöglichten eine Art höhere Ausbildung. Viele der Sophisten (wie man sie später nannte, obwohl diese generische Bezeichnung, ähnlich wie bei den »Vorsokratikern«, einige inhärente Unterschiede verschleiert) zogen von einem Ort zum nächsten, einige von ihnen blieben jedoch auch über längere Zeit in Athen. Bis dahin bezeichnete man einen als weise geltenden Menschen als »Sophist«, nun jedoch hatte sich die Bedeutung geändert, sodass der Begriff für einen Experten stand, der sein Wissen durch Lehre weiterzugeben vermochte. Die Sophisten unterrichteten viele verschiedene Fächer – von Mathematik bis zur Kampfkunst und von Geschichte bis zur Musik – dabei waren bestimmte Themen in gewissen Regionen beliebter als in anderen. Oft war ihr Unterricht eher praktischer als theoretischer Natur. Dies ist auch der wichtigste Punkt, in dem sich Sokrates von den Sophisten unterschied: Wenn wir Platon glauben können, dann legte Sokrates Wert auf ethische und metaphysische Theorie und wollte seinen Schülern eine wirksame Methode der Argumentation und des Nachfragens vermitteln. Außerdem verfügte Sokrates über keine professionelle Ausbildung; er verlangte kein Geld für seine Lehre, da er seine Schüler vor allem bestärken und inspirieren wollte, anstatt ihnen reines Wissen oder den Schlüssel zu weltlichem Erfolg weiterzugeben.

Die Art von Erfolg, welche die Sophisten vermittelten, unterschied sich grundlegend von dem, was man bisher als wichtig erachtet hatte. Zuvor baute Erfolg auf Charisma auf – und damit auf den aristokratischen Werten militärischen Könnens, Eloquenz, Sportlichkeit, Wohltätigkeit und gutem Aussehen. Ein Mann, der diese Eigenschaften in sich vereinte, verfügte über *aretē*, Vortrefflichkeit. Unter dem Einfluss der Sophisten änderte sich die Bedeutung dieses Wortes; nun beschrieb es eine moralische und politische Vortrefflichkeit, also eine Kompetenz, die nicht mehr vom eigenen Blut oder der Abstammung abhing, sondern die man sich erarbeiten und verdienen konnte. Zwar lösten die Sophisten diesen Wandel nicht aus, waren jedoch maßgeblich dafür, dass er sich durchsetzte.

Kurz gesagt musste jemand, der in Athen oder anderen griechischen Stadtstaaten erfolgreich sein wollte, gut argumentieren können. Die Demokratie hatte zu einer Kultur des Sprechens geführt, und das Leben eines Politikers, ganz zu schweigen von seiner Karriere, konnte von seiner Fähigkeit abhängen, eine überzeugende Rede in der Volksversammlung oder vor Gericht zu halten. Dementsprechend unterrichteten einige Sophisten in Athen Rhetorik und Disputation (und damit Grammatik, Terminologie, Argumentation und andere Fachgebiete, auf denen die beiden Disziplinen aufbauen). Manche verlangten von ihren Schülern, beide Seiten eines Falls mit gleicher Überzeugung zu diskutieren, was der unreflektierten Annahme widersprach, die Wahrheit läge nur auf einer Seite. Im demokratischen Athen ebnete die Redekunst den Weg zur politischen Macht.

Die Sophisten konzentrierten sich auf den Gegensatz zwischen Natur (*physis*) und Konvention (*nomos* – ein Wort, das zugleich offiziell »Gesetz« und inoffiziell »Brauch« bedeutete), den sie ausgiebig analytisch nutzten. Existierten die Götter tatsächlich oder entsprangen sie der menschlichen Vorstellungskraft? Inwieweit kann man menschengemachten Gesetzen vertrauen, angesichts dessen, dass sie einfach geändert und aufgehoben werden können und sich von Kultur zu Kultur unterscheiden? Existiert stattdessen so etwas wie ein natürliches Gesetz, dem wir verpflichtet sind oder es sein sollten? Ist es ein Naturgesetz, und sollten wir also realistischerweise anerkennen, dass der Stärkere den Schwächeren beherrscht, oder sollten sich die Stärkeren zurückhalten und ihren eigenen Vorteil hinter die konventionelle Gerechtigkeit zurückstellen? Gilt dies ebenso für Staaten? Lässt so etwas das menschengemachte Gesetz nicht in Tyrannei ausarten? Und so weiter.

Platon diskutiert und problematisiert jedes dieser Themen in seinen Dialogen, dabei liegt die Opposition von Natur und Konvention vielen seiner Argumente zugrunde.

Die Sophisten lehrten also die jungen Söhne der Athener Elite – unter hohen Gebühren[10] – kritisches und rationales Denken. Als Erste loteten sie einzelne Fachgebiete aus, die wir heute als Soziologie, Psychologie und Politikwissenschaften bezeichnen würden. Ihr Unterricht begeisterte viele junge Männer in Athen. Wir wissen nicht, ob Platon ihre Vorträge oder Seminare besuchte, aber es ist davon auszugehen, denn während seiner Jugend befanden sich die Sophisten auf dem Höhepunkt ihrer Beliebtheit. Vielleicht soll Hippokrates für den jungen Platon stehen, wenn er in *Protagoras* Sokrates frühmorgens weckt, weil er rechtzeitig zu einem Haus gelangen will, wo einige Sophisten sich treffen und ihre Dienste anbieten. Dieser Dialog schildert uns (mit leichtem Augenzwinkern) lebhaft, wie die Sophisten arbeiteten, und schöpft dabei wohl aus eigenen Erfahrungen. Protagoras von Abdera läuft in der Säulenhalle eines Anwesens auf und ab, während ihm eine Gruppe junger Männer (darunter Platons Onkel Charmides) auf Schritt und Tritt folgt und an seinen Lippen hängt. Hippias von Elis sitzt in der Säulenhalle gegenüber, um ihn scharen sich ebenfalls Zuhörer, während sich Prodikos von Keos mit seinen Verehrern in einem Raum in der Nähe aufhält. Neben diesen dreien treten noch weitere Sophisten in den Dialogen auf oder werden erwähnt: Gorgias von Leontinoi, Polos von Akragas, Thrasymachos von Chalkedon, Evenos von Paros, Damon von Athen und die Brüder Euthydemos und Dionysodoros von Chios.

Die Begeisterung, welche die Sophisten auslösten, nahm man, besonders unter den Konservativen, etwas misstrauisch auf. »Jeder rechtschaffene Athener«, behauptet Anytos in Platons *Menon,* »wird einen jungen Mann erfolgreicher bessern als die Sophisten«[11]. Man empfand sie als aalglatt – als *deinos*, ein Wort, das zugleich »schlau« und »schreckenerregend« bedeutet. Der bekannteste Redner unter den Sophisten, Gorgias von Leontinoi, bemühte sich keineswegs, solche Befürchtungen zu zerstreuen – er verglich das Reden mit einer wirkungsstarken Droge, welche die Sinne täuscht und Verwirrung stiftet und die so Gefühle aufwühlen oder abwiegeln kann, um die Meinung von Männern zu ändern.[12] In seiner Komödie *Die Wolken* entwirft Aristophanes im Jahr 423 eine Szene voll bissigem Humor. Darin streitet der Anwalt der guten Sache gegen den der schlechten, schlussendlich macht der

Anwalt der schlechten Sache seinen altbackenen Gegner mit sophistischer Argumentation nieder.

Es bestand also durchaus Potenzial für einen echten Konflikt, wir wissen allerdings nicht, wie weit dieser ging. Um das Jahr 430 wurde wohl ein Dekret verabschiedet, das ein Mann namens Diopeithes eingebracht hatte, darin hieß es, »daß alle diejenigen angezeigt werden sollten, welche an die göttlichen Dinge nicht glaubten, oder über die himmlischen Dinge Lehrvorträge hielten«[13]. Der Peloponnesische Krieg hatte gerade begonnen, die Athener kämpften mit einer Pandemie, und dementsprechend wandte man sich weg von der Wissenschaft hin zur Religion.[14] An sich zielte das Dekret eher auf die vorsokratischen Wissenschaftler ab als auf die Sophisten. Vielleicht sollte es auch Perikles schaden, dem führenden Athener Staatsmann dieser Zeit, der Anaxagoras zu seinen engsten Freunden zählte. Der früheste und philosophischer eingestellte Sophist, Protagoras, wurde wahrscheinlich ebenfalls angegriffen, allerdings ist die Beweislage zu dünn, um davon auszugehen, dass der Fall vor Gericht kam. Mit Sicherheit wurde jedoch ein weiterer von Perikles' Verbündeten (ein angeheirateter Verwandter), der Athener Musikwissenschaftler und politische Theoretiker Damon, verbannt, »weil er zu sehr wie ein Intellektueller wirkte«[15]. Außerdem floh Diagoras von Melos, ein sonst wenig einflussreicher Dichter, ins Exil, um einem Prozess wegen Atheismus zu entgehen.

Gegen Ende des 5. Jahrhunderts herrschte eindeutig eine gewisse Intoleranz gegenüber Sophisten, die weiter entbrannte, weil sie keine Athener waren und mit ihrem Unterricht unerhört reich wurden. Ein paar Beinahe-Anklagen ergeben aber noch keine Verfolgung, und das wohlhabende sowie müßige Athen war nach wie vor ein angenehmer Ort für Intellektuelle und Künstler. Sokrates und Platon hätten es anderswo deutlich schwerer gehabt. Die Intellektuellen bekamen nur dann Probleme, wenn sie politisch aneckten oder (was im Grunde das Gleiche war) die Götter beleidigten. Die juristischen Instrumente, die man gegen sie einsetzen konnte, waren das Dekret des Diopeithes oder die flexiblere Anklage der Gottlosigkeit – die man gegen Platons Lehrer Sokrates vorbrachte.

Platon empfand die Sophisten ebenfalls als gefährlich, wenn auch aus anderen Gründen. Er war der Meinung, ihre Arbeit könne einige Leute zu amoralischen und politisch fraglichen Entscheidungen anleiten. In *Gorgias* und im ersten Buch von *Politeia*, in denen Thrasymachos den wichtigsten Gesprächspartner darstellt, setzt er sich ausführlich damit auseinander. Für Platon ergaben intellektuelle Studien nur dann einen Sinn, wenn sie zeigten, worin das Gute für den Menschen bestand. Einige Sophisten, wie Protagoras, vertraten durchweg konventionelle moralische und politische Ansichten. Platon freute sich, wie zuvor Sokrates, über deren Erkenntnis, dass es sich bei Politikwissenschaft eben um eine Wissenschaft handelte, die Experten und nicht Amateuren zu überlassen war.

Platon lehnte in erster Linie die Unterrichtsmethoden der Sophisten ab – diese behandelten ihre Schüler vor allem als passive Rezipienten und nicht als solche, die sich aktiv gemeinsam Wissen aneigneten. Des Weiteren kritisierte Platon ihre Annahmen und Argumente. In Bezug auf moralische und politische Problemstellungen gingen die Sophisten nicht ins Detail, da sie ihren Schülern vor allem beibringen wollten, im Kontext der aktuellen Politik und deren Vorstellungen von Moral erfolgreich zu sein. Dafür mussten sie sich im demokratischen Athen nach den Normen und Werten des einfachen Volkes richten, die Platon größtenteils als verwerflich ansah. Ihre Argumentationen tendierten außerdem dazu, dem Relativismus den Vorzug vor den absoluten moralischen Maßstäben zu geben. Protagoras sprach vom »Menschen als Maß aller Dinge« und damit meinte er auch, es gäbe kein absolutes Richtig oder Falsch, sondern nur das, was ein Individuum oder der Staat als richtig oder falsch ansähen. Wir erschaffen unsere eigenen Wahrheiten. Demzufolge beriefen sich die Sophisten, im Unterschied zu früheren Weisen Griechenlands, nicht auf eine göttliche Autorität, sondern sprachen für sich selbst.

Einigen Sophisten ging es hauptsächlich darum, unter allen Umständen einen Disput zu gewinnen, manche wollten sogar nur gegen ihren Gegner punkten und den Applaus des Publikums einheimsen. Im besten Fall lag ihnen einfach viel an geistigem Training. Platon fand jedoch, eine Ausbildung solle auch das Wesen schulen, da ein Mensch mit üblem Charakter seine von den Sophisten erlernten intellektuellen Fähigkeiten für Schlechtes einsetzen könnte. Die Sophisten hielten Debattierwettbewerbe ab und nahmen dabei jede Position ein, die sie auch nur als entfernt plausibel erachteten, während Platon nach moralischen und politischen Prinzipien suchte, die auch der spitzfindigsten Untersuchung standhielten. Weshalb sollten allein rhetorische Fähigkeiten ausreichen, um aus einer Person einen politischen Führer zu machen? Ein Rhetoriker tut nichts anderes, als andere von seinem eigenen Standpunkt zu überzeugen, er beeinflusst die Menschen eher, als dass er ihnen die Wahrheit präsentiert. Sollte es nicht eher ein Kriterium sein, ob er politische Expertise besitzt, was nach Platon heißt, dass er allen Mitgliedern der Gesellschaft nützen kann? Die unterschiedlichen Einstellungen bringt Isokrates, einer der Erben der Sophisten aus dem 4. Jahrhundert v. Chr., auf den Punkt, wenn er schreibt, »dass es viel besser ist, in nützlichen Dingen nur wahrscheinliche Ansichten zu haben, als von unnützen gründliche Kenntnis zu besitzen«.[16] In seinen Dialogen stellt sich Platon an mehreren Stellen dem Vorwurf, seine Vorstellung von Philosophie sei unpraktisch und sinnlos, er scheint solche Auseinandersetzungen sogar regelrecht zu zelebrieren. Wie wir sehen werden, meinte Platon dennoch, dass seine Prinzipien in der Praxis angewendet werden konnten – in Syrakus machte er einen berühmten Versuch, dies zu demonstrieren.

Platon und Sokrates

Für Platon war Sokrates »der trefflichste [...] der vernünftigste und gerechteste« Mensch seiner Zeit,[17] und er soll seinem Schicksal gedankt haben, zu Sokrates' Lebzeiten geboren worden zu sein.[18] Wie weiter oben behauptet, könnten Platons Brüder ihn Sokrates vorgestellt haben. Aber der antike Biograf Apuleius von Madaura spricht davon, dass Platons Vater Ariston die beiden zusammenbrachte, weil er erwog, Sokrates als Platons Tutor einzustellen. Ariston war zu diesem Zeitpunkt allerdings schon längst tot. Vielleicht meinte Apuleius Pyrilampes, Platons Stiefvater. Dennoch war es zwar in Rom zu Apuleius' Zeiten durchaus Brauch, dass reiche Familien berühmte Philosophen als Hauslehrer für ihre Söhne anstellten, im Athen des 5. Jahrhunderts sah das aber ganz anders aus. So oder so muss Platon Sokrates gekannt haben, seit er ungefähr 16 Jahre alt war. Sokrates hatte zu diesem Zeitpunkt bereits eine Gruppe (vor allem junger) Männer um sich geschart. Geboren im Jahr 470/69, wird zuerst im Fragment eines komischen Theaterstücks von 430 erwähnt, er übe Einfluss auf junge Leute aus. Zum Zeitpunkt von Platons Geburt war Sokrates dann schon bekannt genug, dass Aristophanes ihn in seinem satirischen Theaterstück *Die Wolken* (423) als Karikatur eines Philosophen auftreten lässt. Obwohl Sokrates nicht aus der gleichen Schicht stammte wie Platon, hatte er doch gut geheiratet und war in einigen Kreisen der Athener High Society ein gern gesehener Gast.

Sokrates soll in der Nacht, bevor er Platon traf, von einem frischgeschlüpften Schwan auf seinem Schoß geträumt haben. Dem Tier seien Flügel gewachsen, und es habe sich mit einem so schönen Lied in die Lüfte aufgeschwungen, dass es Götter und Menschen zugleich erfreute. Als Sokrates Platon am nächsten Tag traf, erkannte er in ihm den Schwan aus seinem Traum. Der Schwan galt als Vogel des Gottes Apollon, aufgrund seiner Singstimme und weil man sich erzählte, dass der Schwan kurz vor seinem eigenen Tod am schönsten sänge, woraus man schloss, ein Schwan könne den eigenen Tod vorhersagen. Apollon war der Gott der Weissagung und der Musik. In puncto Beziehung zwischen Sokrates und Platon sind uns die antiken Biografen keine große Hilfe. Sie zeigen, dass beide von ihrer Verbindung profitierten – Sokrates, weil er nun jemanden kannte, der seine Arbeit fortführte und Platon, weil er seinen Lehrer gefunden hatte. Allerdings erzählen die meisten entweder davon, wie Platon sich wegen Sokrates der Philosophie zuwandte oder wie Sokrates ihn davon abhielt, Berufssoldat zu werden.[19] Wieder andere Anekdoten entstammen der Platon feindlich gesonnenen Tradition und implizieren, er habe Sokrates' Lehren falsch dargestellt. Beispielsweise: »Man erzählt auch, Sokrates habe nach Vorlesung des Platonischen Lysis gesagt: ›Beim Herakles, was der junge Mensch doch alles über mich zusammenlügt.‹«[20]

Es ist schwer, über Sokrates zu sprechen, weil sich seine historische Person unserem Blick entzieht. Er selbst hat nichts schriftlich festgehalten, wahrscheinlich einfach deshalb, weil man in jener Zeit nur selten seine Gedanken niederschrieb und nicht, weil er dem schriftlichen Wort misstraute. Obwohl *Die Wolken* von Aristophanes eine zeitgenössische Quelle darstellen, kann man sie kaum nutzen, um mehr über Sokrates als Person herauszufinden. Im Stück wird »Sokrates« zur Projektionsfläche, zu einer Mischung aus komisch übertriebenen Versionen von Sophisten und Vorsokratikern zugleich. Uns liegen die vollständigen sokratischen Schriften von zwei seiner Anhänger, Platon und Xenophon, vor, allerdings handelt es sich dabei eher um Fiktion: Sie handeln davon, was Sokrates vielleicht gesagt haben könnte, wenn er sich mit dieser oder jener Person über ein bestimmtes Thema unterhalten hätte. Wenn wir also beispielsweise Platons *Laches* lesen, dann sollten wir auf keinen Fall davon ausgehen, dass sich Sokrates jemals mit den beiden

Generälen Laches und Nikias über Tapferkeit unterhalten hat. Natürlich hätte sich dies ereignen können, aber Platon wäre bei einem solchen Gespräch nicht dabei gewesen, und niemand sonst hätte es mitgeschrieben. Die Unterhaltung zeigt Platons Vorstellung auf, was vielleicht bei einem solchen Treffen geschehen wäre. Wir wissen nicht, was Sokrates über Tapferkeit dachte, nur was Platon ihm in den Mund legt. Deswegen gilt es, die gesamte Philosophie in den Dialogen Platon zuzuschreiben und nicht Sokrates.

Die genauen Umstände verbleiben also im Dunkeln, dennoch scheint der Tenor in Sokrates' Werk klar. Der römische Staatsmann und Philosoph Cicero schreibt über ihn in einer bekannt gewordenen Passage: »Sokrates hat als erster die Philosophie vom Himmel herunter gerufen, sie in den Städten angesiedelt, sie sogar in die Häuser hineingeführt, und sie gezwungen, nach dem Leben, den Sitten und dem Guten und Schlechten zu forschen.«[21] Genau genommen waren es die ersten Sophisten, die Sokrates vorausgingen, welche die Philosophie vom Himmel herunterriefen (in dem Sinne, dass sie sich von der vorsokratischen, vorwissenschaftlichen Kosmologie abwandten) und sich auf Politik und die menschliche Ethik konzentrierten. Von diesem Standpunkt aus gesehen, gehörte Sokrates zu einer Bewegung, an der die Sophisten und der vorsokratische Denker Demokrit von Abdera gleichermaßen teilhatten. Wir können jedoch recht sicher davon ausgehen, dass Sokrates den größten Anteil an dieser Bewegung ausmachte.

Ebenfalls hilfreich ist Aristoteles' Zusammenfassung von Sokrates' Werk: »Obwohl er seine Beobachtungen auf die ethischen Gegenstände beschränkte und nicht die Natur des Universums als Ganzes untersuchte, suchte er doch innerhalb der moralischen Sphäre nach dem Allgemeinen und war der Erste, der sein Augenmerk auf Definitionen legte.«[22] Genauso geht Sokrates in einer Reihe von Platons Dialogen vor und ebenfalls, wenn auch weniger ausgeprägt, in Xenophons Beschreibungen von Sokrates. *Laches* dreht sich zum Beispiel darum, Tapferkeit zu definieren. Einem von Sokrates' Gesprächspartnern zufolge bedeutet Tapferkeit, in der Schlacht standhaft zu bleiben. Aber Sokrates antwortet mit einem Gegenbeispiel und zeigt damit, dass Standhaftigkeit im Kampf keine allgemeine Definition von Tapferkeit ist. Dementsprechend geht die Suche nach einer Definition – und damit im Grunde die Suche nach Wissen – weiter. Sokrates brachte Neugier und Selbstreflektion in die Philosophie, die zuvor dogmatisch gewesen war; diese zwei Eigenschaften sind ihr bis heute geblieben. Für Sokrates und auch später für Platon bedeutete Philosophie Argumentation, nicht, große Ideen hervorzubringen, die man nicht hinterfragen oder überprüfen konnte.

Die sokratische Suche nach Definitionen oder der wahren Bedeutung von Bezeichnungen war für Platon fundamental wichtig. Aristoteles schließt nach seinem Vermerk auf Sokrates direkt an: »Folglich gelangte sein Anhänger Platon zu der Annahme, dass es sich bei diesen so definierten Entitäten nicht um sinnlich wahrnehmbare Dinge handeln konnte, sondern dass sie sich davon unterscheiden mussten, da es nicht möglich sei einen sinnlichen Gegenstand allgemein zu definieren, da diese sich stetig veränderten.«[23] Bei dieser anderen Art von Entitäten handelt es sich um platonische Ideen, jene metaphysischen Entitäten, die Platons bekanntesten Beitrag zur Philosophie darstellen. Platon ging davon aus, dass diese immateriellen Ideen das Einzige sind, was sich wahrhaft definieren und erfassen lässt. Diese Ideen existieren in einer Art himmlischen Sphäre, die im *Phaidros* als Feld der Wahrheit bezeichnet wird. Da die Philosophie darauf abzielt, Wissen zu erlangen, muss sich ein Philosoph mit diesen Ideen auseinandersetzen, da sie als Einzige wahrhaftiges Wissen in sich tragen. Der Verstand versichert dem Suchenden, dass die Ideen existieren, und so kann er vielleicht ihre Existenz ebenfalls wahrnehmen. Der Kyniker Diogenes von Sinope bezweifelte, dass Ideen existieren: »Was mich anlangt, Platon, so sehe ich wohl einen Tisch und einen Becher, aber eine Tischheit und Becherheit nun und nimmermehr.« Darauf Platon: »Sehr begreiflich; denn Augen, mit denen man Becher und Tisch sieht, hast du allerdings; aber Verstand, mit dem man Tischheit und Becherheit erschaut, hast du nicht.«[24]

Wenn Aristoteles davon spricht, Sokrates habe seine Überlegungen auf die Ethik (*ēthika*) beschränkt, meint er damit, dass Sokrates der Charakter (*ēthos*) beschäftigte – was ihn bildet und wie Menschen sich bessern können. Im klassischen Griechenland waren Moral und Politik auf interessante Weise miteinander verbunden. Jeder ging, nicht zu Unrecht, davon aus, dass die Gesellschaft, in der man lebte, den eigenen Charakter am meisten beeinflusse. In *Politeia* wirft Platon der Athener Gesellschaft vor, sie verderbe die vielversprechenden jungen Männer, daher imaginiert er einen idealen Staat, in dem alle Mitglieder versuchen, sich so gut wie möglich zu verhalten – sie bilden also ihre Tugenden entsprechend ihrer Lebensart aus. In seiner *Politik* setzt Aristoteles dann im Grunde seine *Nikomachische Ethik* fort: Eine gründliche Auseinandersetzung mit Ethik setzt voraus, auch einen Staat zu beschreiben, der es seinen Bürgern ermöglicht, sich positiv zu entwickeln.

In diesem Sinne war Sokrates durchaus ein politischer Denker, was uns alle verfügbaren Quellen bestätigen. Seine politischen Ansichten fußen auf einer einfachen Annahme, die seine Anhänger ebenfalls teilten: »Könige aber und Herrscher, sagte er [Sokrates], seien nicht diejenigen, welche das Scepter hätten, noch die, welche von den ersten besten gewählt, noch die, welche dazu durchs Loos erwählt worden seien, noch die, welche Gewalt gebraucht, noch die, welche betrogen haben, sondern nur diejenigen, welche das Herrschen verstehen.«[25] Mit diesem einen Satz lehnt er Monarchie, Oligarchie, Demokratie und Tyrannei als legitime Konstitutionen zugunsten einer von Experten geführten Regierung ab, aus wie vielen sich diese auch zusammensetzen mag.[26] Sokrates wollte die jungen Männer Athens, die nächste Generation politischer Führer, reformieren. In seinen Augen war Politik ein Beruf, und er wollte die Führung in den Händen von Experten wissen. Diese Ansichten übernahm Platon uneingeschränkt.

Wenn ein politisch Verantwortlicher ein Experte auf seinem Gebiet war, dann würde das Volk ihm freiwillig folgen, so Sokrates, denn es würde erkennen, dass er im Interesse der Menschen handelte und niemand so viel Gutes für sie bewirken könnte wie er. Ein solcher Gehorsam wird dementsprechend nicht erzwungen; Sokrates wollte keinen totalitären Staat erschaffen. Ein sokratischer Herrscher müsste zwei Ziele verfolgen: Zunächst müsste er so viele seiner Bürger wie nur möglich, sofern sie dafür offen waren, überzeugen, ihr Lebensziel bestünde darin, an ihrem Seelenheil zu arbeiten. Außerdem sollte er einen legislativen Apparat aufbauen, der es ihnen ermöglichen würde, auf dieses Ziel hinzuarbeiten. Grob gesagt liegt darin der Kern der zwei größten politischen Arbeiten Platons, *Politeia* und *Nomoi*.

Davon ausgehend, dass Platon Sokrates mit ungefähr 16 Jahren kennenlernte, als Letzterer in seinen frühen 60ern war, dauerte ihre Beziehung ungefähr acht oder neun Jahre, bevor Sokrates starb. Das ist eine recht lange Zeitspanne, und es verwundert kaum, dass Platon Sokrates nicht als seinen Lehrer beschreibt, sondern als Freund und Gefährten.[27] Wenn ein Lehrer seine Rolle nicht nur als Informationsgeber versteht, sondern wenn er seinen Schüler dazu anspornt, seinen Charakter und sein Leben zu verändern, dann wird dieser Lehrer zwangsläufig irgendwann ein Freund (oder ein Feind). Wir können nur mutmaßen, wie die Verbindung der beiden aussah. Wahrscheinlich trafen sich Platon und andere regelmäßig als Gruppe, der Sokrates vorstand. Die Mitglieder dieser Gemeinschaft diskutierten und entwarfen nicht nur Theorien. Da die Arbeit darauf abzielte, das Leben eines jeden Einzelnen zu verändern, war es üblich, dass sie praktische Aufgaben durchführten, die ihren Überzeugungen entsprachen, und anschließend dem Rest der Gruppe und Sokrates von ihren Erfahrungen berichteten.

Ich gebe zu, dass ich mit dieser Annahme vor allem Praktiken der stoischen Schule auf die Sokratiker zurück projiziere; dennoch scheint Xenophon auf eine solche Gruppenarbeit hinzuweisen, wenn er Sokrates das Folgende in den Mund legt: »Auch die Schätze alter weiser Männer, welche diese in ihren Schriften hinterlassen haben, rolle ich auf und gehe sie gemeinschaftlich mit meinen Freunden durch; und wenn wir etwas Gutes antreffen, so nehmen wir es uns heraus und halten es für einen großen Gewinn, wenn wir einander nützlich werden.«[28]

Sokrates beeinflusste Platon enorm. Es ist nicht übertrieben zu behaupten, dass in Platons gesamtem philosophischen Werk, von der Metaphysik bis zur Politik, Sokrates' Ideen und Ansätze nachhallen und weiter ausgearbeitet werden. Aus diesem Grund spielt Sokrates auch in den Dialogen so eine große Rolle. In den 28 Dialogen, die ich als gesichert authentisch bezeichne, taucht er nur in einem einzigen nicht auf – *Nomoi* – in vier weiteren spielt er kaum eine Rolle (*Sophistes, Politikos, Timaios, Kritias*). Außerdem lernte Platon von Sokrates zu schreiben und philosophieren. In den Dialogen lässt er Sokrates sein Gegenüber in ein Gespräch verwickeln. Dahinter steckte die revolutionär neue Idee, dass der Mensch auf seiner Suche der Wahrheit dann am nächsten kommt, wenn er sich mit anderen austauscht, nicht indem er Abhandlungen verfasst. Ein solcher Austausch kann auch innerlich stattfinden.[29] Er war überzeugt, produktives Denken jedweder Art habe immer auch eine dialogische Struktur, da es dem Prinzip von Frage und Antwort folge, dem Hin und Her einer Diskussion. In *Politeia* wird die Dialektik – die Kunst der philosophischen Konversation – als »Gesims« bezeichnet, das die Ausbildung der Wächter der imaginären Stadt abschließen soll.[30] Auf die Frage, was die Philosophie ihm gebracht habe, antwortete Antisthenes, ebenfalls ein Anhänger Sokrates', es sei die Fähigkeit, mit sich selbst zu sprechen.[31]

Die bekannteste Art sokratischer Konversation ist eine Abfolge kurzer Fragen und Antworten, über die Sokrates herausfinden möchte, was aus einer aufgestellten Hypothese folgt und was ihr widerspricht. Einige seiner Gespräche beinhalten dennoch längere Redeanteile und sogar Monologe. Das zugrunde liegende Prinzip bringt die bekannte Aussage auf den Punkt, wonach »ein Leben ohne Selbsterforschung [es] aber gar nicht verdient gelebt zu werden«[32]. Für mich ist es besser, zu dem Schluss zu kommen, dass eine meiner Überzeugungen falsch ist, als weiterhin nach einer solchen zu handeln. Jeder tut immer das, wovon er denkt, dass es für ihn am besten ist; ohne gründliche Auseinandersetzung und ohne zu wissen, was das Gute ausmacht, laufen die Menschen Gefahr, ihre eigenen Vorteile falsch einzuschätzen. Es zeigt sich, dass moralische Vortrefflichkeit für jeden Menschen immer von Vorteil ist – und somit auch die Tugenden Gerechtigkeit, Tapferkeit, Besonnenheit, Frömmigkeit und Selbstbeherrschung. Sokrates verfolgte, wie auch Platon nach ihm, stetig die Frage: Was heißt es, gut zu leben?

Kurz gesagt: Wenn die Behauptung zutrifft, Platon habe die Philosophie erfunden, dann nur deswegen, weil Sokrates sich dazu entschloss, seine Gedanken nicht zu Papier zu bringen. Natürlich war Platon mehr als nur Sokrates' Sprachrohr. Kein Schriftsteller von Format ist lediglich ein Papagei – den antiken Biografen zufolge war Platon zumindest ein Schwan! Wie auch immer, auf seine Auseinandersetzung mit den Vorsokratikern folgte, dass Platon Zeit seines Lebens Materialismus und mechanistische Kausalität (im Sinne einer Ursache-Wirkung-Kausalität, die auf mechanischen Atombewegungen fußt) ablehnte. Aus seinen Reflektionen über die Sophisten entstanden weitere Positionen, er verwarf den Skeptizismus gegenüber der Möglichkeit, die Dinge erkennen zu können, sowie den Relativismus und die Kommerzialisierung von Wissen. Nach Sokrates' Vorbild weigerte sich auch Platon, Gebühren für seine Lehren zu verlangen. Dank Sokrates wurde Platon zu dem Philosophen, der er war.

Platons Kollegen: Die ersten Sokratiker

Platon war nicht Sokrates' einziger Anhänger. Wir wissen von 33 Zeitgenossen Platons, die Sokrates kannten und mit ihm zusammenarbeiteten. Es ist nicht von allen überliefert, wie alt sie waren, aber wir können sicher annehmen, dass Platon fast alle oder sogar alle kannte. Wahrscheinlich lernte er sie sogar auf außerordentlich intime und intensive Weise kennen, wie es das

Arbeiten in einer Gruppe mit sich bringt. Es dürfte kaum überraschen, dass die meisten von Sokrates' Anhängern direkt aus Athen stammten, aber unter ihnen befanden sich auch einige von außerhalb, die sich nur vorübergehend in Athen aufhielten.[33] 33 ist eine recht ordentliche Zahl, allerdings wissen wir äußerst wenig über diese Menschen. Von manchen kennen wir nur den Namen; von denjenigen unter ihnen, die, wie Platon, Schriftsteller wurden, verfügen wir, vom Namen abgesehen, noch über eine Liste möglicher Buchtitel. Manche treten in Platons Dialogen als Erzähler oder Gesprächspartner auf, es wäre jedoch verkürzt, aus diesen Textpassagen auf ihre eigentliche Person zu schließen. Am meisten wissen wir über Aischines von Sphettos (mitunter auch Aeschines Socratikus genannt, um ihn von einem bekannten Politiker zu unterscheiden, der später im 4. Jahrhundert tätig war), Antisthenes, Aristippos von Kyrene, Kritias, Eukleides von Megara und Xenophon.

Kritias kennen wir in erster Linie, weil er sich an der Herrschaft der Dreißig beteiligte, und aufgrund seines recht hohen Alters (geboren ungefähr 460 v. Chr.) hatte er vermutlich nur lose mit dem sokratischen Kreis zu tun. Kriton, Chairephon und Chairekrates waren alle ungefähr im selben Alter wie Kritias, von ihnen wissen wir allerdings, dass sie Anhänger von Sokrates waren. Kritias hingegen zählte wohl eher zu den Menschen, die Sokrates zwar kannten und bewunderten und sich von gewissen Aspekten seiner Arbeit angezogen fühlten, jedoch nicht zu seinem inneren Kreis gehörten. Sokrates umgab sich vor allem mit jungen Männern, welche die Zukunft Athens in ihren Händen hielten.

Während Aischines und Xenophon nur über Sokrates schrieben, gingen Aristippos, Phaidon und Eukleides – und natürlich Platon – noch weiter und gründeten auch Schulen oder führten seine Arbeit auf andere Weise mit neuen Ansätzen weiter. Neben Platon übte Antisthenes den größten Einfluss aus: Er unterrichtete Diogenes von Sinope, den ersten richtigen Kyniker und eine der beeindruckendsten Figuren im antiken Griechenland. Diogenes war dann der Lehrer von Krates, der wiederum Zenon von Kition unterwies, den Gründer des Stoizismus. Dank Antisthenes' sahen sich also die Kyniker und Stoizisten während ihrer gesamten Geschichte als Sokrates' Nachkommen. Als Aristippos in seine Heimatstadt Kyrene in Nordafrika zurückkehrte, gründete er dort eine eigene Schule, die maßvolles Lustempfinden als Lebensziel propagierte, verbunden mit der Skepsis gegenüber der Fähigkeit des Menschen zur objektiven Erkenntnis. Dieses Unvermögen liege, so Aristippos, entweder an unserem begrenzten menschlichen Verstand oder daran, dass die Dinge zu unbestimmt sind, um sie richtig begreifen zu können. Eukleides gründete die Schule der Megariker, deren Mitglieder wichtige Arbeit auf den Gebieten der Logik, der Sprachphilosophie und sokratisch inspirierter Ethik leisteten. Diese Schule durchlebte zwar einige Veränderungen, blieb aber bis zum Ende des 4. Jahrhunderts bestehen. Über Phaidons Schule in Elis wissen wir zu wenig, um sie beschreiben zu können. Er scheint allerdings, ähnlich wie Antisthenes, Philosophie als Lebenseinstellung und Therapieform vermittelt zu haben, anstatt nur als Möglichkeit, sich mit abstrakten Konzepten zu beschäftigen. Diese Schulen verlangten von ihren Mitgliedern nicht, Leitlinien strikt zu befolgen; wahrscheinlich existierten nicht einmal Schulgebäude. Es handelte sich schlichtweg um Menschen mit ähnlichen Ansichten, die sich zu einer Gruppe zusammenschlossen.

Die Unterschiede zwischen den einzelnen sokratischen Schulen sind so bezeichnend, dass sie einen kurzen Exkurs verdienen. Mehrere Sokratiker liefern uns die philosophische Position, die Sokrates gegenüber dem Lustempfinden einnahm. In *Protagoras* lässt Platon Sokrates eine hedonistische These aufstellen. Wo immer das Wort »gut« in Bezug auf Menschliches verwendet wird, ließe sich das Wort »angenehm/lustvoll« einsetzen, und wo »böse« auftaucht, ließe es sich mit »unangenehm« ersetzen. Das klingt wie purer Hedonismus, jedoch eher in einer besonneneren Form, wenn wir Sokrates ebenfalls die Überzeugung zuschreiben, dass eine denkende Person stets folgern wird, ihre wahre langfristige Zufriedenheit (im Gegensatz zur kurzfristigen Befriedigung von Verlangen) fiele immer auch mit dem praktischen Ausüben von Tugend zusammen. Diese Position passt zu der, die Sokrates bei Xenophon einnimmt, dort meint er, dass es gute und schlechte Lust gibt – gute Lust begleitet moralisches Verhalten, schlechte Gelüste gefährden das moralische Ich hingegen. Aus dieser Sicht ergibt sich der Wert von Lust aus dem Wert der Sache oder des uns angenehmen Verhaltens. Wohlempfinden ist nicht durch und durch gut. Ein Papyrusfragment eines Dialoges bescheinigt Sokrates ebenfalls Hedonismus[34] – könnte es vielleicht sogar von Aristippos stammen? Allerdings ist der Text stark beschädigt, und wir können deshalb nicht sicher sein, von welcher Art von Hedonismus die Rede ist. Antisthenes scheint dagegen streng antihedonistisch eingestellt gewesen zu sein. Er kommt nahe an Xenophons Sokrates heran, wenn er davon spricht, dass er sich durch seine Askese wohler fühle, als wenn er seinen Bedürfnissen nachgebe. Unmittelbar darauf äußert er dann, er wünsche sich, dem wäre nicht so, da so viel Genuss für niemanden gut sein kann.[35] Spätere Quellen berichten, Antisthenes hätte nur die Befriedigung harter Arbeit als lohnend empfunden, oder dass er sogar lieber wahnsinnig werden würde, als zu genießen. Gleichzeitig war Aristippos überzeugt, jeglichen Ärger zu vermeiden, sei angenehm und bilde den Sinn des Lebens.

Dies alles ist deswegen wichtig für Platons Lebensgeschichte, weil es zeigt, dass er nicht der einzig »wahre« Sokratiker war und sich auch nicht für einen solchen hielt. Er arbeitete Seite an Seite mit anderen Sokratikern, und als sich die Gruppe nach Sokrates' Tod langsam zerstreute und einige der Anhänger zu schreiben und unterrichten begannen, las er deren Arbeiten und blieb mit ihnen in Kontakt. Es entstanden nicht nur Dialoge. Antisthenes beispielsweise, der zusammen mit Gorgias studierte, schrieb unter anderem auch Reden, systematische philosophische Abhandlungen und einen Kommentar zu Homer. Neben seinen sokratischen Schriften verfasste Xenophon historische Schriften, Biografien, Essays und Abhandlungen zu verschiedenen Themengebieten sowie einen fiktionalen Text über die Ausbildung eines idealen Prinzen. In Bezug auf ihre sokratischen Schriften bleibt festzuhalten, dass keiner von Sokrates' Anhängern beabsichtigte, eine historisch korrekte philosophische Abhandlung zu schreiben. Alle nutzten sie Sokrates als einen literarischen Kunstgriff, um ihre eigenen Gedanken und Problemstellungen darzulegen.

Wenn es um das Wohlempfinden geht, waren vielleicht *alle* unter ihnen wahrhaftige Sokratiker – wenn Sokrates' Standpunkt in dieser Sache war, dass Lustempfinden (oder das Fehlen eines solchen) ein gottgegebener Hinweis darauf sei, was gut für einen Menschen sei. Alle im oberen Abschnitt umrissenen Ansichten sind mit dieser Einstellung kompatibel. Nehmen wir also an, Sokrates' Rolle bestand darin, solche Generalisierungen zu formulieren, woraufhin er es dann seinen Schülern überließ, aus ihnen eigenständige Theorien zu entwickeln. Später werden wir feststellen, dass Platon in seiner Akademie ganz ähnlich vorging. Kein Sokratiker wiederholte einfach nur Sokrates' Ansichten; so etwas wie eine sokratische Orthodoxie existierte nicht.

Trotz unserer spärlichen Beweislage können wir weitere Punkte ausmachen, in denen die Sokratiker nicht übereinstimmten. Die antiken Biografen übertrieben diese Differenzen und stellten sie als Rivalitäten dar, die persönliche Feindschaft nach sich zogen. Wie bereits dargestellt, zielten sokratische Konversationen darauf ab, sich miteinander auszutauschen. In ihren Schriften haben die Sokratiker im Grunde eben solche Gespräche untereinander und mit ihren Lesern weitergeführt. Ich gehe davon aus, dass eine ihrer grundsätzlichen Fragen an sich selbst und aneinander etwa so lautete: »Würde Sokrates das gut finden? Stimmt diese Auffassung mit seinen Prinzipien überein?« Es existiert in der Tat ein Hinweis auf solche Überlegungen. So überliefert Aristoteles einen Kommentar von Aristippos gegenüber Platon, der ihm »allzu schulmeisterlich zu sprechen schien«: »Unser Gefährte hat aber doch gar nichts dergleichen gesagt.«[36]

Im Großen und Ganzen scheint ein Austausch unter den Sokratikern plausibler zu sein als offene Feindseligkeiten, obwohl manche bestimmt auch persönlich aneinandergerieten. Aischines und Aristippos waren eindeutig befreundet, und ebenso mag es auch deutliche Feindschaften gegeben haben. Antisthenes fand als Asket den Hedonismus von Aristippos vielleicht so geschmacklos, dass er ihm tatsächlich grollte. Vielleicht dachte Xenophon auch an Aristippos, als er davon sprach, dass einige Leute ein paar Fetzen von Sokrates' Weisheit kostenlos aufschnappten und sie anschließend teuer an andere weiterverkauften.[37] Schließlich verlangte Berichten zufolge Aristippos als Erster unter den Sokratikern Geld für seine Lehren. Der Dialog *Sathōn* von Antisthenes soll ein vulgärer Witz auf Platons Kosten gewesen sein, der auf den Gleichklang von *Platōn* und *sathōn* anspielt. *Sathōn* heißt so viel wie »Schwanz« oder »Pimmelchen«. Bis zu einem gewissen Grad bestanden also Rivalitäten zwischen Platon und seinen sokratischen Kollegen. Allerdings gab es keinen hässlichen Wettstreit darum, wer die meisten Schüler um sich scharen konnte, um sich finanziell zu bereichern: Wie auch Sokrates, verlangte Platon für seinen Unterricht kein Geld. Es ist schlichtweg typisch altgriechisch zu behaupten, man sei auf seinem Gebiet besser als alle anderen. Künstler behaupteten dies ebenso wie Historiker und Komödiendichter; warum also nicht auch Philosophen?

Trotz ihrer Unterschiede verband die Sokratiker ein gemeinsames Vorhaben, das sie jenseits aller Unstimmigkeiten einte. Sie wollten Sokrates' Vermächtnis bewahren und gute Literatur schreiben, in erster Linie zeigten sie aber, wie Sokrates philosophierte. Sie wollten, dass die Philosophie über den Tod ihres Mentors hinaus weiterlebte.

Bei ihrem gemeinsamen Hintergrund verwundert es wenig, dass sich in den Arbeiten der Sokratiker ähnliche Themen finden lassen. Vor allem empfanden sie all das, was die Gesellschaft normalerweise als gut ansah, wie Wohlstand und sozialen Status, nicht als wahrhaft gut, sondern meinten, nur tugendhaft zu sein, könne das Potenzial eines Menschen wahrhaft erfüllen (Tugend verschaffe ihm *eudaimonia,* also Glück und Wohlergehen). Wie bei jedem anderen auch, zielen alle meine Taten auf mein eigenes Glück ab; laut den Sokratikern liegt in den Tugenden Erlösung, sofern man sie richtig versteht und nach ihnen lebt. Tatsächlich (jedenfalls nach Platon) bedeutet tugendhaft zu sein, sich selbst als Mikrokosmos, mit dem Universum, dem Makrokosmos, harmonisch zu vereinen: »Die Weisen aber behaupten, o Kallikles, daß auch Himmel und Erde, Götter und Menschen nur durch Gemeinschaft bestehen bleiben und durch Freundschaft und Schicklichkeit und Besonnenheit und Gerechtigkeit«.[38] Ich vermute, dass »die Weisen« Platon und seine sokratischen Kollegen meint. Sie waren dafür bekannt, dass sie tugendhaftes Verhalten besonders schätzten. Daher konnte sogar ein Außenseiter wie der Athener Redenschreiber Lysias Aischines mit der einfachen Bemerkung in Verruf bringen, wie ungewöhnlich es doch sei, dass ein Sokratiker finanzielle Probleme habe.[39]

Die Sokratiker strebten also besonders auf dem Gebiet der Ethik nach Wahrheit, weil sie glaubten, indem man die Wahrheit in der Welt und ihre Prinzipien erkenne, verbessere man auch sein eigenes Leben und werde zu einem besseren Menschen. Für sie lag der Respekt vor der Wahrheit aller Moral zugrunde, daher suchten sie nach rationalen und validen Argumenten, mit denen es möglich war, die Wahrheit einer Sache hervorzubringen. Sie untersuchten die Beziehung zwischen Körper und Seele (wobei sie darauf bestanden, die Seele sei der höchste und nobelste Teil der menschlichen Existenz), und wie die Seele selbst beschaffen ist. Schließlich diskutierten sie auch die Lust, das Wohlempfinden, das uns an die materielle Welt bindet. Sie erfanden nicht nur die Disziplin, die wir heute als Philosophie bezeichnen, sondern sorgten auch dafür, dass sie sokratisch geprägt war. Wir können diesen Prozess im Detail bei Platon nachvollziehen, allerdings sind uns von seinen Kollegen nicht genug Schriften erhalten geblieben, um sicher zu sagen, wie viel auch sie zu dieser Entwicklung beitrugen. Uns liegen alle sokratischen Schriften von Xenophon vor. Und obwohl er durchaus eigenständige Arbeit auf dem Gebiet leistete, verfügen seine Texte nicht über die gleiche philosophische Tiefe wie die Platons; das Gleiche gilt wohl auch für Aischines' Publikationen.

Auch wenn uns die genauen Umstände fehlen, können wir davon ausgehen, dass Platon und seine Mitstreiter die Philosophie praktisch erfanden. Wie sie dabei vorgingen, lässt sich durchaus als aggressiv bezeichnen, wie wir in Platons Fall feststellen werden. Sie überfluteten den Markt mit ihren Büchern, indem sie in den ersten 40 Jahren nach Sokrates' Tod Dutzende von philosophischen Werken verfassten. Sie versuchten, alle anderen aus dem Weg zu räumen, die sich in der Lehre betätigten, und so ist festzustellen, dass Platons Sokrates es mit Sophisten, Rhetorikern, Dichtern und allen anderen aufnimmt, die sich als Experten auf ihrem Gebiet ausgeben. Also mit jedem, der für seine Schüler andere Ziele bereithielt als die sokratischen. Auch in der Generation nach Platon verfassten Mitglieder seiner Schule, wie Aristoteles und Herakleides Pontikos (der Ältere), noch Dialoge (obwohl Sokrates in diesen nun nicht mehr auftaucht): Das Dialogische war zu einer der führenden philosophischen Darstellungsformen geworden. Es gibt Hinweise darauf, dass einige Sophisten ebenfalls Dialoge oder Dialogteile schrieben, doch es waren die Sokratiker, die sich das Genre ganz und gar aneigneten.

Platon begann in den 390er-Jahren zu schreiben. Bestimmt war er nicht der Erste unter den Sokratikern, der Dialoge schrieb, allerdings ist unklar, welcher seiner Kollegen die Anerkennung dafür verdient. Auch erfand Platon die Dialogform nicht: In einer nur fragmentarisch erhaltenen frühen Schrift, *Über die Dichter*, schreibt Aristoteles, den man im Grunde als Zeitzeugen bezeichnen könnte und der gut recherchierte, diese Erfindung jemandem zu, der kein Sokratiker war, einem gewissen Alexamenos von Teos.[40] Relativ sicher begannen weder Platon noch andere vor Sokrates' Tod im Jahr 399 damit, Dialoge zu verfassen: Warum sollten sie, wenn Sokrates noch am Leben war?[41] Wozu sollten sie jemanden mythologisieren, der nach wie vor für alle real zugänglich war? Vor allem sollten die Dialoge unter anderem die Athener bewegen, sich zu fragen, weshalb sie Sokrates überhaupt hingerichtet hatten. Es war eine naheliegende Strategie, Sokrates als guten und gottesfürchtigen Mann darzustellen, aber sie nutzten darüber hinaus auch die tragischen und ironischen Möglichkeiten, die ihnen Sokrates als Figur in ihren Schriften lieferte. Sie setzten ihn oft als Hauptperson ein, obwohl jeder Leser wusste, dass dieser Mann von den Mächtigen zum Tode verurteil worden war. Hier ein einfaches Beispiel: In Platons *Euthyphron* erfahren wir, wie Sokrates (tragischerweise) über Gottesfurcht spricht, während er darauf wartet, wegen Gottlosigkeit verurteilt zu werden. Zudem hören wir Euthyphron (ironischerweise) sagen, er sei überzeugt, Sokrates werde den Prozess gewinnen. Sokrates' Prozess und sein Tod überschatten mehrere Abschnitte in den Dialogen.[42]

Platon schöpfte solche Möglichkeiten nicht nur für seine Figur des Sokrates aus. Besonders verdeutlicht dies sein Dialog *Charmides*, in dem er die mörderischen Tyrannen Kritias und Charmides über Zurückhaltung und Selbsterkenntnis sprechen lässt. Oder wenn er Sokrates mit zwei Athener Generälen, Nikias und Laches, über Tapferkeit sprechen lässt, nachdem diese beiden für Niederlagen verantwortlich waren, die in hohem Maße dazu beitrugen, dass Athen im Peloponnesischen Krieg unterlag. Andere platonische Charaktere mussten öffentliche Schmähungen ertragen oder starben unter tragischen Umständen, in manchen Fällen widerfuhr ihnen sogar beides: Alkibiades, Polemarchos, Aristoteles von Thorai, Phaidros, Eryximachos. Platons zeitgenössische Leser hatten die Schicksale dieser Personen bei ihrer Lektüre im Hinterkopf. Wenn also am Ende des *Ersten Alkibiades* eben dieser verspricht, sich der Gerechtigkeit zuwenden zu wollen, bezweifelt Sokrates, dass er dementsprechend handeln wird. Platon und seine Leser wussten an diesem Punkt bereits, dass Alkibiades sich nicht so verhalten hatte.

Aristoteles fasste die Bücher Platons und der anderen als neues literarisches Genre zusammen, das er als *Sōkratikoi logoi*, »Sokratische Diskurse« bezeichnete. Er verglich sie mit den Mimen von Sophron, da es sich bei diesen ebenfalls um fiktionale Darstellungen lebensechter Charaktere handelte, die in Prosa verfasst waren, nicht musikalisch begleitet wurden und Dialoge beinhalteten. Den Vergleich zu Sophron vollziehen zwar Aristoteles und die biografische Tradition, aber das Athener Theater beeinflusste die Dialoge bestimmt ebenso stark. Schließlich handelte es sich hier um dramatisierte Konversationen eines Autors, der sich selbst im Hintergrund hält. Die Dialoge enthalten »Regieanweisungen«, damit die Leser sich die Szenen besser vorstellen können, Figuren treten ab und auf, es wird debattiert (ein Standardelement der griechischen Tragödie), es finden Szenenwechsel statt und so weiter. *Euthydemos* ist sogar in fünf »Akte« unterteilt, wie eine griechische Komödie, und kippt außerdem mehrmals ins Absurde.

Jedenfalls hielt sogar Aristoteles, der nur 60 Jahre nach Sokrates' Tod schrieb, und der von dem ausging, was er während seiner Zeit an der Akademie erfahren hatte, die Dialoge für fiktional – mit Ausnahme der Figuren, die in der Regel echten historischen Persönlichkeiten nachempfunden waren. Im Grunde handelte es sich dabei um Mimen aus dem Leben und den Gesprächen des Sokrates; dementsprechend stellt ein platonischer Dialog nicht nur Sokrates dar, er ist im Geiste Sokrates' verfasst worden. In den *Sōkratikoi logoi* tauchen immer wieder die gleichen Themen und Szenarien auf, was beweist, dass sich ihre Autoren stetig miteinander austauschten und das gleiche Vorhaben teilten. So existieren beispielweise nicht nur Platons zwei Alkibiades-Dialoge, vier weitere Sokratiker verfassten Dialoge mit demselben Titel, in denen Sokrates mit seinem Liebsten spricht (und ihn zu bändigen versucht). Sowohl Platon als auch Xenophon verfassten ein *Symposion*; Eukleides und Platon schrieben beide einen *Kriton*. Antisthenes und Aischines brachten jeweils einen *Aspasia* hervor, in dem eine überlebensgroße Version der gleichnamigen intelligenten ehemaligen Kurtisane auftritt, die später Perikles heiratete, den führenden Staatsmann im Athen der zweiten Hälfte des 4. Jahrhunderts. Auch wenn Platon weitaus berühmter als seine Zeitgenossen war, sollten wir bezüglich seiner Karriere als sokratischer Schriftsteller stets bedenken, dass er keinesfalls allein war.

3

Von der Politik zur Philosophie

Zu Beginn des *Siebten Briefes* berichtet uns Platon, er hätte vorgehabt, als Volljähriger direkt »ins öffentliche Leben« einzusteigen, mit anderen Worten: Er wollte eine politische Karriere anstreben. Zwar durfte er sich erst im Alter von 30 Jahren für ein politisches Amt zur Wahl stellen, aber er konnte bereits mit 20 an der Volksversammlung teilnehmen, die im antiken Athen die Legislative darstellte, und vor ihr sprechen. Das System funktionierte wie folgt: Der Rat der 500 (bestehend aus 500 Ratsmitgliedern) bereitete Beschlussanträge für die Volksversammlung (bis zu 6000 Männer) vor. Sobald diese eine Entscheidung getroffen hatte, instruierte der Rat die Amtsträger, die Beschlüsse der Volksversammlung durchzusetzen. Die Amtsträger durften für die Umsetzung ihrer Aufgabe Unterausschüsse bilden. Für aufstrebende junge Politiker war es üblich, vor der Volksversammlung zu sprechen; deswegen war das rhetorische Training der Sophisten auch so wichtig.

Platons Vorhaben erscheint voll und ganz plausibel, da die athenische Demokratie darauf angewiesen war, dass die Mitglieder der Elite Ämter übernahmen. Nur reiche Männer verfügten über ausreichend freie Zeit (und, wie sie sicherlich hinzugefügt hätten, über die notwendige Expertise), um eine unbezahlte politische Position einzunehmen. Sie tauschten ihr monetäres Vermögen liebend gern gegen politisches Kapital ein. Außerdem waren die aristokratischen Familien mit der Aristokratie anderer griechischer Stadtstaaten über ein Netzwerk aus Freundschaften verbunden, weswegen sie sich besonders für die Außenpolitik eigneten. Viele Ämter wurden per Losverfahren vergeben – man wählte zufällig aus einer langen Liste freiwilliger Kandidaten aller zehn Stämme aus, oft waren diese Positionen mehr mit Prestige als mit Macht verbunden. Nur im militärischen und wirtschaftlichen Sektor wurden die Posten jährlich durch eine Wahl neu vergeben, da sie Expertise voraussetzten und eine reine Loyalität gegenüber der Demokratie nicht ausreichte, um sie angemessen auszuführen. Einem reichen und ehrgeizigen jungen Mann standen also viele Möglichkeiten offen, er konnte Politik entweder als gelegentlichen Zeitvertreib oder als Beruf betreiben.

Aus sokratischen Schriften erfahren wir oft, wie Sokrates junge Männer zu ihrer zukünftigen politischen Karriere berät. Immer sind es Sprösslinge aus wohlhabendem Hause: Platons Bruder Glaukon, sein Onkel Charmides, Euthydemos (Besitzer einer der ersten Bibliotheken von Athen), Alkibiades, Theages.[1] In *Politeia* stellt sich Platon vor, wie ein politisch ehrgeiziger junger Mann »aus einer reichen und edlen Familie« verdorben wird.[2] Der Komödienschriftsteller Aristophanes bringt dies auf vulgäre Weise auf den Punkt, wenn er in seinen Stücken Politiker als »ausgeleierte Arschlöcher« bezeichnet.[3] Die Art von Eliteknaben, die in jungen Jahren einen älteren Liebhaber hatten, ging später auch in die Politik. Sokrates, der die athenische Politik vom Amateurhaften befreien wollte, hielt Platons Interesse an der Politik aufrecht. In der Politik spielte Sokrates die Rolle eines einfachen Vollbürgers, er bewarb sich nie um höhere Ämter, da er, laut Platon, die Gesellschaft für zu korrupt hielt, um effiziente politische Arbeit leisten zu können.[4] Dagegen fühlte sich Platon zu einer politischen Karriere berufen; er dachte, Athen dienen zu können.

Die 30 Tyrannen

Platon wurde zu einer Zeit volljährig, als selbst die optimistischsten seiner Mitbürger den Krieg als verloren hinnehmen mussten. Die Schuld dafür schoben sich Reiche und Arme fleißig gegenseitig in die Schuhe. Schon im Jahr 411 v. Chr. hatten die Oligarchen ein Ende des Krieges aushandeln wollen, und da die Stadt nun, sieben Jahre später, bedingungslos kapitulieren musste, sahen sie sich moralisch im Recht. Damit waren die Weichen für die Herrschaft der 30 Tyrannen gestellt.

Es war ein zerrüttetes Athen, das sich im Jahr 404, ausgehungert von der Belagerung, schließlich ergeben musste. Landstriche waren verwüstet worden, ausländische Besitzungen hatte man verloren, die Lebensgrundlagen vieler waren zerstört und ausgehöhlt worden, Familien trauerten um ihre Gefallenen, die Staatseinnahmen gingen beinahe gegen null. Im August, mehrere Monate nach der Kapitulation und ungefähr zu der Zeit, als Platon volljährig wurde, setzten die Spartaner die demokratisch gewählten Generäle ab und formten einen vorübergehenden Rat aus fünf »Aufsehern«, die vorübergehend die Stadt verwalten sollten; Kritias, der Cousin von Platons Mutter, war einer dieser fünf. Im September richteten die Spartaner dann eine Oligarchie von 30 Männern ein. Es wurde ein Rat aus 500 Männern eingesetzt, der dauerhaft bestehen bleiben und nicht, wie zuvor der demokratische Rat, jährlich neu gewählt werden sollte. Die Mitglieder dieses Rates stammten aus einer Liste von 1000 speziell ausgesuchten Männern, die nun nicht mehr aus dem gesamten Bürgertum kamen. Er sollte die von den Dreißig vorgeschlagenen Maßnahmen ratifizieren, außerdem übertrugen die Dreißig dem Rat die oberste richterliche Gewalt und entzogen sie den Volksgerichten. Piräus, Athens Hafen, erhielt zum ersten Mal eine eigene Verwaltung, nicht zuletzt, weil er als Bastion der Demokratie bekannt war: Er wurde einem Rat, bestehend aus zehn Männern, unterstellt. Des Weiteren waren elf athenische Beamte mithilfe von öffentlichen Sklaven für Verhaftungen, Gefängnisse und Hinrichtungen zuständig. Die elf waren frisch ausgewählte Gefolgsleute, unterstützt von einer freiwilligen Polizeitruppe bestehend aus 300 bewaffneten Reitern; alle übrigen Ämter gingen an Sympathisanten der Oligarchen. Mit Ausnahme von 3000 Männern erkannte man allen anderen Bürgern die volle Staatsbürgerschaft ab, entwaffnete sie und verweigerte ihnen, sich in der Stadt aufzuhalten. Sobald das neue System halbwegs stabil wirkte, zog die spartanische Armee ab.

Nachdem sie die Regierung nach ihrem Geschmack umgestaltet hatten, machten sich die 30 Tyrannen an die moralische Wiederaufrüstung Athens. Im *Siebten Brief* erklärt uns Platon das Ziel der Dreißig: »Ich glaubte nämlich, sie würden die Stadt aus ihrem ziemlich rechtlosen Leben zu einer gerechten Art führen und sie so verwalten.«[5] Interessanterweise bestätigt dieses Vorhaben ausgerechnet der Redenschreiber Lysias, der den Oligarchen ungebrochen feindselig gegenüberstand – nicht nur weil er ein überzeugter Demokrat war, sondern weil er nur knapp einer Verhaftung und Hinrichtung durch die Dreißig entgangen war, während sein Bruder inhaftiert und getötet wurde. Dennoch erkennt Lysias an, dass Kritias und die Dreißig ursprünglich »den Staat von ungerechten Männern reinigen und die restlichen Bewohner zum Guten und Gerechten hinführen«[6] wollten. Es verwundert kaum, dass Platon einem solchen Vorhaben positiv gegenüberstand, schließlich deckte es sich mit Sokrates' politischem Programm, demzufolge gute und wahrhaftige Männer den Staat leiten sollten. Allerdings stellte sich heraus, dass Sokrates' über gute und wahrhaftige Männer anders dachte als die Dreißig. Gegen Ende ihrer kurzen Herrschaft scheint er mit ihnen in Konflikt geraten zu sein.[7]

Zu dieser Zeit war Geld schrecklich knapp. Die Dreißig wollten dieses Problem beheben, indem sie die wohlhabenderen Männer unter ihren Gegnern töteten oder verbannten und anschließend deren Besitz an die verbleibenden Athener weiterverkauften – eine hässliche Methode. Sobald sie diesen Weg einschlugen, ging es ihnen zwangsläufig weniger um konstitutionelle Reformen, als darum, ihre Stellung gegen die Verachtung und den Widerstand aus dem Volk zu verteidigen. Sie gingen als die Ersten in die griechische Geschichte ein, die mit Razzien im Morgengrauen die Bevölkerung in Angst und Schrecken versetzten.[8] Innerhalb nur weniger Wochen wurden 1500 Menschen getötet, während weitere ins Exil flohen.

Das einzig Gute, was jedes diktatorische Regime in der Geschichte hervorgebracht hat, sind Widerstandsbewegungen. Der Widerstand der Athener gegen die Dreißig Tyrannen erwies sich auf fast wundersame Weise effektiv. Nach nur wenigen Monaten übernahmen Rebellen Piräus, den Hafen Athens, und verwandelten ihn erneut in ein demokratisches Bollwerk. Die Dreißig zogen gegen die Hafenstadt ins Feld, unterlagen aber in einer grauenvollen kleinen Schlacht. Unter den ungefähr 70 Opfern aufseiten der Oligarchen befanden sich Platons Cousin Kritias und sein Onkel Charmides. Der Rest der Dreißig floh. Im späten September des Jahres 403 zogen die Demokraten in einer prächtigen und feierlichen Prozession von Piräus zurück nach Athen, um dort in der Akropolis der Göttin Athene ein Dankopfer darzubringen. Innerhalb eines Jahres kehrte der Staat abermals zur Demokratie zurück.

Platon erzählt uns im *Siebten Brief*, dass er von den Dreißig angewidert und enttäuscht war. Ihm war Anstand eindeutig wichtiger als seine eigene Familie. Vielleicht war er von den Absichten der Dreißig überzeugt gewesen, allerdings nicht von ihren Mitteln, diese umzusetzen. Besonders ärgerte ihn, wie sie versucht hatten, Sokrates in ihre Machenschaften zu verwickeln. Sie drängten Sokrates dazu, einen Mann namens Leon von Salamis zu verhaften, einen bekannten Demokraten, den die Dreißig hinrichten wollten. Sokrates weigerte sich, Leon wurde dennoch getötet. »[W]ie ich also das alles ansehen musste […] da befiel mich Abscheu, und ich zog mich aus diesen üblen

Dingen heraus«, meint Platon.[9] Dennoch war er nach wie vor an einer politischen Karriere interessiert; vielleicht hoffte er, innerhalb der wiederhergestellten Demokratie etwas bewirken zu können.

Der Prozess gegen Sokrates und sein Tod

Die Rückkehr Athens zur Demokratie bestärkte Platon erneut darin, am öffentlichen Leben teilzunehmen. Vier Jahre später schwand allerdings auch diese Hoffnung. »Durch unglückliche Umstände wiederum holten einige der neuen Machthaber unseren Freund, jenen Sokrates, vor Gericht und erhoben eine äußerst ruchlose Anklage gegen ihn, die am allerwenigsten Sokrates verdiente: Wegen Gottlosigkeit nämlich klagten ihn einige an, andere stimmten für schuldig und ließen ihn hinrichten.«[10] Uns liegt die genaue Formulierung der Anklage gegen Sokrates vor: »Sokrates versündigt sich durch Ableugnung der vom Staate anerkannten Götter sowie durch Einführung neuer göttlicher Wesen; auch vergeht er sich an der Jugend, indem er sie verführt. Der Antrag geht auf Todesstrafe.«[11]

Die Schuldzuweisung wegen Gottlosigkeit war schwer durchzusetzen; vor allem stärkte der dritte Punkt die Anklage – die Athener Jugend verführt zu haben. Wie wir bereits gesehen haben, umgab sich Sokrates seit circa 440 mit einer Schar reicher junger Männer. Wie bekannt ist, spielte Politik in solchen Gruppen eine Rolle. Xenophon zählt beispielsweise folgende Überlegungen mit zu den Hauptanliegen, mit denen sich Sokrates auseinandersetzte: »Was ist ein Staat und wer ist ein Staatsmann; was heißt es, politische Macht auszuüben und wer ist in der Lage dies zu tun.«[12] Viele von Sokrates' Anhängern waren für ihre Sympathien gegenüber den Oligarchen und Spartanern bekannt, und da man davon ausging, dass Schüler ihre Ideen von ihrem Lehrer übernahmen, dachte man, Sokrates teile die Ansichten seiner Schüler.

In diesem Punkt verfügten die Ankläger über ein starkes Argument, wenngleich es nur auf Indizien beruhte. Wahrscheinlich betonten sie es gegenüber den Abstimmenden besonders. Sokrates brachte der Demokratie und ihren egalitären Werten bekanntlich wenig Sympathie entgegen. Seiner Meinung nach sollten Experten den Staat leiten und keine mehr oder weniger durch ein Losverfahren ausgewählten beliebigen Leute, oder Männer, die nur aufgrund ihres Reichtums Macht besaßen. Der Anklage fiel es nicht weiter schwer, Sokrates als antidemokratisch darzustellen. Hinzu kam, dass er in den späten 430er- und frühen 420er-Jahren dem skrupellosen Alkibiades nahe gestanden hatte, möglicherweise war er sogar dessen Liebhaber gewesen. Zu eben jenem Alkibiades also, der öffentlich wegen Hermenfrevels verflucht worden war, der für ein paar Jahre zu Sparta übergelaufen war und dem man nachsagte, er hätte eine Alleinherrschaft über Athen angestrebt. Außerdem hatten einige der Dreißig und deren Gefolgsleute – Kritias, Charmides, Aristoteles von Thorai – zu Sokrates' Bekanntenkreis gehört. Wahrscheinlich hatte er auch zu den ausgewählten 3000 Bürgern gezählt, die ihre Bürgerrechte behalten konnten, da man ihn nicht, wie so viele andere, der Stadt verwiesen hatte. Vielleicht stellte die Anklage ihn sogar als graue Eminenz der Dreißig dar. Zwar hatte Sokrates den Zorn der Dreißig riskiert, als er sich weigerte, Leon von Salamis gegen dessen Willen zu seiner Hinrichtung zu bringen, allerdings muss seine Verbindung zu den Dreißig nach wie vor äußerst stark gewirkt haben. Selbst im Fall Leons hatte sich Sokrates lediglich geweigert und war nach Hause gegangen, er hatte nicht aktiv versucht, Leon zu retten.

Dennoch stellt sich die Frage, weshalb man ausgerechnet jetzt, im Jahr 399 v. Chr., einen älteren Philosophen vor Gericht stellte, der schon seit den 430er-Jahren die jungen Söhne der oberen Klassen unterrichtete. Ihm erging es, wie auch schon anderen Intellektuellen vor ihm: Sokrates wurde erst zu einem erklärten Ziel, nachdem man ihn als Gefahr für die öffentliche Ordnung wahrnahm. Seine Verbindungen zu den Dreißig verwandelten ihn vom harmlosen Exzentriker in eine unerwünschte Person. Ungefähr 50 Jahre später, im Jahr 345 v. Chr., schrieb der Politiker Aischines dazu: »Athener, ihr habt den Sophisten Sokrates hinrichten lassen, weil man annahm, er sei der Lehrer von Kritias gewesen, einem der Dreißig, die die Demokratie stürzten.«[13]

Im Grunde war es seit der Niederlage der Dreißig im Jahr 403 nur eine Frage der Zeit gewesen, bis Sokrates ins Visier der Öffentlichkeit geriet. Dennoch war dessen Anklage wegen Gottlosigkeit kein Schauprozess im stalinistischen Sinn, der lediglich als Deckmantel für einen politischen Schauprozess herhalten sollte. Gesellschaft und Religion waren eng miteinander verwoben, weswegen eine Anklage wegen Gottlosigkeit Sokrates auch vorwarf, seiner Bürgerpflicht nicht ordentlich nachzukommen. Und mit dem Vorwurf, er verderbe die Athener Jugend, beschuldigte man ihn auch, systematisch die nächste Generation von demokratischen Staatsmännern zu untergraben. Die drei Ankläger, die sich gegen Sokrates stellten, waren allesamt prominente Demokraten. Ihr Anführer, ein Mann namens Anytos, war sogar einer der Helden der Widerstandsbewegung unter den Dreißig gewesen. Sokrates galt im neuen Athen als undemokratischer Makel. (siehe Abbildung 3.1)

Abbildung 3.1 Sokrates im Gefängnis. Auf dem Gemälde von Jaques-Louis David von 1787 ist Sokrates im Begriff, den Schierlingsbecher zu trinken. Metropolitan Museum of Art, New York.

Die gerichtlich beschlossene Ermordung von Sokrates schockierte nicht nur seine Anhänger, sondern auch generell die Intellektuellen Athens: Lysias, der führende Redenschreiber dieser Tage, verfasste ein Pamphlet in Form einer Verteidigungsrede für Sokrates, in der er die Motive der Ankläger anprangerte. Platon traf Sokrates' Tod besonders hart. Er war einer von Sokrates' Lieblingsschülern gewesen. In einem fiktiven Gespräch zwischen Sokrates und Platons Bruder Glaukon schreibt Xenophon, Sokrates sei Glaukon positiv gesinnt gewesen, weil er der Bruder von Charmides und Platon war. In seinen Schriften denkt Platon immer wieder über den Prozess gegen Sokrates nach. In *Gorgias* lässt er Sokrates vorausschauend Folgendes sagen:

> Ich werde nämlich gerichtet werden wie unter Kindern ein Arzt, den der Koch verklagte. Denn bedenke nur, wie sich ein solcher Mensch auf solchen Dingen ertappt, verteidigen wollte, wenn ihn einer anklagte und spräche: Ihr Kinder, gar Übles hat dieser Mann euch zugefügt, und auch die jüngsten unter euch verdirbt er und ängstigt euch, daß ihr euch nicht zu helfen wißt, mit Schneiden und Brennen und Abmagern und Schwitzen und mit den bittersten Getränken, und läßt euch hungern und dursten; gar nicht wie ich euch immer mit so viel und vielerlei Süßigkeiten bewirte.[14]

Platon zog sich also nicht nur aus der athenischen, sondern ganz und gar aus der praktischen Politik zurück. Er machte sich, im Athener Jargon, zum »Idioten« – einem *idiōtēs*, jemandem, der sich nur um seine eigenen Angelegenheiten kümmert. Das war keine einfache Entscheidung. Im Kern beschäftigt sich der Dialog *Gorgias* mit der Wahl zwischen einem Leben in der Philosophie und einem Leben in der Politik – ein Dasein, das sich der Tugend widmet, oder eine Existenz für den weltlichen Erfolg. Die Philosophie gewinnt, aber auch für die Politik werden ein paar leidenschaftliche und starke Argumente vorgebracht. Wie sich die beiden Disziplinen auf den Charakter eines Menschen auswirken, unterscheidet sich allerdings gravierend voneinander: »Mir scheint, daß diejenigen, welche sich von Jugend auf an den Gerichtsstätten oder dergleichen aufhalten, im Vergleich mit denen, welche bei den Wissenschaften und in solchen Beschäftigungen erzogen werden, wie Knechte erzogen sind, im Vergleich mit Freien.«[15] Für ihn wird jeder, der in der eigenen Stadt in die Politik geht, im Grunde zum Sklaven, da er sich den Mächtigen, im Fall Athens dem Volk, unterwerfen muss. Gleichzeitig erkennt jeder, der sich der Politik widmet, um Gutes zu tun, schon bald, dass er auf sich allein gestellt ist und einer hoffnungslosen Aufgabe gegenübersteht:

> Dies alles sich wohl zu Herzen nehmend, wird ein solcher sich ruhig verhalten und, sich nur um das Seinige bekümmernd, wie einer im Winter, wenn der Wind Staub und Schlagregen herumtreibt, hinter einer Mauer untertritt, froh sein, wenn er die anderen voll Frevel sieht, nur selbst frei von Ungerechtigkeit und unheiligen Werken dieses Leben hinzubringen und beim Abschiede daraus in guter Hoffnung ruhig und zuversichtlich zu scheiden.[16]

Vielleicht hatte Platons Quietismus einen praktischen und vernünftigen Grund. Auch ihm konnte man seine Verwandtschaft mit einigen der Dreißig und ihren Gefolgsleuten negativ auslegen. Außerdem hatte er Sokrates nahegestanden, einem verurteilten Antidemokraten. In seiner *Apologie* lässt er Sokrates sagen: »Denn kein Mensch kann sich erhalten, der sich sei es nun euch oder einer anderen Volksmenge tapfer widersetzt und viel Ungerechtes und Gesetzwidriges im Staate zu verhindern sucht.«[17] Hier kann man leicht vermuten, dass Platon nicht nur für Sokrates, sondern auch für sich spricht. Er gelangte zu dem bitteren Schluss, dass nicht nur die Regierung von Athen, sondern von allen zeitgenössischen Staaten korrupt war und einer Reform bedurfte. So zog er sich aus der realen Welt zurück in die verführerischen Sphären der Kontemplation und der reinen Theorie, in denen er Sokrates' Werk auf allen Gebieten weiterentwickelte, auch auf dem Gebiet der politischen Theorie. Nach wenigen Jahren schloss er sich dem Vorhaben an, Sokrates' Andenken zu bewahren, indem er Dialoge schrieb, die ihn bei seiner philosophischen Arbeit zeigten. Platons Rückzug aus der Realpolitik sollte viele Jahre andauern und zu einigen bitteren Kommentaren in den Dialogen führen.

Nach Sokrates' Tod

Der biografischen Überlieferung zufolge flohen Platon und andere Sokratiker direkt nach Sokrates' Hinrichtung aus der Stadt, ihnen erschien Athen nicht länger sicher. Eine solche Abenteuergeschichte entstammt jedoch allein der Fantasie der Biografen. Bei Weitem nicht alle verschmähten Sokrates, und das Urteil über ihn war keineswegs sicher gewesen. Hätten lediglich 30 der 501 Juroren ihre Meinung geändert, wäre Sokrates freigesprochen worden, die Anklage gewann also lediglich durch eine Mehrheit von 6 Prozent.[18] Im Großen und Ganzen kümmerten sich die Athener wenig um Sokrates.

Auch Platon gibt zu, dass die wiederhergestellte Demokratie im Allgemeinen ziemlich moderat agierte.[19] Unmittelbar nach dem Fall der Dreißig erlaubte man denjenigen unter ihnen und ihren Sympathisanten, die nicht schon fort waren, die Stadt zu verlassen. Nur wer sich entschied zu bleiben, musste sich einem Prozess stellen, und nur die schwersten Verbrechen, wie Mord, kamen vor Gericht. Auch über die nächsten Jahrzehnte hinweg schien die Amnestie zu halten: In überlieferten Gerichtsreden sehen wir, dass die Kläger die Angeklagten zwar oft als Kollaborateure der Dreißig anprangerten (was Sokrates' Ankläger sicherlich ebenfalls getan hatten), aber dieser Vorwurf war nie Teil einer regelgerechten Anklage. Xenophon meinte einige Jahrzehnte später: »Bis zum heutigen Tage leben sie als Mitbürger zusammen und die Athener halten sich an ihre Schwüre.«[20] In Athen hatte der Frieden wieder Einzug gehalten, und es ist unwahrscheinlich, dass Platon oder einer seiner sokratischen Kollegen sich bedroht fühlten.

Dennoch verließ Platon Athen für eine Weile, wenn auch nicht, weil er fürchtete, ihm könne es genauso ergehen wie Sokrates. Diogenes Laertios erzählt uns: »Dann, im Alter von achtundzwanzig Jahren, wie Hermodoros sagt, entwich er mit noch manchen andern Sokratikern nach Megara zum Eukleides.«[21] Wahrscheinlich beruht die Annahme, Platon sei aus Angst aus Athen geflohen, auf dieser Aussage von Hermodoros von Syrakus. Sie hängt mit der Altersangabe darin zusammen, denn, setzt man Platons Geburt für das Jahr 428/7 an, wäre er im Jahr 399 28 Jahre alt gewesen. In der Tat war er aber erst um 396/5 in diesem Alter. Wenn wir also annehmen, dass Hermodoros, der Schüler an Platons Akademie war, das Alter korrekt angab, dann blieb Platon noch ein paar Jahre in Athen, bevor er sich gemeinsam mit anderen aufmachte und seinen Freund Eukleides in Megara besuchte.

Die anekdotische Überlieferung lässt Platon ein ganzes Jahrzehnt herumreisen, bevor er nach Athen zurückkehrt und im Jahr 387 die Akademie gründet. Die Biografen dieser Tradition berichten, er habe die Jahre genutzt, um die Weisen in Griechenland und in fernen Ländern aufzusuchen, sein Wissen zu erweitern und seinen Geist zu bereichern. Folgende Orte soll er dabei besucht haben: Kyrene in Nordafrika (heute im Nordosten Libyens), wo er eine Weile bei dem Mathematiker Theodoros blieb; Süditalien, wo er von den Pythagoreern lernte; Ägypten, wo er bei den gelehrten Priestern studierte; und Phönizien, wo er bei den Magi, einer zoroastrianischen Priestergemeinschaft, studierte. In der Tat besuchte Platon die Pythagoreer in Süditalien, und wir werden zum richtigen Zeitpunkt auf diese Reise zurückkommen. Ich denke jedoch nicht, dass die anderen Geschichten wahr sind.[22] Berühmten Denkern schreibt die anekdotische Tradition häufig Wanderjahre zu. Da die angebliche Reiseroute Platons jedoch in keinen zwei Quellen übereinstimmt, wird deutlich, dass alles frei erfunden ist.

Der griechische Orientalismus zeichnete sich durch die anhaltende Vorstellung aus, die priesterlichen Traditionen »des Ostens« seien die Quelle aller Weisheit. Platon ist nicht der einzige griechische Denker, dem man einen vorübergehenden Aufenthalt in Ägypten zuschreibt; er befindet sich in der guten Gesellschaft von Orpheus, Homer, Solon und Pythagoras. Die christlichen Schriftsteller, die Platon bewunderten und von ihm lernten, nahmen an, er habe dort die Bücher Moses studiert. Der historisch interessierte Geograf Strabon besuchte Ägypten im späten 1. Jahrhundert v. Chr., wo man ihm das Haus zeigte, in dem Platon gewohnt haben sollte.[23] Dies allein belegt Platons Aufenthalt jedoch nicht, schließlich profitierten beide Seiten von den Erzählungen schlauer Griechen, die nach Ägypten kamen, um Weisheit zu erlangen. Sowohl die ägyptischen Priester als auch ihre griechischen Besucher steigerten so ihr Ansehen. Sobald Platon im gesamten Mittelmeerraum bekannt war, lag es auch im Interesse der Priester, diese Legende aufrechtzuerhalten, weswegen wir Strabons Bericht als authentisch ansehen können, ohne zu glauben, dass Platon tatsächlich jemals dort war. Die Dialoge erwähnen Ägypten und Ägyptisches des Öfteren, allerdings bleiben die Informationen immer eindimensional. Es handelt sich um Allgemeinwissen oder Hörensagen: die Erhabenheit ägyptischer Musik; die Altertümlichkeit ihrer Legenden; die Stellung der Mathematik in ihrem Bildungssystem; ihre Verschlossenheit gegenüber Fremden; ihr Widerstand gegenüber kulturellem Wandel. Nichts davon zeugt von einem tieferen Einblick in die ägyptische Kultur, die ein persönlicher Besuch ermöglicht hätte.

Platon verbrachte also mit Eukleides einige Zeit in Megara, war aber bald zurück in Athen, wo er nach seiner Rückkehr wohl seinen Militärdienst ableistete. In Athen konnte jeder erwachsene Mann zum Militärdienst eingezogen werden, bis er 59 Jahre alt war, allerdings betraf dies ältere Männer nur in Notfällen. Platon war zu diesem Zeitpunkt jedoch in seinen besten Jahren, und Athen befand sich wieder einmal im Krieg. Der Korinthische Krieg dauerte von 395 bis 386 und war der Versuch einiger griechischer Stadtstaaten – Böotien, Korinth, Argos und Athen –, gegen die Vormachtstellung der Spartaner vorzugehen. Der Krieg erreichte genau das Gegenteil: Am Ende war Sparta stärker als je zuvor und hatte sogar den persischen König auf seine Seite gezogen.

Aristoxenos von Tarent, der 30 Jahre nach Platons Tod schreibt, scheint davon auszugehen, dass Platon in drei Schlachten kämpfte: in Tanagra, Korinth und Delion.[24] Während des Korinthischen Krieges gerieten die Kämpfe um Korinth für einige Zeit ins Stocken (so kam der Krieg auch zu seinem Namen), so viel ist plausibel. Während dieses Krieges ereigneten sich allerdings keine Schlachten bei Tanagra oder Delion. Dagegen fanden entsprechende Kämpfe während des Peloponnesischen Krieges in den Jahren 426 bis 424 statt, in genau der Reihenfolge, die Aristoxenos angibt. Wenn wir dann noch erfahren, dass Platon in Delion einen Preis für seine Tapferkeit erhielt, wird deutlich, dass Aristoxenos sich irrt. In *Symposion* lesen wir, dass Sokrates im Jahr 424 in Delion kämpfte, und nur wenige Zeilen davor erwähnt Platon, dass Alkibiades einen Preis für seine Tapferkeit in einer Schlacht im Norden Griechenlands erhielt, obwohl er findet, Sokrates hätte ihn mehr verdient.[25] Wir wissen also nicht, an welchen Schlachten Platon beteiligt war – da er reich war, gehörte er wahrscheinlich zur Kavallerie – es liegt jedoch nahe, dass er in der Mitte oder Ende der 390er-Jahre oder in den frühen 380er-Jahren auf dem Schlachtfeld kämpfte.

Die Reihenfolge der Dialoge: Einige Überlegungen vorab

Platon begann während der 390er-Jahre zu schreiben. Das war der Beginn seines ungefähr 50 Jahre dauernden schriftstellerischen Schaffens. Um das Leben eines Autors besser nachzuvollziehen, interessiert uns, in welcher Reihenfolge er seine Texte verfasst hat. In Platons Fall lässt sich das nur schwer herausfinden. Wir können nicht sicher feststellen, wann genau er zu schreiben begann. Und obwohl sich mehrere Dialoge in einzelne Gruppen zusammenschließen lassen, wissen wir nicht, in welcher Reihenfolge diese innerhalb einer Gruppe entstanden. Auf jeden Fall überarbeitete Platon seine Texte ausgiebig, daher konnten verschiedene Ausgaben einzelner Dialoge gleichzeitig zirkulieren. Dies ist für diese Zeit, wie auch für die heutige, keinesfalls ungewöhnlich (Aristophanes schrieb eine zweite Ausgabe von *Die Wolken*; Redner veröffentlichten überarbeitete Versionen ihrer gehaltenen Vorträge). Dies unterscheidet sich in keiner Weise von unserer heutigen Praxis, Bücher in zweiter Auflage herauszubringen. Es sind kanonische Versionen der Dialoge vorhanden, weil die Akademie Platons Werke nach seinem Tod erhielt – in manchen Fällen wohl die überarbeiteten Versionen – und da man sie aus Ehrfurcht nicht abänderte.

Es konnten aufgrund der damaligen Art zu publizieren mehrere Versionen eines Dialogs existieren. Wahrscheinlich entstanden die Dialoge, jedenfalls die meisten, zunächst, um sie kleineren Gruppen von Freunden, Schülern und Bewunderern vorzutragen, ganz so, wie Zenon zu Beginn von *Parmenides* einen selbstgeschriebenen Text vorträgt, damit die Gruppe ihn diskutieren kann. Das war der gängige erste Schritt, um die eigene Arbeit bekannt zu machen. Wünschte jemand eine Kopie des Vorgetragenen, dann bat er um die Erlaubnis, es zu transkribieren oder transkribieren zu lassen. In einer Anekdote gewährt Platon seinem Kollegen Hermodoros, einige seiner Dialoge zu kopieren und mit nach Sizilien zu nehmen. Nach und nach erreichten solche Texte ein größeres Publikum – was nicht heißen soll, Schriftkundigkeit sei zu dieser Zeit üblich gewesen. Wenn sie sich als beliebt erwiesen, dann fertigte ein geschäftstüchtiger Händler vielleicht sogar Kopien an, um sie zu verkaufen. Platons Texte waren recht verbreitet, denn Komödiendichter bezogen sich oft auf sie: Sie gingen davon aus, dass genug Menschen im Publikum die Anspielungen verstanden und sie mit einem – vielleicht amüsierten – Schmunzeln quittieren würden.

Zu dieser Zeit herrschte kein Urheberrecht, Platon wurde für seine Bücher nicht bezahlt, und ganz sicher entstanden Kopien ohne seine Erlaubnis. Noch Jahrhunderte später beschwert sich Arrian, sein Transkript von den *Unterredungen* des Stoikers Epiktet sei »ohne meine Zustimmung oder mein Wissen«[26] veröffentlicht worden. Oft handelte es sich bei einem so publizierten Text nur um eine vorläufige Version. Vielleicht veränderte man die kürzeren Dialoge nur wenig, die längeren Arbeiten verbreiteten sich dagegen stückchenweise, während ihr Autor weiter an ihnen arbeitete und mit Blick auf die Reaktionen änderte, die seine Texte hervorriefen, wenn er sie seinen Freunden vorlas. Stilometrische Untersuchungen ergaben deutliche stilistische Unterschiede innerhalb der einzelnen Kapitel von längeren Dialogen wie *Politeia* und *Nomoi*, was einen längeren Entstehungsprozess der Texte nahelegt. Ähnliches gilt auch für andere Dialoge: Die beiden Teile von *Parmenides* wirken wie zwei ursprünglich eigenständige Texte. Auf den ersten Seiten von *Philebos* werden die Begriffe »Einheit« und »Vielheit« anders verwendet als später im Text, sodass sich ihre Bedeutung nicht zusammenbringen lässt; einige Wissenschaftler finden in *Gorgias* und *Protagoras* Hinweise auf Überarbeitungen und Ergänzungen. All dies macht jeden Versuch zunichte, die Reihenfolge der Dialoge anhand ihrer Veröffentlichung feststellen zu wollen, da vor allem die langen Dialoge über Jahre hinweg entstanden sind.

Es ist erwiesen, dass Platon zumindest einige seiner Texte überarbeitete. Erstens, da er den Prozess einer Textüberarbeitung an zwei Stellen beschreibt, wobei er von »langem Hin- und Herwenden, Aneinanderfügen und Ausstreichen«[27] spricht und, in Anlehnung an die Malerei, äußert, man werde bei der Arbeit »einiges auslöschen, einiges wieder einzeichnen«[28]. Zweitens erfahren wir, dass Platon immer wieder am Beginn von *Politeia* arbeitete.[29] Wir sollten uns aber nicht nur auf die Informationen der späteren Schriftsteller verlassen. Durch pures Glück können wir im Fall von zwei Dialogen beweisen, dass sie überarbeitet wurden. Uns wurden zwei Versionen des *Kratylos* überliefert, die in einer Passage nicht übereinstimmen und in denen ein weiterer Abschnitt wahrscheinlich aus einer früheren Version übernommen wurde.[30] Zudem äußert ein anonymer Kommentar zu *Theaitetos*, der wahrscheinlich aus dem 1. Jahrhundert v. Chr. stammt, ursprünglich habe eine alternative Rahmenhandlung des Dialogs existiert. Darin begrüßt nicht Eukleides Terpsion, sondern jemand fragt einen Sklaven, ob er das Transkript des Dialogs geholt habe.[31]

Im Jahr 392 oder 391 durften sich die Athener während eines Festspiels an der Komödie *Frauen in der Volksversammlung* von Aristophanes erfreuen. In dem Stück schildert die Heldin, Praxagora, in einer längeren Episode ihre Pläne für die Reform Athens. Sie beinhalten, alle Besitztümer gemeinschaftlich zu teilen und die Ehe abzuschaffen, sodass die Männer mit jeder Frau, die ihnen gefällt, schlafen können. Kinder werden dazu erzogen, alle Männer als ihre Väter anzusehen – alles natürlich gespickt mit viel Humor. Durch Praxagoras »Innovationen« sollen die Stadtbewohner fortan in Einklang leben können, und alle diese Einfälle sollen von einem scharfsinnigen und »philosophischen« Geist stammen. Einige dieser Vorschläge decken sich mit denen Platons im 2. bis 5. Buch von *Politeia* in Bezug auf die Wächter seiner imaginären Stadt. Diese Stellen ähneln sich zu sehr, als dass es sich um einen Zufall handeln könnte. Zudem dürfen wir uns recht sicher sein, dass Aristophanes diese Ideen nicht von jemand anderem entliehen haben konnte oder sie das Produkt seiner eigenen blühenden Fantasie waren. Denn Aristoteles versichert uns, dass Platon als Erster derart radikale Überlegungen anstellte.[32] Daher zirkulierten einige Ausschnitte des später als *Politeia* bekannten Textes vermutlich schon in den späten 390er-Jahren, obwohl das Werk als Ganzes, so wie wir es heute kennen, sicherlich erst später fertiggestellt wurde. Hinweise deuten an, dass es sich bei *Politeia* um eine Art Patchwork handelt: Die beiden Angriffe auf den Wert der Dichtung im 2. bis 3. und 10. Buch passen beispielsweise nicht zusammen, und nur wenige Wissenschaftler zweifeln an der These, dass das 1. Buch der *Politeia* ursprünglich als eigenständiger Dialog entstand. Wahrscheinlich trug dieser den Namen *Thrasymachos* und gehörte zu den Texten, in denen Sokrates verschiedene Sophisten konfrontiert: *Größerer Hippias, Kleinerer Hippias, Euthydemos, Protagoras* und *Gorgias*.

Eine weitere Rolle spielt der Anfang von *Timaios*. Dieser Dialog beginnt mit einer Zusammenfassung von *Politeia* (da die Konversation in *Timaios* einen Tag nach der in *Politeia* stattfindet). Allerdings stimmt Letztere in großen Teilen nicht mit der uns heute vorliegenden *Politeia* überein, und auch die genannten Gesprächspartner sind nicht die gleichen. Könnte es sich also um die Beschreibung einer Proto-*Politeia* handeln? Außerdem behauptet der römische Schriftsteller Aulus Gellius, Xenophon habe seine *Erziehung des Kyros* als Reaktion auf eine Version der *Politeia* geschrieben, die zwei Papyrusrollen füllte.[33] Der uns heute vorliegende Text umfasst ungefähr 90 000 Wörter und hätte also drei Rollen benötigt. Doch woher will Gellius das wissen? Er schrieb im 2. Jahrhundert n. Chr., also 500 Jahre nach Platon.

Allerdings ist es nicht nur Platons Hang zum Überarbeiten, der es uns erschwert, die Dialoge zu ordnen. Diese Texte sind so facettenreich, dass wir die Frage nach der Reihenfolge, in der die Dialoge verfasst oder veröffentlicht wurden, unterschiedlich angehen könnten. Schlussendlich würde uns jeder Ansatz eine andere Anordnung liefern.[34] Wie nahe können wir also einer Reihenfolge der Dialoge kommen? Es gibt einige Hinweise: Erstens werden manche Dialoge in anderen erwähnt, daher müssen sie bereits vorher existiert haben. Zweitens lassen sich manche Dialoge anhand der Anachronismen, die ich bereits in der Einleitung erwähnt habe, zeitlich grob einordnen – Stellen, an denen ein Dialog, obwohl er im 5. Jahrhundert v. Chr. angesetzt ist, sich auf ein Ereignis des späteren 4. Jahrhunderts bezieht. Drittens ergeben manche Passagen in einigen Dialogen wenig Sinn oder bleiben schlichtweg unverständlich, solange wir nicht etwas aus einem anderen Dialog erklärend hinzuziehen – der eine Dialog müsste also dem anderen vorangegangen sein. Viertens finden sich Stellen, an denen eine stichhaltige Erkenntnis aus einem anderen Dialog Platon in die Lage versetzt hätte, eine Sache klarer darzustellen. Daher ist der Dialog, dem diese Einsicht noch fehlt, wahrscheinlich früher anzusiedeln. Allerdings lassen sich Platons Worte oft nur schwer verstehen, und solche dogmatischen Überlegungen wie die beiden vorangegangenen liefern statt objektiven Ergebnissen eher Lesarten, die dementsprechend von der Meinung der jeweiligen Leser abhängen. Am besten ist es, sich auf Stilometrie (die statistische Analyse der Variationen innerhalb eines literarischen Stils), Anachronismen und unstrittige Verweise innerhalb der Dialoge zu verlassen und nur dann dogmatische Überlegungen anzustellen, wenn sie offensichtlich erscheinen und keinen Interpretationsspielraum zulassen.

Doktrin und Entwicklung

In der Forschung gibt es zwei vorherrschende Ansätze, um Platons Werk zu interpretieren: der einheitliche (Unitarismus) und der entwicklungsorientierte (Developmentalismus). Persönlich befinde ich mich auf der Seite des Letzteren. Zwar bestehen verschiedene Formen des Unitarismus, im Großen und Ganzen gehen aber alle Unitaristen davon aus, dass Platon nie seine Meinung änderte. Ihrer Ansicht nach hatte er seine gesamte Philosophie, zumindest in Grundzügen, bereits ausgearbeitet, bevor er zu schreiben begann, und die Dialoge sind lediglich aufeinander folgende Ausführungen der einzelnen Aspekte seiner Philosophie. Platons schriftstellerisches Schaffen zog sich über einen Zeitraum von 50 Jahren, da erscheint es unwahrscheinlich, dass sich seine Überlegungen in keiner Weise weiterentwickelten. Wir gestehen anderen Philosophen, die ihre Karriere ebenfalls recht jung begannen, zu, sich weiterentwickelt zu haben, sogar, dass sie ihre Meinung änderten – wie Immanuel Kant, George Berkley und Ludwig Wittgenstein, um nur ein paar zu nennen. Warum gilt Gleiches also nicht auch für Platon?

In einem Punkt haben die Unitaristen jedenfalls recht. Platons gesamte metaphysische und epistemologische Arbeit fußt auf gewissen Grundprinzipien – die mitunter als »Ur-Platonismus« bezeichnet werden. Erstens lehnte er sowohl stets den Materialismus ab, dass also nur materielle Körper in der Welt existieren, als auch die mechanistischen Erklärungen der Materialisten. In einer famosen Passage aus Platons Feder lässt sich Sokrates voller Hohn über die Vorstellung aus, die Tatsache, dass er im Gefängnis sitze, sei besser mit dem körperlichen Vorgang des Sitzens und durch seine Knochen und Gelenke erklärt, als durch seine vorausgegangenen Entscheidungen, durch die er dort gelandet sei.[35] Für Platon ist Gott, oder die Seele, letztendlich der Auslöser für alles, nur das Göttliche verfügt über die Macht, Bewegung auszulösen. Zweitens lehnte er in diesem Zusammenhang den Nominalismus ab, also dass es keine Allgemeinbegriffe (Universalien) gebe. Die Nominalisten nehmen an, nur Einzeldinge würden real existieren, denen durch gedankliche Abstraktion bestimmte oder allgemeine Eigenschaften zugeschrieben werden. Platon macht auch mit diesem Ansatz kurzen Prozess: »Wer nun schöne Sachen zwar anerkennt, die Schönheit selbst aber [nicht] […] dünkt dich der wachend oder träumend zu leben?«[36] Natürlich erhält er die erwartete Antwort. Drittens war Platon gegen den Relativismus, der absolute Werte ablehnt. Für Platon galt: Wenn etwas wahr ist, dann ist es nicht nur *für mich* wahr, sondern zu jeder Zeit und für alle Menschen, so wie auch gilt: 2+2=4. Im Grunde ist Platons Metaphysik nichts anderes als eine Auseinandersetzung damit, was wahr und real ist. Viertens lehnte er den Skeptizismus ab, also dass es unmöglich sei, eine Sache zweifelsfrei bis ins Letzte zu durchdringen.

Allen Dialogen liegen außerdem ethische Prinzipien zugrunde. Ein Mensch sollte versuchen, den göttlichen, rationalen Teil seiner Natur zu erfüllen, nicht seine tierische Seite, die ihn mit dem Wohlempfinden, der Befriedigung seiner Lust, an das Weltliche bindet. Jeder strebt nach Glück und Erfüllung, allerdings ergeben sich beide nicht aus der Befriedigung der körperlichen Lust. Tugend trägt nicht, wie die meisten denken mögen, nur einen kleinen Teil dazu bei, glücklich zu sein, sondern ist seine notwendige Voraussetzung. Bei der Tugend handelt es sich außerdem um Wissen, weshalb wir den rationalen Teil der Seele kultivieren müssen. Zumindest aber sollten wir verstehen, was uns als Menschen wirklich nützlich ist und beständig versuchen, genau dies umzusetzen. Es ist nur dann gut zu handeln, wenn die agierende Person selbst gut ist; gut zu sein, ist in erster Linie ein seelischer Zustand.

Das Lehrgerüst, das Platon auf diesen Grundlagen aufbaute, änderte sich allerdings mit der Zeit; diese Basis ermöglichte eine Entwicklung in verschiedene Richtungen. Der springende Punkt ist, dass die Dialoge in der Tat substanzielle lehrmäßige Punkte enthalten. Es handelt sich bei ihnen nicht nur um die provokativen Zeugnisse von Überlegungen, die Platon während seines Schreibens gerade interessierten, sie sind auch keine Lehrmittel, die ihre Leser zur Reflexion anregen sollen, anstatt Antworten zu liefern. Ferner sind sie auch keine Dramen, die sowohl unterhalten als auch belehren sollen. Auch wenn einige Argumente, besonders in den kürzeren Dialogen, auf die spezifischen Gesprächspartner von Sokrates zugeschnitten wurden, lassen sie sich in der Regel dennoch verallgemeinern. In erster Linie handelt es sich bei jedem der Dialoge um einen in sich abgeschlossenen Text, denn so wurde er dem ursprünglichen Publikum präsentiert.[37] Jeder Dialog Platons bildet eine eigenständige dramatische Einheit. Das lässt die Idee so attraktiv erscheinen, dass sie lediglich hinterfragen, provozieren, inspirieren und lehren sollten. Und es stimmt durchaus, dass die Dialogform sich besonders für solche Ziele eignet und weniger für die systematische Philosophie. Platon schrieb keine Abhandlungen; er inszenierte Streitgespräche.

Wir sollten das Ausmaß der Dramatik in den Dialogen dennoch nicht überschätzen. Ein Dialog lässt sich nur dann überzeugend als Drama bezeichnen, wenn in ihm eigenständige Figuren eine Handlung vorantreiben, wie in einem Theaterstück. Dies ist jedoch nicht der Fall: Die Handlungen der Dialoge treiben eher Ideen und Argumente voran als Persönlichkeiten. In *Phaidon* vermittelt Sokrates' Gelassenheit im Angesicht seines bevorstehenden Todes die dramatische Botschaft. Dies bildet aber nicht den philosophischen Kern des Dialogs, der darauf abzielt, eine Reihe von Argumenten über die Unsterblichkeit der Seele zu erörtern. Natürlich beeinflussen häufig die Gesprächspartner von Sokrates und ihre Persönlichkeit die Argumentationen in den Dialogen: In *Gorgias* bestimmen Kallikles seine körperlichen Bedürfnisse zu sehr, um zu verstehen, was Sokrates sagt; Ion ist zu dumm; Euthyphron zu engstirnig; Hippias zu selbstgefällig; Thrasymachos zu reizbar. Einer der Hauptaussagen von *Menon* zufolge kann man Tugend zwar erlernen, da es sich um eine Form von Wissen handelt, aber man kann sie einem Menon nicht beibringen. Wenn in einem Dialog eine neue Figur auftritt und Sokrates konfrontiert, dann signalisiert dies in der Regel, dass die Argumentation komplexer wird oder sich ihre Richtung ändert.

Platon strebte nach philosophischer Wahrheit. Zwar schildert er uns Gespräche zwischen bestimmten Personen, dabei versucht er aber Ideen zu entwickeln, die auch über die spezifische Situation hinaus anwendbar bleiben. Die Darstellung von Kallikles und anderen soll uns zeigen, dass wir die Wahrheit nur dann erkennen können, wenn wir die Schranken unserer eigenen Persönlichkeit überwinden. Natürlich könnte man die Dialoge auch auf die Bühne bringen (wobei das eine eher öde Veranstaltung wäre). Man führte sie wohl in römischer Zeit sogar bei prätentiösen Anlässen auf,[38] ich bezweifle jedoch stark, dass Platon sie zu diesem Zweck schrieb. Die Bedeutung eines Theaterstücks wird über seine Figuren, ihre Reden und ihre Interaktion untereinander transportiert; der Sinn von Platons Dialogen liegt in der Philosophie und soll uns, die Leser, dazu bewegen, über uns selbst nachzudenken.

Ein Dialog vermittelt sowohl direkt als auch indirekt Informationen. Die dramatischen Elemente eines Dialogs machen uns dessen Philosophie schmackhafter und sprechen unsere Gefühle an. Die glorreichen Mythen, die Platon in seine Dialoge einstreut, dienen einem ähnlichen Zweck, obwohl er sie auch dafür nutzt, über Ansätze zu sprechen, die sich einer rationalen, argumentativen Darstellung entziehen. Für Platon war philosophisches Schreiben nicht nur einer einzigen Stilrichtung verpflichtet. Wenn er mithilfe eines vernünftigen Arguments seinen Punkt erläutern konnte, dann nutzte er ein solches Argument. Wollte er jedoch von Dingen sprechen, die sich nicht auf diese Weise darstellen ließen, oder ging es ihm vielleicht einmal um Abwechslung, schrieb er einen Mythos, der sowohl den Verstand als auch die Fantasie anregte.[39] Manchmal bleiben sogar die begründeten Argumente dürftig, als ob es Platon, wie bei den Mythen, mehr darum gehe, seine Leser von der Wichtigkeit einer Annahme zu überzeugen, als diese mit einer stichhaltigen Argumentation zu untermauern.

In diesem Zusammenhang stellt sich die Frage, ob einige Dialoge (und falls ja, welche) sich an ein größeres Publikum, andere sich jedoch eher an eine gelehrte Zuhörerschaft richteten. So oder so wären auch die Dialoge, die Gelehrte adressierten, nach und nach an die Öffentlichkeit gekommen, spätestens nachdem Platon bekannter geworden war. Aber sie wären ursprünglich nicht mit dem Ziel einer großflächigen Verbreitung geschrieben worden. An dieser Stelle können wir nur Vermutungen anstellen. Ich gehe davon aus, dass einige der Dialoge so zugänglich sind, weil sie wohl von Anfang an ein größeres Publikum ansprechen sollten: *Apologie des Sokrates* und *Kriton,* weil sie gut lesbar sind und eine Botschaft an die athenische Öffentlichkeit enthalten, indem sie Sokrates als das moralische Gewissen der Stadt verteidigen. *Menexenos,* weil er einen Überblick über die Geschichte Athens liefert, wenn auch mit leicht satirischem Ton. *Euthydemos* wegen seines slapstickartigen Humors, weil er klar zwischen Sokrates und der schlimmsten Art von schein-logischen Sophisten unterscheidet und auf subtile Weise einige fundamentale platonische Ideen einführt. *Laches,* weil in ihm der szenische Rahmen so ausführlich gesetzt wird, mit all den berühmten Athener Generälen aus dem Peloponnesischen Krieg und weil die Argumente gut zugänglich sind. *Protagoras* aufgrund des Humors bei der Wahl der Gesprächsumgebung, wegen seiner prägnanten Portraits der einzelnen Sophisten und der Art, mit der Sokrates Protagoras argumentativ in die Enge treibt und wie Protagoras sich in seinen eigenen Aussagen verheddert. Ferner *Symposion* wegen seiner so reichen Figurenbeschreibungen und der Einbettung der Handlung in eine detaillierte Szenerie, weil hier Sokrates gegen den Vorwurf (der auch bei seinem Prozess eine Rolle spielte) verteidigt wird, er habe den berüchtigten Verräter Alkibiades verdorben (wir sollten also auch den *Ersten Alkibiades* der Liste hinzufügen) und die Ideenlehre hier so leicht eingeführt wird. Wahrscheinlich sollte auch die Proto-*Politeia* die Liste ergänzen, da sie wohl bekannt genug war, damit Aristophanes sie für eine Parodie vor größerem Publikum als würdig befand.

Dies sind die einzigen Dialoge, die sicher für eine breite Öffentlichkeit interessant gewesen sind. Die anderen Dialoge sind zu philosophisch (einige sind äußerst trocken), zu lang oder beides, selbst wenn Platon sich in ihnen immer um einen szenischen Kontext und andere dramatische Elemente bemühte. In den späteren Jahrhunderten lasen Menschen außerhalb der philosophischen Kreise scheinbar am häufigsten *Phaidros, Politeia* und *Symposion. Nomoi*, Platons bodenständigstes Buch, richtete sich sicherlich an ein weniger philosophisches Publikum, allerdings ist der Text sehr lang, bleibt oft eher unklar, ist schwer zu verstehen und stellenweise ermüdend.[40] Viele der Dialoge wären für ein Publikum, das nicht auf diese Weise zu denken gewohnt ist, schlichtweg unverständlich oder würden merkwürdig wirken.[41] Selbstverständlich zirkulierten diese Dialoge unter den philosophisch interessierten Lesern, ich denke allerdings nicht, dass sie sich darüber hinaus sonderlich verbreiteten.

Platon lesen

Platon nutzte also seine Bücher, um gewisse Aspekte einer Doktrin aufzuzeigen. Einige dieser Überlegungen mögen eher Theorien sein als feste Lehren. Doch unabhängig davon, worum es sich letztlich handeln mag, sollten wir einige Gedanken aus den Dialogen ernst nehmen – diejenigen, die der Protagonist eines Dialogs unterstützt und die auch eine energische (nicht zwangsläufig strikte) Argumentation untermauert. Eine solche Verpflichtung gilt umso mehr, wenn bestimmte Annahmen wiederholt auftauchen und sich, über verschiedene Dialoge hinweg, zu einem kohärenten Verband zusammenschließen lassen. Ein Beispiel dafür liefert die Vorstellung (der wir bereits begegnet sind), menschliches Glück und Erfüllung setzten voraus, sich Gott anzugleichen. Dieser Gedanke taucht in *Theaitetos, Timaios, Politeia* und *Nomoi* auf und wird in *Symposion* und an anderer Stelle angedeutet. Zudem passt er wunderbar zu solchen Annahmen wie der in *Phaidon*, Philosophie »übe es, zu sterben und tot zu sein«, oder zu dem häufigen Vorschlag, unser wahres Selbst sei unser rationaler Geist, der den göttlichen Teil von uns ausmache.

Trotzdem handelt es sich bei den Dialogen um mehr, als nur eine ansprechende Art, eine Lehre zu präsentieren, die genauso gut eine Abhandlung hätte vermitteln können. In *Menon* besteht Platon am Ende des Gesprächs mit dem jungen Sklaven darauf, dass dieser nun daran arbeiten müsse, das Ergebnis der Unterhaltung zu verstehen – er solle Meinung in Wissen umwandeln. Ein Gedanke, eine These, der Teil einer Doktrin, eignen sich die Leser eines Dialogs erst an, nachdem sie diese für sich selbst zu Ende argumentiert haben. Solange das nicht geschehen ist, bleibt der Gedanke allein der Platons. In erster Linie sollte man jeden Dialog zunächst eigenständig interpretieren, ohne andere Dialoge hinzuzuziehen. Wenn aber ähnliche Annahmen in mehr als einem Dialog auftauchen, dürfen wir sie zusammenfügen. Falls ein Dialog eindeutig dogmatisch ist – hier kommt einem besonders *Sophistes* in den Sinn, aber es gibt auch noch andere –, dann dürfen wir auch eine Lehre aus ihm herauslesen. Vielleicht wollte Platon nicht, dass diese Überlegungen für alle Zeit in Stein gemeißelt sind, aber gleichzeitig war er keinesfalls der Skeptiker, zu dem die spätere Akademie ihn eine Zeit lang erklärte.[42] Außerdem spricht Aristoteles, der 20 Jahre mit Platon an der Akademie verbrachte, bezüglich der Dialoge nicht davon, dass »Platon eine Idee in den Raum wirft …«, sondern er sagt: »Platon ist überzeugt, dass …«.[43] Oft schreibt er auch: »Sokrates ist überzeugt, dass …«, womit er anerkennt, dass Letzterer in vielen Dialogen anstelle von Platon spricht. Im Grunde war es im 4. Jahrhundert v. Chr. genauso üblich wie heute, Platon bestimmte Lehren zuzuschreiben.

Wenn wir Platon Lehren zuordnen, dann sollten wir wie Aristoteles Sokrates als Sprachrohr Platons anerkennen. Manche Wissenschaftler lehnen es ab, dass Platon in den Dialogen direkt durch seine Figuren spricht. Allerdings widerlegt Sokrates' Dominanz in diesen Texten eine solche These. Er ist wesentlich genauer ausgearbeitet als alle anderen Figuren; er steuert die Diskussionen, kritisiert die Ansichten anderer, entwirft Lehren und so weiter. Er widerlegt andere, was ihm selbst jedoch nie passiert (außer manchmal durch sich selbst); er hat auf alle Einwände eine Antwort; seine Gesprächspartner sind ihm nicht ebenbürtig. Wir sollen uns mit den Gesprächspartnern von Sokrates *auseinandersetzen*, aber Letzterer ist der Einzige, den Platon uns zur *Identifikation* anbietet. Platon bleibt in den Dialogen nicht stumm, er ist vielmehr ein Bauchredner.

Wenn es also eine Doktrin gibt, dann ist auch eine Entwicklung wahrscheinlich. Zum einen bestehen Ungereimtheiten zwischen den einzelnen Dialogen, wovon manche daher rühren mögen, dass Platon seine Meinung änderte. Allerdings bleibt unklar, inwieweit der Developmentalismus bei dem Versuch, die Dialoge chronologisch zu ordnen, helfen kann. Wie bereits erwähnt, interpretiert die Wissenschaft Platons Gedanken so unterschiedlich, dass beinahe jede mögliche, auf Doktrin beruhende Anordnung, bereits vorgeschlagen wurde. Die Interpretationen können sogar komplett gegensätzlich sein. In *Parmenides* richtet Platon eine Reihe gut argumentierter Kritiken gegen seine emblematische metaphysische Theorie, die Ideenlehre. Ihm zufolge weist die bisherige Beschreibung der Ideen (in Dialogen wie *Phaidon* und *Politeia*) erhebliche Schwächen auf, ebenso die Art, wie diese Ideen mit dieser Welt interagieren. War diese Kritik für Platon so einschneidend, dass er seine Ideenlehre oder bestimmte Aspekte von ihr aufgab? Falls dem so wäre, müssten wir *Parmenides* als Wendepunkt ansehen, sodass alle Dialoge, welche die Theorie von transzendenten Ideen enthalten, ihm vorausgegangen sein müssen. Oder wir gehen davon aus, dass transzendente Ideen auch in den Dialogen nach *Parmenides* auftauchen, um dann anzunehmen, *Parmenides* diene dazu, Missverständnisse der Ideenlehre aufzudecken oder sei vielleicht innerhalb der Akademie als Lehrbeispiel eingesetzt worden. Es belegt Platons Brillanz und seine anhaltende Fähigkeit, uns zu faszinieren, dass wir immer noch über solche Aspekte streiten. Manchmal überlässt er es uns, hier zu entscheiden; das gehört mit zur Freude, die wir beim Lesen seiner Bücher empfinden.

Zwei Cluster und eine Gruppe

Dogmatisch vorzugehen, hilft uns also kaum dabei, die Dialoge zu ordnen, außer, wie bereits angemerkt, wenn keinerlei Interpretationsspielraum bleibt.[44] Wir sollten uns eher auf andere Kriterien verlassen. Stilometrie stützt sich nicht auf die vagen und voneinander abweichenden Eindrücke, die ein Leser vom Stil eines Autors erhält. Stattdessen arbeitet Stilometrie mit sorgfältig ausgewählten Kriterien, die objektive Ergebnisse ermöglichen. Die frühen stilometrischen Untersuchungen von Platon gingen fehl, weil man nicht verstand, dass fähige Autoren sich des Gewichts jedes einzelnen Worts bewusst sind, das sie zu Papier bringen.

Wenn Platon etwa vermied, was Phonetiker einen »Hiatus« nennen, dann tat er das absichtlich – und hätte sich an jedem Punkt seines schriftstellerischen Schaffens dafür entscheiden können. Es ist für das Griechische typisch, dass viele Worte mit einem Vokal beginnen oder enden, sodass zwei Wörter beim Aussprechen ineinanderlaufen, wenn eines mit einem Vokal schließt und das nächste mit einem solchen anfängt. Das macht das Griechische (auch das moderne) zu einer so fließenden Sprache. Im 4. Jahrhundert v. Chr., als Bücher in der Regel immer noch laut vorgelesen wurden, versuchten Schreibende, die sich um einen gesitteten und gehobenen Stil bemühten, einen Hiatus zu vermeiden, selbst dann, wenn sie damit auf das eigentlich gängige Wort verzichten oder die gesamte Satzstruktur verwerfen mussten. Platons Zeitgenosse Isokrates schaffte es meisterlich, einen Hiatus zu umgehen, und in einigen seiner Dialoge hält Platon es ebenso, wenn auch nicht so strikt wie Isokrates.

Glücklicherweise existieren neuere stilometrische Tests, die Zirkularität vermeiden (eine häufige Gefahr der Stilometrie) und unbewusste Stilaspekte auswerten.[45] Diesen Tests zufolge gehören die Hiatus vermeidenden Dialoge stilistisch durchaus zusammen, dabei handelt es sich um: *Sophistes, Politikos, Timaios, Kritias, Philebos* und *Nomoi*. Die gleichen Untersuchungen wiesen auf ein zweites Cluster hin, bestehend aus: *Erster Alkibiades, Charmides, Gorgias, Menon, Phaidon, Phaidros, Protagoras, Politeia, Symposion* und *Theaitetos*. Damit bleiben noch zwölf Dialoge übrig: *Apologie des Sokrates, Kratylos, Kriton, Euthydemos, Euthyphron, Größerer Hippias, Kleinerer Hippias, Ion, Laches, Lysis, Menexenos* und *Parmenides*. Wir können diese als die »lose« Gruppe bezeichnen, da sie kein eigenständiges Cluster bilden:

In ihnen finden sich weniger stilistische Gemeinsamkeiten als in den Dialogen der anderen beiden Cluster.

Dies ist zumindest ein Anfang, allerdings wäre es unzulässig anzunehmen, die Cluster seien chronologisch signifikant, ohne weitere Kriterien hinzuzuziehen. So gibt es Hinweise darauf, dass *Nomoi* aus der Feder des älteren Platon stammt. Aristoteles erklärt uns, *Nomoi* sei nach *Politeia* entstanden, worauf wir auch selbst gekommen wären, da sich Platon in *Nomoi* deutlich auf *Politeia* bezieht.[46] Das erste Buch in *Nomoi* enthält einen anachronistischen Verweis auf die Rückeroberung der süditalienischen Stadt Lokroi durch Dionysios II. von Syrakus, die im Jahr 356 v. Chr. stattfand, nachdem Platons Freund Dion Dionysios II. aus der Stadt vertrieben hatte. Plutarch meint, Platon habe *Nomoi* im hohen Alter verfasst,[47] und in dem Dialog betont Platon selbst mehrmals das Alter der drei Gesprächsteilnehmer. Hinzu kommt das Gerücht, an einem Teil des Buchs habe Platon noch gearbeitet, als er starb. Die vorläufigen Passagen habe anschließend Platons Kollege, der Mathematiker Philippos von Opus, auf Papyrus übertragen.[48] So eine Annahme wird durch die altbekannte Tatsache gestützt, dass der Dialog Anzeichen unfertiger Überarbeitungen aufweist, besonders in den letzten beiden Kapiteln (oder »Büchern«). Des Weiteren legen Hinweise nahe, dass der Text von mehreren Autoren stammt.[49] Und auch dies sei angemerkt: Die drei Briefe, die ich als authentisch einstufe, stammen alle aus den 350er-Jahren, dem letzten vollständigen Jahrzehnt in Platons Leben, und sind *Nomoi* stilistisch ebenbürtig, Gleiches gilt für die restlichen Dialoge des Clusters. Dementsprechend handelt es sich also bei *Nomoi* um einen der letzten Texte Platons. Dies soll nicht heißen, dass er sich hinsetzte und ihn sozusagen an einem Stück herunterschrieb, der Text beschäftigte ihn jedoch vermutlich in den letzten zehn Jahren seines Lebens. Damit verfügen wir über einen Fixpunkt.

Wir können das Cluster um *Nomoi* bis zu einem gewissen Grad sequenzieren. *Sophistes* und *Politikos* sind im Grunde die ersten zwei Teile einer Trilogie; Platon hatte vor, erst einen Sophisten, dann einen Staatsmann und schließlich einen Philosophen zu definieren, allerdings wurde *Philosophos* nie geschrieben.[50] Der Beginn von *Sophistes* knüpft an *Theaitetos* an: Das Gespräch in *Sophistes* soll einen Tag nach der Konversation in *Theaitetos* stattfinden. Damit steht *Theaitetos* vor *Sophistes* und *Politikos*. Als Nächstes beziehen sich sowohl *Theaitetos* als auch *Sophistes* auf *Parmenides*, Letzterer liegt also zeitlich vor beiden.[51] Platon fügte diese Verweise vermutlich nachträglich in die Texte ein, zu große Skepsis lohnt jedoch wenig. Wir dürfen diese Belege ernst nehmen.

Aus diesen Überlegungen ergibt sich also folgende Dialogreihenfolge: *Sophistes – Politikos – Nomoi*. Die anderen drei Texte der Gruppe, *Philebos*, *Timaios* und *Kritias*[52], sollten irgendwo in diese Reihung eingefügt werden. Wir können diese Gruppe ebenso sicher als späte Gruppe bezeichnen, wie wir überhaupt etwas als gegeben über Platons Biografie annehmen können. Außerdem erscheint es plausibel, *Parmenides* und *Theaitetos* an den Anfang dieser Reihenfolge zu setzen. Zudem wissen wir, dass alle diese Dialoge nach *Politeia* entstanden sind, nicht zuletzt, weil *Parmenides* die Ideenlehre in *Politeia* kritisiert beziehungsweise reflektiert, und weil *Theaitetos* bemängelt, wie Wissen in *Politeia* dargestellt wird. Dies sind solide Erkenntnisse.

Was ist aber mit dem anderen Cluster und der losen Gruppe? Interessanterweise bestehen in beiden Fällen einige Gemeinsamkeiten. Das Cluster (*Erster Alkibiades, Charmides, Gorgias, Menon, Phaidon, Phaidros, Protagoras, Politeia, Symposion* und *Theaitetos*) enthält alle Dialoge mit ausformulierter Doktrin. Diese Texte entwickeln Ansichten, die man generell als typisch platonisch einordnen würde, wie etwa: die dreiteilige Seele; utopische Idealpolitik; die Existenz von immateriellen Ideen, durch die wir die Dinge der Welt erkennen können und dank derer wir in der Lage sind, konzeptionell zu denken; und das Konzept der Anamnesis. Dies bedeutet, dass wir diese Ideen nicht erlernen. Wenn wir in der Welt beispielsweise etwas als »gut« erachten, dann *erinnern* wir uns an die Idee des Guten, wir *erkennen* also etwas *wieder*, da wir in einer vergangenen körperlosen Existenz, zwischen den Widergeburten, bereits einen Blick auf das Feld der Wahrheit, der Heimat der Ideen, werfen konnten. Wir haben *Politeia* und *Theaitetos* bereits vor den späten Dialogen eingeordnet. Da sie sich in einem Cluster mit stilistischen Ähnlichkeiten befinden, können wir im Großen und Ganzen augenscheinlich das gesamte Cluster vor das späte Cluster setzen.

Es bleibt die letzte Gruppe (*Apologie des Sokrates, Kratylos, Kriton, Euthydemos, Euthyphron, Größerer Hippias, Kleinerer Hippias, Ion, Laches, Lysis, Menexenos*). Diese umfasst in erster Linie die Dialoge, die aufzeigen, wie Sokrates Experten konfrontiert und wie diese es nicht schaffen, den Kerngedanken ihres Gebiets allgemeingültig darzulegen, obwohl sie vorgeben, auf dieses spezialisiert zu sein. Dies gilt besonders für diese Dialoge, weil ich den eigenwilligen Parmenides aus der Gruppe entfernt habe.[53] Da wir uns von der Annahme leiten lassen, dass stilistische Ähnlichkeiten chronologisch bedeutsam sind, müssen wir jedem der Dialoge, der zu einem der jeweiligen Cluster gehört, stilistische Ähnlichkeit mit den anderen Dialogen seines Clusters zuweisen. Wir sollten also davon ausgehen, dass diese Texte früh geschrieben wurden. Vielleicht lassen sich die stilistischen Unterschiede innerhalb der Gruppe damit erklären, dass Platon zu diesem Zeitpunkt noch nicht seinen eigenen Stil gefunden hatte.

Uns liegen nun drei »Dialog-Klumpen« vor, die wir als »früh«, »mittel«, und »spät« bezeichnen können. Kurioserweise, obwohl ich nichts vorausgesetzt und mich auf ganz neue Weise diesem Problem genähert habe, überschneiden sich die drei Klumpen größtenteils mit den drei Gruppen, welche die meisten der aktuellen Forschenden herausgearbeitet haben. Es besteht also, zumindest bezüglich der Gruppierung der Dialoge, ein breiter Forschungskonsens. Aber lässt sich dies präzisieren?

Eine partielle Chronologie

An dieser Stelle helfen uns die eingangs erwähnten Anachronismen weiter. *Menexenos* enthält eine knappe und unvollständige Geschichte Athens, die bis zum Frieden des Antalkidas im Jahr 387/6 reicht. *Symposion* erwähnt die Zerstörung der Stadt Mantineia durch die Spartaner im Jahr 385/4. Viel wichtiger ist allerdings, dass einer der Sprecher, in einer offensichtlich nachträglich eingefügten Passage vorschlägt, ein homosexuelles Bataillon aufzustellen, wie die Thebaner im Jahr 378 eines unterhalten hatten.[54] *Menexenos* wurde also um 386 geschrieben (davon ausgehend, dass Platon auf ein Ereignis eingeht, das ihm noch frisch im Gedächtnis ist) und *Symposion* nach 378. Der anachronistische Verweis auf eine Schlacht bei Korinth 391 in *Theaitetos* hilft uns kaum weiter, da der Dialog auf jeden Fall später entstand.

Platons Rivale in Sachen Lehre, Isokrates von Athen, bezieht sich auf Gedanken aus den Dialogen. Da wir ein paar von Isokrates' Reden mit einiger Sicherheit datieren können, hilft uns das vielleicht, die Dialoge zeitlich einzuordnen.[55] Wenn wir Vorsicht walten lassen, damit wir uns bei der Suche nach solchen Verweisen nicht verzetteln, bleiben uns zwei.[56] Der erste Verweis befindet sich in *Lobrede auf Helena* und beschäftigt sich mit der platonischen Annahme, alle Kardinaltugenden (Gerechtigkeit, Besonnenheit, Tapferkeit, Frömmigkeit und Weisheit) bildeten im Grunde eine Einheit oder enthielten zumindest das Gleiche, da hinter allen die Idee des Wissens steht. *Lobrede auf Helena* wurde irgendwann in den 380er- oder 370er-Jahren v. Chr. geschrieben. Der zweite Verweis setzt sich mit dem auseinander, was Isokrates als persönlichen Angriff Platons in *Gorgias* und *Euthydemos* empfand und auf das er in *An Nicocles* antwortet; dieser Text entstand um 370.[57] Außerdem hatte Platon wohl die Rede eines weiteren Redenschreibers im Sinn, als er *Phaidros* schrieb.[58] Ich spreche von *Über die Sophisten* von Alkidamas, verfasst um 390. Diese Zeitangaben sind jedoch zu weit gefasst, um uns wirklich weiterzuhelfen.

Es gibt nur wenige weitere Gewissheiten. Eine Komödie von Theopompos von Athen, *The Pleasure Lover* (*Der Genussmensch*), wurde lediglich in Fragmenten überliefert, lässt sich aber recht sicher auf die späten 380er- oder frühen 370er-Jahre datieren, und sie spielt auf eine Passage in *Phaidon* an.[59] *Menon* geht *Phaidon* höchstwahrscheinlich voraus, da *Menon* ausführlich die Vorstellung einführt, erklärt und veranschaulicht, dass die Ideen, welche die Essenz aller Dinge darstellen, während einer früheren Existenz bereits in unserem Bewusstsein angelegt wurden. Diese Überlegung setzt *Phaidon* bereits voraus. Die Theorie der dreiteiligen Seele schildern *Politeia* und *Phaidros*, und *Timaios, Politikos* und *Nomoi* nehmen sie als gegeben an. Der Anfang von *Menon* verweist eindeutig auf *Gorgias*.[60] Wahrscheinlich gehen *Kratylos, Phaidon, Symposion* und *Politeia* voraus. In diesen drei Dialogen nimmt Platon an, dass der Wandel und die Instabilität unserer Welt uns daran hindern, *Wissen* über sie zu erlangen; bestenfalls können wir *Überzeugungen* oder *Meinungen* von ihr oder über sie erlangen. Diese Lehre baut auf einer Argumentation am Ende von *Kratylos* auf.[61] Da *Phaidros* eine neue Methode ankündigt, um Dinge zu definieren – mittels sammeln und teilen –, die Platon dann in *Sophistes, Politikos* und *Philebos* anwendet, wurde *Phaidros* wahrscheinlich zur gleichen Zeit wie *Theaitetos* geschrieben, ein weiterer Dialog, der *Sophistes* und *Politikos* vorausgegangen sein dürfte. In *Phaidros* beginnt Platon, einen Hiatus zu umgehen, und vielleicht dürfen wir ihn deshalb direkt vor die Dialoge des späten Clusters setzen, in denen die Hiatus-Vermeidung häufiger auftritt.

Hier noch eine weitere Überlegung: Platon präsentiert die Dialoge auf zwei grundsätzliche Arten. Er beschreibt eindeutig beide Möglichkeiten zu Beginn des *Theaitetos*:

> *Eukleides:* Dieses hier also, Terpsion, ist das Buch. Ich habe aber das Gespräch solchergestalt abgefaßt, nicht daß Sokrates es mir erzählt, wie er es mir doch erzählt hat, sondern so, daß er wirklich mit denen redet, welche er als Unterredner nannte. Er nannte aber den Meßkünstler Theodoros und den Theaitetos. Damit nämlich in dem geschriebenen Aufsatz die Nachweisungen zwischen dem Gespräch nicht beschwerlich fielen, wie wenn er selbst, Sokrates, geredet das »Da sprach ich« oder »Darauf sagte ich«, und von dem Antwortenden »Das gab er zu«, und »Darin wollte er nicht beistimmen«, deshalb habe ich geschrieben, als ob er unmittelbar mit jenen redete mit Hinweglassung aller dieser Dinge.[62]

Folglich müssen alle Dialoge, die eine einzige Figur nacherzählt, mit all ihren »beschwerlichen« Ergänzungen, und die nicht im dramatischen Modus verfasst sind (also wie ein Theaterstück geschrieben sind: Sokrates: Rede ich also Unsinn? Theaitetos: Überhaupt nicht), dem Dialog *Theaitetos* vorausgehen. Die Dialoge, die ihm vorausgehen, können sowohl nacherzählt als auch dramatisch formuliert sein, manchmal handelt es sich auch um eine Mischung aus beidem. Anschließend scheint sich Platon allerdings endgültig dagegen entschieden zu haben nachzuerzählen, und so sollten alle Dialoge, die wir aufgrund anderer Kriterien nach *Theaitetos* einordnen, ebenfalls im dramatischen Modus geschrieben sein.

Ich nehme stark an, und da bin ich bei Weitem nicht der Einzige, dass die *Apologie des Sokrates*, per se kein Dialog, sondern das angebliche Transkript der Reden, die Sokrates bei seinem Prozess im Jahr 399 vortrug, zum Frühwerk zählt. Es gehörte zu den erklärten Zielen der Sokratiker, die Erinnerung an ihren geliebten Lehrer zu erhalten und ihn zu verteidigen. Hierfür kann man sich kaum eine bessere Art vorstellen als die überragende, ironische und tiefgründige *Apologie*. Sie liefert uns das unsterbliche Portrait eines außergewöhnlichen Menschen. Im Kern des Textes steht eine Frage, die Platon sein ganzes Leben hindurch umtrieb: Wie soll ein Philosoph mit der korrupten Gesellschaft umgehen, in der er lebt? Wahrscheinlich erschien der Text recht bald nach dem Prozess, solange das Ereignis die Menschen noch beschäftigte, also wahrscheinlich zu Anfang der 390er-Jahre.

Zum Schluss sei noch ein wesentlicher Faktor bedacht. In einigen der kürzeren Dialoge (die sich vor allem in unserer »losen« Gruppe befinden), lässt Platon Sokrates Fragen stellen, die Ungereimtheiten in der Weltanschauung seiner Gesprächspartner aufdecken. Diese argumentative Methode, mit der er die Wahrheit hinter einer Sache herauslockt und seine Gesprächspartner widerlegt, bezeichnen Wissenschaftler als »Elenchus«. Das Wort an sich impliziert, etwas zu prüfen oder herauszufordern. Da Sokrates' Gesprächspartner allerdings regelmäßig daran scheitern, überhaupt eine kohärente Antwort auf seine Fragen zu geben, schwingt darin auch das Widerlegen mit. In den kurzen Dialogen wendet Platon den Elenchus zwar an, reflektiert ihn aber nicht. Das holt er erst in *Gorgias* und *Protagoras* nach, vor allem indem er Sokrates auf die Kritik eingehen lässt, die dessen Gesprächspartner am Elenchus äußern. Platon lehnt die Aussage ab, der Elenchus lege lediglich Ungereimtheiten in den Ansichten einer Person frei. Er besteht darauf, es handele sich bei ihm um eine Methode, um auf ein Ergebnis zu kommen, auf das man rückhaltlos vertrauen kann und das es wert ist, als wahr bezeichnet zu werden. *Gorgias* und *Protagoras* sind also höchstwahrscheinlich jüngeren Datums als einige der kürzeren Dialoge.

Wenn wir alle verstreuten Ergebnisse der vorangegangenen Diskussion zusammenfügen und im Hinterkopf behalten, dass Platon immer wieder an seinen Texten feilte, ergibt sich folgende Reihung: *Apologie des Sokrates* [ca. 396] – *Proto-Politeia* [ca. 393] – *Kratylos* – *Menexenos* [ca. 386] – *Phaidon* [ca. 380] – *Symposion* [ca. 377] – *Politeia* (größtenteils) – *Parmenides* – *Theaitetos* – *Phaidros* – *Sophistes* – *Politikos* – *Timaios* – *Kritias* – *Philebos* – *Nomoi* – Platons Tod 348/7. Die übrigen fünf Dialoge des zweiten Clusters (*Erster Alkibiades, Charmides, Gorgias, Menon, Protagoras*) entstanden vielleicht zwischen 390 und 375, wobei *Gorgias* und *Menon* wiederum *Phaidon* vorausgingen. *Gorgias* und *Euthydemos* erschienen vor 370 und *Protagoras* vielleicht vor 375. In Kapitel 6 werden wir auf Gründe stoßen, *Gorgias, Menon, Phaidon* und die neu geschriebene *Politeia* nach 383 einzuordnen. Die restlichen Dialoge der losen Gruppe hätte Platon jederzeit verfassen können, sie gehören aber vermutlich zu seinen ersten Texten. Abgesehen von den Dialogen gibt es noch die drei authentischen Briefe, die sich mehr oder weniger genau datieren lassen: *Dritter Brief* [zwischen 358 und 356] – *Siebter Brief* [spät im Jahr 353 oder Anfang 352] – *Achter Brief* [später im Jahr 352].

Viel näher kann man, meiner Meinung nach, einer chronologischen Reihenfolge von Platons Schriften nicht kommen. Diese Schlüsse sind das Ergebnis von eher trockener und wissenschaftlicher Fleißarbeit, besonders da viele der Lesern an dieser Stelle noch nicht allzu viel über den Inhalt der

Dialoge wissen werden. Dennoch ist es wichtig, sich den Fortschritt in Platons schriftstellerischem Schaffen vorstellen zu können. Dafür gibt es nicht nur die offensichtlichen biografischen Gründe, sondern so schafft man eine Basis, um auf Fragen einzugehen, wie die Überlegung, ob Platons Denken während seines Schaffens immer gleich blieb oder ob sich Entwicklungen und Meinungsänderungen in seinem Werk finden. Doktrinäre Überlegungen bieten sich nicht an, um auf eine Reihenfolge der Dialoge zu schließen, aber es ist durchaus legitim, die doktrinären Entwicklungen nachzuzeichnen, sobald wir über so etwas wie eine, wenigstens in Teilen sichere, Chronologie der Dialoge verfügen.

4

Schreiben und Forschen in den 390er- und 380er-Jahren v. Chr.

Gegen Ende der 390er-Jahre und Anfang der 380er-Jahre war Platons schriftstellerisches Schaffen bereits in vollem Gange. Wider Erwarten wissen wir, was er über das Schreiben dachte. Gegen Ende von *Phaidros* erzählt er uns eine seiner kürzeren Mythen, in der er sich vorstellt, dass der schlaue Gott Theuth die Schrift erfand und nun gegenüber dem ägyptischen Gottkönig Thamus davon schwärmt:

> Als er aber an die Buchstaben gekommen, habe Theuth gesagt: »Diese Kenntnis, o König, wird die Ägypter weiser und erinnerungsfähiger machen, denn als ein Hilfsmittel für das Gedächtnis sowohl als für die Weisheit ist sie erfunden.« Thamus aber erwiderte: »O du sehr kunstreicher Theuth! Einer ist der, der das, was zur Kunst gehört, hervorzubringen, ein anderer aber der, der zu beurteilen vermag, in welchem Verhältnis sie Schaden und Nutzen denen bringe, die sie gebrauchen werden. So hast auch du jetzt, als Vater der Buchstaben, aus Vaterliebe das Gegenteil von dem gesagt, was ihre Wirkung ist. Denn Vergessenheit wird dieses in den Seelen derer, die sie kennenlernen, herbeiführen durch Vernachlässigung des Gedächtnisses, sofern sie nun im Vertrauen auf die Schrift von außen her mittelst fremder Zeichen, nicht von innen her aus sich selbst, das Erinnern schöpfen. Nicht also für das Gedächtnis, sondern für seinen Anschein hast du ein Hilfsmittel erfunden. Von der Weisheit aber bietest du den Schülern nur Schein, nicht Wahrheit dar.«[1]

Irgendwann setzte sich in der biografischen Tradition eine schöne Anekdote durch, die ein Neuplatoniker im 5. Jahrhundert n. Chr. festhielt.[2] Einer von Platons Schülern hatte sich bei allen Vorträgen Notizen gemacht und sie dann auf See verloren. Als er zu Platon zurückkehrte, meinte der Schüler, er habe nun durch seine eigene Erfahrung die Wahrheit in dieser Passage aus *Phaidros* erkannt: Er konnte sich an nichts mehr erinnern, was er sich notiert hatte.

Abbildung 4.1 Ein Papyrusfragment von Platons Phaidros, das ungefähr auf das 2. Jahrhundert n. Chr. zurückgeht. The Oxyrhynchus Papyri Bd. XVII Nr. 2102.

Wenig später lässt Platon Sokrates fortfahren:

> Dieses Missliche nämlich, o Phaidros, hat doch die Schrift, und sie ist darin der Malerei gleich. Denn die Werke auch dieser stehen wie lebendig da, wenn du sie aber etwas fragst, schweigen sie sehr vornehm. Geradeso auch die Reden, du könntest meinen, sie sprechen, als verständen sie etwas, wenn du aber in der Absicht, dich zu belehren, nach etwas von dem Gesprochenen fragst, zeigen sie immer nur eines und dasselbe an.[3]

Er folgert daraus, jeder, der, mithilfe von Geschriebenem »Samen aussäen« wolle, nähme den Unterschied zwischen dem Schreiben und der lebendigen Konversation eines wahren Philosophen nicht ausreichend ernst, der im Geist eines Schülers die richtige Art Samen zu säen vermag. Das Problem mit Büchern (die man zu Platons Zeit meistens laut vorlas, weswegen kein Kontrast zwischen dem gesprochenen und dem geschriebenen Wort besteht) ist, dass sie eher Passivität als aktive Teilnahme fördern.

Dies sind harte Worte, man sollte sie aber nicht als eine übertriebene Ablehnung allen Schreibens missverstehen, wie es oft geschieht. Das wäre in der Tat paradox – das Schreiben innerhalb eines geschriebenen Texts zu verurteilen. Es gibt eine Ausnahmeklausel, die dieser Teil von *Phaidros* gleich dreimal wiederholt.[4] Der Nutzen von Schrift besteht, so Platon, darin, die Menschen an vergessene Dinge zu erinnern. Wir wissen genau, von welcher Art des Vergessens und Erinnerns Platon hier spricht, da seine Wortwahl hier eine frühere Passage im Dialog aufgreift. Im Verlauf des großen Mythos von der geflügelten Seele erklärt er, dass alle Seelen auf ihren Flügeln aufgestiegen sind und einen Blick auf das Feld der Wahrheit erhaschen konnten, einen Ort, der hinter dem Himmel liegt, wo die Götter verweilen und über die Ideen nachsinnen:

> Aber von dem Diesseitigen sich an jenes wieder zu erinnern, ist nicht leicht für jede [Seele], nicht für diejenigen, die damals das wahre Sein nur flüchtig sahen, noch für diejenigen, die, hierher herabgefallen, Missgeschick hatten, so dass sie, durch bösen Umgang zum Unrecht verleitet, das Heilige, das sie damals gesehen, vergessen haben. Wenige fürwahr bleiben übrig, denen das Vermögen des Erinnerns noch in genügendem Maße zu Gebot steht. Diese aber, wenn sie irgend ein Abbild des Dortigen sehen, werden gewaltig angeregt und sind ihrer selbst nicht mehr mächtig […]. [5]

Wichtig ist, dass Platon von *allen* menschlichen Seelen spricht, alle haben zumindest einen kurzen Blick auf das Feld der Wahrheit geworfen; er schließt nur Tiere aus. Schriften, »wenn [jemand] diese verfasste, wohl wissend, wie das Wahre sich verhält«,[6] können also uns allen helfen, uns zu erinnern. Sie können nicht mehr ausrichten, als uns daran zu erinnern – sie können uns keine Erkenntnis über die Ideen liefern –, aber manchmal können sie einen Menschen bewegen zu versuchen, die verloren gegangene Erkenntnis in sich wiederzufinden. Dafür kann es notwendig sein, dass sich eine solche Person einen Lehrer wie Sokrates sucht, der mithilfe seiner lebendigen Konversation das Wissen aus dem Geist seiner Schüler hervorzulocken vermag – also die Seele seiner Schüler wieder in Richtung des Felds der Wahrheit zurücklenkt. Zuerst wird der Schüler daran erinnert, was er latent bereits weiß, und dann: »[…] sind ihm nur noch eben wie im Traum diese Vorstellungen aufgeregt. Wenn ihn aber jemand oftmals um dies nämliche befragt und auf vielfache Art, so wisse nur, dass er am Ende nicht minder genau als irgendein anderer um diese Dinge wissen wird.«[7] Da zu denken im Grunde nichts anderes ist als ein inneres Gespräch und innere Selbstbefragung, kann ein Schüler sich sogar allein in Richtung der Erkenntnis weiterentwickeln, »durch langwieriges Auseinandersetzen mit der Sache und indem er sich in sie hinein begibt«, woraufhin Erkenntnis »plötzlich, wie ein Licht, das von einem überspringenden Funken entfacht wird, in der Seele entsteht und sich sofort selbst erhält.«[8]

Der Nutzen von Geschriebenem beschränkt sich außerdem nicht auf philosophische Texte. In *Nomoi* weist Platon darauf hin, dass »die gesetzlichen Anordnungen, sobald sie schriftlich niedergelegt sind, um für alle Zeit eine Nachprüfung zu gestatten, völlig unverändert bleiben.[9]« Gleiches würde er wahrscheinlich auch über den Text eines Theaterstücks sagen, das jemand untersuchen möchte. Einiges sollte man nicht leichtfertig verändern – Gesetze und Texte – und für diese eignet sich die Schriftlichkeit hervorragend. Um dagegen das Gedächtnis zu trainieren, hilft Schrift weit weniger als unmittelbare Gespräche oder innere Unterredung, besonders im philosophischen Kontext, dennoch erfüllt sie auch hier ihren Zweck.

Es passt zu Platons edler Gesinnung, sein eigenes Schreiben herabzusetzen, obwohl er sich seines Talents bewusst gewesen sein muss. Für Platon blieb sein Schreiben weit hinter seiner praktischen Arbeit als Lehrer zurück, aber es hatte dennoch einen philosophischen Nutzen. Er wusste eindeutig um die Macht der Worte: Deswegen verbannt er in *Politeia* auch alle Dichtung, die den Charakter eines Kindes so verändern könnte, dass es sich vom idealen Staat abwendet. Schrift als Erinnerungsstütze mag vielleicht nicht die Wahrheit an sich enthalten, aber immerhin erinnert sie an die Wahrheit.

Platon beschränkte sich deswegen nicht allein darauf zu unterrichten, weil er mit seinen Büchern ein größeres Publikum erreichte. Er schrieb, um die Erinnerung an Sokrates am Leben zu halten und damit die Leser in einen eigenen inneren Dialog mit sich selbst treten konnten. Er verfasste Dialoge, weil viele von Sokrates' Ideen und auch die, die Platon später Sokrates in den Mund legte, radikal sind. Es hilft uns, wenn wir erfahren, welche Gedanken diesen Ideen zugrunde liegen, und wenn uns diese genau erklärt werden, indem Menschen sich unterhalten, mit denen wir uns identifizieren können, da sie uns in den wichtigen Punkten ähnlich sind. Platon und andere Sokratiker empfanden es vielleicht sogar als ihre Pflicht zu schreiben. Viele von ihnen wurden Schriftsteller, auch wenn kaum etwas von ihren Texten überlebt hat. Ich bin mir sicher, dass Platon auch deswegen schrieb, weil ihm keine andere Wahl blieb: Manche Menschen können ihr Potenzial nur durch Schreiben erfüllen. Die vielschichtige Kunstfertigkeit der Dialoge (in den besten unter ihnen scheint immer noch etwas mehr mitzuschwingen, als man selbst erfassen kann), die Kombination von stichhaltiger Argumentation, unerschrockener Philosophie und Mythos, befeuert durch dramatische Inszenierung und Figurendarstellung – all dies spricht für jemanden, der aus purer Freude heraus schrieb.

Die frühen Dialoge

Mitte der 380er-Jahre war Platon bereits ein bekannter Philosoph. Aber was zeichnete ihn aus? Welche Texte hatte er bis dahin geschrieben? In anderen Worten, was sind die Kernelemente der Dialoge, die wahrscheinlich sein Frühwerk bilden? Wir haben bereits festgestellt, dass diese frühe Gruppe aus *Apologie des Sokrates, Kratylos, Kriton, Euthydemos, Euthyphron, Größerer Hippias, Kleinerer Hippias, Ion, Laches, Lysis* und *Menexenos* besteht. Einige davon, wahrscheinlich die meisten (keiner davon ist sonderlich lang), entstanden bereits in den 380er-Jahren. Mehrere dieser Dialoge setzen sich mit einem moralischen Konzept auseinander, dagegen verhandelt *Kriton* eine moralische Frage: Wäre es korrekt gewesen, wenn Sokrates vor seiner Hinrichtung aus dem Gefängnis geflohen wäre?

Bei *Menexenos* handelt es sich um einen anerkannten Außenseiter, und vielleicht ist er nichts weiter als eine fixe Spielerei. Größtenteils besteht der Dialog aus einer patriotischen und an manchen Stellen absichtlich verzerrten Darstellung der Geschichte Athens, in Form einer Parodie der Grabreden, die jedes Jahr in Athen zu Ehren der im Krieg Gefallenen gehalten wurden.[10] Sollte die parodistische Note in der Rede selbst nicht hervortreten, so legt das Eröffnungsgespräch eindeutig fest, wie das Folgende zu verstehen ist. Wahrscheinlich soll hier beispielhaft vorgeführt werden, dass politische Rhetorik sich den Überzeugungen der Masse anpasst und dementsprechend formuliert wird, um ihr Publikum eher zu erfreuen, als ihm Wissen zu vermitteln. Es bleibt jedoch unklar, wie viele von Platons Zuhörern diesen Punkt verstanden hätten.

Die *Apologie* dient als eine Art Einführung in diese Dialoge, denn Platon lässt Sokrates in seinen Verteidigungsreden erklären, wie und warum er handelt. Da Platon aber keine Biografie von Sokrates schreibt, erklärt er im Grunde, was *er selbst* aus welchen Gründen tut. In der *Apologie* erzählt Sokrates, sein Freund Chairephon habe das Orakel in Delphi gefragt, ob es einen weiseren Mann als Sokrates gebe, und das Orakel habe die Frage verneint. Sokrates verwirrte diese Antwort, da er sich nicht für weise hielt, und so schickte das Orakel ihn gewissermaßen auf eine Mission, diese Aussage zu überprüfen. Dies tat er, indem er andere Leute traf und befragte, die angeblich weise waren, – wobei sich immer wieder herausstellte, dass sein Gegenüber im Grunde genommen keine Ahnung hatte. Daraus schloss Sokrates, das Orakel habe in dem Sinne recht gehabt, dass er sich immerhin seiner eigenen Ignoranz bewusst war, während die Menschen, die er auf die Probe gestellt hatte, sich irrtümlich für weise hielten.

Bei dieser Orakelgeschichte handelt es sich höchstwahrscheinlich um Fiktion.[11] Daran ändert auch die Tatsache nichts, dass Xenophon sie ebenfalls in seiner *Apologie des Sokrates* erwähnt. Dies ist lediglich ein Phänomen, das die Literaturwissenschaftler als »Intertextualität« bezeichnen, wenn ein Autor von einem anderen etwas übernimmt und weiterentwickelt. Manchmal können wir sehen, wie Xenophon Platon auf diese Weise zuzunicken scheint. Wenn uns mehr von den Werken anderer Sokratiker überliefert wäre, verfügten wir zweifelsohne über weitere Beispiele, bei denen der Text eines Autors zu einem gewissen Grad von dem eines anderen mitgeformt wurde. Es muss sich bei dieser Geschichte um Fiktion handeln, weil Sokrates schon immer nur als derjenige bekannt war, der andere befragte. Mit dieser Methode hatte er sich erst den Ruf aufgebaut, weise zu sein. Das Orakel kann sein Verhalten also gar nicht ausgelöst haben, da er es schon eine ganze Weile davor an den Tag gelegt haben musste, um Chairephon überhaupt zu motivieren, das Orakel nach Sokrates zu befragen. Platon erklärte mithilfe dieser Geschichte, was er mit seiner Figur Sokrates in den frühen Dialogen vorhatte – er wollte testen, wie weise die angeblichen Experten waren. Ein weiterer Faktor, der für die Fiktionalität der Geschichte spricht: Sie wird ausschließlich in den beiden *Apologien* von Platon und Xenophon erwähnt. Wäre sie wahr, dann hätte es sich um ein weithin bekanntes Ereignis gehandelt.

Die meisten Dialoge sind recht kurz – damit ähneln sie den Texten der anderen Sokratiker, soweit wir es jedenfalls anhand der Quellen annehmen können. Einige von ihnen gehören einer Reihe an, die Wissenschaftler als Dialoge des Suchens bezeichnen. Allgemein nennt man sie auch die »sokratischen Dialoge«, da man annimmt, dass Platon in diesen Texten eher den historischen Sokrates bei seiner Arbeit darstellen wollte. Wie jedoch bereits angedeutet, sehe ich sie als größtenteils fiktionale Darstellungen von Sokrates. Platon hat wohl kaum gute zehn Jahre lang nicht viel mehr getan, als seinen Lehrer schriftlich nachzuzeichnen. Unabhängig davon, wie sehr er Sokrates verehrte, zeigte Platon seine Verbundenheit dennoch nicht, indem er Sokrates' Gespräche nacherzählte, er huldigte seinem ehemaligen Lehrer, indem er die eigene Philosophie auf sokratischen Grundfesten aufbaute. Kein Philosoph, der sich mit Recht als solcher bezeichnet, übernimmt lediglich die Ansichten oder Argumente eines anderen. Die Ideen der anderen sind höchstens das Basiscamp, von dem aus er seine eigenen philosophischen Expeditionen startet.

In der Regel lässt Platon Sokrates in diesen Dialogen die Definition eines moralischen Begriffs suchen: Frömmigkeit in *Euthyphron,* Schönheit im *Größeren Hippias,* Tapferkeit in *Laches*, Freundschaft in *Lysis*, Gerechtigkeit in *Thrasymachos*, der zum ersten Buch in *Politeia* werden sollte.[12] In der Regel ist die Suche nicht von Erfolg gekrönt.[13] Es werden verschiedene Definitionsvorschläge oder Pseudodefinitionen ausprobiert, am Ende überzeugt aber keine die Gesprächsteilnehmer. Platon liefert Beispiele für die Art von Definition, nach der er sucht: »Geschwindigkeit ist die Fähigkeit, viel in einer kurzen Zeit zu schaffen«; »Form ist die äußere Grenze eines festen Körpers«; »Farbe ist der dem Gesicht angemessene und wahrnehmbare Ausfluß aus den Gestalten«; »Lehm ist mit Wasser vermischte Erde«; »Eine gerade Zahl ist in zwei gleiche Teile teilbar«.[14] Allerdings ist es weitaus schwieriger, einen moralischen Begriff zu definieren und dabei alle Möglichkeiten abzudecken, weswegen diese Dialoge oft in einer *Aporie* enden, einer Pattsituation beziehungsweise in einer Sackgasse (weswegen man sie in der Regel als »aporetische« Dialoge bezeichnet). Der *Kleinere Hippias*, der sich mit Lügen und Ehrlichkeit auseinandersetzt, endet in eben einer solchen ausweglosen Situation – dem inakzeptablen Paradox, dass ausgerechnet ein guter Mensch am besten lügen kann und den übelsten Verbrecher abgeben könnte (denn Menschen sind gut, wenn sie über

Wissen verfügen, und Wissen kann für Gutes oder Schlechtes genutzt werden: Der beste Arzt kann gleichzeitig die wirksamsten Gifte anmischen). *Ion* schließt mit einem impliziten Patt, da seine Behauptungen auf seinem Gebiet, der Homerischen Dichtung, immer absurder werden, bis er sogar prahlt, dass er durch sein Wissen über Homer im Kriegsfall zum bestmöglichen Kommandanten avancieren würde.

Diese ausweglosen Situationen entstehen, weil jede Ansicht, die der Gesprächspartner vertritt, sich unter der, manchmal rücksichtslosen, Befragung Sokrates', entweder als unzureichende Definition entpuppt, oder weil sich herausstellt, dass sie mit einer weiteren grundsätzlichen Überzeugung des Gegenübers nicht zusammengeht. So schlägt Laches vor, man könne Tapferkeit als mentale Beharrlichkeit definieren – bis Sokrates aufzeigt, dass ein derartiges Durchhaltevermögen nicht immer etwas Gutes ist. Dabei ist Laches überzeugt, dass Tapferkeit immer gut ist. *Kratylos* ist ebenfalls ein aporetischer Dialog, er untersucht zwei gegensätzliche Theorien, die sich beide mit der Frage auseinandersetzen, ob Worte ihre Gegenstände korrekt bezeichnen können (sprechen wir zum Beispiel nur deswegen von einem »Pferd«, weil es die gängige Bezeichnung für ein solches Tier ist, auf die man sich geeinigt hat, oder gibt das Wort – dieser Name für etwas – auf natürliche Weise wieder, was es heißt, ein Pferd zu sein). Der Dialog ist deswegen aporetisch, weil Sokrates am Ende beide Theorien anzweifelt. In allen Dialogen zeigt sich, dass der schlimmste intellektuelle Fehlschluss Platon zufolge darin besteht, sich Wissen einzubilden – wenn man sich sicher ist, etwas zu wissen, dem aber gar nicht so ist. Diese frühen Dialoge üben sich darin, solche Fehlannahmen zu entlarven, und sie schlagen gleichzeitig auch eine Lösung vor: beständig nach einer Wahrheit zu suchen, die sich dem Bewusstsein immer wieder entzieht, indem man sich selbst betrachtet und kritisch hinterfragt.

Wenn ein Dialog ohne klare Lösung endet, dann sollen seine Leser darüber nachdenken, warum dem so ist. Auf diese Weise beginnen sie zu philosophieren. Zumindest werden sie ihren Sinn für eine gute Argumentation schärfen, wenn nicht sogar selbst auf eine Lösung kommen. Wenn die Gesprächsteilnehmer eines Dialogs also daran scheitern, Tapferkeit angemessen zu definieren, versuchen die Leser sich vielleicht selbst an einer auf Platons Aussagen aufbauenden Definition. Viele Leser suchen in den Argumenten der aporetischen Dialoge so nach Hinweisen, wie sie sich aus der

Sackgasse herausmanövrieren könnten. Ihre Ergebnisse mögen richtig oder falsch sein, viel wichtiger ist, dass sie dem folgen, was Platon wollte: Sie denken nach und suchen nach der Wahrheit.

In diesen Dialogen streitet Sokrates eigenes Wissen ab und behauptet, dass er die Konversation nicht lenkt, sondern lediglich der Logik der Argumente folgt. Oft befragt er seine Gesprächspartner nur und übernimmt dabei (das Bild stammt aus dem späteren Dialog *Theaitetos*) die Rolle einer Hebamme, die den Einfällen anderer auf die Welt hilft – er holt also Gedanken aus anderen heraus und testet sie, um sicherzugehen, dass es sich nicht um »Totgeburten« handelt. Dennoch wird eine solche Befragung durch gewisse fragwürdige Annahmen gelenkt: dass sich das eindeutige Wissen aus der Kunst und dem Handwerk auf ethische Überlegungen übertragen lässt. Und dass ein einziges Wort wie »Gerechtigkeit« nur einer Realität entspricht, weswegen es uns möglich sein müsste, eine einzige Definition zu formulieren, die alle Situationen abdeckt, in denen wir den Begriff anwenden können. Bedeutet das Wort »gut« in »ein guter Mann« das Gleiche wie in »ein guter Pianist«? Die Annahme, ein einziger Begriff solle nur eine einzige Definition haben, führt in *Charmides*, der einige Jahre später geschrieben wurde, zu so vielen Problemen, dass man meinen könnte, Platon stelle diese Idee dort auf die Probe.

Eine weitere Eigenschaft, die diese frühen Dialoge verbindet, lautet, dass Sokrates' Gesprächspartner als Experten auf den Gebieten gelten, die untersucht werden – zumindest schreibt Sokrates ihnen (neckend) Expertise zu: »Ihr beiden seid doch Freunde, ihr müsst also wissen, was Freundschaft bedeutet.« Sokrates gibt sich im Gegensatz dazu als unwissender Amateur, der nicht mehr als seinen gesunden Menschenverstand mitbringt. Platon geht davon aus (noch so eine fragwürdige Annahme), ein Experte sollte in der Lage sein, eine ordentliche Definition vorzubringen, und dass es auf unzureichendes Wissen hinweist, falls er scheitert. An dieser Stelle kippt die Befragung ins Persönliche und wird konfliktgeladen, da Sokrates mit seinen Fragen das Gegenüber als unfähig entlarvt. Die sokratische Befragung stellt nicht nur Annahmen infrage, sondern auch die Menschen, die sie äußern. Wenn eine Definition angezweifelt wird, dann wird nicht nur die Pseudodefinition selbst abgelehnt, sondern auch die Überzeugung des Gegenübers, dass diese zutreffen könnte und damit auch seine gesamte Lebenseinstellung, die zu solchen Überzeugungen führt:

> Du scheinst gar nicht zu wissen, dass wer mit dem Sokrates ins Gespräch kommt und sich mit ihm einlässt, unvermeidlich, wenn er auch von etwas ganz anderem zuerst angefangen hat zu reden, von diesem so lange ohne Ruhe herumgeführt wird, bis er ihn da hat, dass er Rede stehen muss über sich selbst, auf welche Weise er jetzt lebt, und auf welche er das vorige Leben gelebt hat, wenn ihn aber Sokrates da hat, dass er ihn dann gewiss nicht eher auslässt, bis er dies alles gut und gründlich untersucht hat.[15]

Die Dialogpartner reagieren, wenig überraschend, verärgert und empört auf Sokrates' Fragen. Die Menschen, mit denen er spricht, fühlen ein Stechen, wie von einem Natternbiss, einer Bremse oder einem Stachelrochen.[16] Bezüglich ihrer Dramatik gehören die frühen Dialoge zu Platons besten Texten. Er schildert die Figuren treffend und mit Witz; er führt uns ihre Blasiertheit und ihre anderen Eigenschaften vor. Zudem bezeugen wir, wie sie sich unter der Macht von Sokrates' Argumentation winden und versuchen, ihr zu entkommen. Als Pferdebremse ist es an Sokrates, die Menschen aus ihrer selbstzufriedenen Ignoranz aufzuscheuchen und sie zu zwingen, ihre eigenen Annahmen zu überdenken.

Wir sehen in diesen Dialogen, wie sich ein Philosoph – der Philosoph schlechthin – durch Probleme hindurcharbeitet, und sie halten uns dazu an, es ihm gleichzutun. Ihnen liegt die Behauptung zugrunde, dass ein philosophisches Gespräch auch dann lohnt, wenn es keine befriedigende Lösung für das Problem geben kann, da wir uns, indem wir das Problem angehen, auch emotional auf die Suche einlassen. Noch dazu macht es den Weg erst dafür frei, nach Wissen zu streben, wenn man sich der eigenen Unwissenheit bewusst wird, wie Platon in einem späteren Dialog darlegt.[17] Philosophische Arbeit mag anstrengend und frustrierend sein, aber sie ist essenziell. Vielleicht legen die Dialoge deswegen einen so großen Wert auf Methodik. Oft entstehen Pausen, während derer die Gesprächspartner über die beste Vorgehensweise nachdenken.

Aber natürlich liefern die frühen Dialoge noch mehr, als sich nur in Grundlagenarbeit zu üben. Es tauchen durchaus positive Ansichten auf. Im Grunde handelt es sich um die Ansichten, deren Negationen in den Dialogen uneingeschränkt zurückgewiesen werden; für Platon reicht das aus, um ihren Wert zu verdeutlichen. Die wichtigsten darunter sind diejenigen, die für immer beeinflussen sollten, wie Platon dachte: dass Tugend Wissen ist, sodass wir wahrscheinlich Tapferkeit als Wissen darüber ansehen sollten, was wirklich beängstigend ist und was nicht; dass der Körper eines guten Menschen verletzt werden kann, seine Seele jedoch nicht; dass es niemals richtig ist, etwas Falsches zu tun oder Schlechtes mit Gleichem heimzuzahlen; dass man Ungerechtigkeit besser ertragen sollte, als selbst ungerecht zu handeln; dass niemand absichtlich das Falsche tut (in dem Sinne, dass jeder denkt, er handle zu seinem eigenen Besten, obwohl einige Menschen sich offensichtlich dabei irren); dass es besser ist, für seine Fehler bestraft zu werden (indem man etwas Neues lernt), als der Bestrafung zu entgehen; dass Tugend und Wissen notwendig und wahrscheinlich auch ausreichend für das menschliche Wohlergehen sind; dass weltliche »Güter« wie Wohlstand und Prestige an sich im Grunde bedeutungslos und nur dann gut und ungefährlich sind, wenn man sie auf tugendhafte und intelligente Weise nutzt. Diese Behauptungen lassen uns stutzen, da sie auf einen Lebensstil hinweisen, der weit von dem abweicht, was jede Generation seit Menschengedenken als normal angesehen hat; besonders der *Erste Alkibiades* hebt dies hervorragend hervor. In puncto moralische Angelegenheiten gehörte Platon schon immer zu den Radikalen. Einer der Gründe für den negativen Schluss in vielen dieser Dialoge besteht darin, dass er jedes Mal die Unvereinbarkeit von philosophischem Konzept und alltäglichem Lebenswandel herausstellt.

Wissen und Meinung

Vielleicht lautet die wichtigste Erkenntnis, die uns Platon in seinen ersten Dialogen vermittelt, dass sich Wissen und Meinung voneinander unterscheiden und dieser Unterschied in allen Lebenslagen von fundamentaler Bedeutung ist. Diesem Thema widmete er sich in den späteren Dialogen erneut voller Elan; besonders deutlich wird dies in *Menon, Politeia* und *Theaitetos.* Wie wir gerade gesehen haben, ließ Platon Sokrates in den frühen Dialogen vor allem fragen: »Was ist X?«, wobei es sich bei »X« in der Regel um ein moralisches Konzept, wie Tapferkeit oder Gerechtigkeit, handelte. Platon besteht darauf, dass die Gesprächspartner, denen es nicht gelingt, eine befriedigende Antwort zu liefern, nicht *wissen,* wovon sie reden. Ein wahrer Experte auf seinem Gebiet muss in der Lage sein, dieses Gebiet zu erklären, und zwar derart, dass es einer Befragung standhält. Wissen ist sicher, Wissen speist sich aus Wahrheit, und Wissen lässt sich nicht widerlegen. Meinung fußt dagegen auf der Überzeugungskraft von Akteuren – etwa gesundem Menschenverstand, gesellschaftlicher Meinung, Emotion, Werbung, Nachrichtensprechern, sprachgewandten Rednern – weswegen sie instabil ist, da sie sich ändern kann, sobald ein überzeugenderer Akteur vorbeikommt. Dieser Ablauf wird am besten – und auf besorgniserregende Weise – deutlich, wenn man sich einen Prozess anschaut, bei dem eine Jury aus Geschworenen über die Schuld der Angeklagten entscheidet: Hier versuchen sich die rivalisierenden Seiten von Staatsanwaltschaft und Verteidigung gegenseitig auszuspielen und so viele Geschworene wie möglich von ihren eigenen Ansichten zu überzeugen. Am Ende kann die Jury nur meinen, sie habe die korrekte Entscheidung getroffen, sie verfügt nicht über Wissen.[18] Wir alle haben dieses Phänomen bereits erlebt: Eine gehörte oder gelesene Überlegung scheint einleuchtend, bis wir durch eine überzeugendere Darstellung derselben Sache unsere Meinung ändern (oder wir sie, weil wir unflexibel sind, als »Fake News« ablehnen).

Der Unterschied zwischen Meinung und Wissen ist nicht nur schicke philosophische Theorie. Das Problem lautet Platon zufolge, auf Basis unserer Überzeugungen zu handeln, ohne uns bewusst zu machen, dass es sich eben nur um solche und nicht um Wissen handelt. Wir erhalten Meinungen aufrecht, indem wir nach ihnen handeln und sprechen. Da niemand absichtlich falsch handelt (weil man sich damit selbst schaden würde), kann einen nur Wissen verlässlich durchs Leben bringen. Ohne Wissen haben wir keine Garantie, dass unsere Handlungen gelingen oder uns nützen; dagegen führt es zu einem garantierten Erfolg, auf Basis von Wissen zu handeln. Tugend ist Wissen, also ist die Reformierung des eigenen Charakters die notwendige Voraussetzung für moralisches Verhalten. Außerdem können Überzeugungen falsch sein; da wir unsere Meinung ändern können, zeigt dies, dass wir annehmen, unsere neue Überzeugung wäre verlässlicher als die vorangegangene, die wir gerade abgelegt haben. Wir sollten uns selbst zügeln, indem wir unsere Überzeugungen, unsere Meinung, durch sokratische Selbstbefragung testen.

Meinungen können also wahr oder falsch sein, und Platon erkennt an, dass einen eine wahre Meinung in praktischer Hinsicht genauso gut anleiten kann wie Wissen. Jemand, der korrekt davon ausgeht (weil er sich zum Beispiel auf eine Karte verlässt), dass die I-95 einen Menschen nach Miami bringt, hilft einem genauso weiter, wie jemand, der dies weiß. Der einzige Unterschied ist, dass die Person, die meint, ihre Aussage sei richtig, immer auf eine Karte angewiesen ist, während die Person, die über Wissen verfügt, aus ihrer Erfahrung schöpft. Das Problem bleibt dennoch bestehen: Überzeugungskraft kann Meinung auch dann ändern, wenn sie wahr ist (indem man beispielsweise die Verlässlichkeit der Karte bezweifelt), schließlich handelt es sich nur um Glauben, nicht um Wissen. Da sowohl die wahren als auch die falschen Meinungen durch Einflussnahme zustande kommen, können wir nicht wissen, ob eine Überzeugung falsch oder richtig ist; nur Wissen stellt eine verlässliche Voraussetzung für Handlung dar: »Denn auch die richtigen Vorstellungen sind eine schöne Sache, solange sie bleiben, und bewirken alles Gute; lange Zeit aber pflegen sie nicht zu bleiben, sondern gehen davon aus der Seele des Menschen, so daß sie doch nicht viel wert sind, bis man sie bindet durch Aufweisen ihrer Begründung.«[19] Sobald man herausfindet, weshalb eine richtige Vorstellung zutrifft, versteht man sie und kann sie in Wissen umwandeln, dann kann nichts mehr die eigene Meinung ändern. Auch viele moderne Philosophen würden der Aussage zustimmen, »gut begründete, wahre Meinung« sei eine Definition von Wissen, mit der man arbeiten kann.

In den frühen Dialogen drängt Platon uns also dazu, nachzudenken und mit uns selbst zu diskutieren, statt einfach zu akzeptieren, was von außen an uns herangetragen wurde. Selbst wenn es von einem vertrauenswürdigen Lehrer stammt oder auf jahrzehntelanger Konvention aufbaut, sollten wir es nicht blind akzeptieren. Darin besteht, wie ich bereits angemerkt habe, garantiert einer der Gründe, weswegen Platon überhaupt Dialoge schrieb, in denen er nichts in seinem eigenen Namen bestätigte oder ablehnte. Sie zwingen uns, eigenständig zu denken, wir können uns nicht einfach vom Gelesenen überzeugen lassen. Zwischen Wissen und Meinung zu unterscheiden, ist ein Vermächtnis Platons, das bis heute relevant bleibt.

Die Demarkation der Philosophie

Als Ganzes betrachtet, sagen uns die frühen Dialoge einiges über einen wichtigen Teil von Platons Absichten. In den meisten lässt er Sokrates mit Menschen sprechen, die sich entweder selbst als Experten ausgeben oder von denen andere dachten, sie seien welche. Sokrates spricht mit Experten in Sachen Ausbildung (*Größerer Hippias, Kleinerer Hippias, Thrasymachus*), einem Experten für Homer (*Ion*), einem selbsternannten religiösen Experten (*Euthyphron*), Freunden, die aufgrund ihrer Beziehung, so denkt Platon, wissen sollten, was Freundschaft heißt (*Lysis*), und zwei angeblichen Experten für Namen beziehungsweise Benennungen (*Kratylos*).

Gelegentlich stellt Platon vielleicht sicher, dass wir wissen, wen sich Sokrates vornimmt, indem er dessen Gegenüber prahlen lässt, so wie Euthyphron: »Gar nichts wäre ich ja nutz, o Sokrates, und um nichts wäre Euthyphron besser als die andern, wenn ich dergleichen [die Götter und was heilig und unheilig ist] nicht alles genau verstände.«[20] Die Gespräche enden immer gleich, sie zeigen, dass der angebliche Experte nicht weiß, was er behauptet zu wissen oder wissen sollte. *Euthydemos* stellt die Sophistenbrüder Euthydemos und Dionysodoros von Chios etwas anders dar, sie werden schlichtweg als Narren entlarvt, die es nicht interessiert, den Menschen, mit denen sie sprechen, zu nützen, sondern die lediglich (mit oft lächerlichen Argumenten) punkten oder Beifall ernten wollen. Sie behaupten, Tugendhaftigkeit zu lehren und diese »einem jeden aufs beste und schnellste mitteilen«[21] zu können, tatsächlich unterrichten sie aber das Gerichtsverfahren an sich und nicht Gerechtigkeit, Kampfkunst statt Tapferkeit und Disputation statt Weisheit.

Auf der persönlichen Ebene ermutigen diese Dialoge ihre Leser zu denken und leisten die Vorarbeit, damit die Leser zu einem kohärenteren Set an Überzeugungen gelangen, das einem prüfenden Blick standhält und sie so befähigt, ihr Leben auf einem stabileren Fundament aufzubauen. Dies ist aber noch nicht alles, in diesen Dialogen steckt noch mehr. Platon nutzte sie zu keinem geringeren Zweck, als seinen Anspruch zu stärken, die sokratische Philosophie liefere die einzig wahre Ausbildung. Indem er zeigte, wie andere zu Unrecht behaupteten, weise zu sein, stellte er gleichzeitig die sokratische Ausbildung als allen anderen Ausbildungsmodellen überlegen dar. Die Schlagkraft von Sokrates' Argumenten soll in diesen Dialogen die Autorität der anderen infrage stellen, vor allem die Gültigkeit allgemein anerkannter Überzeugungen, was gleichzeitig die Autorität der Philosophie stärken sollte. Sokrates geht dabei geschickt vor, indem er sich zunächst auf die Position seiner Gesprächspartner einlässt, sie anschließend Stück für Stück von den gängigen Ansichten wegführt, die diese unhinterfragt wiederholen, und sie hin zu einer platonischen Position leitet.

Platon konzentriert sich in den frühen Dialogen auf die alltäglichen moralischen und politischen Ansichten der Leute. Indem diese Ansichten sich als inkohärent herausstellen, kann mit ihrem vermittelten Bildungssystem etwas nicht stimmen, da eine authentische Ausbildung die Menschen befähigen würde, Wissen zu erkennen, anstatt sie nur mit inkohärenten Annahmen vollzustopfen. Der wohlhabende Alkibiades müsste die beste Ausbildung Athens und der Sophisten erfahren haben, und dennoch war er nach Meinung von Platons Sokrates »vollkommen ungebildet«.[22] Die Gesellschaft funktioniert nicht mithilfe des Wissens über die Werte, auf denen sie im Grunde aufbauen sollte. Unwissende Redner und Sophisten halten unwissenden Zuhörern Vorträge. Ein Redner könnte einen Esel als prächtiges Pferd loben, und das Publikum würde den Fehler nicht bemerken.[23] Die Gesellschaft verurteilt Menschen für Ungerechtigkeit, Feigheit und Tugendlosigkeit, ohne zu wissen, was Gerechtigkeit, Tapferkeit und Tugend sind. Etwas zu durchdenken und dabei die zugrunde liegenden Annahmen zu identifizieren, ist immer dem unkritischen und unhinterfragten Akzeptieren von sozialen Normen und Vorgaben vorzuziehen. Das kritische Denken, zu dem uns Platon ermutigt, ist die Grundlage der Geisteswissenschaften, welche die Welt der Menschen und die Gesellschaft zum Gegenstand haben: einen Schritt zurücktreten, ein Problem erkennen und rational eine Lösung für das Problem entwickeln – und dann den Mut aufbringen, etwas zu unternehmen, selbst wenn man dabei von der Meinung der Mehrheit abweicht.

Eines von Platons Leitprinzipien war die Überzeugung, Philosophie ließe sich nicht mit basalem Eigennutz verbinden. Wenn Sie versuchen, damit reich und berühmt zu werden, dann ist das, was Sie tun, keine Philosophie. Da Dichter, Sophisten und Politiker Personen des öffentlichen Lebens waren, die miteinander um Beifall wetteiferten, fühlte sich Platon gezwungen, die Philosophie von den Handlungen der anderen abzugrenzen. Um voranzukommen, müssen Dichter und Politiker ihrem Publikum gefallen. Ihnen geht es nicht um Wahrheit oder Bildung und darum, dass beides ordentlich verstanden wird, sondern nur darum, gut anzukommen. Bildung sollte aber wehtun, da sie den Charakter einer Person umformen soll, was Platon als die Grundlage für wahre philosophische Arbeit ansah. Dichter jedweder Façon, auch die Schreiber satirischer Komödien, galten als Ratgeber des Staates (und sahen sich auch selbst als solche), dementsprechend musste Platon sie als unwissend abtun. Sie handelten mit Lust und hielten so die weltlichen Werte immer weiter lebendig, anstatt zu versuchen, ihr Publikum zu bessern. Der vorsokratische Philosoph Heraklit von Ephesos war der gleichen Meinung: »Was haben sie, sagt [scil. Heraklit], eigentlich für einen Verstand oder was für eine Einsicht? Sie folgen den Volkssängern und haben zum Lehrer die Menge, ohne zu wissen, dass die Vielen schlecht sind und nur wenige gut.«[24]

Im Grunde ist alles, was diese Menschen tun, immer eine Art Einschmeicheln, und das Gleiche gilt für die Sophisten. Wenn Platon von einem »alte[n] Streit zwischen der Philosophie und der Dichtkunst«[25] sprach, bezog er sich nicht auf einen historischen Fakt und auch nicht auf eine lange Debatte über den Mehrwehrt, den die Dichtung und die Philosophie jeweils liefern: Er trieb einen Keil zwischen die beiden Bereiche, um die Philosophie von allen anderen Gebieten, die einen Anspruch auf die Weisheit erhoben, abzugrenzen. Mit »Dichtkunst« meinte er nicht das, was wir heutzutage vielleicht unter dem Wort verstehen – beispielsweise Dylan Thomas oder Emily Dickinson für uns allein zu lesen –, sondern die öffentliche Aufführung von Theaterstücken und epischer Dichtung vor einem großen Publikum, das antike Äquivalent zu unserem heutigen Film und Fernsehen. Wir mögen die Stücke, die uns von den antiken Griechen erhalten geblieben sind, wie die von Euripides und Aristophanes, bewundern, doch in Platons Augen gefährdeten sie die Bildung. Seine Ablehnung der Dichtung hängt damit zusammen, dass er die Rhetorik negativ bewertete. Ansichten beeinflussen einen Charakter, weswegen nur die Meinungen weitergegeben werden sollten, die sich positiv auf einen Charakter auswirken. In Kapitel 5 werden wir sehen, wie Platon auf die gleiche Weise einen Keil zwischen die Akademie und die rivalisierenden Schulen Athens trieb.

Andere Aktivitäten zugunsten der Philosophie abzulehnen, beschäftigte Platon nicht nur in seiner frühen Schreibphase. *Symposion* besteht beispielsweise aus einer Reihe an Reden, welche die Liebe preisen. Jede dieser Reden beansprucht auf ihre eigene Weise alleinige Gültigkeit, von einem erotischen oder einem traditionell religiösen Standpunkt aus, oder aus dem Blickwinkel eines Arztes, eines Komikers oder eines Tragödienschreibers. All die vorangegangenen Reden erweisen sich als unzulänglich, sobald Sokrates das Wort ergreift. In *Menon* achtet Platon darauf, uns mitzuteilen, dass Menon unter dem Sophisten Gorgias gelernt hat, damit wir Menons erbärmliche Versuche,

Tugend zu definieren, auf die Unzulänglichkeiten einer sophistischen Ausbildung zurückführen.

So erblickte also im 4. Jahrhundert v. Chr. die Philosophie das Licht der Welt. Vor Platon nutzte man das Wort *philosophia* (wortwörtlich die »Liebe zur Weisheit«) und seine Kognate selten und bezeichnete damit in erster Linie intellektuelle Neugier oder höhere Bildung im Allgemeinen, nicht einen bestimmten Aspekt davon. Wahrscheinlich verwendete man es anfangs sogar als Schmähwort für jemanden, der nach der Weisheit der Weisen strebte. Platon und die Sokratiker versuchten dagegen, das Wort allein auf die sokratische Philosophie einzuschränken, also auf das, was wir heute noch als Philosophie bezeichnen. Die Sokratiker, besonders Platon, verliehen dem Terminus eine spezifische Bedeutung, um die Philosophie von anderen Bestrebungen und Tätigkeiten abzugrenzen. Dabei übten sie sich im Kontrastieren: Philosophen suchen über Gespräche nach Wissen und Wahrheit, während andere über das Sprechen Wohlempfinden auslösen und Meinungen weitergeben wollen, die noch nicht ordentlich untersucht wurden. Die Philosophie strebt nach Tugendhaftigkeit und hat rein gar nichts mit Eigeninteresse zu tun, dabei ist genau das die *raison d'être* antiphilosophischer Bestrebungen. Philosophie überzeugt durch Argumentation, während andere sich nur auf rhetorische Strategie verlassen. Eine der Folgen von Platons Abgrenzung der Philosophie ist, auch Sokrates, der zu seinen Lebzeiten allen vernünftigen Kriterien nach als Sophist gegolten hätte, so stark wie möglich von anderen Sophisten zu unterscheiden.

Ein Jahrhundert zuvor hatten die Hippokratiker auf ihre eigene Weise begonnen, ihre medizinischen Praktiken, die ihrer Meinung nach auf wissenschaftlichen Fakten basierten, von denen anderer Quacksalber und von der Volksmedizin abzugrenzen. Platon folgte einem allgemeinen Trend zur Spezialisierung – diejenigen, die dazugehörten, von den anderen zu unterscheiden. So entstand die einfache Behauptung, sokratische Philosophie sei die einzig wahre und effektive Ausbildungsform und allem anderen moralisch überlegen. Diese Überzeugung motivierte Platon und die anderen Sokratiker, und sie konnten sie ebenfalls dazu nutzen, ihre Dienste anzupreisen und Schüler anzulocken.

Süditalien und die Pythagoreer

Ungefähr im Jahr 385 v. Chr. legte Platon eine Schreibpause ein und begab sich auf eine Forschungsreise ins griechische Süditalien und nach Sizilien. Weil Platon mitteilt, er sei zu diesem Zeitpunkt ungefähr 40 Jahre alt gewesen,[26] setzen jene, die denken, er sei 428/7 geboren, die Reise für das Jahr 388/7 an. Das ist allerdings unwahrscheinlich, da zu diesem Zeitpunkt der Korinthische Krieg noch in vollem Gange war und Syrakus, die wichtigste Stadt Siziliens, mit den Spartanern, Athens Feinden, sympathisierte. Es wäre für jeden gefährlich gewesen, ohne militärisches Bestreben loszusegeln und sogar noch gefährlicher für einen Athener, wie Platon, sich nach Syrakus aufzumachen. Das Jahr 385 ist der früheste Zeitpunkt, zu dem Platon aufgebrochen sein kann, nachdem im Vorjahr Frieden geschlossen worden war. Es sieht beinahe so aus, als hätte er das Kriegsende abgewartet, um aufbrechen zu können.

In Süditalien wollte er sich wohl vor allem mit Pythagoreern treffen, besonders mit Archytas von Tarent (bei den Römern hieß die Stadt Tarentum, heute nennen die Italiener sie Taranto). Wenige Jahre später sollte Archytas zum Anführer von Tarent aufsteigen. Zu diesem Zeitpunkt verfügte die Stadt über eine quasi-demokratische Verfassung und stand einem Bündnis aus mehreren lokalen Stadtstaaten vor. Archytas war daher als Wissenschaftler und Philosoph vermutlich bereits bekannt genug – und vielleicht schon ein aufgehender Stern am politischen Himmel Tarents –, sodass Platon von ihm gehört hatte und sich mit ihm treffen wollte. Außerdem lebten in Tarent noch andere Pythagoreer.

Platon war mit dem Pythagoreismus vertraut – er hatte darüber gelesen und war mit einigen Pythagoreern aus dem inneren Kreis der Sokratiker befreundet: Simmias und Kebes von Theben, die Sokrates am letzten Tag seines Lebens im Gefängnis beistanden. Nun wollte er wohl mehr darüber erfahren; vielleicht brauchte er auch eine Pause vom Schreiben und Zeit, um über seine wachsende Überzeugung nachzudenken, eine Schule gründen zu müssen. Isokrates, den Platon als Erben der Sophisten des 5. Jahrhunderts v. Chr. ansah, hatte seine Schule in Athen ungefähr im Jahr 390 aufgebaut. In einem Pamphlet *Gegen die Sophisten,* in dem er die Prinzipien und Methoden seiner Schule bewarb und mit dem er die zukünftigen politischen Denker und Führer für sich gewinnen wollte, hatte er, neben anderen, die

Sokratiker kritisiert. Platon wollte den Bildungsanspruch der sokratischen Philosophie gegen Isokrates verteidigen.

Pythagoras wurde auf der Insel Samos geboren, wo er sich mit dem weithin bekannten Tyrannen der Insel, Polykrates, überwarf – dieser hatte die Insel für eine Weile zum mächtigsten und herrlichsten Staat in der griechischen Welt gemacht. Um 530 v. Chr. floh Pythagoras nach Süditalien. Die Stadtstaaten von Süditalien und Sizilien waren seit der zweiten Hälfte des 8. Jahrhunderts v. Chr. von Griechen besiedelt worden. Gemeinsam galten die Stadtstaaten als Magna Graecia, Großgriechenland, und waren bekannt für ihren Wohlstand und angenehmen Lebensstil. Im Englischen verwendet man für jemanden, der sich in sinnlichem Luxus ergeht, nach wie vor das Wort »sybarite«, das sich auf die süditalienische Stadt Sybaris bezieht. Pythagoras war auf keinen Fall der einzige Philosoph oder Wissenschaftler aus Magna Graecia; er befand sich in guter Gesellschaft, einige große Denker stammten ebenfalls von dort: Parmenides und Zenon von Elea, Empedokles von Agrigent, Philolaos von Kroton, Archimedes von Syrakus.

Einige von Pythagoras' Lehren gingen mit der Zeit verloren. Dass er nichts selbst schrieb und spätere Denker, die sich als Pythagoreer bezeichneten, ihre eigenen Entdeckungen Pythagoras, dem Gründer der Schule, zuschrieben, erschwert eindeutige Zuweisungen. Jedenfalls handelte es sich beim Pythagoreismus wohl nicht um ein einheitliches Denksystem. Stark verkürzt lehrte er die Unsterblichkeit der Seele und dass sie immer wieder in anderen Körpern wiedergeboren werde. Nur indem ein Aspirant sich durch asketische Praktiken reinige und so gottähnlich werde, könne er den ewigen Kreislauf der Wiedergeburt durchbrechen. Diese Ideen waren ursprünglich aus Indien nach Griechenland gelangt. Später wurde Pythagoras als Mathematiker berühmt, obwohl er das, was wir heute als »Satz des Pythagoras« bezeichnen, gar nicht entdeckte; dieses Theorem kannten schon die Babylonier Jahrhunderte zuvor.

In der Tat wissen wir überhaupt nicht, inwiefern Pythagoras Mathematiker war; das Interesse der Pythagoreer an Mathematik und Arithmetik (der Lehre von den Eigenschaften der Zahlen)[27] entwickelte sich besonders im 5. Jahrhundert v. Chr. durch Philolaos von Kroton. Zu Platons Zeit unterrichteten die Pythagoreer, dass die Ordnung des Universums durch Zahlen geprägt ist und im Besonderen durch die primären musikalischen Frequenzproportionen (die Pythagoras vielleicht sogar selbst entdeckte). Außerdem sah man die Pythagoreer bereits so, wie sie uns auch heute noch bekannt sind – als eine Kombination aus religiösen Propheten und Naturwissenschaftlern.

In Süditalien gründete Pythagoras Gruppen, die über die folgenden Jahrzehnte hinweg nach seinen Regeln lebten, beispielsweise waren sie Vegetarier und fügten sich noch weiteren Ernährungsregeln. Vegetarismus war dabei die logische Konsequenz aus dem Glauben an die Reinkarnation: Man will schließlich nicht aus Versehen die eigene wiedergeborene Großmutter verspeisen. Die Pythagoreer waren für ihren bescheidenen, auf Gott ausgerichteten, disziplinierten und umsichtigen Lebensstil bekannt. Die einzige Stelle, an der Platon Pythagoras erwähnt, bezeichnet ihn lediglich als Begründer einer Lebensart.[28] Ungewöhnlich für diese Zeit war es, dass Frauen einer pythagoreischen Gruppe als vollwertige Mitglieder angehörten.

In Kroton kamen die Anhänger von Pythagoras an die Macht und sorgten dafür, dass die Stadt erneut aufblühte und in der gesamten Region eine Vormachtstellung einnahm, die von circa 510 bis 450 v. Chr. andauerte. Von Kroton aus breiteten sich die Pythagoreer über ganz Süditalien aus, bis sie für diese Region die treibende politische Kraft bildeten. Sie lösten keine Revolution aus oder formten neue Regierungen, das Volk erkannte ihre Integrität und ließ sie langsam die existierenden Institutionen übernehmen, unabhängig davon, ob die jeweilige Stadt nun demokratisch oder oligarchisch organisiert war. Doch alles, was wie ein Kult aussieht, macht sich auch als solcher angreifbar, und so ereignete sich um 450 v. Chr. ein Aufstand, bei dem viele Pythagoreer ums Leben kamen. Im Anschluss widmeten sich die Pythagoreer eher der Philosophie und der Wissenschaft als der Politik. Archytas' Karriere zeigt, dass die Pythagoreer nach wie vor Respekt und politische Macht erlangen konnten.

Dies war also die Sekte, die Platon besuchen und über die er mehr in Erfahrung bringen wollte. Für seine Reise ging er wahrscheinlich von Athen nach Piräus, von wo aus er über den Saronischen Golf nach Kenchreai segelte, dem südlichen Hafen von Korinth. Anschließend lief oder fuhr er über den schmalen Isthmus (wo heute der Kanal von Korinth verläuft) nach Lechaion, dem nördlichen Hafen der Stadt. Hier hätte er erneut ein Schiff besteigen und entlang des Golfs von Korinth über das Ionische Meer nach Italien segeln müssen.

Platon in Süditalien und auf Sizilien

In Tarent lernte Platon Archytas kennen, und die beiden gingen eine offizielle Beziehung ein, die man *xenia* nannte. Wortwörtlich meint das Wort einfach »den Zustand ein Gast oder Gastgeber zu sein«, wird aber in der Regel mit »Gastfreundschaft« übersetzt. Hierbei handelte es sich um eine sakralisierte und ritualisierte Beziehung, die besonders unter den Mitgliedern der mediterranen Wohlstandselite zelebriert wurde. Sobald die Beziehung durch Rituale und den Austausch gleichwertiger Geschenke besiegelt wurde, bestand sie dauerhaft fort. Man empfing den jeweils anderen als Gastfreund, wenn er zu Besuch kam, und wenn eine der Parteien zwischen den Besuchen darum bat, dann schenkte man ihr freiwillig und großzügig Waren und Dienstleistungen. Natürlich mochten sich einige *xenoi* – waren also nicht nur Gastfreunde, sondern auch Freunde –, allerdings war das für diese Art der Beziehung keine Voraussetzung, da sie auf Ritualen und nicht auf Zuneigung aufbaute.

Platons Beziehung zu Archytas war etwas ambivalent. Er hielt große Stücke auf die Arbeit des Mathematikers auf dem Gebiet der theoretischen und der angewandten Mathematik, scheint allerdings der Ansicht gewesen zu sein, dass Archytas die philosophische Tragweite der Mathematik nicht ausreichend erkannt hatte. Für einen Philosophen erfüllt das Studium der mathematischen Wissenschaften nicht nur einen Selbstzweck, es hilft einem Menschen außerdem, den Blick von der veränderlichen, wahrnehmbaren Welt abzuwenden und auf die unveränderliche Welt der Ideen zu richten. Denn die unveränderliche Welt ähnelt der Welt der mathematischen Entitäten, die ebenfalls immateriell sind und keinerlei Wandel unterliegen – so jedenfalls Platons Überzeugung, die er vielleicht erst während seines Aufenthalts entwickelte. Außerdem werden wir später sehen, dass sich Platon über Archytas ärgerte, weil er Dionysios II. in seinem Glauben bestärkte, Platonismus sei allein eine Sache der Doktrin und beinhalte keine praktische Arbeit, die den Charakter verbessern sollte. Wie alle anderen sollte auch Dionysios erst seine Seele von solchen Verunreinigungen, wie dem eingebildeten Wissen, der unbewussten Lüge und unmoralischen Gedanken oder von unmoralischem Verhalten befreien. Genau wie wir war Dionysios krank, ohne es zu wissen und verstand nicht, dass die Philosophie ihn kurieren konnte.

Die politischen Aussichten der griechischen Städte in Großgriechenland desillusionierten Platon ebenfalls. Im *Siebten Brief* beschließt er seinen Bericht über die eigene Enttäuschung von der Athener Politik mit einer seiner beeindruckendsten politischen Aussagen, in der ein berühmter Ausruf aus *Politeia* nachhallt: »Daher werden die Generationen der Menschen nicht vom Elend erlöst, bevor entweder die Klasse der auf rechte und wahrhafte Art Philosophierenden an die städtischen Ämter gelangt oder die der Machthaber in den Städten durch göttliche Fügung wahrhaft zu philosophieren beginnt.«[29] Außerdem spricht er davon, er sei bereits von dieser Aussage überzeugt gewesen, als er erstmals nach Italien und Sizilien reiste. Allerdings war sein erster Eindruck von der Magna Graecia kein positiver. Er sah, wie die Menschen dort in erster Linie unphilosophisch handelten, wie sie sich die Bäuche mit feinem Essen und Wein vollschlugen und sich ihren sexuellen Neigungen hingaben. Ihm zufolge bestand wenig Hoffnung, dass die Städte unter solchen Umständen jemals »eine gerechte und gesetzlich ausgeglichene Verfassung«[30] zustande brächten.

Falls Platon bis dahin nichts über die Herrschaft der Pythagoreer im Süditalien des 6. und 5. Jahrhunderts v. Chr. gewusst hatte, erfuhr er spätestens jetzt durch seine Freunde davon. Wie auch immer man die Politik der Pythagoreer beurteilen mag, sie setzten sich offensichtlich dafür ein, dass intelligente, prinzipientreue Menschen in den Verwaltungen der Städte saßen, über die sie verfügten. Das könnte für Platon ein Aha-Moment gewesen sein: Begann er hier, daran zu glauben, dass Sokrates' Vorstellungen von Herrschaft umsetzbar waren? Begann er über eine Rückkehr in die praktische Politik nachzudenken?

Nach einem vermutlich mehrwöchigen Aufenthalt reiste Platon von Tarent nach Lokroi an der südlichen Stiefelspitze Italiens, wo er weitere Pythagoreer traf. Vielleicht las er sowohl in Tarent als auch in Lokroi aus seinen Schriften vor, obwohl seine Texte sicherlich bereits in Magna Graecia bekannt waren. Von Lokroi setzte er nach Sizilien über. Zwar wollte er dort durchaus weiteren Pythagoreern, wie Archedemos von Syrakus, begegnen, aber er kam auch in der Rolle des Touristen dorthin; man erzählt sich, dass er den Ätna sehen und erkunden wollte. Der Besuch hatte einen positiven Einfluss auf den fantastischen Mythos der »wahren Erde« und das Schicksal der Seele nach dem Tod, mit denen *Phaidon* endet; der Mythos basiert auf sizilianischer Geografie (mit explizíten Verweisen auf die vulkanischen Eigenschaften der Insel) und auf pythagoreischen Ideen.

Abbildung 4.2 Eine Silbermünze im Wert von zehn Drachmen aus der Zeit des Syrakuser Tyrannen Dionysios I. Der eingeprägte Kopf stellt Arethusa dar, die Personifikation einer Quelle auf der Insel Ortygia, wo Syrakus gegründet wurde.

Zu diesem Zeitpunkt war es besonders einfach, zwischen Lokroi und Ostsizilien hin und her zu reisen, da Lokroi zum Herrschaftsbereich von Dionysios I., dem Tyrannen von Syrakus und Herrscher über den zentralen und östlichen Teil Siziliens, gehörte (siehe Abbildung 4.2) – obwohl sich bereits eine Rebellion ankündigte. Dionysios war in den letzten Jahren des 5. Jahrhunderts v. Chr. in Syrakus an die Macht gekommen, als er gerade mal 25 Jahre alt war, und er blieb bis zu seinem Tod im Jahr 367 v. Chr. an der Macht. Er war ein beeindruckender Mann und verfügte über einen einzigartigen militärischen Verstand. Er stellte die Vorherrschaft von Syrakus über Sizilien wieder her und brachte es fertig, die Karthager (die aus Karthago, dem heutigen Tunesien, stammten), die nach jahrzehntelanger Ruhe wieder aufbegehrten, in den Westen der Insel zurückzudrängen[31] und sie so von einem Großteil der Gebiete abzuschneiden, die sie zu Beginn seiner Tyrannei unterhalten hatten. Durch Eroberung und Diplomatie machte er Syrakus zum mächtigsten Staat in ganz Europa, der nicht nur auf Sizilien Gebiete besaß, sondern auch auf der südlichen Stiefelspitze Italiens und an der südöstlichen italienischen Küste entlang der Adria. Er gewann sogar mit einem seiner eigenen Stücke den ersten Preis bei einem Athener Theaterwettbewerb (ob dieser Erfolg jedoch wirklich der Qualität seines Werks oder der Tatsache geschuldet war, dass die Athener sich mit ihm gut stellen wollten, lässt sich heute nicht mehr beurteilen, da keines seiner Stücke überlebt hat). Er war einer der am längsten regierenden Monarchen der Antike und brachte das außergewöhnliche Kunststück zustande, im eigenen Bett zu sterben (möglicherweise nachdem er den Erfolg seiner Tragödie zu ausgiebig gefeiert hatte) anstatt auf dem Schlachtfeld oder durch einen Mordanschlag. Als Platon die Insel besuchte, bereitete sich Dionysios gerade auf einen Krieg gegen die Karthager und deren Verbündete vor; dieser endete im Jahr 375 v. Chr. mit leichten Zugewinnen der Karthager auf Sizilien, während Dionysios auf dem italienischen Festland Lokroi zurückerlangte und die Stadt Kroton für sich gewann. Tarent schaffte es dagegen, obwohl es zu den italienischen Alliierten der Karthager zählte, durch Verhandlungen mit Dionysios unabhängig zu bleiben.

Über seinen ersten Besuch in Syrakus erzählt uns Platon wenig, wahrscheinlich weil es nicht viel zu berichten gab.[32] Das Wichtigste, was während seines Aufenthalts passierte, war, dass er Dion kennenlernte, Dionysios' künftigen Schwager und vertrauenswürdigen Berater (siehe Abbildung 4.3). Platon versichert uns, Dion sei aus einem anderen Holz geschnitzt als die Mehrheit der Mächtigen in der Region: Er interessiert sich für Philosophie, zog Tugendhaftigkeit dem Lustempfinden vor und wollte immerhin einige seiner Syrakuser Mitbürger auf einen philosophischen Lebensweg bringen.

Wahrscheinlich hatte der an Philosophie interessierte Dion schon von dem bekannten Athener Philosophen Platon gehört, bevor dieser auf die Insel kam. So mag es nicht lange gedauert haben, bis Dion Platons Art zu denken übernahm, besonders in puncto politische Fragen. Platon beeindruckte der ungefähr 20-jährige Dion, und er sah in ihm einen idealen Schüler. Man könnte sogar sagen, Platon sei in Dion verliebt gewesen, allerdings nicht auf eine offen sexuelle Art. Jedenfalls muss Platon bei diesem ersten Besuch einige Wochen geblieben sein, den gesamten Winter des Jahres 385/4. Während dieser Zeit festigte er seine Beziehung mit Dion und nutzte dessen Interesse an der Philosophie. Vielleicht bildete sich in Syrakus ein kleiner Kreis aus Anhängern um Platon, aber er interessierte sich vorrangig für Dion.

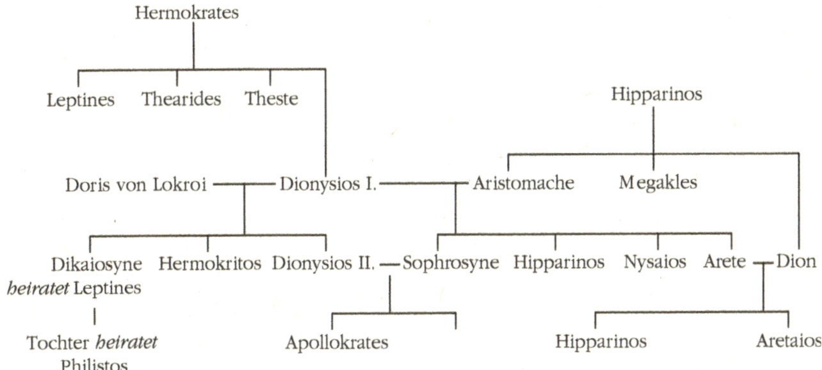

Abbildung 4.3 Die Familien von Dionysios I., Dionysios II. und Dion

Den meisten der antiken Biografen zufolge traf Platon Dionysios I., auf Dions Wunsch hin soll der Tyrann Platon sogar nach Syrakus eingeladen haben. Einige behaupten, Platon habe versucht, Dionysios davon zu überzeugen, seine Tyrannei in eine oligarchische Herrschaft, bestehend aus den besten Männern, umzuwandeln. Die besseren Quellen, allen voran der *Siebte Brief*, weisen allerdings nicht darauf hin, dass Platon am Hof von Dionysios I. Zeit verbrachte oder den Herrscher überhaupt traf. Dennoch bezweifle ich nicht, dass die beiden sich begegneten: Dionysios stellte sich, wie die meisten Monarchen, gerne als Patron der Künste dar und hätte es sich sicherlich nicht entgehen lassen, einen berühmten Schriftsteller und Denker zu treffen. Es ist fraglich, dass sich die beiden regelmäßig begegneten oder sich miteinander über Philosophie und Politik unterhielten; vielleicht hielt Platon einen Vortrag, dem der Tyrann beiwohnte. Irgendwie, sicherlich nicht unbegründet, folgerte Dionysios jedenfalls, dass Platon der Tyrannei feindlich gesinnt war.

Geriet Platon in die Sklaverei?

Im Frühling des Jahres 384 machte sich Platon von Syrakus aus auf den Weg zurück nach Athen, er ließ Dion als eingeschworenen Schüler zurück. Auf dieser Rückreise muss etwas schrecklich schiefgelaufen sein. Einige unserer späteren Quellen (als Erstes berichteten Diodoros und Philodemos im 1. Jahrhundert v. Chr. darüber) erzählen uns eine ungewöhnliche Geschichte beziehungsweise die ein oder andere Version derselben. Ein spartanischer Botschafter namens Pollis war ebenfalls auf dem Rückweg aufs griechische Festland, weswegen Platon gemeinsam mit ihm ein Schiff bestieg. Dionysios war aber so erzürnt über Platons Geringschätzung seiner Majestät, dass er Pollis befahl, er solle Platon entweder töten oder in die Sklaverei verkaufen.

Auf dem Rückweg nach Griechenland lief Pollis daraufhin die Insel Ägina an, da er wusste, dass die Bewohner der Insel in den letzten Jahren des Korinthischen Krieges unerschütterlich zu Sparta gehalten hatten. Sie hatten in den letzten beiden Kriegsjahren verbissen gegen die Athener gekämpft, und auf der Insel galt nach wie vor ein Gesetz, wonach jeder Athener, der die Insel betrat, umgehend zum Tode verurteilt wurde. Die Feindschaft zwischen Ägina und Athen reichte mittlerweile mindestens 150 Jahre zurück. Platon war allerdings so bekannt, dass das Urteil abgemildert wurde, und der zufällig auf der Insel weilende libysche Grieche Annikeris kaufte Platon frei, indem er die Strafe oder das Lösegeld bezahlte. Annikeris gehörte zur kyrenaischen Schule, die der Sokratiker Aristippos im griechischen Libyen gegründet hatte. Er war auf der Durchreise nach Elis, um an den Olympischen Spielen teilzunehmen, was den Zeitpunkt bestätigt, da es sich bei 384 um ein olympisches Jahr handelte. Nach seiner Rückkehr nach Athen wollten Platon und seine Freunde Annikeris die Summe zurückzahlen (vielleicht mit Dions Hilfe), allerdings lehnte der das Angebot ab. Stattdessen verwendete man das Geld auf den Kauf eines Grundstücks, das sich in der Nähe des Akademieparks befand, wo Platon schon bald seine Schule gründen sollte.

Keiner der antiken Biografen bezweifelt die Geschichte[33], und sie war wichtig genug, dass sich Varianten von ihr ausbildeten. Vielleicht wurde Platon in Syrakus und nicht auf Ägina zum Verkauf angeboten; möglich ist auch, dass Dionysios statt Pollis ein paar Händler beauftragte. Vielleicht hatten weder Pollis noch irgendwelche Händler ihre Hände im Spiel, und Platon wurde von Piraten gefangen genommen und verkauft. Oder nicht Annikeris kaufte ihn frei, sondern ein einfacher Bewohner Äginas, der über keinen besonderen Rang verfügte (was wiederum implizieren würde, dass Platon einen schlechten Sklaven abgegeben hätte).

Von Platons Seite erfahren wir rein gar nichts zu dieser Geschichte,[34] wir sollten sie jedoch nicht allein deshalb abtun: Vielleicht wollte er diese schmerzliche Erinnerung einfach vergessen. Ist dies der Grund, weshalb er es geflissentlich vermeidet, uns von irgendwelchen Interaktionen mit Dionysios I. zu erzählen? Die Geschichte scheint solide im 4. Jahrhundert v. Chr. verankert zu sein: Philodemos nennt in seinem Bericht Philiskos, einen äginetischen Schreiber des späten 4. Jahrhunderts v. Chr., als ursprüngliche Quelle. Zudem bezieht Aristoteles sich wohl ebenfalls auf diese Geschichte, wenn er während einer Diskussion über den Zufall meint, dieser sei so »wie wenn wir sagen, ein Fremder sei durch Zufall gekommen und habe das Lösegeld gezahlt, bevor er wieder ging.«[35] Meiner Meinung nach sollten wir diese Geschichte in Teilen ernst nehmen. Ich denke, die Rolle von Dionysios in der ganzen Sache kam nachträglich hinzu – über Tyrannen seines Formats erzählt man sich gerne solche böswilligen Geschichten – wahrscheinlich gilt dies auch für Pollis: Wieso sollte er, da er doch sowieso nach Sparta zurückkehren wollte, einen solchen Aufwand betreiben, um Platon nach Ägina zu bringen? Dafür musste man Kap Malea umsegeln, was kein antiker Schiffskapitän gern unternommen hätte.

Das Ganze könnte sich wie folgt abgespielt haben, wenn wir die Geschichte in etwa glauben möchten: Platon segelte gemeinsam mit einigen Händlern aus Syrakus fort (wie in der frühesten Version, der von Philodemos), nicht mit Pollis. Das Schiff griffen Piraten an, die schon immer, und noch bis vor Kurzem, ein Problem im Mittelmeerraum darstellten. Im 4. Jahrhundert v. Chr. war die Piraterie eine anerkannte Möglichkeit, seinen Lebensunterhalt zu verdienen. Eine ihrer Haupteinnahmequellen war, Lösegeld für Geiseln einzufordern oder dieselben in die Sklaverei zu verkaufen. Oder die äginetische Marine fing Platons Schiff aus irgendeinem Grund ab. Jedenfalls landete Platon auf dem Sklavenmarkt von Ägina, und als die Obrigkeit mitbekam, dass er Athener war, verurteilte sie ihn zum Tode. Das Urteil wurde jedoch abgemildert, Annikeris zahlte die Strafe, und Platon konnte nach Athen zurückfahren. Kurz nach seiner Rückkehr gründete er die Akademie, das erfolgreichste Institut für höhere Bildung und Forschung der antiken Welt.

5

Die Akademie

Im Jahr 383 v. Chr., kurz nachdem Platon von seiner Reise aus Magna Graecia zurückgekehrt war, gründete er seine Schule, die Akademie. Die verständlichste Lagebeschreibung finden wir in einer der antiken Platon-Biografien, in den anonymen *Prolegomena* zu Platons Philosophie: »Er kehrte daraufhin nach Athen zurück und gründete in der Nähe der Residenz von Timon dem Misanthropen eine Schule [...]. Einen Teil des Grundstücks widmete Platon den Musen als eine heilige Stätte.« Timon, wegen seiner Zurückgezogenheit und Menschenfeindlichkeit als Misanthrop bekannt (und uns noch heute ein Begriff, weil er William Shakespeare zu seinem Theaterstück *Timon von Athen* inspirierte), war ein älterer Zeitgenosse Platons. Andere Biografen bestimmen die Lage der Akademie wie folgt: Platon siedelte seine Schule in dem Randbezirk von Athen an, der nach Hekademos oder Akademos benannt war, einem Lokalhelden, der die Stadt einmal vor ihrem Untergang gerettet haben soll. Deshalb bezeichnete man die Schule also als Akademie.

Sicherlich hatte Platon schon vor dieser Gründung unterrichtet.[1] Spätestens seit Ende der 390er-Jahre war er bekannt genug und in einem entsprechenden Alter, um Schüler für seine Lehre zu gewinnen, abgesehen von Dion von Syrakus kennen wir allerdings keine Namen. Theaitetos, ein Athener, der in seinen Zwanzigern im Jahr 391 an den Wunden eines Kampfes starb und bis dahin bereits grundlegende Arbeit in der Mathematik geleistet hatte (er erfand mehr oder weniger das Gebiet der Stereometrie), soll mit Platon in Kontakt gestanden haben. Es bleibt allerdings unklar, ob er dessen Schüler war. Außerdem soll eine Verbindung zwischen Platon und dem Mathematiker Leodamas von Thasos bestanden haben, allerdings wissen wir zu wenig, um sicher behaupten zu können, dass die beiden in den 390er-Jahren miteinander bekannt waren.

Der einzige weitere frühe Student, über den wir uns sicher sein dürfen, ist Speusippos, der um 390 im passenden Alter war, um bei seinem Onkel in die Lehre zu gehen. Allerdings interessierte er sich anfangs nicht sonderlich für die Philosophie:[2]

> So wußte Plato seinen Schwestersohn Speusippos von seiner großen Ausgelassenheit und Lüderlichkeit zurückzubringen ohne Drohworte und Strafen dabey zu gebrauchen. So oft nämlich derselbe vor dem unaufhörlichen Keifen und Schelten seiner Eltern davon lief, bewieß sich Plato gegen ihn sehr liebreich, und ließ ihn nicht den geringsten Unwillen empfinden. Dadurch flößte er ihm eine ungemeine Hochachtung gegen sich ein, und erweckte sogar in ihm eine Begierde, sich der Philosophie zu widmen.[3]

Neben Speusippos muss es noch weitere junge Männer gegeben haben. Da viele in der Philosophie den krönenden Abschluss ihrer höheren Ausbildung sahen, mangelte es Platon sicherlich nicht an Schülern. Chabrias und Phokion, später berühmte Athener Generäle, sollen bei Platon gelernt haben,[4] was bestimmt in den 390er- und 380er- Jahren war, da sie jeweils um das Jahr 420 und 402 geboren wurden. Es ist vollkommen plausibel, dass sie eine Weile bei Platon lernten, genauso wie diejenigen, die ein öffentliches Amt annehmen wollten, im vorangegangenen Jahrhundert noch bei den Sophisten in die Lehre gegangen waren. Das Amt eines Generals war in Athen nicht nur eine militärische, sondern auch eine politische Position.

Das bedeutende Ereignis im Jahr 383 v. Chr. war also nicht Platons Start als Lehrer in Athen, vielmehr die Tatsache, dass er das Land erwarb, auf dem seine Schule entstehen sollte. Die Kosten beliefen sich auf entweder 20 oder 30 Minen.[5] Dies ist eine ordentliche Summe, wir können also von einem gut ausgestatteten Haus mit einem weitläufigen Garten ausgehen. Von da an war Platons Unterricht an einen festen Ort gebunden, er fand nun offiziell an seiner eigenen Schule statt. Die Akademie verband den Unterricht mit eigener Forschung, weswegen wir sie genauso gut als ein Forschungskolleg bezeichnen können. Die Lernenden nannte man nicht nur »Schüler«, sondern auch »Freunde« oder »Vertraute« – genauer gesagt bezeichnete man die Neulinge als »Schüler«, und die weiter Fortgeschrittenen, die Mitglieder des engeren Kreises, waren »Freunde«.

Die Atmosphäre an der Akademie war gesellig. Für den inneren Kreis bestand sie einerseits aus einem Freundeskreis, der miteinander dinierte, diskutierte und Ideen austauschte, andererseits handelte es sich um ein hierarchisches aus Lehrern und Studenten bestehendes Institut. Zwar durchlief die Akademie einige Veränderungen, aber sie bestand dennoch bis ins 6. Jahrhundert n. Chr. Die Schule war den Musen, Göttinnen der Kultur und Bildung, gewidmet, und Platon wurde als ihr Gründer verehrt. Dass er die Akademie den Musen zueignete, vertrug sich gut mit Platons Vorhaben, beschrieben in Kapitel 4, die sokratische Philosophie als einzig valides Ausbildungssystem zu etablieren: Indem er die Musen für die sokratische Arbeit an der Akademie beanspruchte, sprach er sie implizit allen anderen ab. Sie mochten vielleicht ihre eigenen Musen kennen, doch Platon hatte »die wahre Muse, mit ihren Gefährtinnen Vernunft und Philosophie«[6]. Die Muse der Philosophie umschließt alle anderen Musen. Platon leitete das Wort »Muse« von einem Verb ab, das »nachsinnen« bedeutet, was er als die »Liebe zum Nachforschen und zur Weisheit«[7] ausformulierte.

Der Akademiepark

Zu Platons Zeit bezeichnete »Akademie« in erster Linie einen Park, der im Nordwesten kurz hinter den Stadtmauern Athens lag (siehe Abbildung 5.1). Dieser und zwei weitere Parks, Lykeion im Osten und Kynosarges im Südosten der Stadt am Fluss Ilisos, waren beliebte Treffpunkte, bekannt für ihre schattigen Haine – im antiken Athen waren sie das, was Bois de Boulogne und Bois de Vincennes für Paris sind. Hekademos verehrte man schon seit Langem in diesem Stadtteil, den man nach ihm benannt hatte, und auch in anderer Hinsicht handelte es sich um einen heiligen Ort. Dort befand sich ein Olivenhain, dessen Bäume unter Zeus' Schutz standen; ihr Öl verwendete man für festliche Anlässe.

Ein Komödiendichter witzelte einmal, Platon bediene sich illegalerweise an diesen Oliven.[8] Dort befanden sich viele mehr oder weniger große Schreine und Altäre, darunter ein Altar des Eros, den man an Festtagen als Startpunkt für Rennen nutzte. Bei diesen Rennen trugen die Läufer brennende Fackeln mit sich (vielleicht ist deswegen auch die Straße, die vom Dipylontor zur Akademie führt, so außergewöhnlich breit).

Abbildung 5.1 Der Akademiepark in Athen. Die schattigen Wandelgänge der Akademie existieren noch heute. Diese Stufen, ihr Alter ist unklar, führen hinunter zum alten Gymnasion, von dem kaum noch Überreste erhalten geblieben sind.

Im 6. Jahrhundert v. Chr. nutzte man den Schatten und die Weitläufigkeit der Athener Parks und erbaute an diesen Orten Gymnasien. Um 520 ließ Hipparchos ein großes Gymnasion im Akademiedistrikt errichten; zu diesem Zeitpunkt herrschte Hipparchos gemeinsam mit seinem großen Bruder Hippias als Tyrann über Athen. Die beiden waren die Söhne von Peisistratos, dem ersten Tyrannen Athens. Gleichzeitig gab Hipparchos eine Mauer in Auftrag, die einen Park abgrenzen sollte, allerdings wurde diese niemals fertiggestellt – so wurde die Phrase »Hipparchos' Mauer« eine geflügelte Bezeichnung für ein unnützes und teures Bauprojekt. Nichtsdestotrotz machte letztlich Hipparchos mit seiner Idee von einer Umfassungsmauer einen Teil des Akademiedistrikts zum Park.

Mitte des 5. Jahrhunderts v. Chr. führte dann der Staatsmann und General Kimon diesen Prozess weiter und investierte einen Teil seines beträchtlichen Vermögens in eine gründliche Instandsetzung des Parks: »Er verwandelte die Akademie von einem trockenen, schlecht bewässerten Ort in einen wasserreichen Hain und er stattete ihn mit steinfreien Rennstrecken und schattigen Spazierwegen aus.«[9] Die Zeilen einiger Dichter, die während des ausgehenden 5. Jahrhunderts v. Chr. schrieben, schildern dies als einen Ort, an dem man gerne zusammenkam (siehe Abbildung 5.1).[10] Die Paraden der Athener Kavallerie wurden dort in all ihrer Pracht abgehalten. Wenn man Athen durch das Dipylontor verließ und am Töpferviertel vorbei entlang der Monumente lief, welche die Straße säumten, gelangte man nach ungefähr anderthalb Kilometern zum Gymnasion und dahinter in den gut bewaldeten Park, der sich bis zu den Ufern des Flusses Kephisos erstreckte. Neben den vielen verschiedenen Altären, Schreinen und anderen Gebäuden mit ungewisser Funktion, fanden sich im Park auch einige Ruinen aus den zurückliegenden Jahrhunderten. Es muss sich um einen angenehmen Ort gehandelt haben, auch wenn man in der biografischen Tradition mitunter auf Textstellen stößt, die ihn als ungesund beschreiben – sie behaupteten, Platon hätte den Ort in der Überzeugung ausgesucht, Leiden sei gut für die Seele.

Im 5. Jahrhundert v. Chr. begannen Philosophen und andere Intellektuelle diese Parks und die Räumlichkeiten in den Gymnasien für ihren Unterricht zu nutzen. Bei einem Gymnasion handelte es sich um eine vielseitig nutzbare, homosoziale Einrichtung. Neben einer Rennstrecke verfügte es typischerweise über einen großen, quadratischen Hof, »palaestra« genannt, einen Ringplatz. Diesen säumten Säulengänge mit Sitzbänken, hinter denen Räume für alles, was man in einem Gymnasion so machte, lagen: umziehen, trainieren, baden, massieren, sich mit Freunden treffen, Vorträgen zuhören und diskutieren. Das Gymnasion der Akademie (oder zumindest die wenigen Überreste, die auch aus einer späteren Epoche stammen können) scheint allerdings über weniger Räume verfügt zu haben, und es war offenbar immer ein Ort, an dem Bildung mindestens genauso wichtig war wie körperliche Ertüchtigung.

Ursprünglich waren die Lehrer überall dorthin gegangen, wo sie ein entsprechendes Publikum fanden. So wissen wir, dass Sokrates sich in Lykeion, in der Akademie, aber auch in kleineren Palästen und auf der Agora, Athens zentralem Versammlungsplatz, aufhielt. Mit der Zeit änderte sich dies, sobald Philosophen eigene Schulen gründeten oder zumindest eine feste Gruppe an Schülern an sich banden, begann man auch bestimmte Lehrer mit den betreffenden Park- und Gymnasionanlagen in Verbindung zu bringen: Antisthenes lehrte im Kynosarges, Platon in der Akademie, Aristoteles im Lykeion. Die Philosophen zogen aus der Innenstadt in die verhältnismäßig ruhigen Außenbezirke, allerdings blieben sie nahe genug an der Stadt, damit potenzielle Schüler sie gut erreichten. Sie waren nach wie vor Personen des öffentlichen Lebens – deswegen konnten die Komödiendichter ihr Publikum überhaupt zum Lachen bringen, indem sie die Philosophen karikierten – allerdings waren sie etwas weniger öffentlich präsent als zuvor.

Die Akademie als Schule

Während der 390er- und 380er-Jahre, noch vor seiner ersten Reise nach Magna Graecia, begann Platon, sich eine Gruppe von Anhängern aufzubauen. In dieser Zeit wechselte er wahrscheinlich noch zwischen den verfügbaren Gymnasien hin und her; im Jahr 383 kaufte er sich dann ein Grundstück in der Nähe des Akademieparks und zog aus der Innenstadt dorthin. Sein Grundstück war nicht direkt Teil des Parks, wie oft behauptet wird. Die Verwirrung kommt daher, dass »die Akademie« im 4. Jahrhundert v. Chr. entweder den Park, das Gymnasion oder die Lehrgemeinschaft bezeichnete, die sich auf Platons nahe gelegenem Grundstück traf. Das Haus befand sich nordöstlich des Parks in Richtung des Hügels Kolonos. Der Stadtteil war für seine vorstädtischen Häuser und seinen kommerziellen Gemüseanbau bekannt.

Von da an fanden der Unterricht und die Forschung für feste Schüler vor allem in diesem Haus und dem großen umliegenden Garten statt – der Garten war groß genug für einen kleinen, den Musen gewidmeten Schrein.[11] Seine öffentlichen Vorträge und die Kurse für die Anfänger hielt Platon jedoch, genauso wie andere Akademiker, im nahe gelegenen Gymnasion; auch wandelte man weiterhin gemeinsam auf den Parkwegen. Daher auch das Fragment des Komödiendichters Alexis, das von einer Frau spricht, die »wie Platon auf und ab lief« – also tief in Gedanken oder in ein Gespräch versunken – und nichts davontrug als müde Beine.[12] Es muss sich wie ein erster Abschluss angefühlt haben, wenn man endlich zu den Diskussionen in Platons Haus eingeladen wurde und nicht mehr einer von vielen war, die im Gymnasion einem Vortrag zuhörten. Wir wissen, dass die akademischen Reden und Diskussionen öffentlich zugänglich waren, weil immer wieder Zwischenrufer erwähnt werden. In einem Fragment des zeitgenössischen Komikers Epikrates (das weiter unten im Unterkapitel »Das Kurrikulum« übersetzt wird), widert einen Passanten das Gerede einiger Gelehrter derart an, dass er es mit einem verächtlichen Furz kommentiert. Außerdem beziehen sich einige Komiker auf bestimmte Aspekte von Platons Lehren: die Unsterblichkeit der Seele; wie schwer es ist, Einheiten zu definieren; den Unterschied zwischen Meinung und Wissen; die Methode, durch Unterteilung zu einer Definition zu gelangen (Dihairesis).[13] In seinem Stück mit dem bezeichnenden Titel *Phaidros* bezieht sich Alexis auf Platons *Symposion*, und anderswo macht er sich über dessen Verwendung häuslicher Analogien lustig.[14] Sowohl Amphis als auch Alexis schrieben Stücke mit dem Titel *Frauen an der Macht*, vielleicht in Anlehnung an *Politeia*; um 350 verfasste Aristophon sogar ein komplettes Stück mit dem Titel *Platon*. Keiner dieser Texte wurde vollständig überliefert, wir verfügen lediglich über einige wenige Fragmente.

Wahrscheinlich handelte es sich bei Platons Haus um ein gängiges griechisches Gebäude, das lediglich etwas weitläufiger war als andere. Es verfügte über einen Hof (in dem man kochen, zusammensitzen und umherwandern konnte), eingefasst von einer Kolonnade, von der aus man in verschiedene Räume gelangte.[15] Innerhalb des Gebäudes gab es keine Unterkünfte für die Schüler. Wenige Jahre später, als Polemon die Schule leitete (314 bis 269 v. Chr.), bauten einige Schüler, die nirgends sonst unterkamen, kleine Hütten im Garten der Akademie »in der Nähe des Schreins der Musen und der Veranda«.[16] Ähnliches ist auch bereits zu Zeiten Platons vorstellbar, wobei die meisten Schüler sicherlich von Athen aus pendelten.

Auch auf anderen Gebieten erwartete man von Gelehrten und Schülern Selbstständigkeit. Abgesehen von den gemeinsamen Treffen und Abendessen (meistens an den offiziellen Feiertagen zu Ehren der Götter) mussten die Schüler ihren Lebensunterhalt allein bestreiten. Indem er die laufenden Kosten niedrig hielt, musste Platon auch keine Gebühren verlangen; er sah die Akademie nicht als Einnahmequelle. Die meisten Schüler konnten ihre Ausgaben wahrscheinlich problemlos selbst zahlen. Wer sich für Bildung interessierte, war in der Regel wohlhabend und somit in der Lage, sich zu finanzieren.[17] Dennoch scheinen Mäzenen wie Dion einige Ausgaben der Akademie übernommen zu haben. Im 4. Jahrhundert v. Chr. war das gang und gäbe. Als das Geld nach Dions und Platons Tod in den 340er-Jahren ausging, sah sich Speusippos nach neuen Unterstützern um und schrieb an Philipp II., König von Makedonien, damals mächtigster Monarch in Europa, und bemühte sich unterwürfig um dessen Gunst, indem er Isokrates, seinen möglichen Konkurrenten für Philipps Finanzierung, schlechtmachte. Möglicherweise nutzte man Dions Spenden, um weniger gut betuchte Schüler zu unterstützen, allerdings lauten andere Berichte, dass diese von wohlhabenderen Kollegen mitfinanziert wurden und sich manche auch eine bezahlte Arbeit suchten, um sich über Wasser zu halten.[18]

Gemeinsam zu essen, war ein wichtiger Bestandteil des Miteinanders an der Akademie. Die dabei servierten Gerichte waren bekannt für ihre Schlichtheit. Nach einem solchen Essen an der Schule hielt der Athener Staatsmann Timotheos fest, er habe danach gut geschlafen, sei ohne Kater aufgewacht, und konnte sich sogar an die klugen Gespräche erinnern, die während und nach dem Essen geführt wurden.[19] Platon hatte für diejenigen, die sich bei ihren Symposien auf bezahlte Unterhaltung verließen, anstatt selbst Konversation zu betreiben, nur Hohn übrig. Laut einer Anekdote soll Platon gemeint haben, der einzige angemessene Anlass zur Trunkenheit sei ein Festmahl zu Ehren von Dionysos, dem Gott des Weines.[20]

Es galten Regeln dafür, wie man sich bei diesen Essen zu verhalten hatte; wahrscheinlich bezogen sie sich, wie in Platons *Symposion*, darauf, wie viel man verzehren, trinken und reden sollte. Eine Passage in *Nomoi* lässt vermuten, dass man für jedes Mahl jemanden auswählte, der auf die Einhaltung der Regeln achtete.[21] Beim gemeinsamen Mahl in der Akademie sollten die Dinierenden »die Götter ehren, die Gesellschaft der anderen genießen, und sich an den fachkundigen Diskussionen laben«[22].

Die gemeinsamen Essen finanzierten entweder Platon oder der Stiftungsfond, so wie alles andere, zum Beispiel den Unterhalt der Gebäude und den Ankauf von Büchern. Für ein Forschungsinstitut ist eine Bibliothek selbstverständlich entscheidend. Die biografische Tradition versorgt uns mit vielen Geschichten darüber, wie Platon keine Mühen scheute, um an Bücher zu kommen – und sie nennt die Summen, die er zu zahlen bereit war. Einmal sandte er einen Schüler der Akademie bis nach Kolophon in den Westen Kleinasiens, um einen Gedichtband abzuholen.[23] Offenbar war es ihm besonders wichtig, pythagoreische Abhandlungen anzuschaffen. Wir sollten uns an dieser Stelle jedoch keine moderne, gut sortierte Bibliothek vorstellen, in der sich die Regalbretter unter der Last der Bücher biegen. Platon wäre bereits mit 1000 Papyrusrollen bestens ausgestattet gewesen – zusätzlich zu den Rollen mit seinen eigenen Texten. Außerdem produzierten die Gelehrten an der Akademie schon bald eine neue Flut philosophischer Schriften, ähnlich der, welche die Sokratiker in den frühen Jahrzehnten des Jahrhunderts hervorgebracht hatten. Zusätzlich zur Bibliothek können wir uns auch Wände voller Schaubilder, Karten, Diagramme und anderer Lernhilfen vorstellen.

Platons Ruhm und seine Schriften, die sich langsam immer weiter verbreiteten, zogen immer mehr neue Schüler an die Akademie. Menedemos von Eretria wandte sich in Euböa der Philosophie zu, nachdem er der Lesung einiger von Platons Schriften beigewohnt hatte – später avancierte Menedemos selbst zu einem bekannten Philosophen. Ein Korinther konvertierte, nachdem er *Gorgias* gelesen hatte. Nach der Lektüre von *Politeia* reiste Axiothea von Phleius im nordöstlichen Peloponnes nach Athen und schloss sich Platon an, ohne sich als Frau zu erkennen zu geben. Als man ihr auf die Schliche kam, durfte sie dennoch bleiben. Axiothea ist eine von zwei Frauen, welche die Akademie zu Platons Lebzeiten besuchten; die zweite hieß Lastheneia und stammte ebenfalls aus Peloponnes.[24] Wir wissen nichts über ihre Arbeiten, und alle anderen Schüler Platons scheinen männlich gewesen zu sein. Das überrascht wenig angesichts der eingeschränkten Lebensrealitäten der Frauen im Griechenland des 4. Jahrhunderts v. Chr. Es ist eher erstaunlich, dass überhaupt Frauen die Akademie besuchten. Von diesen beiden Schülerinnen berichten jedenfalls recht vertrauenswürdige Quellen.[25] Allerdings konnten die beiden Frauen nicht an allen Veranstaltungen der Schule teilnehmen: In einem Gymnasion waren keine Frauen erlaubt, da die Männer und Jungen dort nackt trainierten.

Viele der gelegentlichen Schüler Platons waren Athener, einige aus seinem inneren Kreis kamen jedoch von weither. Sie wollten, genau wie Menedemos und andere, Platons Dialoge lesen. Eudoxos von Knidos kam aus Kyzikos am Marmarameer; Xenokrates aus Chalkedon, einer Stadt gegenüber Byzantion am asiatischen Ufer (heute ein Stadtteil der florierenden und rapide wachsenden Stadt Istanbul). Aristoteles kam aus Stageira in Makedonien;

Herakleides aus Herakleia Pontike an der südöstlichen Küste des Schwarzen Meeres; Hermodoros aus Syrakus.[26] Im 5. Jahrhundert v. Chr. hingen die jungen Athener aus gutem Hause an den Lippen von Fremden, den Sophisten; im 4. Jahrhundert v. Chr. kamen die Fremden, um ihrerseits von den Athenern zu lernen. Allerdings wurde die Akademie nur langsam bekannter; die meisten Referenzen stammen aus den 360er-Jahren oder sind sogar noch jüngeren Datums, nachdem Aristoteles und Eudoxos, die zwei bekanntesten Mitglieder, dorthin gekommen waren.

Platon stand allen Schulen, die einfach jeden beziehungsweise jeden, der es sich leisten konnte, aufnahmen, kritisch gegenüber. Daher musste jeder Anwärter vermutlich zuerst eine Art Test bestehen, bevor man ihm erlaubte, seiner Akademie beizutreten – vielleicht wurde hierbei nicht nur das intellektuelle Vermögen bewertet, sondern auch der Charakter. Platon prüfte sie, wie er es einmal formulierte, auf eine »Affinität zur Philosophie«, wobei er das Alter und den Lebensstil eines jeden bedachte.[27] Grundsätzlich war es wichtig, dass ein Schüler »von Natur von gutem Gedächtnis ist, gelehrig, edelmütig, anmutig, der Wahrheit Freund und verwandt sowie der Gerechtigkeit, der Tapferkeit und der Besonnenheit«[28]. Eine wenig plausible Anekdote besagt, Platon habe mögliche Schüler geprüft, indem er ihnen Wein zu trinken gab, im Sinne von »in vino veritas«, weil sie unter dem Einfluss von Alkohol die Wahrheit sagen würden. Als Platon testen wollte, ob sich Dionsysios II. von Syrakus für die Philosophie eignete, erläuterte er ihm genau, was er sich alles erarbeiten müsste, um in diesem Bereich weiterzukommen. Er nahm an, dass dieses Vorgehen die nur oberflächlich Interessierten abschrecken würde. Wer sich jedoch wahrhaft zur Philosophie hingezogen fühlte, würde durch einen Ausblick auf die bevorstehende Arbeit in seinem Vorhaben bestärkt.[29] Die Akademie profitierte von den gleichen Vorteilen wie jedes andere Bildungsinstitut, das auf dem Prinzip der freiwilligen Teilnahme aufbaut: Bei den meisten Mitgliedern handelte es sich um engagierte Schüler. Sie bildete einen Nährboden für philosophische, wissenschaftliche und politische Theorien.

Die rivalisierende Schule des Isokrates

In vielerlei Hinsicht war Platons Schule einzigartig, es ist jedoch möglich, dass er sich an vorangegangenen Modellen orientierte. Für das gemeinsame Essen gab es zahlreiche Vorbilder, da es bereits seit Jahrhunderten zum Tempelleben gehörte (dabei verzehrte man das Fleisch der Opfergaben gemeinsam). In sozialen Gemeinschaften hatte man schon vorher gewählte und elegante Konversation mit Essen und Trinken verbunden. In Süditalien praktizierten die Pythagoreer einen gemeinschaftlichen Lebensstil, von dem Platon bestimmt gehört und den er wahrscheinlich sogar vor Ort bei seinen Aufenthalten in Tarent und Lokroi miterlebt hatte. Eine solche Erfahrung hatte ihm sicherlich gezeigt, dass gemeinsame Mahlzeiten und Opferungen eine Gruppe enger zusammenschweißen und den Mitgliedern eine einheitliche Identität vermitteln konnten. Zwei weitere Sokratiker hatten ebenfalls genug Anhänger um sich geschart, um von »Schulen« zu sprechen: Eukleides in Megara und Antisthenes in Athen. Allerdings wissen wir zu wenig über sie, um abzuschätzen, inwiefern sie die Akademie beeinflussten.

Im unmittelbaren Umfeld können wir in Athen die Schulen von Alkidamas und Isokrates verorten. Bei beiden handelte es sich um Rhetoriker, die bei Gorgias in die Lehre gegangen waren, allerdings unterschieden sich die Standpunkte der beiden grundlegend voneinander: Alkidamas lehrte spontanes öffentliches Sprechen, während Isokrates dafür eintrat, sich an vorher ausgearbeitete, äußerst raffiniert verfasste Reden zu halten. Beide wollten eine intellektuelle Elite ausbilden, die Athen ihrer Meinung nach dringend brauchte, eine, die aus wirkmächtigen politischen Rednern bestand, die zu guten Entscheidungen fähig waren. In Platons *Phaidros* trägt Phaidros zuerst eine vorbereitete Rede von Lysias vor, woraufhin Sokrates spontan zwei Gegenreden entwirft. Die Botschaft für angehende Schüler ist klar: An der Akademie würden sie besser lernen, wie man Worte überzeugend aneinanderreiht, als sie es bei Isokrates oder Alkidamas je konnten. Sowohl in der *Apologie des Sokrates* als auch in *Menexenos* lässt Platon Sokrates aus dem Stehgreif Vorträge halten.

Isokrates gründete seine Schule sieben oder acht Jahre vor der Akademie; für seinen Unterricht nutzte er das Lykeion-Gymnasion. Er positionierte sich klar als Gegner der Sophisten und grenzte sich deutlich gegen andere Sokratiker ab, vor allem gegen Platon und seine Akademie. Isokrates' Arbeiten enthalten viele implizite Spitzen gegen Platon. Antisthenes der Sokratiker und Speusippos der Akademiker antworteten darauf mit Traktaten gegen Isokrates. Diese Auseinandersetzungen waren im Grunde nicht boshaft (zumindest in der ersten Generation: In seinem *Brief an Philipp* hat Speusippos eher bittere Worte für Isokrates und seinen Schüler Theopompos von Chios übrig). Einige besuchten sogar beide Schulen. Das überrascht wenig, wenn man bedenkt, dass die meisten – die Platon nicht verstanden hatten – das Studium der Philosophie nutzten, um ihre Ausbildung abzurunden, sie sahen sie nicht als Lebensaufgabe an. Isokrates zufolge verschwendete Platon seine Zeit und die seiner Schüler mit Haarspalterei und mit abstrakten Studien, die nichts mit der Praxis zu tun hatten. Er gestattete zwar die gleiche Art philosophischen Trainings, die auch Platon und andere anboten, allerdings nur, um den Verstand ausreichend zu schärfen und ihn so für *seine* Ausbildung vorzubereiten.[30] Isokrates wünschte sich für seine Schüler Erfolg, während Platon ihnen Wissen vermitteln wollte.[31] Ein Studium an Isokrates' Schule dauerte drei bis vier Jahre und kostete 1000 Drachmen, es war also nur für die Reichen vorgesehen, und im Grunde interessierten sich auch nur diese Personen für einen Kurs, der sie auf eine moralische Führungsposition im öffentlichen Leben vorbereitete.[32]

Von Isokrates' Rede *Gegen die Sophisten* sind nur eine Ankündigung seines Programms und ein Abschnitt, der um neue Schüler wirbt, überliefert. Dagegen erzählt uns *Antidosis* einiges über seine Ziele als Lehrer, der Text wirkt wie eine autobiografische Verteidigungsrede seines Lebens, die Isokrates in seinen Achtzigern im Jahr 354/3 schrieb (er starb im Jahr 338 im Alter von 98 Jahren).[33] Seine Schüler studierten Grammatik, Vortragsweise und die Zusammensetzung einer Rede, wurden aber auch in den entsprechenden relevanten Themen unterrichtet, wenn sie Reden mit sozialem, ethischem und politischem Inhalt halten wollten. Seine Unterrichtsmethode orientierte sich an Regeln und Modellen: Seine Schüler lernten zunächst die Regeln der Grammatik und studierten die alten Meister, anschließend drillte man sie so lange, bis sie alles ordentlich verstanden und durchgespielt hatten. Hier lag der Schwerpunkt eindeutig auf der Lehre und nicht auf der Forschung. Wenn Platons Akademie als Vorfahrin unserer heutigen Forschungsinstitute gelten kann, dann inspirierte Isokrates' Schule eher unser weiter gefasstes, humanistisches Bildungssystem.

Wir haben bereits in Kapitel 4 erfahren, wie Platon vorging, um die Bezeichnung »Philosophie« allein für seine Schriften und Lehren beanspruchen zu können, und wie er sie jedem anderen, vielleicht besonders einem Rhetoriker wie Isokrates, absprach. Für Platon hatte die Rhetorik etwas grundlegend Schädliches an sich, da sie korrupte Werte verbreitete und eher über Meinung als über Wissen funktionierte. Sein ausführlichster Schlag gegen die Rhetorik, in *Gorgias*, sollte vielleicht auch teilweise wie ein anti-isokratisches Manifest für die Akademie wirken. Isokrates und Alkidamas wurden vor allem deswegen zur Zielscheibe, weil sie, genau wie Platon, anderen Ausbildungsformen das Gütesiegel »Philosophie« absprachen und allein für sich beanspruchten. Platon entschied diesen Kampf für sich, unsere heutige »Philosophie« entspricht seiner Vorstellung und nicht jener der anderen.

Die Akademie grenzte sich grundlegend von den anderen Schulen ab, weil Platon die Position des »Scholarchen«, eines Schulvorstehers, einführte. Während die anderen Schulen mit ihren Gründern untergingen, konnte die Akademie auf diese Weise über Jahrhunderte hinweg fortbestehen. In puncto Langlebigkeit gewann Platon also ebenfalls – ob er jedoch damals in dem Sinne Isokrates übertrumpfte, dass er mehr Schüler verbuchte als sein Gegner, bleibt ungewiss. Zudem schnitt Isokrates in einem Punkt sicherlich besser ab: Obwohl er ebenfalls ausländische Schüler unterrichtete, konnte er vor allem behaupten, nicht nur selbst Athen mit seinem weisen Rat zur Seite gestanden zu haben, er konnte auch eine Reihe an ehemaligen Schülern vorweisen, welche die Stadt als Politiker vorangebracht hatte.[34] Viele der Schüler an der Akademie kamen dagegen aus dem Ausland, und, wie wir sehen werden, profitierten vor allem andere Stadtstaaten von ihrer Ausbildung.

Eine diverse Akademie

Wir verfügen kaum über eindeutige Informationen zum Lehrplan der Akademie, dagegen wissen wir eher, inwieweit die Gelehrten dort forschten. Vielleicht können wir aus Letzterem einige Aussagen über Ersteres ableiten. Wir kennen die Namen vieler Akademiker aus den ersten 40 Jahren der Schule, allerdings ist weniger bekannt, worin genau ihre wissenschaftlichen Interessen bestanden. Fünf Männer fallen dabei besonders ins Auge: Speusippos,

Xenokrates, Herakleides, Eudoxos und natürlich Aristoteles, Platons bedeutendster Kollege.

Dass es sich bei diesen Fünf um die herausragendsten Mitglieder der Akademie handelte, schließen wir leicht daraus, über sie wesentlich mehr zu wissen als über den Rest. Platon soll mit 28 Mitgliedern der Akademie diniert haben.[35] Nehmen wir an, dass dies die höhergestellten Schüler und Gelehrten betraf, den inneren Kreis, können wir davon auf die ungefähre Größe der Akademie schließen: Wahrscheinlich gab es, sobald die Akademie florierte, zu jedem Zeitpunkt insgesamt an die 50 Schüler und Gelehrte, die sich aus dem inneren Kreis und den jüngeren Schülern zusammensetzten. Bei den Jüngeren handelte es sich vor allem um Athener, die Jahr für Jahr kamen und gingen.[36] Die erfahreneren Schüler, die Forschenden, blieben mehrere Jahre an der Akademie, sogar über Jahrzehnte und unterrichteten sogar selbst. Die jüngeren Schüler tauchten dort auf und verschwanden wieder, und manche besuchten sogar nur die öffentlichen Vorträge. Ihre Namen sind zumeist verloren gegangen. In den 370er- und 360er-Jahren verfolgten drei junge Männer die Vorträge der Akademie, die später in Athen eine politische Führungsrolle übernehmen sollten: Demosthenes, Hypereides und Lykurgos von Athen. Wie die meisten von Platons Schülern wollten sie allerdings keine Philosophen werden, sondern lediglich ihren Verstand mithilfe der Philosophie schärfen. Die Schule zog auch Literaten an, der bekannteste unter ihnen war wohl Theodektes, einer der führenden Athener Intellektuellen des 4. Jahrhunderts v. Chr., der 50 Tragödien verfasste, außerdem Reden und ein Buch über die Theorie der Rhetorik. Von seinen Schriften wurde kaum etwas überliefert, uns liegen nur einige Fragmente vor.

Schaut man sich die Arbeiten der fünf bedeutendsten Akademiker sowie die Arbeiten von anderen an, über die wir etwas wissen, dann zeichnen sich bestimmte Trends ab. Die mathematischen Wissenschaften, besonders Geometrie und Astronomie, spielten eine große Rolle.[37] Später kam eine apokryphe Geschichte auf, wonach Platon über dem Eingang der Schule folgende Inschrift anbrachte: »Es trete niemand ein, der nichts von Geometrie versteht.«[38] Vor allem Eudoxos leistete bedeutende Beiträge zur Mathematik und Astronomie, war mit seiner Arbeit aber nicht allein. Wir wissen von einem guten Dutzend weiterer mathematischer Gelehrter, einige von ihnen brachte Eudoxos aus Kyzikos mit, als er seine Schule mit der Akademie zusammenführte. Nach seiner Ankunft, kurz nach 370, avancierte die Akademie zum führenden mathematischen Forschungszentrum der griechischen Welt. Die mathematische Arbeit zeigt sich auch in den stark mathematischen und pythagoreischen Versionen von Platons Metaphysik und Kosmogonie (über die Entstehung des Universums), die Speusippos und Xenokrates entwarfen.

Ein weiterer Trend ist die Polymathie – ein umfassendes Wissen oder Lernen. Die Gelehrten, auch »die großen Fünf« genannt, schrieben über jedes vorstellbare wissenschaftliche und philosophische Thema, von der Optik bis zur Ethik, von der Physik bis zur Politik und von der Logik bis zur Rhetorik. Einige unter ihnen verfassten Texte über religiöse Themen. Aristoteles leistete grundlegende Arbeit auf allen damals existierenden Gebieten des menschlichen Denkens. Zudem waren diese Akademiker produktiv: Aristoteles werden mehr als 150 Bücher zugeschrieben (von denen ungefähr 30 überliefert wurden), Xenokrates mehr als 70, Herakleides ungefähr 50, Speusippos circa 30. Von den Errungenschaften der letzten drei hat kaum etwas überlebt und wenn, dann nur in den Berichten anderer, wie beispielsweise Aristoteles.

Der dritte und abschließende Trend ist der, dass die Gelehrten der Akademie in der Regel verschiedener Meinung waren und oft auch mit Platon nicht übereinstimmten. Ein Großteil ihrer Arbeit entstand als Reaktion auf Platons Überlegungen. Manchmal stimmten sie ihm zu, manchmal bauten ihre Texte auf seinen auf, manchmal widersprachen sie ihm aber auch. Aristoteles und Eudoxos meinten, die Eigenschaften der Dinge lägen in den Dingen selbst: Das Weiß, das den Schnee weiß macht, ist ein physikalischer Bestandteil des Schnees, seine Farbe ergibt sich nicht daraus, dass er an der eigenständigen transzendenten Idee von Weiß teilhat. Speusippos folgte Platons Überzeugung, Wissen brauche stabile Entitäten, lehnte aber seine Ideenlehre ab und nahm an, mathematische Entitäten seien Gegenstand des Wissens. Platon hatte die Frage unbeantwortet gelassen, von was allem es eigenständige Ideen gab,[39] und Xenokrates schuf auf diesem Gebiet (wie auch auf anderen) eine platonische Orthodoxie: Er scheint die Existenz einer Idee von menschengemachten Objekten auszuschließen (wogegen Platon die Idee eines Bettes und einer Weberlade erlaubt),[40] genauso von schlechten Dingen (wie Ungerechtigkeit und Verworfenheit), von Individuen (wie Sie und ich) und von Teilen von Dingen. Platon folgend[41] schloss er wohl auch Ideen aus, die mit keiner vertretbaren Einstufung der Wirklichkeit korrespondieren, wie »Nicht-Griechen«, da nichts alle »Nicht-Griechen« zu einem wahrhaft Ganzen vereinen könnte.

Aristoteles schrieb bereits Bücher, die sich kritisch mit Platons Überlegungen auseinandersetzten, während er an der Akademie war und sein Lehrer noch lebte. Dabei ist seine Ablehnung der Ideenlehre nur die Spitze des Eisbergs; in vielen fundamentalen Themen stimmte er mit Platon nicht überein. Er war von der Ewigkeit der Welt überzeugt und lehnte die Vorstellung ab, sie sei erschaffen worden. Er wies die politischen Regelungen in *Politeia* ab und fand in Platons Beschreibung der Idee des Guten ernsthafte Lücken, da sie die verschiedenen Varianten des Guten nicht mit berücksichtigte. Er stimmte mit Platon überein, das Ziel jedes menschlichen Lebens sei, dass es dem Betreffenden wohl ergehe (*eudaimonia*). In der Frage, was ein gutes Leben ausmacht, kam er allerdings zu anderen Schlüssen als Platon; er vertraute den Sinnen deutlich mehr als dieser; für ihn ließen sich Seele und Körper nicht voneinander trennen, weswegen man auch nicht wiedergeboren werden kann. Aristoteles holte die Philosophie aus den geistigen Höhen hinunter auf den Boden der Tatsachen.

Dies ist alles recht bemerkenswert und lässt einige deutliche Rückschlüsse auf die Akademie zu. Die Schule zielte nicht auf die Verbreitung eines »Platonismus« ab. Platons Dialoge wurden zwar gelesen und studiert, man bewertete sie jedoch nicht als Ausdruck einer strikten Glaubenslehre. Schließlich schrieb Platon nach wie vor, weswegen es keinen festen Schriftkorpus gab, der als verbindlich hätte gelten können. Für die Gelehrten bot die Akademie keine kollektive Identität an, außer, dass sie alle gemeinsam an der Akademie forschten und lernten. Philosophie wurde, auf sokratische Art und Weise, ergebnisoffen betrieben; die Diskussion konnte sich in jede mögliche Richtung wenden. Die Art kultischer Verehrung, die einige pythagoreische Gruppen ihrem Lehrer entgegenbrachten, ließ Platon gar nicht erst aufkommen.[42] Nach Platons Tod übernahm Speusippos, wahrscheinlich mit Platons Segen, den Schulvorsitz, obwohl er dessen emblematische Ideenlehre ablehnte. Nichts zeigt deutlicher, dass die Akademie nie beabsichtigte, irgendeine Form von orthodoxer Lehre zu verbreiten. Platon wollte wache Geister um sich scharen und fördern, die bahnbrechende Arbeit leisteten, ihm ging es nicht darum, kleine Versionen seiner selbst zu schaffen. Abgesehen von all den theoretischen Meinungsverschiedenheiten, hätten sich alle Gelehrten der Akademie vielleicht darauf einigen können, ein philosophisches Leben zu führen, was, wie wir gesehen haben, darauf hinausläuft, dass sie alle auf ihre Weise daran arbeiteten, ihre basalen Gelüste zu zügeln und sich Gott anzunähern.[43]

Das Kurrikulum

In *Politeia* entwirft Platon einen eindrucksvollen, eigens auf Philosophen abgestimmten Ausbildungsverlauf.[44] Er beginnt im Alter von 20 Jahren mit einer zehnjährigen Ausbildung in Arithmetik, zweidimensionaler Geometrie, Stereometrie, Astronomie und Harmonielehre (in dieser Reihenfolge) und endet mit fünf Jahren Dialektik, der Aneignung von Wissen statt Meinung. Im Grunde startet die Ausbildung schon deutlich früher, da Platon diese Studien dann für angemessen hält, wenn ein Schüler zuvor, durch Leichtathletik und andere Trainingsformen, in Tugendhaftigkeit ausgebildet wurde. Wie für Platon üblich, geht es allem anderen voraus, den eigenen Charakter zu verbessern. Fortschritt ist nur dann möglich, wenn man zuvor die eigenen Moralvorstellungen aufgefrischt hat.

Natürlich wäre eine solche Ausbildung im wahren Leben unpraktisch, dennoch zeigen sich darin Platons feste Überzeugungen in Sachen höhere Bildung. Warum legte er solchen Wert auf Mathematik? Erstens wegen der praktischen Vorteile; zweitens weil mathematischer Unterricht es den Schülern ermöglichte, andere Fächer schneller zu verstehen und weil dabei der Charakter der Schüler auf die Probe gestellt wurde, da die Arbeit anstrengend war; drittens, und am wichtigsten, weil »sie die Seele in die Höhe führt«, weg von der physischen Welt hin zu der zeitlosen Sphäre der Zahlen und der Ideen.[45] Eine Anekdote schildert, wie Eudoxos und Archytas Platon erzürnten, weil sie sich bei der Lösung von mathematischen Problemen auf mechanische Modelle verließen anstatt auf abstrakte Überlegungen – sie schauten nach unten, nicht nach oben.[46] Für Platon resultierte das Umlenken der Blickrichtung des eigenen Geistes aus einer wahren Ausbildung. Der Schwerpunkt auf mathematischer Forschung spiegelt also zweifelsfrei das Studienprogramm an der Akademie wider. Auch an der Akademie war Platon der Meinung, dass die Mathematik den geistigen Fokus seiner Schüler in die richtige Richtung lenken konnte. Aristoteles zufolge nutzten die Akademiker die Mathematik als Mittel zum Zweck, sie stellte für sie kein eigenständiges Ziel dar.[47]

All das mag recht trocken und intellektuell anmuten, Platon sah dies anders. Den Geist von der materiellen Welt abzuwenden, reformierte zugleich den Charakter. Man steckte nicht länger in der Welt und ihren Werten fest – besonders in der unhinterfragten Annahme, Lust sei eine Eigenschaft des

Guten. Niemand kann in der Philosophie weiterkommen, der nicht bereit ist, seine vorherigen Annahmen und Neigungen aufzugeben. Wie wir gesehen haben, lautete so eine der Hauptaussagen der früheren Dialoge, und Platon behielt diese Überzeugung weiterhin bei. Gleichzeitig war auch die intellektuelle Arbeit an der Akademie transformativ. Die Akademiker gingen davon aus, dass die Arbeit am eigenen Charakter die Voraussetzung für alles Weitere war. Ohne diese konnte man kein ordentlicher Philosoph werden. Auch in der Welt da draußen konnte man keine politische Karriere verfolgen, wenn man nicht das Gute zu erkennen vermochte, da man dann kein Vorbild für andere Mitglieder der Gesellschaft sein konnte.

Uns erscheinen Mathematik und Politik auf den ersten Blick weit voneinander entfernt, aber in Platons Kopf hingen sie miteinander zusammen. Ein weiterer Zweck der Mathematik, so Platon, ist, Wissen über wichtige politische Werte zu vermitteln, beispielsweise über Einheitlichkeit, Übereinstimmung, Ordnung und Verhältnismäßigkeit. Berichte über Platons öffentlichen Vortrag »Über das Gute« (über den wir weiter unten ausführlicher sprechen werden) zeigen, leider nicht im Detail, wie eng er mathematische Konzepte und das Gute verknüpfte. In *Politeia* besteht der Zweck des Kurrikulums darin, Philosophen Wissen über das Gute zu vermitteln. Einer der Gründe dafür ist, dass Philosophenherrscher und -herrscherinnen die imaginäre Stadt Kallipolis durch dieses Wissen so führen können, dass in ihr die bestmögliche Gesellschaft zu reifen vermag, in der jeder seinen Möglichkeiten entsprechend gut handelt. Diese Herrschenden müssen generell so vertraut mit der Sphäre der Ideen sein, weil sie sich ausführlich mit der Idee der Stabilität auseinanderzusetzen haben, um zu erkennen, wie sie eine so inhärent instabile Entität, wie einen Stadtstaat, stabilisieren können. Dementsprechend wurde auch politische Theorie unterrichtet, und wir werden bald die Früchte dieser Arbeit sehen, wenn wir einige weitere Akademiker kennenlernen.

Die Naturwissenschaft spielte im Kurrikulum der Akademie eine Rolle. Die Sinneswelt war für Platon immer der Welt der Ideen ontologisch unterlegen, bestenfalls war sie Gegenstand von Meinung, nicht von Wissen; dennoch waren die Prinzipien, nach denen die natürliche Welt funktionierte, es wert, untersucht zu werden. Epikrates, ein zeitgenössischer Komödiendichter, amüsierte sich liebevoll über diese Facette der akademischen Arbeit:

Sprecher A (überaus aufgeregt): Was ist mit Platon, Speusippos und Menedemos? Mit was beschäftigen sie sich dieser Tage? Welchen tiefgehenden Gedanken und welche Argumentationslinie untersuchen sie gerade? Erzähl mir alles bis ins kleinste Detail, wenn du irgendetwas weißt. Sags mir, im Namen der Erde!

Sprecher B: Aber natürlich, ich kann dir gute, klare Informationen liefern, denn während der Panathenäen sah ich ein paar Jungs im Gymnasion der Akademie und da hörte ich einige sehr sonderbare Sachen. Sie legten Definitionen der Natur vor und unterteilten das Leben der Tiere, das Wesen der Bäume und verschiedene Gemüse in Kategorien. Und in diesem Zusammenhang fragten sie sich, welcher Gattung ein Flaschenkürbis zugeteilt werden sollte.

A: Zu welchem Schluss kamen sie denn? Was ist die Gattung eines Flaschenkürbisses? Bitte sags mir – falls du die Antwort kennst.

B: Nun zuerst standen sie alle stumm mit gesenkten Köpfen beisammen und dachten eine ganze Weile darüber nach. Und dann plötzlich, während sich die Häupter der Jungs noch immer tief unter dem Studium beugten, sagte einer von ihnen, es handle sich um ein sphärisches Gemüse, während ein anderer behauptete, es sei ein Gras und ein dritter meinte, es sei ein Baum. Als ein gewisser Mediziner aus Sizilien hörte, was für einen Nonsens sie redeten, ließ er laut einen fahren.

A: Da wurden sie sicherlich schrecklich wütend und schrien ihn an, weil er sich über sie lustig machte, oder? Es war wohl kaum höflich ein Gespräch so zu unterbrechen.

B: Nein, die Jungs waren vollkommen unbeeindruckt. Und Platon, der auch dabei war, forderte sie mit sehr sanfter Stimme auf (er war ganz und gar gelassen), es noch einmal zu versuchen, den Kürbis einer Gattung zuzuordnen. Und so führten sie ihre Unterscheidungen fort.[48]

Epikrates mag sich darüber lustig machen,[49] aber die Szene zeigt uns mehr oder weniger die Geburt der Biologie, die in großen Teilen Speusippos (der im Fragment erwähnt wird) und Aristoteles entwickelten.

Die Gelehrten sammelten Informationen und präsentierten die Ergebnisse ihrer Forschung und ihrer Überlegungen den versammelten Akademikern zur anschließenden Diskussion und Kritik. An einer Stelle ordnet Aristoteles in seiner *Metaphysik* einen bestimmten Bericht zunächst dem vorsokratischen Denker Anaxagoras von Klazomenai zu, der ihn erstmals vortrug und den »später Eudoxos in seinen Diskussionen«[50] wiedergab. Einige von Platons Dialogen entstanden zu einem ähnlichen Zweck. In diesem Zusammenhang fallen zwei Dialoge besonders ins Auge. *Philebos* vereint in sich, neben anderen Dingen, zahlreiche Überlegungen über Lust (unter denen, die wir anderen Denkern zuordnen können, befindet sich auch die von Eudoxos).[51] Dagegen liefert uns *Theaitetos* verschiedene Meinungen zum Begriff des Wissens. Beide Texte wurden sicher zumindest teilweise als Antworten auf Diskussionen in der Akademie verfasst, um weiteres Nachdenken über die jeweiligen Gebiete anzustoßen. Nach Eudoxos ist Lust beziehungsweise Freude mit dem menschlich Guten gleichzusetzen, Speusippos lehnte diese Position ab und argumentierte – in wahrhaft platonischer Manier – Tugend und Frieden seien die wahrhaft angemessenen Ziele eines Menschen. Auch Herakleides sprach sich gegen Hedonismus aus. Philippos von Opus, Xenokrates und Aristoteles nahmen ebenfalls an der Debatte teil. Eine weitere wichtige Auseinandersetzung betraf Platons *Timaios*. Speusippos und Xenokrates behaupteten, Platon habe nur aus pädagogischen Gründen so geschrieben, als folge die Schöpfung einem zeitlichen Ablauf, während Aristoteles Platon beim Wort nahm (und ihn dann dafür kritisierte).

Noch interessanter ist in diesem Zusammenhang *Parmenides*. Die erste Hälfte des Dialogs setzt die kanonische Ideenlehre einer recht herben Kritik aus, während die zweite Hälfte eine Reihe hochabstrakter logischer Übungen zu metaphysischen Themen darlegt, beispielsweise (und hier paraphrasiere ich): »Wenn das Eine existiert, welche Konsequenz ergibt sich aus dieser Tatsache für das Eine in Bezug auf es selbst und die Dinge um es herum?« Die erste Hälfte soll nicht die gesamte Theorie widerlegen, Platon lässt Parmenides erklären, die Ideen seien die Voraussetzung, um zu denken; und die zweite Hälfte ist deutlich als Übung gekennzeichnet.[52] *Parmenides* zeigt, wie Diskussionen über metaphysische Themen unter den Gelehrten abliefen.[53] Ich teile die Meinung vieler Forschender, indem ich behaupte, dass *Parmenides* keinen bedeutenden Wendepunkt in Platons Denken markiert, an dem er die voll ausgereifte Ideenlehre seiner mittleren Schaffensperiode verwarf. Er bessert nur insofern nach, als er den Ideen fortan zuspricht, dass sie zueinander im Verhältnis stehen können (*Sophistes*), und als er sich anschließend mehr auf die Beziehung der Ideen zu den Dingen dieser Welt konzentriert. Trotz der anderen Schwerpunkte, die Platon in seinen späteren Dialogen setzt, tauchen die Ideen dort nach wie vor auf. Ich denke, der dramaturgische Entschluss, in *Parmenides* einen sehr jungen Sokrates auftauchen zu lassen, deutet darauf hin, dass reifere Geister die Kritikpunkte beantworten sollten.

Zwar scheinen sich diese Dialoge besonders gut zu eignen, aber im Grunde könnte jeder einzelne von Platons Dialogen den Ausgangspunkt für eine Diskussion an der Akademie gebildet haben. Vielleicht sollten sie Debatten unter den Schülern und Gelehrten anfachen. Einer könnte beispielsweise vorgeschlagen haben, man könne Tugend erlernen (eine Frage, mit der sich *Protagoras* und *Menon* auseinandersetzen), und jemand anderes könnte sich gegen diese These ausgesprochen haben. Wie weiter oben bereits dargelegt, finden sich in den Dialogen Doktrinen, von denen Platon überzeugt war, aber die Texte sollten ebenso richtungsweisend für zukünftige wissenschaftliche Arbeit sein. Die frühen aporetischen Dialoge – die versuchen, einen Begriff zu definieren, allerdings ohne zufriedenstellendes Ergebnis enden – hätten hervorragende Diskussionsdokumente abgegeben, außerdem hätten Schüler durch sie lernen können, versteckte Annahmen zu erkennen und nicht zu früh einem Argument zuzustimmen. Diese Dialoge dienten außerdem als Quell verschiedener Ansichten zu den diskutierten Themen (Freundschaft, Tapferkeit und Gerechtigkeit). *Timaios* führt die akademische Diskussion von Natur und Kosmogonie vor. Mit einer vielsagenden Aussage bestimmt Platon in *Politikos*[54] den eigentlichen Nutzen des »Verfahrens […] der Teilung« (wie die Gelehrten es bezeichnen), mit dem versucht wird, den Staatsmann festzumachen. Er meint, es gehe weniger darum, einen solchen zu definieren, vielmehr möchte er, dass diejenigen, die diese Methode verwenden, »besser im philosophischen Diskutieren« werden. An mehreren Stellen im Dialog lenkt der Fremde aus Elea (Hauptfigur in diesem Dialog wie auch in *Sophistes*) seinen Gesprächspartner, den jungen Sokrates, absichtlich hin zu einer falschen Schlussfolgerung, um ihn belehrend korrigieren zu können.

Wie Aristoteles die Platonischen Dialoge bearbeitet, verweist darauf, wie man mit ihnen an der Akademie umging – intelligent und überlegt, aber auf keinen Fall hielt man sich aus falschem Respekt gegenüber Platon mit Kritik zurück. Wenn diese Annahmen zutreffen, können wir der Liste der akademischen Studienfächer Folgende hinzufügen, da sich all diese Themen in den Dialogen wiederfinden: Definition, Bildungstheorie, Ethik, Moralpsychologie, Metaphysik, Epistemologie, Ästhetik, Sprache, Logik, Sophistik, vorsokratische Denkweisen, dialektische Argumentation basierend auf hypothetischen Prämissen, Rhetorik, Naturwissenschaften. Die erfahreneren Forschenden, deren Arbeiten ich bereits umrissen habe, wagten sich noch weiter vor – in die Bereiche der Geschichte, Geografie und Literaturkritik – allerdings gibt diese Liste höchstwahrscheinlich die meisten Themen wieder, die man an der Akademie unterrichtete und erforschte. In puncto Methodologie können wir sicherlich behaupten, dass Forschung und Unterricht hauptsächlich über dialektische Konversation,[55] kritisches Denken und Diskutieren, Schreiben, Seminare, das Lesen von Platons Dialogen und Vorträge stattfand.

Platons Rolle

Wenn Platons Ziel für die Akademie lautete, sie solle wichtige Forschung vermitteln und hervorbringen, wie sah seine Rolle dann im normalen Schulalltag aus? In den Dialogen bekundet er durchgehend ein ernsthaftes Interesse an der Ausbildung junger Männer, weswegen er zweifelsohne einen guten Teil der grundlegenden Lehre selbst übernahm, obwohl erfahrenere Schüler sich wahrscheinlich ebenfalls daran beteiligten. Was die Forschung betrifft, so beschreibt Dikaiarchos wohl am besten Platons Rolle – Philodemos überlieferte Dikaiarchos' Worte. Dieser schildert Platon mehr als den »Architekten« der mathematischen Forschung, als dass er selbst ein eingefleischter Mathematiker gewesen wäre.[56] Genau wie Bauarbeiter den Plänen eines Architekten folgen, der Architekt aber nicht selbst baut, initiierte und überwachte Platon die Forschungsarbeit der anderen. An einer Stelle in *Politeia* meint Platon, ohne eine solche Betreuung gäbe es sonst keinerlei Fortschritt.[57]

Hier folgt ein passendes Beispiel für ein solches Vorgehen. Uns wird berichtet, Platon habe den Astronomen der Akademie eine besondere Aufgabe gestellt: Sie sollten die Bewegungen der Himmelskörper auf Basis der Annahme erklären, dass sie keine »Wanderer« (*planētes*) seien, sondern jeder von ihnen bewege sich in der gleichen und planmäßigen Weise fort.[58] In einem geozentrischen Universum stellte dies eine große Herausforderung dar, denn von der Erde aus gesehen scheinen die Himmelskörper alle möglichen irregulären Bewegungen zu vollziehen. Platon dachte dennoch, es müsse eine Erklärung dafür geben, die mehr dem göttlichen Status der Gestirne entspräche; göttliche Wesen sollten sich in perfekten Kreisen fortbewegen. Das Ergebnis war die Gründung der mathematischen Astronomie durch Exodos, dessen Modell des Universums aus 27 übereinander gelagerten durchsichtigen Sphären besteht. Jede dieser Sphären transportiert in sich einen oder mehrere Himmelskörper, mit einer bestimmten Geschwindigkeit und Neigung. Herakleides steuerte die Hypothese bei, dass die Bewegungen der Himmelskörper nur den Anschein erweckten, sie seien irregulär, da sich die Erde drehte.

Während er Daten für eines seiner Studienfächer sammelte, beobachtete Aristoteles wahrscheinlich entweder am 20. März 361 oder 4. Mai 357 v. Chr. die Okkultation des Mars durch den Mond.[59] Philippos von Opus beschäftigte sich ebenfalls mit der Bewegung der Planeten, indem er den Himmel beobachtete. Als Platon *Nomoi* schrieb, wusste er bereits, dass sich jeder der Himmelskörper auf einem kreisförmigen Weg fortbewegt.[60] Dieses astronomische Unterfangen war ein wichtiger Teil eines größeren akademischen Vorhabens, das an die Vorsokratiker anschloss: Es beabsichtigte, die Welt in ihrer rationalen Struktur darzustellen, als etwas, das der menschliche Verstand erfassen kann.

Eine weitere Geschichte – eine mit recht guten Referenzen[61] – veranschaulicht ebenfalls Platons Rolle als »Architekt«. Die Bewohner der heiligen Insel Delos litten unter einer Seuche, und durch ein Orakel hatte Apollon ihnen mitgeteilt, diese Plage würde enden, sobald die Bewohner die Größe seines Altars auf der Insel verdoppelten. Allerdings hatte der Altar die Form eines Würfels, und bei der Verdopplung eines Würfels handelt es sich um kein kleines Problem. Die Bewohner hatten versucht, selbst auf eine Lösung zu kommen, waren aber gescheitert. Also baten sie Platon um Hilfe, der meinte, die Mathematiker der Akademie (die Namen der Mathematiker variieren von Quelle zu Quelle) würden das Problem lösen. Menaichmos und Eudoxos kamen beide auf Lösungen, die eleganteste lieferte allerdings Archytas, der nicht der Akademie angehörte.

Hinweise in *Politeia* besagen deutlich, dass Platon die Mathematiker der Akademie dazu anhielt, ihre Gegenstände auf Grundbegriffe zurückzuführen. Die mathematischen Wissenschaften sollten sich am Ende ausschließlich auf Axiome oder auf Definitionen ihrer Begriffe verlassen, wie »ungerade«, »gerade«, »Punkt«, »Linie«, »Winkel« und so weiter – also die Art von Verwendung von Axiomen, wie wir sie in Euklids *Elementen* finden, die nur wenige Jahrzehnte später verfasst wurden. In diesem Sinne war Theudios von Magnesia, ein Gelehrter der Akademie, Euklids Vorgänger: Er brachte ebenfalls eine Schrift hervor mit dem Titel *Elemente*. Über den Mathematiker Philippos von Opus erfahren wir, dass er »in seinen Überlegungen Platons Anweisungen folgte«[62]. Platon beschränkte seine Rolle des Betreuers jedoch nicht auf die Mathematik. Schon das Fragment des Dramatikers Epikrates, das ich weiter oben übersetzt habe, weist in diese Richtung, schließlich liefert Platon keine Lösung, sondern er bestärkt die Akademiker darin, noch einmal von vorne anzufangen. Bedenkt man, wie vehement einige Mitglieder der Akademie Platons Überlegungen ablehnten, wird klar, dass ihnen auf allen Gebieten ein großer Spielraum gelassen wurde.

In puncto Forschung an der Akademie folgte Platon also dem Beispiel Sokrates', indem er seine Rolle darauf beschränkte, ein Programm vorzugeben und es danach den anderen überließ, dieses weiterzuentwickeln. Wie wir gesehen haben, lautete eine der Hauptbotschaften der frühen Dialoge »Denke selbst«, und entsprechend rief er seine Schüler und Gelehrten dazu auf, so zu verfahren. Es scheint, als habe er seine Rolle sehr ernst genommen. In seinen Schriften äußert Aristoteles immer wieder seinen Unwillen und seine Irritation darüber, dass Platon noch nicht einmal die zentralen Aspekte seiner Überlegungen ausreichend klarstellte. Aber wieso fragte Aristoteles Platon nicht direkt, wenn er sich eine eindeutige Aussage wünschte? Schließlich war Aristoteles 20 Jahre lang gemeinsam mit Platon an der Akademie. Offenbar war dies keine Option; den Scholaren war klar, dass sie Platon nicht auf diese Weise ausfragen konnten. Vielleicht gaben sie es auch einfach auf, nachdem sie begriffen hatten, dass er ihnen solche Fragen immer direkt wieder zurückspielen würde.

Als Leiter der Schule organisierte Platon also die schulischen Veranstaltungen, setzte zumindest einen Teil des Programms fest, betreute Forschung und Lehre, vor allem damit die Schüler sich nicht in Details verloren, sondern das große Ganze im Auge behielten.[63] Zudem übernahm er einen Teil des Unterrichts selbst. Viele Dialoge setzen sich mit der Frage nach der richtigen Methodik auseinander, also schlug Platon seinen Forschenden Vorgehensweisen vor, nach denen sie arbeiten sollten, und wahrscheinlich verlangte er ihnen eine strenge Sorgfalt in der Darlegung ihrer Beweise ab. Außerdem bewahrte er das Sokratische seiner Akademie, indem er zahlreiche Blickwinkel und den Austausch über gegensätzliche Ansichten förderte. Ein guter Grund, weswegen Platon sich mit eindeutigen Antworten und Aussagen zurückhielt, lautet wahrscheinlich, dass er, hätte er einmal angefangen, die Dialoge seinen Schülern zu erklären, aus dem Reden wohl nicht mehr herausgekommen wäre: Er hätte jeder neuen Generation von Schülern alles immer wieder von Neuem auseinandersetzen müssen. In den Dialogen befindet sich zwar eine Doktrin, Platon wollte diese allerdings keinesfalls zu einem Dogma erheben.

»Über das Gute«

In gewisser Weise verkörperte Platon das Aushängeschild der Akademie. Jeder wusste, es war »Platons Akademie«. Dementsprechend veranstaltete er ab und zu öffentliche Vorträge und Lesungen. Genau genommen, wissen wir nur von jeweils einer solchen Veranstaltung, aber es mag weitere gegeben haben. Falls diese öffentlichen Zusammenkünfte darauf abzielten, mehr Menschen für die Philosophie zu gewinnen, dann war keine der beiden Veranstaltungen erfolgreich. Bei der Lesung trug Platon seinen Dialog *Phaidon* vor, und uns wird erzählt, dass nach und nach das ganze Publikum abwanderte, nur Aristoteles blieb bis zum Schluss.[64] Da es sich aber um einen wunderbaren Dialog handelt, bin ich mir sicher, dass diese Behauptung nur böswilliger Tratsch ist.

Selbst wenn diese Anekdote nicht stimmen sollte, sind die Geschichten, die davon berichten, wie Platon über das Gute vortrug, sicherlich authentisch.[65] Dem Vortrag wohnten einige Gelehrte der Akademie bei, darunter: Speusippos, Xenokrates, Aristoteles, Herakleides und Hestiaios von Perinthos. Während der Rede machten sie sich Notizen, die sie anschließend, zusammen mit ihren eigenen Überlegungen und ihrer Kritik an Platons Ausführungen, publizierten. Keiner ihrer Texte liegt uns heute noch vor, wir finden sie lediglich in Listen der ihnen zugeschriebenen Werke, wo sie alle den Titel *Über das Gute* tragen. Das Publikum erwartete, Platon werde über weltliche

Güter sprechen, wie Gesundheit, Wohlstand und Status und dabei eine Gebrauchsanweisung für ein gutes Leben bereitstellen. Stattdessen durften sie sich an abstrakten und verwirrenden Ausführungen über »Mathematik, Zahlen, Geometrie, Astronomie und schließlich das Argument, das Gute sei eins« erfreuen.[66] Platon behandelte das Gute eindeutig nicht nur als moralisches Konzept, sondern als transzendente Quelle alles Guten in der Welt, als das universale Objekt des Verlangens (und damit Auslöser für Bewegung) sowie als ultimative Ursache aller Dinge. Natürlich war das den meisten Leuten im Publikum zu hoch. Dennoch sorgte der Vortrag für genug Aufsehen, um von den Dichtern aufs Korn genommen zu werden; einer kam auf den geistreichen Vorschlag, es sei gut, nicht zu heiraten, da ein Mann auf diese Weise alleinstehend, also einzeln, bleiben könne, ganz wie das Gute Platons![67]

In seinem Vortrag erklärte Platon wohl, dass das Universum und die Ideen auf den zwei höchsten Prinzipien, dem Einen und der unbestimmten Zweiheit aufbauen, auf Einheit und Dualität. Diese Annahme beeinflusste die Akademie enorm, besonders Speusippos und Xenokrates. Spuren davon finden sich außerdem in *Philebos* (weswegen ich den Vortrag in den 350er-Jahren ansetze). Hinzu kommen weitere Berichte über einen mathematischen Blick auf die platonischen Ideen, die mit so gut wie nichts in den Dialogen übereinstimmen.[68] Mit dieser Information im Hinterkopf nehmen einige Wissenschaftler Platons angebliche Ablehnung von Schriftlichkeit in *Phaidros* und im *Siebten Brief*,[69] verbinden dies mit einem Satz von Aristoteles, und sprechen dann von Platons »ungeschriebener Lehre«. Sie behaupten, diese Lehre sei systematisch in einer Reihe von Vorträgen an der Akademie unterrichtet worden und hätte aus Platons ausgereiftesten Überlegungen und seiner »esoterischen« Lehre bestanden, so als ob Platon seine wichtigsten Erkenntnisse nur den Gelehrten an der Akademie vorbehalten hätte. Sie gehen davon aus, dass diese Vorlesungsreihe den Titel »Über das Gute« trug.

Die Quellen zeigen allerdings deutlich, dass es sich bei Platons Rede um eine einmalige Sache handelte. Ich schließe mich den Wissenschaftlern an, die davon ausgehen, dass die Berichte über die sogenannte ungeschriebene Lehre im Grunde auf den Notizen beruhen, welche die Akademiker während dieses Vortrags machten,[70] sowie auf ihren Spekulationen darüber, was Platon wohl gemeint hatte. Er umriss in seiner Rede seine Ansichten nur grob. Wenn er seinen Schülern diese Prinzipien in einer regelmäßig stattfindenden Reihe von Vorträgen näher brachte, bleibt die Frage, weshalb sie alle die Rede »Über das Gute« als so einzigartig empfanden, dass sie meinten, sich Notizen machen zu müssen. Wenn Platon sie regelmäßig in dem Einen und in der unbestimmten Zweiheit unterwies, wäre ihnen beides vertraut gewesen. Außerdem kann das Vorgetragene kaum als »esoterisch« – in dem Sinne, dass es nur für Eingeweihte bestimmt war – gelten, da es sich an ein öffentliches Publikum richtete. Aristoteles bezieht sich an vielen Stellen auf Platons Dialoge, an keiner merkt er auch nur an, es könne sich bei ihnen nicht um Platons wahre Gedanken handeln. Die sogenannte ungeschriebene Lehre besteht lediglich aus den Spuren, die Platons Vortrag hinterließ, und aus seinen anderen geäußerten Ideen in der Akademie.

Politische Praxis

Inmitten all dieser Gespräche über Metaphysik und den theoretischen Erörterungen stellte sich schlussendlich noch ein Aspekt der akademischen Arbeit als erstaunlich praktisch heraus: Die Schule brachte internationale politische Problemlöser hervor. In einigen Fällen zeigt sich hier erneut Platons Rolle als »Architekt«: Ein Herrscher oder ein Staat wandte sich mit einer Bitte oder Forderung an die Akademie, und Platon delegierte die Aufgabe an bestimmte Personen, außerdem wage ich zu behaupten, dass er mit den Auserwählten vielleicht das taktische Vorgehen besprach. Dies ist an sich plausibel und der pseudoplatonische *Fünfte Brief*, ob nun hilfreich oder nicht, untermauert dies. Darin empfiehlt »Platon« Perdikkas III. von Makedonien seinen Akademiekollegen Euphraios als politischen Problemlöser. Zwar habe ich bereits erwähnt, dass die Mitglieder der Akademie politische Theorie studierten, dies allein hätte ihnen allerdings nicht die nötigen Fähigkeiten für eine praktische Arbeit vermittelt. Die Anfragen erreichten zum Teil deswegen von überall her die Akademie, weil sie im Ruf stand, die Crème de la Crème der griechischen Intellektuellen zu beherbergen. Neben der Theorie beschäftigten sich die Gelehrten mit verschiedenen Verfassungen, um sich vorstellen zu können, was sich als erfolgreich erweisen mochte und was nicht, außerdem konnten sie so ihren Rat und ihre Handlungen den jeweiligen Bedürfnissen anpassen. Bis zu einem gewissen Grad konnten die Studierenden Richtlinien für ihr Handeln aus den veröffentlichten politischen Werken Platons herauslesen, besonders aus den praktisch orientierten *Nomoi*, die sich auf athenische, spartanische und kretische Institutionen beziehen und vielleicht auch auf andere Verfassungen, die wir heute nicht mehr kennen.

Platons Interesse an der praktischen Politik, der er in früheren Jahren ernüchtert abgeschworen hatte, war wieder neu erwacht. In diesem Punkt war Wissen nicht nur ein Selbstzweck, sondern auch nützlich. Im berühmten Höhlengleichnis aus *Politeia* sind die Philosophen gezwungen, in die dunkle Höhle zurückzukehren und ihren Mitmenschen zu helfen, nachdem sie ihre Ketten abgeworfen haben und aus der Düsternis zur Erleuchtung gelangt sind. In *Politeia* endet dementsprechend das philosophische Trainingsprogramm mit 15 Jahren politischer Praxis, denn nun »werden sie wieder in jene Höhle zurückgebracht und genötigt werden müssen, Ämter zu übernehmen im Kriegswesen und wo es sich sonst für die Jugend schickt, damit sie auch an Erfahrung nicht hinter den anderen zurückbleiben«[71].

Platon verfolgte nicht das kaum umsetzbare Vorhaben aus *Politeia*, eine wahrhafte »Aristokratie«, also eine Herrschaft der besten Menschen (*aristoi*), zu etablieren. Er befand sich auch gar nicht in der Position, einen derartigen Einfluss auf Athen auszuüben; seine wichtigsten Schüler waren Ausländer, die in Athen nie mehr als den Status eines Ehrenbürgers erreichten. Und sofern es zutrifft, dass die imaginäre Stadt in *Nomoi* ein ideales Athen darstellen soll, dann beweist dies Platons Bemühungen, Athen immer nur auf einer theoretischen Ebene zu reformieren. Vielleicht konnte er jedoch in der Ferne etwas Gutes ausrichten. Die Akademie stellte in diesem Zusammenhang eine Art Beratungsstelle dar, die Regierungen in allen möglichen Bereichen unterstützte, manchmal auch mit praktischer Hilfe. Man verfolgte dabei keine bestimmte politische Agenda, sondern passte den Rat an die spezifischen Umstände der zu lösenden Krise an. Man orientierte sich daran, was man im jeweiligen Kontext als richtig erachtete, und die Vorstellungen von dem, was richtig war, gingen unter den Akademikern weit auseinander.

Wie immer lässt sich nur schwer sagen, inwiefern die Beweise für die Aktivitäten der Akademie wirklich greifen, folgen wir aber dem Prinzip, »wo Rauch ist, da ist auch Feuer«, gibt es ausreichend Hinweise, dass praktische politische Tätigkeiten ein authentisches Merkmal der Akademie darstellten.[72] Der Zeitpunkt einiger Ereignisse bleibt ungewiss, außerdem ist unklar, wie lange manche der beteiligten Personen an der Akademie studierten oder wie viel persönlichen Kontakt sie mit Platon hatten. In manchen Fällen handelten die Betreffenden vielleicht aus eigenem Antrieb und waren überhaupt nicht von der Akademie entsandt worden. Wie wir jedenfalls schon bei unseren metaphysischen und ethischen Spekulationen festgestellt haben, mussten die Akademiker keiner vorgegebenen »Parteilinie« folgen. Einige töteten Tyrannen, während andere versuchten, sich selbst zu welchen zu erheben. Einige griffen persönlich ein, während andere nur berieten.

Erastos und Koriskos kamen von Skepsis im Nordwesten Kleinasiens an die Akademie. Sie kehrten auf Einladung von Hermias, Herrscher über das nahegelegene Atarneus, wieder in die Region zurück. Hermias wollte seinen Hof wahrscheinlich mit ein paar Philosophen bereichern. Unter ihrem Einfluss und dank der Besuche von Xenokrates und Aristoteles (der die Tochter oder Nichte von Hermias heiratete), veränderte sich Hermias' Regentschaft. Er herrschte weniger tyrannisch, woraufhin andere Stadtstaaten an der Küste, darunter Assos, sich freiwillig seinem Königreich anschlossen.[73] Daraufhin gründete Hermias eine Schule, die Erastos und Korsikos in Assos ansiedelten. Mitte der 360er-Jahre brachte es Euphraios von Oreos in Makedonien während der Regentschaft von Perdikkas III. zu einigem Einfluss, er soll sogar eine Machtaufteilung zwischen Perdikkas und seinem Bruder Philipp (der später als Philipp II. in die Geschichte einging) vermittelt haben. Aus diesem Grund schreibt Speusippos in seinem Brief an Philipp auch, dieser verdanke seine königliche Herrschaft Platon. Aristoteles widmete seinen *Protreptikos* (der uns nur in Fragmenten vorliegt) Themison, dem König einer zyprischen Stadt und drängte ihn dazu, sich der Philosophie zu widmen. Xenokrates schrieb ein Buch für Alexander den Großen, Sohn von Philipp II., über das Wesen des moralischen Herrschens. Aristoteles nahm einen Posten als Lehrer von Alexander an, wobei nichts darauf hinweist, dass die Philosophie die spätere Karriere des Prinzen in irgendeiner Weise beeinflusste.

Dion beendete die Tyrannei von Dionysios II. von Syrakus im Jahr 357 v. Chr., worüber wir später noch mehr erfahren werden. Speusippos unterstützte Dion, indem er ihm Informationen lieferte und »der Akademie Ehre machte«, da er ihn in einem offenen Brief dazu aufforderte, maßvoll zu herrschen und den Gesetzen zu folgen.[74] Im Jahr 359 ermordeten Python von Ainos und sein Bruder Herakleides den König Kotys I., der über einen Großteil Thrakiens herrschte, als Belohnung ernannte man sie zu rechtmäßigen Bürgern Athens. Im Jahr 352 kehrte Chion von Herakleia in seine Heimatstadt zurück und tötete dort Klearchos, der die Macht an sich gerissen hatte; Klearchos war bei Isokrates in die Lehre gegangen und hatte auch ein oder zwei

Vorträge an der Akademie besucht. Mit der Unterstützung von Alexander dem Großen wurde Chairon von Pellene im Jahr 335 Alleinherrscher über seine Heimatstadt; er war sowohl Platons als auch Xenokrates' Schüler gewesen. Euaion von Lampsakos und Timolaos von Kyzikos versuchten ebenfalls in ihren Heimatstädten die Macht zu übernehmen, scheiterten allerdings.

Platon entsandte die Gelehrten Aristonymos, Phormion und Menedemos in ihre jeweiligen Heimatstädte, Megalopolis, Elis und Pyrrha (auf der Insel Lesbos), um dort Verfassungen zu entwerfen oder die bestehenden zu reformieren. Alle diese Interventionen ereigneten sich zwischen den späten 370er- und den frühen 360er-Jahren. Phormion sah sich in Elis einer Oligarchie gegenüber, die er erst beseitigen musste, um Platz für seine Reform zu schaffen. Eudoxos von Knidos und Aristoteles von Stageira verfassten weitere demokratische Gesetzestexte für ihre Heimatstädte. Die griechische Stadt Kyrene in Nordafrika bat Platon darum, ihre Gesetze zu überarbeiten. Er soll dies jedoch mit der Begründung zurückgewiesen haben, das Volk der Stadt floriere zu stark – was so viel heißt wie, in der Stadt befanden sich zu viele Menschen mit eigennützigen Interessen, die seine Vorschläge abgelehnt hätten.[75] Wir kennen mindestens ein früheres Beispiel eines Philosophen, der die Gesetze für einen Stadtstaat entwarf: Protagoras hatte selbiges im Jahr 443 v. Chr. bei der Neugründung von Thurioi in Süditalien unternommen.

Die Akademiker scheinen also an praktischer Politik beteiligt gewesen zu sein, egal ob es sich dabei um Regimewechsel, Beratung oder Gesetzgebung handelte. Wie bereits erwähnt, mögen sie in einigen Fällen nicht im Namen der Akademie gehandelt haben, in anderen Fällen gibt es aber solide Hinweise auf eine Korrespondenz zwischen dem Staat oder dessen Herrscher und der Akademie. Hätten Platon oder seine Nachfolger politische Morde geduldet oder sogar mitgeplant? Es wäre zu vereinfacht, wenn wir unsere modernen Wertvorstellungen auf Platons Zeit zurückprojizieren würden und diese Frage verneinten. Die Antwort bleibt unklar. Epaminondas aus Theben war ein Pythagoreer, dennoch leistete er den politischen Morden, die im Zuge der Befreiung Thebens von der Kontrolle der Spartaner im Jahr 379 stattfanden, Vorschub, und Simmias, ein pythagoreischer Schüler Sokrates', unterstützte ihn dabei. In den folgenden Jahrzehnten waren auch einige Stoiker in politische Morde verwickelt. Später werden wir mehr über Platons eigene Versuche in Sachen politischer Reform erfahren, so auch über Speusippos' Beteiligung in der Sache.

6

Die mittleren Dialoge

Von den späten 380er-Jahren bis in die Mitte der 360er-Jahre hinein befand sich Platon also in Athen, wo er friedlich seiner Arbeit nachging, die Akademie leitete und schrieb. Die meisten, vielleicht sogar alle, Dialoge unseres mittleren Clusters entstanden in diesen Jahren oder wurden währenddessen überarbeitet: *Erster Alkibiades, Charmides, Gorgias, Menon, Phaidon, Phaidros, Protagoras, Politeia, Symposion* und *Theaitetos*. Es handelte sich um eine erstaunlich produktive Zeit für Platon. Beim *Ersten Alkibiades* (in dem Sokrates die Unstimmigkeiten in Alkibiades' Glaubenssätzen aufdeckt und ihn davon überzeugt, dass er an sich arbeiten muss) und bei *Charmides* (eine mitunter quälende Auseinandersetzung mit den Tugenden Selbstbeherrschung und Selbsterkenntnis) handelt es sich der Form nach um frühe Dialoge. *Protagoras, Gorgias* und *Menon* enden mit den für die frühen Dialoge typischen Sackgassen, sind dafür aber inhaltlich deutlich reicher. Platons Dialoge der mittleren Periode entwickeln die Philosophie der früheren Dialoge weiter, stehen aber auch unter neuen Einflüssen, die teilweise auf Platons Aufenthalt in Süditalien und auf Sizilien in den Jahren 385 und 384 v. Chr. zurückgehen.

Als Ganzes bilden Platons mittlere Dialoge wahrscheinlich die berühmteste Reihe philosophischer Schriften, die je in der westlichen Welt verfasst wurden. Der erste Unterschied, der einem mit den frühen Dialogen vertrauten Leser auffallen wird, liegt in ihrem Umfang; nicht nur sind die mittleren Dialoge länger, sondern auch wesentlich anspruchsvoller. Sokrates stellt zwar nach wie vor viele Fragen, allerdings lenkt er nun offensichtlich die Gespräche und vertritt eine konkrete Lehre, anstatt zu behaupten, er wisse nichts. Er verkündet seine Ansichten zu verschiedenen Angelegenheiten: über die Liebe und ihre transzendente Kraft (*Phaidros, Symposion*), über die gefährlichen moralischen und sozialen Konsequenzen der Rhetorik (*Gorgi-*

as) und darüber, was notwendig ist, um sie auf akzeptable Weise zu verwenden (*Phaidros*), über Gerechtigkeit und ihren Wert (*Politeia*), wie eine ideale, gerechte Gesellschaft aussähe (*Politeia*), darüber, wie unbefriedigend Demokratie ist (*Gorgias, Politeia*), dass man den Sinnen nicht vertrauen darf (*Politeia, Theaitetos*), über den Unterschied zwischen Wissen und Meinung (*Menon, Politeia, Theaitetos*), darüber, was notwendig ist, damit Gesagtes wirklich *ist* und nicht im Zustand des *Werdens* stecken bleibt (*Phaidros, Politeia*), darüber wie das meiste, was als Dichtung und Theater durchgeht, sich womöglich moralisch gefährlich auswirkt (*Gorgias, Politeia*), wie die Tugend beschaffen ist und ob sie unterrichtet und erlernt werden kann (*Protagoras, Menon*), über die Unsterblichkeit der Seele (*Gorgias, Phaidros, Politeia*), darüber, was die Seele ausmacht (*Politeia, Phaidros*) sowie über vieles mehr.

Wenn man sich auf Platons Überlegungen oder den »Platonismus« bezieht, denkt man unweigerlich an die Dialoge der mittleren Periode, in denen sich eine Lehre herausbildet. Wie wir bereits gesehen haben und auch weiterhin erfahren werden, geht es bei Platon um mehr als nur eine Lehre. Gleichzeitig ist dieser Ansatz nicht aus der Luft gegriffen, da die Dialoge einige von Platons Ideen, die am meisten zum Nachdenken anregen, entwickeln. Im Folgenden konzentriere ich mich auf Platons charakteristische und außergewöhnliche Einfälle in den miteinander verwandten Gebieten der Epistemologie (der Theorie über die Erkenntnis) und der Metaphysik, da beide wichtige Themen in den mittleren Dialogen darstellen. Außerdem werde ich mich mit den ethischen Schlüssen befassen, die Platon auf Basis seiner Metaphysik und Epistemologie zieht. Beginnen möchte ich jedoch mit den zwei Dialogen, die sich bekanntermaßen mit der Liebe beschäftigen. Sie erzählen uns vielleicht nicht viel über Platons Leben, aber sie zeigen deutlich, wie brillant er war.

Symposion und *Phaidros* über die Liebe

Was Platon in *Symposion* über die Liebe sagt, legt er in einer sequenziellen Argumentation dar.[1] Dass sich dabei jeder Schritt der Argumentation aus dem vorherigen ergibt, erscheint mitunter schlüssiger, als es im Grunde ist; uns überzeugt Platons Ernsthaftigkeit mindestens genauso wie seine Logik. Das sollte uns allerdings vorerst nicht beunruhigen.

Bei der Liebe handelt es sich um eine Art des Begehrens, da es immer die Liebe *für* etwas ist. Die Liebe begehrt das, was ihr selbst fehlt – also etwas, was sie haben möchte, oder (wenn sie es bereits besitzt) weiterhin ihr Eigen nennen will. Liebt die Liebe also die Schönheit, dann fehlt ihr die Schönheit, und sie will sie deswegen besitzen. Im Grunde lieben Menschen aber immer das Gute, nicht direkt die Schönheit – sie sehnen sich also nach Glück und Erfüllung, da nur gute Menschen glücklich und erfüllt sind. Das gehört zur grundsätzlichen menschlichen Verfassung. Die mit der Schönheit zusammenhängende Liebe stellt also nur einen Bruchteil dessen dar, was Liebe im Grunde ist. Wenn Liebe generell das Gute betrifft, dann muss die nach Schönheit strebende Liebe eine des Guten und Glücklichen sein. Niemand will das Gute nur vorübergehend erlangen; man will es sich für immer sichern. Hinter dem Wunsch, etwas für immer besitzen zu können, versteckt sich das Verlangen nach Unsterblichkeit. Für einen Menschen ist es jedoch schlichtweg unmöglich, unsterblich zu sein. Relative Unsterblichkeit kann man dagegen durch eine Art von Zeugung erreichen – indem man zum Beispiel in seinen Kindern weiterlebt oder Kunst erschafft, die noch über den Tod hinaus weiterwirkt. Niemand kann etwas innerhalb eines Mediums erzeugen, das er als abstoßend empfindet. Eine Zeugung kann nur innerhalb eines schönen Mediums vonstattengehen; der Zusammenhang zwischen Liebe und Schönheit besteht also darin, dass der Wunsch nach Unsterblichkeit – nach immerwährendem Guten – ein schönes Medium voraussetzt.

Dies ist eine wahrhaft außergewöhnliche und tiefgehende Argumentation. Ihr liegen vor allem die folgenden Einsichten zugrunde: die Assimilation von Liebe und Begehren, da die Liebe an sich immer unvollständig ist; was wir normalerweise als »Liebe« oder »Leidenschaft« bezeichnen, ist nur eine bestimmte Manifestation des Wunsches nach Gutem und Glück, den alle Menschen in sich tragen; dass wir gerne unsterblich wären; dass wir alle einen Drang zum Zeugen, zum Kreativen in uns verspüren. Diese letzten beiden Einsichten konvergieren in Platons Geist. Ihm erscheint es relativ einfach, die menschliche Schaffenskraft beziehungsweise die menschliche Kreativität aufzuzeigen, indem er sich auf eine Reihe von Phänomenen beruft, vom instinktiven Bedürfnis (das allen Spezies eigen ist), Nachkommen zu gebären und aufzuziehen, bis hin zur besonderen Kreativität von Künstlern und Gesetzesgebern. Indem wir Nachwuchs zeugen, streben wir gleichzeitig danach, selbst fortzubestehen. Wir (in einem gewissen Sinne von »wir«) folgen dem Wunsch, uns selbst zu überleben.

Etwas weiter im Dialog, in einem Abschnitt, den ich gleich paraphrasieren werde, lässt Platon nun die Liebe zwischen Menschen hinter sich und schwingt sich in Höhen auf, in denen die Liebe zur Philosophie und zu einem Mittel wird, durch das der Mensch seine Erfüllung findet. Hierbei handelt es sich zwar um einen Perspektivwechsel, die Richtung bleibt aber dennoch gleich. Wir wissen bereits, dass die Liebe zwischen Menschen schlichtweg eine mögliche Manifestation der Kraft ist, die uns vollkommen durchdringt und antreibt. Philosophie ist einfach nur die höchste Form der gleichen Energie, die auf niedrigster Ebene der physischen Lust entspricht. Wir alle wollen glücklich sein, und wir streben nach diesem Ziel. Wenn wir uns in einen anderen Menschen verlieben, dann zeigt dies im Grunde nur, wie wir nach unserem Glück suchen. Wenn Liebe allgemein nach Glück und Unsterblichkeit strebt, zeigt sich das innerhalb einer zwischenmenschlichen Beziehung darin, dass wir uns in einem schönen Medium fortpflanzen möchten.

Diese Analyse zwischenmenschlicher Liebe wurde als egoistisch und kaltherzig kritisiert. Platon scheint damit zu sagen, man solle andere Menschen nicht um ihretwillen lieben, sondern nur aufgrund ihrer Qualitäten – vor allem wegen der Schönheit, die sie in den Augen des Liebenden besitzen – und auch nur als Mittel, um selbst dem Glück näherzukommen. Platon beschreibt mit einer solchen Annahme, dass wir von unserem Verlangen nach Glück angetrieben werden, jedoch nicht, was wir innerhalb einer Beziehung fühlen. Hier geht es um Tiefenpsychologie. Es soll analysiert werden, was einer Beziehung *zugrunde* liegt. Die Verbindung an sich, dass ich die andere Person liebe, kann jeglichem Ideal einer zwischenmenschlichen Liebe entsprechen. Dies impliziert nichts für oder gegen Platons Analyse der ihr zugrunde liegenden Motivation. Dieser Punkt ist essenziell für Platons oberflächlich krude Assimilation von Liebe und Lust. Er meint nicht, dass wir, wenn wir etwas lieben, es auch für immer besitzen wollen, sondern Folgendes: Was immer wir lieben, geht auf unseren Antrieb zurück, das Gute fortwährend besitzen zu wollen. Um es einfacher zu formulieren: Unser Grund zu lieben (weshalb wir uns nach Vollkommenheit sehnen), liegt in unserer grundsätzlich unvollkommenen menschlichen Natur. Liebe beinhaltet Unvollkommenheit, und wir sind uns dieser bewusst. Man muss unzufrieden sein, um überhaupt motiviert zu sein; dementsprechend ist *jedes* Verlangen eines nach dem Guten, wir streben danach, einen unbefriedigenden Zustand zu beheben.

Platons Vorstellung von Liebe ist ganz und gar nicht egoistisch. Vorausgesetzt, dass Liebe nichts anderes ist, als glücklich sein zu wollen, bringt dies die wichtige Frage mit sich: Worin besteht mein Glück? In den Dialogen finden wir viele Hinweise darauf, dass es sich bei Platon um so etwas wie einen moralischen Egoisten handelt. Mein Streben nach Glück erfüllt sich paradoxerweise nur dann, wenn ich das Glück anderer voranbringe. (Mehr darüber erfahren wir später in Zusammenhang mit dem Philosophenherrscher.) In *Symposion* ist Liebe ein Bedürfnis, bei dem sich die Lust am Geben und die Lust am Nehmen die Waage halten.

Eine nicht weniger spannende Analyse von zwischenmenschlicher Liebe findet sich in dem großartigen Mythos in *Phaidros*.[2] Am Anfang des Mythos beschreibt Platon einen vollständigen Zyklus, den eine menschliche Seele durchleben kann, deren Unsterblichkeit zuvor dargelegt wurde. Wir erfahren von den drei Teilen der Seele (die ich später im Abschnitt über Platon und die Pythagoreer noch ausführlich behandele) und wie wichtig es für eine geflügelte Seele ist, bis zum Rand des Himmels aufzusteigen, um einen Blick auf das dahinter liegende Feld der Wahrheit zu erhaschen. Dort erlangen wir eine undeutliche Vorstellung der Ideen. Am Himmelsrand zu fliegen, ist ein so turbulenter Kraftakt, dass wir unsere Flügel vielleicht beschädigen und zurück auf die Erde fallen (wiedergeboren werden). Falls oder wenn das passiert, dauert es in der Regel 10 000 Jahre und bedarf immer neuer Wiedergeburten, die von den Verfehlungen und Verdiensten des jeweils vorangegangenen Lebens beeinflusst werden, bis unsere Seele ihre Flügel wiedererlangt. Einzige Ausnahme: Ein philosophischer Liebender kann seine Erinnerung an die Ideen nutzen, die durch die Betrachtung der Schönheit seines geliebten Gegenübers ausgelöst werden, um seine Flügel innerhalb von drei Lebensspannen wieder wachsen zu lassen. Vorausgesetzt es gelingt ihm, die basaleren Teile seiner Seele ausreichend zu zügeln. Die Beschreibung des Felds der Wahrheit soll verlockend genug sein, um zu erklären, weshalb ein Philosoph (wortwörtlich jemand, der die Weisheit liebt) so von abstrakter Wahrheit angezogen wird: Seine Vision der Wahrheit war umfassend genug, um auf der Erde immer unterschwellig unzufrieden zu bleiben.

Der zweite Teil des Mythos berichtet, wie eine menschliche Liebesbeziehung zustande kommt; sie entspricht der Athener homoerotischen Norm, der Affäre eines älteren Mannes und eines Jungen im Teenageralter. Wie diese Beziehung aussieht, hängt davon ab, wie weit der ältere Mann sich bereits von der Welt entfernt hat – wie nahe er selbst der Philosophie steht. Steckt er noch ganz in seinem Körper, dann wünscht er sich vor allem Sex mit einem schönen Jungen, der in ihm Liebe erweckt. Ist er aber Philosoph, dann wird ihn die Vision weltlicher Schönheit an die himmlische Schönheit erinnern, wie in *Symposion,* und so werden seiner Seele Flügel wachsen, und sie wird versuchen, gen Himmel zurückzukehren, wo sie zuerst wahre Schönheit gesehen hat. Platon betont außerdem, ein philosophischer Liebender möchte das nicht nur für sich selbst erreichen: Er wird versuchen, das philosophische Potenzial in seinem Geliebten hervorzubringen. Die im ersten Kapitel angesprochene erzieherische Komponente der Athener Homoerotik, im Kontext von Platons Jugend, erfüllt sich hier auf angemessene Weise. Der Junge beginnt also seinen Liebhaber zu lieben und erkennt im Grunde dessen Schönheit – er sieht die Reflektion des Schönen auf Erden, wodurch er sich wiederum an die Welt der Ideen erinnert, da auch er irgendwann einen kurzen Blick auf das Feld der Wahrheit geworfen haben muss. Seine Ausbildung zum Philosophen hat damit begonnen. Liebe kann uns alle zu Philosophen machen, allerdings lässt sich Platon nicht zu der wenig plausiblen Behauptung hinreißen, nur Liebende könnten Philosophen sein. Liebe ist nur deswegen wichtig, weil das Schöne die am leichtesten zugängliche Idee auf der Erde darstellt.

Darauf beschreibt Platon, wie die geliebte Person eingenommen wird. Dieser Bericht umfasst erneut den Verlauf einer Liebesbeziehung, jedoch diesmal aus der Sicht der Partner und nicht aus einer kosmischen Perspektive. Wie man sich als liebender Mensch verhält, hängt davon ab, wie deutlich man vor der eigenen Wiedergeburt die Realität erkennen konnte. Je besser die eigene Vorstellung von der Realität ist, desto eher kann die Beziehung den Abstieg in die Inkarnation umkehren. Der Junge mag dazu neigen, Liebe in Sex umzumünzen, der ältere Partner dagegen, falls er seine niederen Triebe kontrollieren kann, weiß, dass es sich dabei um eine unangemessene Reaktion handelt und kann den Jüngeren ebenfalls davon überzeugen. Der philosophische Liebhaber erzieht nicht nur seinen Partner, sondern auch sich selbst: Er steigt nur dann auf der Leiter weiter nach oben, wenn er jemand anderen auf die Sprosse emporzieht, auf der er eben noch selbst saß. Die Seele muss als Ganzes erlöst werden, weil sie aber komplex ist, setzt der Erlösungsprozess voraus, dass der vernunftbegabte Teil der Seele zunächst den Teil oder die Teile der Seele zu kontrollieren vermag, die sie mit geistiger Blindheit schlagen. Der Ausgangspunkt ist, die Schönheit auf der Erde wahrzunehmen und sich somit an das zuvor gesehene Schöne zu erinnern. Das Gesicht des Geliebten gibt, als ob es durchscheinend wäre, den Blick auf die Idee frei. Den Verstand zu verlieren – sich zu verlieben – ist eine gute Strategie, um ihn zu finden.

Die Ideenlehre

Symposion besteht in erster Linie aus einer Reihe von Reden, welche die Gäste eines fiktionalen Symposions zu Ehren der Liebe (Eros) halten. Die finale Rede, von der ich einiges gerade paraphrasiert habe, hält Sokrates, obwohl er behauptet, nur zu wiederholen, was ihn eine Priesterin namens Diotima, aus der peloponnesischen Stadt Mantineia, gelehrt habe. Die Rede gipfelt in folgenden Überlegungen: Wir verlieben uns in Schönheit, aber es gibt verschiedene Schönheitsgrade. Wir beginnen damit, das Schöne an einer anderen Person zu lieben, allerdings ist es möglich, die gleichen Eigenschaften, die wir an einer Person lieben, auf rationaler Ebene auch an zahllosen anderen Menschen wahrzunehmen. Dementsprechend beginnen wir vielleicht zu verstehen, dass die Schönheit des Geistes über der des Körpers steht. Geistige Schönheit manifestiert sich vor allem in menschlichen Aktivitäten und Institutionen. Doch auch auf dieser Ebene lässt sich feststellen, dass die besonderen Aktivitäten und Institutionen, die wir zunächst als schön empfinden, nicht mehr oder weniger schön sind als solche, die andere Menschen oder Länder hervorgebracht haben. Dies steigert sich so weit, bis wir herausfinden, dass das, was wahrhaft attraktiv ist, das finale Objekt unserer Liebe sozusagen, die »wahre Schönheit« ist:

> Zuvörderst ist es ein beständig Seiendes, was weder wird noch vergeht und weder zunimmt noch abnimmt, sodann nicht nach der einen Seite betrachtet schön, nach der andern unschön, noch auch bald schön und bald nicht, noch in Vergleich mit dem einen schön, mit dem andern aber häss-

> lich, oder teilweise schön und teilweise hässlich, oder nach der Meinung einiger schön, nach der von anderen aber hässlich ist. Ferner wird sich ihm dies Schöne nicht darstellen als ein Gesicht oder Hände oder was sonst zum Körper gehört, noch auch als eine Rede oder Erkenntnis, noch überhaupt als etwas, was an einem anderen ist, sei es an einem Einzelwesen oder auf der Erde und im ganzen Weltenraume oder wenn es noch anderswo sein könnte, sondern als rein in sich und für sich und ewig sich selber gleich, alles andere Schöne aber als seiner nur dergestalt teilhaftig, wie das Werdende und Vergehende dessen, welches in nichts mehr oder weniger wird oder irgendetwas erleidet.[3]

Die wahre Schönheit liegt also nicht im Auge des Betrachters, sondern ist ein objektiver Fakt. Weiter oben in diesem Buch habe ich angemerkt, *Symposion* sei so geschrieben worden, dass es auch nicht-philosophische Leser verstehen können. In gleicher Weise gehe ich davon aus, dass Platon in dieser Passage in seine Ideenlehre einführt, indem er sich mit der zugänglichsten Idee, die sich auf Erden finden lässt, dem Schönen, auseinandersetzt.[4] Wir mögen nun denken, die Schönheit einer Helena aus Troja oder von Michelangelos *David* zeige sich unabhängig von individuellen Ansichten. Platon behauptet jedoch, dass in dieser Welt nichts über eine derartige Unabhängigkeit verfügt. Ideen sind einfach und unveränderlich; sie sind ausschließlich das, was sie sind und ihre einzige Eigenschaft zeigt sich in ihnen auf perfekte Weise.[5] Gewisse Dinge sind dagegen »mangelhaft« (wie es in *Phaidon* steht), da sie sowohl über eine bestimmte Eigenschaft verfügen als auch über ihr genaues Gegenteil; sie sind nicht schöner, als sie hässlich sind: »Gibt es auch nur ein Schönes inmitten dieser Vielzahl von schönen Dingen, das sich nicht als hässlich erweisen wird? Gibt es eine moralische Tat, die sich nicht als unmoralisch herausstellen wird? Gibt es eine gerechte Handlung, die am Ende nicht ungerecht sein wird?«[6]

Wir sprechen von einer Ideenlehre, und zweifellos gehört eine solche zentral zu Platons Denken, allerdings widmet er nirgends einen ganzen Dialog oder eine längere Argumentationskette der Entwicklung und Darlegung einer solchen Theorie. Die Ideen führt er als vertraute Entitäten ein, mit denen wir alle schon immer arbeiten. Genauso im obigen Abschnitt, wo Platon davon ausgeht, dass der Grund, weshalb wir überhaupt irgendetwas als schön bezeichnen, darin besteht, dass das Bezeichnete an dem Schönen selbst teilhat. Platon präsentiert die Ideen, um zu zeigen, dass deren Existenz Konsequenzen nach sich zieht, die er gutheißt, wie die Möglichkeit des Wissens, die Unsterblichkeit der Seele oder um zu erklären, wie wir die Eigenschaften der Dinge erkennen können.

Diese argumentative Anwendung der Theorie zeigt sich in *Phaidon* besonders gut, wo es um die Unsterblichkeit der Seele geht. Der Dialog schildert die angeblichen Gespräche zwischen Sokrates und seinen Freunden, als sie ihm an seinem letzten Tag im Gefängnis beistanden, an dem Tag, an dessen Ende Sokrates, während es langsam dunkel wurde, den Schierlingsbecher austrank und starb. Die Gespräche drehen sich diesem Kontext angemessen um die Frage, ob die Seele unsterblich ist, oder, um es anders auszudrücken, ob Sokrates zu Recht davon ausgehen kann, dass seine Seele nach dem Tod in irgendeiner Form weiterleben wird. Es werden fünf Argumente zugunsten der Unsterblichkeit der Seele vorgebracht, von denen keines sonderlich stichhaltig ist. Nach den ersten zwei, wird die Theorie des Wiedererinnerns (Anamnesis), mit der wir bereits vertraut sind, hinzugezogen: Wenn wir mit Recht behaupten, uns an die Ideen aus einer vorherigen körperlosen Existenz zu erinnern, dann existiert die Seele, bevor sie in einem Körper Fleisch wird. Dementsprechend mag man davon ausgehen, dass sie auch nach einer solchen körperlichen Existenz fortbesteht. Das Nächste ist ein Argument in Sachen Affinität: Der Körper ähnelt den zusammengesetzten Dingen der Welt, die der Veränderung und dem Zerfall unterliegen, dagegen ähnelt die Seele den unzusammengesetzten Ideen, die unvergänglich sind. Das letzte Argument beginnt mit den Ideen des Großen und der Kleinheit. Die Idee der Größe kann nichts Kleines in sich tragen und umgekehrt; kurz: Gegensätze können sich nicht vermischen. Da die Seele das Prinzip des Lebens ist – jeder Grieche hätte zugestimmt, dass eine Seele ein Lebewesen belebt –, kann sich in ihr kein Tod befinden. Daher legt sich Sokrates am Ende des Dialogs mit erhabener Gelassenheit hin und stirbt.

Der Kern der Ideenlehre lässt sich in einer kurzen Reihe einfacher Annahmen darstellen, die alle in den mittleren Dialogen erörtert werden, wenn auch nicht in der Reihenfolge, in der ich sie nun aufzeige. Zusammengenommen erzählen uns diese Annahmen einiges über Platons Charakter. Ich verwende im Folgenden weiterhin »Schönheit« und »schön« als Platzhalter für alle Universalien und ihre zugehörigen Adjektive.

Erstens, wann immer der Begriff »Schönheit« auftaucht, bezieht er sich auf das gleiche Eine, die Idee. Wie bereits gesehen, gilt diese Annahme sogar schon in den frühen Dialogen, wobei diese noch nicht ganz erklären, dass die Universalien transzendente, vom menschlichen Geist unabhängige Ideen sind. Sie könnten dort noch schlichtweg Universalien sein, also mentale Konstrukte. Zweitens ist die Teilhabe am Schönen der Grund dafür, dass Dinge schön sind. Platon bleibt sich unsicher, welche Metapher er wählen sollte, um zu erklären, wie die Ideen die Eigenschaften der Dinge herbeiführen: Hat ein schönes Ding Teil am Schönen oder ähnelt es dem Schönen oder ist in ihm das Schöne präsent? Aus diesen beiden Annahmen folgt: Wenn zwei oder mehr Dinge schön sind, haben diese am Schönen teil und ähneln einander nur, weil sie am Schönen partizipieren.

Was ist aber mit den Ideen selbst? Wenn sie ihre Eigenschaften an die Dinge dieser Welt weitergeben, dann muss jede von ihnen auf perfekte Weise und paradigmatisch das sein, was sie ist. Drittens ist das Schöne also paradigmatisch schön. Hierbei handelt es sich um eine schwierige Annahme, und Platon war der Erste, der das Problematische daran in *Parmenides* ansprach. Wenn das Schöne an sich schön ist, und wenn Dinge ihre Eigenschaften daraus erlangen, an den Ideen teilzuhaben, muss es dann nicht eine höhere Idee des Schönen geben, die es uns ermöglicht, das Schöne als schön zu empfinden? Dann sind wir in einem unendlichen Regress der Ideen des Schönen gefangen. Die letzten drei Annahmen über die Ideen sind weniger problematisch: Sie sind nicht zusammengesetzt; sie sind überzeitlich und existieren nicht im Raum. Ich habe bereits die Metapher erwähnt, die Platon in *Phaidros* verwendet, wonach die Ideen an einem »Ort« existieren, den er das Feld der Wahrheit nennt und das »außerhalb des Himmels ist«[7]. Dabei handelt es sich aber nicht um einen Ort mit physischen Dimensionen, sondern um einen Ort, der nur einem beseelten und vernünftigen Verstand zugänglich ist.

Die Ideenlehre zeigt uns Platon als unerschrockenen und originären Denker. Heutzutage glaubt niemand mehr an die Ideen, wie sie Platon beschrieben hat; Aristoteles war der Erste, der diese Theorie systematisch untergrub. Es war aber genau diese Theorie, mit deren Hilfe Platon die Metaphysik auf ihren Weg brachte, einen Weg, den sie heute immer noch erfolgreich weitergeht. Ich denke, er hätte die problematischen Aspekte, wie die Selbstprädikation der Ideen (dass Schönheit selbst schön ist), auf die Schwierigkeit dessen zurückgeführt, was er in Worte zu fassen versuchte. Zudem hätte er diese Probleme dementsprechend nicht als etwas gesehen, was seine Theorie zunichtemachte, sondern als etwas, das spätere Denker ausleuchten könnten oder als etwas, das die Akademiker selbst lösen müssten. Die Theorie an sich ist gut durchdacht; Platon war ein methodischer Denker. Gleichzeitig hatte er, wie besonders *Phaidros* zeigt, eine ausgeprägte mystische Ader.

Platon und die Pythagoreer

Dieser mystische und spirituelle Charakterzug nährte sich aus Platons Zeit bei den Pythagoreern in Großgriechenland. Nach seiner Reise war sein Kopf voller neuer Ideen. Wir haben bereits gesehen, welchen Platz die mathematischen Wissenschaften in dem Ausbildungsprogramm für Philosophen in *Politeia* einnehmen. Sie sollen nicht nur Arithmetik und Geometrie, sondern auch Astronomie und Harmonielehre studieren, »zwei verschwisterte Wissenschaften […] wie die Pythagoreer behaupten und wir zugeben«[8]. Das war jedoch bei Weitem nicht alles, was Platon von den Pythagoreern lernte. Die Theorie der dreigliedrigen Seele – dass sie aus vernünftigen, strebenden und begehrenden Teilen besteht – basiert auf der dreiteiligen Analyse der Motivation der Menschen von den Pythagoreern. Diese Theorie findet sich besonders in *Politeia* und *Phaidros*. Platon war nun von der Unsterblichkeit der Seele überzeugt und davon, dass ihr das Wissen um die Ideen innewohnt (*Menon, Phaidon, Politeia, Phaidros*). Mehrere Dialoge enden mit fantastischen Mythen über die Seele und das Leben nach dem Tod (*Gorgias, Phaidon, Politeia*) und betonen, welche Qualen eine unreine Seele im Vergleich zum seligen Dasein und der glücklichen Wiedergeburt der Seele eines rechtschaffenen Menschen durchleben muss. Möglicherweise dachte Platon sogar, dass eine Seele in der Unterwelt bei Bewusstsein bleibt, weshalb sie ihre nächste Wiedergeburt wählen konnte. All dies kontrastiert stark mit dem Skeptizismus gegenüber einem Leben nach dem Tod, wie Sokrates es in der *Apologie des Sokrates* formuliert.

Unter diesen pythagoreischen Gegebenheiten wird Philosophie zu einer Erlösungslehre: Nur durch sie kann man die eigene Seele reinigen, ein besseres Leben führen und nach dem Tod eine sorgenfreie Existenz genießen.

Auch auf politischer Ebene geht es um Erlösung. Ein gut ausgebildeter Philosoph muss zum Wohlergehen aller Bürger einer Gemeinschaft beitragen. Wahres Wohlergehen setzt allerdings Wissen voraus, und nicht jeder ist wissensfähig. Es ist also die Aufgabe der Philosophen zu erkennen, was eine Gemeinschaft braucht und dies in deren Sinne umzusetzen, wie es *Politeia* vorschlägt. Zweifelsohne dachten die Gelehrten, die von der Akademie aufbrachen, um anderswo eine politische Rolle zu spielen, dass sie es den Philosophen in *Politeia* gleichtaten oder sich ihnen zumindest annäherten. In diesen mittleren Dialogen entwickelt sich die Philosophie zu einer Möglichkeit, um ein besserer Mensch zu werden und der Gesellschaft, in der man lebt, besser zu dienen. Grundsätzlich übernahm Platon seine Vorstellung davon, was Wohlergehen für einen Menschen ausmacht, von den Pythagoreern.[9]

Es gibt stichhaltige Argumente dafür, dass selbst die Ideenlehre viel dem Pythagoreismus verdankt. Aus der Suche nach Universalien in den frühen Dialogen war nun eine voll ausgereifte metaphysische Theorie geworden. Indem Platon über die pythagoreische Lehre vom Wesen der Zahlen nachdachte, erkannte er, dass Zahlen über die Art von Permanenz verfügen, die Universalien haben sollten. Wenn wir sagen: 2+2=4, dann zählen wir nicht nur Bohnen, sondern sagen etwas über immaterielle und zeitlose Entitäten aus. Sind diese nun immateriell und zeitlos, stellt sich allerdings die Frage: Wie können wir, als leibhaftige Wesen, um diese wissen? Fügen wir nun die pythagoreischen Lehren über die Wiedergeburt hinzu, erhalten wir Platons Theorie des Wiedererinnerns. Wir würden behaupten, dass wir uns von klein auf, basierend auf unseren Erfahrungen, Konzepte aneignen. Wir formulieren eine Vorstellung von »Stuhlheit«, die es uns möglich macht, einen Stuhl zu erkennen und ihn von anderen Objekten zu unterscheiden. Der gleiche Prozess läuft bei abstrakten Konzepten ab, etwa bei unserer Vorstellung von dem, was gut ist. Platon würde dieser Beschreibung vielleicht zustimmen, allerdings würde er anmerken, dass wir das Konzept nicht erlernen, sondern uns an eine unbewusst bereits bekannte Idee erinnern. Sie geht uns voraus und wird auch noch nach uns fortbestehen, unabhängig von unserem menschlichen Bewusstsein. Ideen würden auch dann existieren, wenn sie sich nie instanziieren, sich nie in einem realen Ding zeigen würden. Einige Aspekte dieser Diskussion mögen naiv erscheinen, wobei wir bedenken sollten, dass es sich hier um die Anfänge der Metaphysik handelt. Platon schmiedete Werkzeuge, die andere Metaphysiker später präzisierten.

Es wäre falsch zu behaupten, Platon sei »ein Pythagoreer« gewesen – sozusagen ein Anhänger dieser Schule. Zunächst einmal verlieh er allem, was er von anderen lernte oder übernahm, immer seine eigene Note. Des Weiteren gibt es an den Dialogen der mittleren Periode weit mehr zu entdecken als die pythagoreische Ausbeute, die ich hier kurz umrissen habe. Gleichzeitig wird deutlich, dass, genau wie die mathematischen Wissenschaften den geistigen Blick nach oben lenken sollten, auch Platons Geist durch seine Reise nach Magna Graecia in fruchtbare Bahnen gelenkt wurde.

Noch einmal: Wissen und Meinung

Wie bereits gesehen und wie Aristoteles es uns erklärt,[10] entwickelte Platon seine Ideenlehre, weil die Herakliteer ihn überzeugten, dass die Dinge dieser Welt instabil und einem stetigen Wandel unterworfen sind. Damit also Wissen über irgendetwas existieren kann, müssen stabile und permanente Dinge existieren, da man kein endgültiges Wissen über Dinge erlangen kann, die sich stetig verändern. Ideen und Wissen waren bereits zu Beginn der Theorie eng miteinander verbunden.

Wie wir bereits erfahren haben, liegt den frühen Dialogen implizit die wichtige Unterscheidung zwischen Wissen und Meinung zugrunde. Allerdings will Platon in diesen Dialogen eher herausfinden, ob irgendjemand über Wissen verfügt, er beschäftigt sich weniger mit der Frage, was Wissen ausmacht. Der letzte Dialog der mittleren Periode ist der brillante *Theaitetos*. In ihm wird wohl am ausführlichsten darüber nachgedacht, was Wissen ist. Da es sich allerdings um einen aporetischen Dialog handelt – der alle angebotenen Definitionen von Wissen ablehnt –, können wir kaum sagen, was Platon darüber dachte. Dies verwirrt uns vor allem deswegen, da *Menon*, wie bereits angesprochen, eine Lösung vorzuschlagen scheint: dass es sich bei Wissen um wahre Meinung handelt, die bestätigt wurde, indem man herausgearbeitet hat, weshalb die eigene Überzeugung zutrifft. Allerdings habe ich ja bereits angeführt, dass *Theaitetos'* Zweck darin bestand, Diskussionen und Debatten innerhalb der Akademie anzuregen.

Ein Abschnitt in *Politeia* ist besonders bedeutsam, da Platon hier versucht, den gewöhnlichen »Menschen auf der Straße« abzuholen und ihn davon zu überzeugen, dass es sich bei Wissen um etwas Besonderes handelt.[11] Hier lesen wir einen klaren Gedankengang, dem ein Durchschnittsbürger folgen kann, da er keine abstrusen oder speziellen gedanklichen Verrenkungen anstellt. Platon behauptet, er setze bei der These an, es gebe verschiedene Realitätsgrade, die man in drei verschiedene Bereiche unterteilen kann, und jeder von ihnen stehe für einen anderen kognitiven Zustand. Vielleicht besteht der erstaunlichste Aspekt dieser These darin, dass Platon der Sinneswelt die vollkommene Realität abspricht, obwohl wir als Menschen auf die handfesten Beweise unserer Sinne angewiesen sind. Er meint, Realität läge zwischen Sein und Nichtsein. Womit begründet er diese Behauptung?

Damit wir etwas erkennen können, muss es mindestens eine Eigenschaft oder ein Merkmal aufweisen. Sähen wir uns einem eigenschaftslosen Ding gegenüber, egal wie unmöglich das wäre, würde unser Geist darauf mit Leere oder Unverständnis reagieren. Dies ist der erste Grad, und Platon legt diese Unmöglichkeit der Vollständigkeit halber fest, um den Unterschied zu den anderen beiden zu erklären. Am anderen Ende des Spektrums können wir etwas nur dann vollkommen erkennen, wenn es mit Sicherheit und ausschließlich eine einzige Eigenschaft aufweist, da Wissen ein kognitiver Zustand der Gewissheit ist. Nur Ideen besitzen ihre Eigenschaften in vollkommener Art und Weise und absolut sicher oder sind ganz Teil des Seienden und daher Gegenstand des Wissens. Zwischen Leere (Unwissen) und Wissen liegt die Sphäre des Meinens, der Überzeugung, und hier befinden sich auch die Dinge, die ihre Eigenschaften nicht zuverlässig behalten und so zwischen Sein und Nichtsein subsistieren. Es ergibt Sinn, über das Meinen als einen Zwischenzustand nachzudenken, da es nicht über den gleichen Grad an Gewissheit verfügt, wie das Wissen. Wir sagen, »Meiner Meinung nach ist das Gebäude weiß«, wenn wir uns nicht ganz sicher sind.

Für Platon besteht der Bereich des Meinens aus vielen weißen (etc.) Dingen – also den Dingen der alltäglichen Welt. Hier herrscht Meinung und nicht Wissen, da diese Dinge unserem Geist nicht die notwendige, für Wissen erforderliche Gewissheit verschaffen können. Im Sinne der Passage aus *Symposion,* auf die ich weiter oben eingegangen bin, sieht ein weißes Gebäude nachts nicht weiß aus, seine Färbung wird mit der Zeit verblassen, es kann neu gestrichen werden und so weiter. Außerdem ist es auch nicht ausschließlich weiß: Seine Wände sind hart, es ist groß und noch vieles mehr. Dieses Gebäude präsentiert unserem Verstand keinen Eindruck von absoluter »Weißheit«.

Platons Vorstellungen von Wissen lassen sich offensichtlich nicht von seiner Metaphysik trennen; Ideen sind die primären und einzigen Gegenstände des Wissens. Die Sinneswelt lässt sich nur erkennen, weil sie Instanzen verschiedener Ideen ausbildet. In seinen Dialogen aus der mittleren Periode geht Platon also von zwei Ebenen der Realität aus (wir schließen hier den zuvor erwähnten unmöglichen eigenschaftslosen Zustand aus). Hier lohnt sich ein Blick auf das berühmte Höhlengleichnis aus *Politeia*.[12] Wir sollen uns vorstellen, wir seien Gefangene, die in einer Höhle an den Boden gekettet sind. In dieser Position können wir nur geradeaus schauen. Hinter uns brennt ein Feuer, und zwischen uns und dem Feuer laufen unablässig Menschen hin und her. In den Händen halten sie Gegenstände, deren Schatten vom Feuer an die Höhlenwand vor uns geworfen werden. Weil wir nur geradeaus schauen können, kennen wir nichts anderes als diese Schatten, und deshalb sind sie real für uns. Was wäre aber, wenn sich jemand von uns befreien und nach hinten aus der Höhle herauslaufen könnte. Zuerst würde die Person an den Gegenständen vorbeikommen, die vor dem Feuer herumgetragen werden und sofort erkennen, dass das, was für uns die Realität darstellt, in Wahrheit eine Illusion ist. Wenn sie dann aus der Höhle herausträte, sähe sie sich einer völlig neuen, bis dahin unbekannten Welt gegenüber, und zu Recht nähme sie an, dass es sich bei dieser Welt um die wahre Realität handelt.

Dieses vielschichtige Gleichnis geht noch weiter und beschreibt daraufhin die Schwierigkeiten, denen sich die entkommene Person gegenübersähe, wenn sie sich entschließen sollte, in die Höhle zurückzukehren und dort versuchen würde, ihre Mitmenschen über die wahre Realität da draußen aufzuklären. »Diese Welt hält noch viel mehr bereit als das hier!« Die anderen würden sie für verrückt halten und der Gottlosigkeit anklagen – genau, wie es Sokrates passiert ist. Für Platon ist die Außenwelt an der Erdoberfläche die Welt der realen und erfassbaren Ideen, wohingegen die Gefangenen in der Höhle unhinterfragt die illusorische Welt der Populärkultur akzeptieren, die sich ihnen durch die Artefakte zeigt, die hinter ihnen herumgetragen werden und durch die Stimmen der Tragenden, die an den Wänden der Höhle abprallen und so aus den Schatten zu kommen scheinen. Die obere Welt bewohnen unsere Seelen und die niedrigere Realitätsebene unsere Körper und Sinne. In der oberen Welt erlangen wir Wissen über uns selbst, dagegen können wir in der Höhle noch nicht einmal uns selbst oder unsere Nachbarn sehen, da wir zu einem immergleichen Blick geradeaus gezwungen werden. In der oberen Welt kann Wissen unsere Handlungen lenken, und wir können uns somit erfolgreich moralisch verhalten. Dagegen kann es keine wahre Moral geben, die sich nur auf ein Schattenspiel verlässt, und jedes Verhalten, das man als moralisch gut bezeichnen kann, lässt sich genauso gut als moralisch schlecht beschreiben.

Ethik

Heutzutage würden nur noch wenige Philosophen, wie Platon es hielt, die Epistemologie und die Metaphysik als derart eng miteinander verbunden betrachten. Vielleicht attestiert heute sogar kein Philosoph mehr der Ethik – dem Teilgebiet des Wissens, das sich mit der Frage beschäftigt, was es heißt, ein guter Mensch zu sein – eine so enge Beziehung zur Metaphysik. Aber Platon hat es getan. Dagegen vertreten heute viele Menschen die Ansicht, und viele sind über die Jahrhunderte hinweg der Meinung gewesen, religiöse Prinzipien sollten lenken, wie man sich verhält. Aus diesem Blickwinkel heraus ist es wesentlich einfacher, Platons Beweggründe zu verstehen, schließlich offenbart es mehr als nur einen Hauch religiösen Eifers, wie er die Metaphysik angeht. Wie bereits gesehen, stellte die Annäherung an das Göttliche für Platon eine wichtige Möglichkeit dar, das Ziel der menschlichen Existenz auszudrücken. »Das Göttliche nämlich ist das Schöne, Weise und Gute und was dem ähnlich ist«[13], sodass es einen Menschen automatisch gut und allmählich moralisch besser werden lässt, sich Gott anzugleichen. Ähnlich verhält es sich in *Phaidros*, wo man der Spur desjenigen Gottes folgen soll, dem man am meisten anverwandt ist (da es zwölf solcher Götter gibt, schwingen hier astrologische Untertöne mit), um so vielleicht die Ideen auf dem Feld der Wahrheit zu erkennen.[14] Dafür müssen wir zunächst den begehrlichen Teil unseres dreiteiligen Verstandes gebändigt und den strebenden Teil insoweit gezähmt haben, dass er als Verbündeter des vernünftigen Teils agiert.

In *Politeia* entwickelt Platon die Vorstellung von den drei Teilen der Seele und verbindet sie mit Moral. Den Pythagoreern folgend nahm er an, der

Mensch schöpfe seine Motivation aus drei verschiedenen Quellen. Aus dem Verlangen, den eigenen Instinkten und Bedürfnissen zu folgen und den dazugehörigen Schwächen, die mit solchen Instinkten und Bedürfnissen einhergehen; aus dem Verlangen (das sich oft in Ärger oder Empörung ausdrückt), das eigene Selbstbild, die eigene Vorstellung des Ichs zu bewahren; und schließlich das Verlangen, die Wahrheit zu verstehen. Jeder trägt alle drei dieser psychischen Teile oder Elemente in sich, je nach Mensch unterscheidet sich allerdings deren Gewichtung, bei manchen zeigt sich ihr ganzes Leben hindurch ein Teil deutlicher, bei anderen ändert sich die Bedeutung je nach der jeweiligen Situation oder Lebensphase. Menschen können von ihren Begierden gelenkt werden, was sie lustvoll und gierig macht. Oder vielleicht beherrscht ihr Ego sie, weshalb sie empfindlich, stürmisch, stolz, arrogant oder mutig sind. Dagegen dominiert bei einem guten Menschen der tugendhafte Teil seiner Seele die zwei niederen. Weshalb wird jemand so zu einem guten Menschen? Weil der vernünftige Teil, im Gegensatz zu den beiden anderen, über den notwendigen Weitblick verfügt, um zu wissen, was gut für ihn ist. Damit weiß er auch, was es heißt, moralisch zu handeln.[15] Jemand, den einzig seine Begierde beherrscht, wäre ein Hedonist, wohingegen jemand, der allein seinem strebenden Teil folgt, immer nur um die eigene Stellung bemüht wäre. Moral ist nur dann möglich, wenn der rationale Teil der Seele dominiert.

Bisher klingt all dies wie ein egoistisches Ideal, als wären nur die Menschen moralisch gut, die Gutes tun, weil es sich *für sie selbst* lohnt. Etwas später in *Politeia* präsentiert Platon das bekannte Sonnengleichnis.[16] Kurz gefasst läuft es auf Folgendes hinaus: So wie die Sonne die sichtbare Welt erhellt und uns ermöglicht zu sehen, so ist es die Idee des Guten, die »den Dingen, die wir erkennen, ihre Wahrheit verleiht und die es den Menschen ermöglicht, Wissen zu erlangen«. Da nur Philosophen die Ideen erkennen können, ist es auch nur ihnen möglich, anderen wahrhaftig, nicht durch Zufall, Gutes zu tun. Platon hebt diese Moral nicht sofort hervor, stattdessen durchdringt sie einen Großteil des restlichen Dialogs. Im Höhlengleichnis müssen die Philosophen gezwungen werden, ihre Kontemplation der Ideen aufzugeben und in die Höhle zurückzukehren, um das Leben ihrer Mitbürger zu verbessern und sie aufzuklären. Da nur die Philosophen wissen, was das Gute wirklich ist, können nur sie Gutes in ihren Gemeinschaften vollbringen und dort eine Umgebung schaffen, in der jeder Bürger und jede Bürgerin in der Lage ist, so gut wie möglich zu sein. Platon verknüpft also Metaphysik, Politik und Ethik. Die Kenntnis der Ideen ist wesentliche Voraussetzung für die Herrschaft über eine Stadt, da sie den Wächtern eine Art umfassende Weisheit verleiht, wodurch sie über alles in einer Stadt bestmöglich herrschen können, über das Große wie das Kleine.

Wir können diese vielen Überlegungen auch von einem anderen Standpunkt aus angehen. Auf dem Gebiet der Ethik war Platon, wie Sokrates und im Grunde fast alle anderen antiken Philosophen, ein »Eudämonist«. Denn er war der Ansicht, dass alle unsere Handlungen uns der *eudaimonia* näherbringen sollten, dem guten Zustand unseres *daimon*, unserem inneren Selbst. Man könnte diesen inneren Zustand als glücklich sein, Wohlergehen, Gutgehen oder Gedeihen bezeichnen. Wie Sokrates ging Platon davon aus, dass die meisten unserer Handlungen, wenn nicht sogar alle, uns dem Glück nicht näherbringen. Mit Handlungen erreichen wir dies nur dann, wenn wir sie tugendhaft ausführen, und da Tugendhaftigkeit Wissen ist, müssen wir dieses erst erlangen. Die Form von Wissen, die Platon in diesem Zusammenhang in den frühen Dialogen meint, entspricht dem Herstellungswissen oder auch produktivem Wissen: Wir profitieren nur dann von als konventionell gut angesehenen Dingen, wie Gesundheit, Wohlstand und sozialem Status, wenn wir sie richtig nutzen, und dafür ist jenes Wissen notwendig, über das ein Tischler oder ein Musiker verfügt.[17] Fehlt uns dieses Wissen, werden uns diese Dinge nur schaden.

Als Platon die mittleren Dialoge verfasste, interessierte ihn weniger das Herstellungswissen als das Wissen der Ideen, also dieselben zu erkennen. Bei einem solchen Wissen handelt es sich sicherlich nicht um Klugheit oder darum, über viele Informationen zu verfügen. Aber um was für eine Art von Wissen geht es dann? In diesem Punkt bleibt Platon schrecklich vage. Es scheint eine Art Intuition zu sein, was nicht heißen soll, dass es leichter zu erlangen wäre, es stellt keine Alternative zu einer Ausbildung dar: Platon hebt in *Politeia* klar hervor, dass man Ideen nur nach jahrelangen Studien erkennen kann. Diese Erkenntnis können nur diejenigen erfahren, die hart dafür gearbeitet haben.

Deutlicher wird Platon, wenn es darum geht, was ein solches Wissen nach sich zieht. Ein Abschnitt in *Phaidros* ist in dieser Hinsicht besonders erhellend:

Sokrates: Wenn Jemand zu [ein paar Ärzten] käme und sagte: »Ich verstehe solche Dinge dem Körper beizubringen, daß ich ihn erhitze, wenn ich will, und auch abkühle, und daß ich ihn, wenn es mir gut dünkt, speien mache oder auch abführe, und noch vielerlei dergleichen; und weil ich dieses verstehe, behaupte ich ein Arzt zu sein, auch jeden andern dazu zu machen, dem ich nur diese Kenntnis mitteile« – was meinst du, werden sie erwidern, wenn sie dieses angehört?

Phaidros: Was sonst, als ihn fragen, ob er auch noch verstände, wem und wann er dies alles antun müsse und in welchem Grade?

Sokrates: Wenn er nun sagte: »Keineswegs, sondern ich verlange, wer jenes von mir lernt, müsse dieses schon selbst verstehen, wonach du fragst?«

Phaidros: Dann, glaube ich, würde er sagen: »Der Mensch ist toll und glaubt, weil er in Büchern oder sonst wo einige Mittelchen gefunden hat, ein Arzt geworden zu sein, da er doch nichts von der Kunst versteht.«[18]

Genauso wie Fachwissen uns anleitet, wie wir etwas tun können, wissen wir dank der Erkenntnis der Ideen, weshalb es gut ist, dass wir es tun und wann wir es tun sollten. Dieses Wissen macht einen Menschen wahrhaft gut, denn er kann somit Gutes für andere leisten und auf diese Weise wahrhaft glücklich werden. In *Politeia* müssen die Philosophen dazu gezwungen werden, wieder in die Höhle zurückzukehren und ihrer Gemeinschaft Gutes zu tun. Sie denken, ihr Glück bestünde in einem Leben, das sich dem Nachsinnen über die Ideen widmet und in dem sie untereinander dialektische Gespräche darüber führen. Allerdings irren sie sich: Sie werden nur dann wirklich glücklich sein, wenn sie ihr Wissen anwenden. Platon bestätigt an dieser Stelle erneut – theoretisch – seine Verpflichtung gegenüber der praktischen Politik.

In den Dialogen fragt er sich immer wieder, wie Menschen, trotz ihrer menschlichen Natur, ein erfülltes Leben führen und dabei gut gedeihen können. Er verlangt von seinen Lesern eine radikal neue Sicht auf sich selbst, die Welt und ihren Platz darin. Bei den mittleren Dialogen handelt es sich nicht nur um akademische Übungen, sondern sie versuchen, wie die früheren Dialoge, ihre Leser zu bewegen, ihre grundsätzlichsten Annahmen über die

Welt neu zu durchdenken und ihr Leben entsprechend zu verändern. Allein in *Politeia* müssen wir uns gleich einer Menge wichtiger Fragen stellen: Was ist Moral? Was nützt es einem, wenn man ein guter Mensch ist, nützt es einem überhaupt etwas? Wie sollte man leben? Was beeinflusst den Charakter eines Menschen zum Guten oder Schlechten? Was heißt es, ein Mensch zu sein? Was macht unsere Seele (oder unseren Verstand) aus? Was ist Wissen? Was sind die genauen Gegenstände des Wissens? Was muss jemand wissen, um ein guter Mensch zu sein? Ist das Universum strukturiert und geordnet? Worin besteht der Wert von darstellender Kunst und darstellendem Theater? Welche politischen Systeme sind fehlerhaft und warum? Wie kann die Gesellschaft erlöst werden? Dies sind nur die Hauptprobleme; es tauchen noch einige geringere auf.

In den mittleren Dialogen konfrontiert uns Platon also mit zahlreichen schwerwiegenden und faszinierenden Überlegungen in Sachen Politik, Metaphysik, Ethik und in vielen anderen Bereichen. All das verfasst er in verführerisch klarer Prosa. Platon bringt das seltene Kunststück fertig, uns allein durch die Kraft und die Wichtigkeit der präsentierten Annahmen zu fesseln. Mir fällt kein anderer Schriftsteller ein, der wie Platon so viele Ansichten in ein Buch packt und dennoch nicht das Interesse seiner Leser verliert. Philosophie existierte kaum länger als 200 Jahre, als diese Texte entstanden, und dennoch steht *Politeia* noch heute auf der Leseliste der meisten denkenden Menschen weit oben. Dass Platon die mittleren Dialoge hervorbrachte, ist ungefähr so, als wäre das erste Flugzeug nur 200 Jahre nach Erfindung des Papierdrachens abgehoben.

7

Angewandte Politik in Syrakus

Platon stand weiterhin mit Dion in Kontakt und blieb damit auch auf dem Laufenden bezüglich der politischen Entwicklungen in Syrakus unter Dionysios I. Im Laufe der Jahre war Dion immer weiter aufgestiegen. Dionysios hatte ihn mit einer entscheidenden Rolle betraut, er sandte Dion als Botschafter zu den Karthagern, die im Westen der Insel herrschten und beständige Feinde von Syrakus waren, der mächtigsten griechischen Stadt auf Sizilien. Da Dionysios Dions Schwester Aristomache geheiratet hatte, war Dion bereits der Schwager des Tyrannen. Dann heiratete Dion die Tochter von Dionysios, Arete, und wurde so auch sein Schwiegersohn. Dion scheint das uneingeschränkte Vertrauen des Tyrannen genossen und dem Tyrannen so nah wie kein anderer am Hof gestanden zu haben. Nicht zu vergessen, dass Dion in dieser Zeit ein enormes Vermögen ansammelte.

Dionysios I. starb im Frühling des Jahres 367 v. Chr. und gab den Thron an seinen Sohn weiter. Dionysios II., Mitte 20, war nicht aus dem gleichen Holz geschnitzt wie sein Vater: Aufgewachsen in zügellosem Luxus (so die Gerüchte), war er weich geworden und verfügte weder über die Streitlust noch über die taktischen Fähigkeiten seines Vaters. Das war nicht unbedingt schlecht, da er mit den Karthagern Frieden schloss. Allerdings fehlte ihm das notwendige Durchsetzungsvermögen, vielleicht auch die Rücksichtslosigkeit, um seine Untertanen mit fester Hand zu regieren, weshalb sich Fraktionen bildeten, die sich seiner Regentschaft widersetzten. Solange sie mit den Karthagern Krieg führten, hatten die Bürger von Syrakus einen Kriegsherrn akzeptiert, nun wollten einige nicht vom Sohn dieses Kriegsherrn beherrscht werden.

Dion ging davon aus, dass er Dionysios II. genauso nahestehen werde wie seinem Vater und wollte sogar noch mehr. Selbst nach all den Jahren sah er sich immer noch als Anhänger Platons, der ihn wahrscheinlich nach wie vor in Briefen unterwies und ihm vielleicht auch seine Dialoge zukommen ließ. Dion strebt nach einem positiven Einfluss auf den neuen Monarchen, der zwar intelligent und sensibel war, allerdings noch intellektuell unreif, da sein Vater ihn in einem goldenen Käfig erzogen hatte. Dies beschreibt Plutarch in seiner Biografie von Dion wie folgt: »[…] so gab er sich alle Mühe, ihn in anständige Beschäftigungen zu werfen und ihm einen Geschmack an Schriften und Wissenschaften, die den Charakter bilden können, beizubringen, damit er von der Scheu vor der Tugend abgebracht und gewöhnt würde, an dem Guten und Schönen Vergnügen zu finden.«[1] Die frühen Maßnahmen, die der junge Dionysios traf, weisen darauf hin, dass er durchaus eine liberalere Form der Tyrannei anstrebte als sein Vater und weniger repressiv herrschen wollte.

So passierte, was bisher noch an jedem Hof eines Monarchen geschehen ist: Die Höflinge rangen um Positionen und waren eifersüchtig auf diejenigen, die mehr Gunst erlangten als sie selbst. Einflussreiche Kräfte an Dionysios' Hof versuchten, Dions Position zu untergraben – sie meinten, wenn sich Dionysios ganz auf die Philosophie einließe, wäre Dion im Grunde der eigentliche Herrscher. Trotz dieser Widerstände schien Dion zunächst zu dem jungen Tyrannen durchzudringen. Er begann, platonische Erkenntnisse und auch Ratschläge in seine Gespräche mit Dionysios einfließen zu lassen. Letzteren schienen die neuen Ideen so zu interessieren, dass er sich überzeugen ließ, an Platon zu schreiben und ihn an seinen Hof einzuladen. Wahrscheinlich musste Dion den Herrscher dazu nicht sonderlich überzeugen. Schließlich war Platon der größte Philosoph seiner Zeit, und Dionysios verfügte, wie auch sein Vater, über literarische Ambitionen und wollte einen vortrefflichen und kultivierten Hof unterhalten. Einige, dem syrakusischen Tyrannen feindlich gesinnte Schriftsteller behaupteten, der ältere Dionysios hätte seinem Sohn jegliche Form von Ausbildung verwehrt, da er fürchtete, dieser könne sich gegen ihn wenden, was allerdings schlichtweg falsch ist. Auch Dion schrieb an Platon und erklärte seinem Lehrer, er müsse diese einmalige Gelegenheit unbedingt nutzen; Plutarch zufolge unterstützten auch einige Pythagoreer in Süditalien, die in der Nähe von Dionysios' Reich lebten, Dions Bitte.

Die Feinde Dions holten in der Zwischenzeit den Historiker Philistos aus dem Exil zurück, er sollte Dionysios' neu gefundenes Interesse am Lernen stillen und so die Tyrannei und eine bestimmte Gruppe von Höflingen an der Macht halten. Philistos befürwortete die Syrakuser Tyrannenherrschaft – solange er es war, der den jeweiligen Tyrannen beriet. Dion war sich dessen bewusst und drängte Platon zu einem baldigen Besuch, bevor andere die Chance bekämen, Dionysios' fragilen Idealismus im Keim zu ersticken. Neben Philistos waren bereits zwei weitere Sokratiker nach Syrakus gekommen, die Freunde Aischines und Aristippos.[2] Dion, Platon treu ergeben, war es offenbar lieber, wenn Dionysios sich mit Platon auseinandersetzte als mit irgendwelchen anderen Sokratikern. Insbesondere Aristippos hätte vermutlich nicht versucht, Dionysios von den hedonistischen Neigungen seiner Jugend abzubringen.

Platons Motive

Platon zögerte nur kurz, bevor er die Einladung von Dionysios II. annahm, wobei er sicherlich Bedenken hegte: Junge Männer sind schließlich wankelmütig. Die entscheidenden Faktoren, abgesehen von der verführerischen Aussicht, einen der mächtigsten Monarchen Europas beeinflussen zu können – es hatten »sich hier Philosophie und Macht wahrhaftig in einem zusammengefunden«[3] –, lauteten: Erstens war es Platon Dion und der Philosophie schuldig und zweitens, »weil ich es als äußerst peinlich vor mir selbst empfand, daß es mir selbst scheinen könnte, ich sei in allem geradewegs nur ein Gedanke und werde freiwillig nie an irgendeine Tat herangehen«[4]. Mir erscheint es jedenfalls vollkommen plausibel, dass Platon etwas Praktisches unternehmen wollte. Er litt unter einem gewissen Schuldgefühl. Von Sokrates hatte er die Ansicht übernommen, bei politischen Führern solle es sich um ausgebildete Experten handeln, die ausreichend philosophisch gearbeitet hatten, um gute Menschen zu sein. Dies sei die Voraussetzung für einen Staat, der einem gerechten Ideal entsprach. Allerdings hatte er sich aufgrund seiner Abscheu gegenüber der Athener Politik allein theoretischen Studien verschrieben – ganz davon zu schweigen, dass er Sokrates' Standpunkt zu ausgebildeten politischen Experten in seinem utopischen Werk *Politeia* ins Extreme steigerte. Zwar verfügte Dionysios sicher bereits über einige Sachkenntnis – schließlich hatte er am Beispiel seines Vaters gelernt, was Monarchie bedeutete – dennoch fehlte es ihm an philosophischem Training.

In diesem Zusammenhang erlangt eine Passage aus *Nomoi* besondere Bedeutung. Platon denkt darin darüber nach, was ein guter Gesetzesgeber braucht, um so schnell wie möglich in einem Staat annehmbare Bedingungen zu schaffen. Seine Schlussfolgerung überrascht: »Gebt mir einen Staat, der von einem Tyrannen regiert wird, [...] der Tyrann soll jung sein, mit gutem Gedächtnis, lernbegierig und von Natur großgesinnt.«[5] Platon verabscheute Tyrannei, glaubte jedoch, dass man sie unter solchen Bedingungen in etwas Besseres umwandeln konnte. Als zwei weitere notwendige Eigenschaften nennt er Selbstdisziplin und Glück. Der schnellste und einfachste Weg, einen Staat zu reformieren, war Platon zufolge, wenn der Tyrann mit einem wahrhaftigen Gesetzesmacher zusammenarbeitete – wie wir sehen werden, sollte dies zu einer Mischung aus Monarchie und Demokratie führen.[6] Platon schließt andere Herrschaftsmodelle nicht aus: Für das Zweitbeste hält er eine konstitutionelle Monarchie, an dritter Stelle steht die Demokratie und an vierter schließlich eine Oligarchie. Allerdings würde in diesen Fällen die Reformation der Gesellschaft langsamer und weniger geradlinig voranschreiten. Platon scheint sich für einen solchen Gesetzesmacher gehalten zu haben, und Dion hatte ihn wohl davon überzeugt, dass Dionysios vielleicht über die notwendigen Eigenschaften verfügte. Wie sich herausstellen sollte, kannte Dion sich allerdings wohl nicht so gut mit der menschlichen Psyche aus, wie er gedacht hatte. Er ließ sich zu stark von seinen Hoffnungen leiten, und Platon, geblendet von seiner Zuneigung für den Jüngeren, machte den Fehler, ihm zu vertrauen.

Im Kontext des 4. Jahrhunderts v. Chr. überrascht es wenig, dass Platon von der Herrschaft eines Einzelnen überzeugt war: Viele griechische Intellektuelle teilten seine Ansicht und reagierten damit auf das, was sie als die Schwächen der Demokratie ansahen – beispielsweise die Exzesse, die Platon während des Peloponnesischen Krieges erlebte. Dementsprechend standen sie einer aufgeklärten Monarchie eher optimistisch gegenüber. Xenophon stellte Agesilaos, den König von Sparta, als vollkommen tugendhaft dar und schrieb einen fiktionalen Bericht, in dem er Kyros den Großen von Persien lobte. Isokrates verfasste nicht nur ein Enkomion auf Euagoras I., den König von Salamis auf Zypern, er riet auch dessen Nachfolger Nikokles, zu einem aufgeklärten Monarchen zu werden und im Sinne seines Volkes zu regieren. Xenophon, Antisthenes und andere Sokratiker umrissen in ihren Schriften die Führungsqualitäten eines wahrhaftigen Herrschers. Platon war lediglich ein Vorreiter dieser Bewegung, sowohl theoretisch (mit *Politeia*) als auch praktisch (mit seinen Reisen nach Syrakus).

In *Politeia* formuliert es Platon bekanntermaßen wie folgt: »Wenn nicht [...] entweder die Philosophen Könige werden in den Staaten oder die jetzt so genannten Könige und Gewalthaber wahrhaft und gründlich philosophieren [...] eher gibt es keine Erholung von dem Übel der Staaten.«[7] Dennoch hoffte oder erwartete Platon nicht von seinem Besuch in Syrakus, Dionysios in einen der Philosophenherrscher aus *Politeia* verwandeln zu können.[8] Für Platon bestand die ideale politische Situation immer noch darin, dass die Herrscher eines Staates vollständig ausgebildete Philosophen waren, welche die in *Politeia* beschriebene lange und beschwerliche Ausbildung durchlaufen hatten oder zumindest die Version der Ausbildung, welche die Akademie anbot. Platon war jedoch nicht so blauäugig zu glauben, er könne Dionysios' Charakter in der kurzen Zeit eingehend verändern.

Er wollte Dion und Dionysios bewegen, die Syrakuser Gesellschaft zu reformieren und den Absolutismus zu einer konstitutionellen Herrschaft abzuschwächen, die einer Gesetzgebung folgte. Dem Volk sollte eine gewisse Freiheit zurückgegeben werden. Ein Tyrann ist per Definition ein unkonstitutioneller Potentat, der willkürlich herrscht, sein Wort ist Gesetz. Platon wollte Dion helfen; Dionysios sollte ein König werden, der auf Basis einer quasi-demokratischen Verfassung regierte und kein reiner Tyrann mehr war. Ein naheliegender Nutzen hätte darin bestanden, dass es Dionysios gelungen wäre, die griechischen Städte auf Sizilien zu einer Allianz zusammenzuschließen. Sie hätten auf Augenhöhe, nicht Syrakus untergeordnet, gemeinsam ein Bollwerk der griechischen Kultur gegen die »barbarischen« Karthager im Westen der Insel bilden können. Die Karthager sollten wiederum irgendwann entweder von den neu vereinten Griechen unterjocht oder ganz von der Insel vertrieben werden.[9] Wie viele andere vertrat Platon ebenfalls die chauvinistische Einstellung, die griechische Kultur müsse man erhalten und gegen den Druck der Karthager im Westen und der Perser im Osten verteidigen. Im *Achten Brief* fügt er den Gegnern der griechischen Kultur noch die oskisch sprechenden Menschen hinzu, die Nachbarn der griechischen Städte in Süditalien. Dionysios sollte vor allem erkennen, was an einer Alleinherrschaft alles schlecht war, darin bestand das grundsätzliche Ziel des Vorhabens. Das hieß, den Charakter des Tyrannen zunächst gründlich umzugestalten.

Der zweite Aufenthalt auf Sizilien

Im Jahr 366[10] brach Platon also, damals in seinen späten 50ern, nach Sizilien auf. Xenokrates begleitete ihn, und vielleicht (die Beweislage ist schwach) überließ Platon Eudoxos während seiner Abwesenheit den Vorsitz der Akademie. Obwohl er erst seit Kurzem in Athen war, wäre Eudoxos die logische Wahl gewesen, er brachte bereits Erfahrung mit, schließlich hatte er in Kyzikos seine eigene Schule geleitet. Platon erzählt uns in seinen eigenen Worten, was dann geschah:[11]

> Als ich aber ankam, so fand ich, um mich kurz zu fassen, die Umgebung des Dionys voller Zwietracht, und den Dion vom Verdacht belastet, er strebe nach dem Throne. Ich meinerseits suchte ihn nun nach Kräften zu verteidigen, ich richtete aber wenig aus, und kaum etwa nach dem ersten Vierteljahr meines Dortseins ließ Dionysios den Dion unter dem angeblichen Grunde, dass dieser ihm nach dem Throne strebe,[12] in ein kleines Boot schaffen und schickte ihn in die Verbannung. Ich mit allen Freunden Dions hatte hierauf große Besorgnis, Dionysios möchte aus irgend einem Vorwande auch gegen einen von uns, als angeblichen Mitschuldigen an Dions Anschlag, seine Maßregeln ergreifen, und über mich ging auch in Syrakus ein Gerede, als sei ich, der Urheber aller jener damaligen politischen Vorgänge, von Dionysios hingerichtet worden. Als derselbe aber von dieser unserer Stimmung Kenntnis bekam, so empfing er uns alle, aus Besorgnis, dass unsere Furcht zu etwas Ärgerem führen möchte, sehr gnädig und sprach sonach insbesondere mir Beruhigung und Mut ein, ermunterte und bat sogar, dass ich auf alle Weise bleiben möchte. Denn wenn ich floh, so konnte ihm daraus nichts Gutes erwachsen, wohl aber aus meinem Verbleiben. Daher er denn auch so sehr gnädig geruhte mich zu bitten. Aber von den Bitten der Tyrannen wissen wir, dass sie mit Befehlen gesalzen sind. Zu diesem Ende gebrauchte er nun eine List und machte mir die Abfahrt unmöglich dadurch, dass er mich auf die Burg versetzte und da ein Quartier anwies,[13] von wannen gar kein Schiffer gegen den Befehl Dionysens, ja nicht einmal ohne Zusendung eines allerhöchsten Befehls, von ihm mich fortgeführt haben würde. Hätte ich mich aber allein fortreisen wollen, so würde der Herr jedes Handelsschiffes oder der nächste Hafenbeamte mich erwischt, festgenommen und schnell wieder zu Dionysios zurückgeführt haben, zumal da

bereits von dem früher einmal ausgesprengten Gerüchte von meiner angeblichen Hinrichtung gerade wieder das Gegenteil verbreitet war und überall erzählt wurde, wie huldvoll Dionysios den Platon jetzt behandle. Was war aber an diesem letzteren Gerüchte? Das will ich euch sagen, denn die Wahrheit darf man nicht verschweigen. Dionysios wurde allerdings immer zutraulicher, je länger er in unserem Umgange mein Benehmen und meine Lehre kennen lernte, aber er hatte dabei die Laune, dass ich ihn mehr loben sollte als den Dion, und dass ich ihn als Freund entschieden höher achten sollte als diesen, und in Beziehung auf so eine Äußerung von mir war er außerordentlich empfindlich. In dem Benehmen dagegen, durch welches seine Absicht, sofern sie erreichbar gewesen wäre, am besten hätte erreicht werden können, war er lässig. Dies Benehmen hätte aber selbstbegreiflich darin bestanden, dass er durch Studieren und Hören meiner philosophischen Lehre sich mir innig und häufig genähert hätte. Das tat er aber nicht aus Furcht, er möchte etwa, wie Verleumder ihm zugeflüstert hatten, auf irgend eine Weise sich hinters Licht führen lassen, und dann sei natürlich die Absicht Dions erreicht. Ich dagegen ertrug alle diese Unannehmlichkeiten ruhig und hielt fest an dem Hauptgedanken, mit welchem ich anfangs hingekommen war, beharrlich Alles versuchend, ob nicht auf irgend eine Weise ein Verlangen nach dem philosophischen Leben bei ihm entzündet werden könnte. Er aber besiegte durch Widerstreben meine Beharrlichkeit.[...] Hierauf nun beredete ich, wie ich denn nur konnte, den Dionysios mich zu entlasten, und wir verständigten uns dahin, dass dies nach Wiederherstellung des Friedens geschehen sollte, denn es war damals Krieg.[14] Dionysios nämlich versprach seinerseits mich sowohl wie den Dion wieder kommen zu lassen, sobald er den wankenden Thron sich wieder fester gestellt hätte, in Bezug auf den Dion solle man die Sache so auffassen, als wenn ihm damals keine Verbannung widerfahren sei, sondern nur eine Ortsveränderung. Ich meinerseits versprach wieder zu kommen, aber nur unter den genannten ausdrücklichen Bedingungen.

Von anderen Quellen erfahren wir weitere Details.[15] Bei seiner Ankunft in Syrakus hieß man Platon überschwänglich Willkommen, und Dionysios zeigte ihm seine Ehrerbietung, indem er Platon mit dem königlichen Wagen in die Stadt brachte. Als Platon zu Dionysios in den Wagen stieg, fühlte sich ein literarisch versierter Zuschauer an die Zeilen von Homers *Ilias* erinnert, als die Göttin Athene sich zu Diomedes in den Streitwagen begibt. Er zitierte die Stelle, wobei er ein Wort änderte: »Laut stöhnte die buchene Achse Lastvoll, tragend den tapfersten Mann, und den schrecklichen *Sterblichen* [zuvor »Göttin«].«[16]

Als man sah, wie sehr Dionysios von Platon angetan war, begeisterte sich binnen kurzer Zeit der gesamte Hofstaat für Literatur und das Studieren. »Der Palast war vollkommen staubig, da so viele Menschen mit dem Studium der Geometrie begannen«[17], und auch im Allgemeinen lebte man nun am Hof weniger verschwenderisch. Vielleicht schmückte Plutarch die Situation etwas aus, der Richtungswechsel war jedoch klar zu erkennen, allerdings unterbanden Philistos und seine Freunde ihn erfolgreich, indem sie für Dions Verbannung sorgten. Einigen Syrakusern stieß Dions Abreise allerdings sauer auf, weswegen Dionysios zwei Schiffe mit Dions Besitztümern beladen ließ und sie ihm nachsandte, außerdem erhielt Dion weiterhin die Einnahmen aus seinen Ländereien. Dionysios wollte damit die gegnerischen Stimmen besänftigen und jede Gefahr, dass sie sich gegen ihn erheben könnten, ausräumen. Dies erklärt wahrscheinlich auch seine tendenziöse Aussage am Ende des oben zitierten Abschnitts, wonach Dion nicht verbannt worden sei, sondern lediglich an einem anderen Ort lebte. Gleichzeitig wusste Dionysios bestimmt um die Gefahr, dass Dion seinen Reichtum gegen ihn verwenden könnte. Dions Plan in Bezug auf Dionysios bestand offenbar darin, ihn entweder zu einem verantwortungsbewussten Herrscher zu erziehen oder ihn zu stürzen.

Der Hof von Dionysios II.

Es ist nicht eindeutig belegt, wie es am Hof von Dionysios II. aussah, wir können lediglich seine geografische Lage sicher feststellen. Da sich alle Höfe von Monarchen dennoch in gewissen Aspekten ähneln und diese sich über die Jahrhunderte hinweg nicht geändert haben, können wir durchaus ein paar Aussagen treffen.

Dionysios' Zitadelle, die Palast und Festung zugleich war, trennte ein formidabler fünffach abgesicherter Zugang vom Rest der Stadt: Durch drei Tore passierte man eine erste Wehrmauer und gelangte auf einen offenen Platz, hinter dem eine zweite Wehrmauer mit zwei Toren aufragte. Wahrscheinlich nutzten im Alltag Händler die freie Fläche, die dort ihre Stände aufbauten und ihre Waren den Soldaten und Höflingen anboten. Hingegen wären in Kriegszeiten Angreifer, welche die erste Mauer überwanden, auf dem Platz den Soldaten und Bogenschützen auf der zweiten Mauer schutzlos ausgeliefert gewesen. Hinter der zweiten Mauer lag die große Zitadelle, die, für sich genommen, ebenfalls sorgfältig abgesichert war. Dort wurde Platon untergebracht. All diese Verteidigungsanlagen hatte Dionysios I. anlegen lassen, der die auf dem Gelände lebenden Zivilisten umgesiedelt und deren Häuser abgerissen hatte, um es in eine unüberwindbare Festung zu verwandeln. Die Zitadelle war auf einem künstlich angelegten Damm erbaut worden, der Syrakus mit der kleinen Insel Ortygia (altgriech. »Wachtelinsel«) verband. Dort befanden sich im 8. Jahrhundert v. Chr. die ersten Siedlungen von Syrakus, die sich anschließend langsam auf das Festland ausbreiteten. Die Insel beherbergte einige der wichtigsten Tempel von Syrakus, und seit Dionysios I. befanden sich dort auch das Waffenarsenal und die Kasernen der Söldnertruppen des Tyrannen. Hier lagen außerdem die beiden Häfen von Syrakus, zur See hin mit Hafenketten oder Barrieren im Wasser geschützt. Mindestens genauso wertvoll im Fall einer Belagerung war die ergiebige Süßwasserquelle Arethusa, die sich ebenfalls auf der Insel befand.

Ein königlicher Hof ist natürlich mehr als nur ein Palast; er besteht auch aus den Menschen, die sich um den Monarchen scharen, die dort arbeiten und leben oder die mit offiziellen Anliegen dorthin kommen. Der Hof von Dionysios II. umfasste in erster Linie ihn selbst, seine enge Familie und andere Verwandte. Die Familie brachte ihre eigenen Gefolgsleute mit sich. So verwaltete wahrscheinlich ein königlicher Kämmerer den Haushalt. Zudem gab es einen Hüter des königlichen Siegels; einen königlichen Leibarzt; Zeremonienmeister, die Stäbe schwenkten, Durchgänge blockierten und den Zugang zum Monarchen regelten, der sich mit Absicht rarmachte, um den Anschein des Besonderen zu bewahren. Hochrangige Mitglieder wohnten entweder direkt im Palast oder in unmittelbarer Nähe.

Hinzu kamen Dionysios' engste Berater, wie Dion und Philistos. Deswegen konnte Dionysios Platons Quartier auch als Zeichen seiner Wertschätzung verkaufen; es brachte Platon dauerhaft in die unmittelbare Nähe der königlichen Präsenz. Da der Hof gleichzeitig Sitz der Regierung war, bildeten die Berater im Grunde die herrschende Klasse von Syrakus. Die gesamten Finanzen des Königreichs, die militärische Verwaltung, das Delegieren der Aufgaben an die lokalen Verwaltungen – all dies wurde am Hof geregelt. Dann gab es da noch die Künstler, Unterhalter und Intellektuellen, die der König förderte, und die Priester des Hofs, die den Göttern opferten und Feste organisierten.

All diese Menschen bildeten den inneren Hof, der regelmäßig mit dem König in Kontakt stand. Zum äußeren Hof zählten die Bürokraten, Sekretäre, Stallknechte, Bäcker und so weiter, die das alltägliche Leben im Königreich und im Palast am Laufen hielten, sowie all die Abgesandten, Botschafter und Sendboten, die aus dem Ausland eintrafen. Von Abgesandten erwartete man, dass sie nicht nur mit einer Bitte, sondern auch mit einem Geschenk oder einem Angebot kamen, um sich den König gewogen zu machen.

An jedem Hof haben sich die Höflinge und Besucher an bestimmte Vorschriften zu halten, meist bestimmen ungeschriebene Gesetze sowohl das Verhalten des Königs – oder Tyrannen – als auch seines Hofstaats. Von ihm erwartet man Größe und Würde, sie antworten mit Ehrerbietung. Dionysios' Hof war der Punkt, von dem aus er der Außenwelt seine Identität als Monarch präsentierte, hier hielt er seine Audienzen ab und erteilte Befehle. Es war der Ort, wo königliche zeremonielle Ereignisse (etwa Staatsbankette oder der Empfang von Botschaftern) stattfanden, und er war die Kulisse, um die Macht des Monarchen weiter nach außen zu inszenieren. Gewöhnlich trat der König aus seinen inneren Gemächern heraus und erschien vor seinen Untergebenen beinahe wie eine göttliche Epiphanie. Dionysios präsentierte sich als heilig und essenziell für sein Volk. Die Statuen und Portraits von ihm, denen er seine Billigung erteilte, sollten diesen Eindruck von Macht und Göttlichkeit weiter verbreiten.

Luxus und Opulenz waren gerechtfertigt, da sie vom Wohlstand des Reichs kündeten. Dionysios verfügte über enorme Einnahmen, in erster Linie aus Steuern, Geschenken, richterlichen Geldbußen und Enteignungen, Kriegsentschädigungen und Kriegsbeute sowie aus den Einnahmen der weitläufigen königlichen Ländereien. Allerdings waren seine Ausgaben ähnlich umfassend: Er musste Krieg führen, seine Söldner bezahlen, Festungsanlagen und öffentliche Gebäude errichten und instand halten, und in den jeweiligen Heiligtümern den Göttern kostspielige Opfer darbringen. Außerdem musste er seinem Hof Ansehen verschaffen, indem er die Geschenke von anderen Monarchen oder Staatsmännern, wie Archytas von Tarent, entsprechend erwiderte. Zudem oblag es ihm, seine engsten Berater zu belohnen (wahrscheinlich war Dion auf diese Weise am Hof von Dionysios I. so reich geworden) und seine Günstlinge zu fördern. Platons Briefe weisen nicht darauf hin, dass auch er von Dionysios' Generosität profitiert hätte, es würde allerdings nicht überraschen. Die Geschichte, Platon habe die unglaubliche Summe von 80 Talenten geschenkt bekommen, könnte wahr sein oder zumindest einen wahren Kern enthalten, der ausgeschmückt wurde.[18] Jedenfalls liegt es an der Tradition der königlichen Patronage, dass es für Platons Gegner plausibel war, ihn als Parasiten des Syrakuser Tyrannen darzustellen.

Platon und Dionysios II.

Aus dem *Siebten Brief* erfahren wir etwas über den Umgang von Platon und Dionysios, bevor Dion verbannt wurde. Für Platon begann eine politische Reform meist mit einer persönlichen Veränderung. Er bestand darauf, ein bescheidenes und selbstdiszipliniertes Verhalten werde Dionysios zu einem Anführer machen, der seine Position verdiente. Und ein solches Gebaren würde ihm wahre Freunde und Verbündete einbringen, sodass ihm gegenüber vertrauenswürdige Menschen die Städte von Sizilien regieren konnten. Gleichzeitig hoffte Platon auch auf einen Wandel im gesamten Hofstaat, da die Höflinge schließlich ihrem Monarchen nacheiferten.

Der *Dritte Brief* berichtet uns, dass die drei Männer (Platon, Dion und Dionysios) in erster Linie an einer neuen Verfassung für Syrakus arbeiteten, die Dionysios als konstitutionellen Herrscher einsetzen würde. Platons Beitrag bestand größtenteils darin, Präambeln zu den vorgeschlagenen Gesetzen zu schreiben. Wenn wir uns die Präambeln in *Nomoi* anschauen, können wir uns vorstellen, wie diese ausgesehen haben. Vor Platon war noch niemand auf eine solche Idee gekommen; bis dahin existierten noch keine juristischen Präambeln. Platon unterschied zwischen dem Zwang, den ein Gesetz ausübte, und der Überzeugungskraft einer Präambel. Ein Gesetz sagt im Grunde: »Tu dies oder du wirst auf folgende Weise bestraft.« Eine Präambel erklärt dagegen, weshalb ein Gesetz gut ist, und soll die Menschen dazu bringen, dieses aus eigenem Willen zu befolgen. Indem er Präambeln zu den neuen Gesetzesentwürfen für Syrakus schrieb, unterwies Platon Dionysios. Er zeigte ihm nicht nur, wie eine gute Verfassung für Syrakus aussehen konnte, sondern erklärte ihm auch, weshalb sie gut sei. Platon war grundsätzlich überzeugt, dass alle

Gesetze darauf abzielen sollten, den Bürgern Tugendhaftigkeit einzuimpfen. Vielleicht beschäftigten sich die drei auch nicht ausschließlich mit Syrakus. In einer der Lebensbeschreibungen des Komikers Aristophanes[19] empfiehlt Platon Dionysios, er solle die Stücke von Aristophanes lesen, um die Athener Politik besser zu verstehen. Dies leuchtet durchaus ein, auch wenn sich die Geschichte wahrscheinlich so nie zugetragen hat.

Nach Dions Verbannung verweigerte Platon Dionysios allerdings jegliche weitere politische Zusammenarbeit. Darauf bezieht sich vermutlich Dionysios' Behauptung, Platon habe seinen Versuchen zur politischen Reform im Weg gestanden, wie im *Dritten Brief* dargelegt.[20] Wie wir gesehen haben, berichtet Platon, er habe seine Zeit mit dem Versuch verbracht, Dionysios wieder mit Dion zu versöhnen und sich selbst gegen Philistos Vorwürfe, er arbeite gemeinsam mit Dion an Dionysios' Sturz, zu schützen. Obwohl Platon die Gespräche auf einer eher grundlegenden Ebene beließ, interessierte Dionysios sich nach wie vor für Philosophie. Die beiden Männer begegneten einander höflich, und als Dionysios zunehmend mit dem Krieg beschäftigt war, erlaubte er Platon, nach Athen zurückzukehren.

Platon war sicher erleichtert, abreisen zu können. Zwar hatte er es nicht geschafft, Dionysios die Philosophie zu vermitteln, aber wenigstens war es ihm gelungen, Dion die Rückkehr nach Syrakus offen zu halten. Verglichen mit seiner ursprünglich geplanten nachhaltigen Reform von Syrakus war dies nur ein geringer Erfolg. Zwar meinte er, er habe »Archytas und seine Leute in Tarent mit Dionysios freundschaftlich verbunden«[21], allerdings hätten Archytas und Dionysios dies auch allein zustandebringen können. Im Großen und Ganzen überwogen die Nachteile die erreichten kleinen Fortschritte. Zwar können wir dies nicht in erster Linie Platon vorwerfen, aber das Syrakus, das er verließ, war in Fraktionen gespalten, die Gräben verliefen besonders zwischen den Anhängern Dions und den Befürwortern der Tyrannei. Jeder wusste, dass Platon wesentlich mehr für Dion übrig hatte als für Dionysios.

Wohltemperierter Idealismus

Platons Enttäuschung über die Ereignisse in Syrakus scheint sich in seinen damaligen Ansichten über politische Führung niedergeschlagen zu haben. Der Dialog *Politikos* entstand, wahrscheinlich sogar recht kurz, nach seiner

Rückkehr nach Athen. Dem Text liegt die Idee zugrunde, die ideale Herrschaft sei die eines weisen Experten, der ohne Gesetze regiert. Dabei handele es sich um ein besseres Modell als jede bis dahin existierende Verfassung. So ein *Politikos*, ein wahrhaftiger Staatsmann, stelle das eigentliche Ideal dar, all jene, die derzeit Ämter bekleideten, die ein solcher Staatsmann innehaben sollte, seien nichts weiter als Blender. Der Staatsmann in *Politikos* entspricht jedoch nicht dem Philosophenherrscher in *Politeia*; er ist ein professioneller Staatsmann, und sein Wissen erstreckt sich darauf, dass er zu regieren versteht, er verfügt über keinerlei Wissen in Bezug auf die Ideenwelt. Er ist in der Tat kein Philosoph: Wie bereits angesprochen, ist *Politikos* Teil einer Trilogie, die aus *Sophistes, Politikos* und schließlich *Philosophos* bestehen sollte, dementsprechend trennt Platon mit *Politikos* nun den Philosophen vom Staatsmann.

In *Politikos* durchdenkt Platon noch einmal die Probleme, die in *Politeia* zum Aufstieg des Philosophenherrschers führen. Der Staatsmann ist nun ausschließlich ein Experte der Politikwissenschaft, und dem Staatsmann unterstellte Spezialisten (Generäle, Richter, Lehrer usw.) üben auch alle anderen wichtigen staatlichen Funktionen aus. Dem Staatsmann fehlen die allumfassenden Kompetenzen des Philosophenherrschers aus *Politeia*. Vielleicht zeigt sich darin Platons neugewonnener Realismus, nachdem sein syrakusisches Experiment gescheitert war. Auch scheint so gut wie keine Philosophie am Aufbau des prähistorischen Athens und dem ursprünglichen, unkorrumpierten Atlantis aus *Timaios* und *Kritias* beteiligt zu sein, ebenso wenig im fiktiven Stadtstaat von *Nomoi*.

Trotz der immer noch andauernden Überhöhung des weisen Herrschers legt *Politikos* mehr Wert auf die Gesetzgebung als *Politeia*. In Letzterem werden zwar einige Gesetze umrissen und als gegeben angenommen, allerdings schränken sie nur selten den Philosophenherrscher ein; sie dienen eher dazu, die Institutionen der fiktiven Stadt zu regulieren. (Daher auch der berühmte Satz des römischen Poeten Juvenal: »Wer aber bewacht die Wächter?«)[22] Diese Überlegungen führt *Politikos* weiter aus. Die geschriebene Gesetzgebung wird herabgesetzt, da man davon ausgehen muss, dass ihr die notwendige Flexibilität fehlt, um auf die unendlich verschiedenen Situationen einzugehen, für die sie gelten muss. Platon zufolge ist ein Gesetz, sobald es erlassen wird, in Stein gemeißelt oder sollte sich zumindest nur schwer ändern lassen. Ein Mann des Wissens agiert dagegen flexibel genug, und wenn er in einer bestimmten Situation einen besseren Lösungsansatz vorweisen kann, sollte seinem Handeln kein Gesetz im Weg stehen. Gleiches gilt auch für Experten auf anderen Gebieten wie Ärzte oder Steuermänner: Es wäre absurd, wenn sie sich an bereits bestehende Regeln halten müssten, anstatt auf die Situation reagieren zu können, der sie sich unmittelbar gegenüber sehen. Der Staatsmann regiert nach selbst aufgestellten Gesetzen, die Gesetze greifen außerdem für Situationen, in denen er entweder abwesend oder sein Input nicht notwendig ist. Er darf die Gesetze entsprechend anpassen, wenn er meint, dass die Umstände es verlangen. Dies muss nicht oft der Fall sein; meistens erweisen sich die Gesetze als völlig angemessen. Einem klugen Staatsmann sollte es erlaubt sein, sich über das Gesetz hinwegzusetzen, wenn er es für notwendig erachtet: »Auf gewisse Weise ist wohl nun offenbar, daß zur königlichen Kunst die gesetzgebende gehört; das beste aber ist, wenn nicht die Gesetze Macht haben, sondern der mit Einsicht königliche Mann.«[23]

In Staaten, die keinem authentischen Herrscher unterstehen – Platon dachte hier gewiss an Syrakus –, muss das Gesetz dagegen über allem stehen. Das Rechtsprinzip war für das griechische politische Denken absolut grundlegend. Schon von Beginn an war den griechischen Denkern Folgendes klar: Ihre Republiken unterschied von ihren Nachbarn im Osten, die von Königen regiert wurden, dass für alle im Staat die gleichen Gesetze galten. In *Politikos* tritt also das Gesetz als zweitbester Zustand an die Stelle des wahren Staatsmannes; Gesetze sind die bestmögliche Alternative zu einem Anführer, der auf der Basis von Wissen agiert. An einem unveränderlichen rechtlichen Kodex festzuhalten, ist einer Situation vorzuziehen, in der Unwissende Gesetze verändern können.

Der zweitbesten Möglichkeit und dem praxisnahen Ideal zufolge sollten die politischen Anführer einer Gesellschaft, und sogar Einzelherrscher wie Dionysios, innerhalb des Gesetzes handeln. »Die Alleinherrschaft nun, in gute Vorschriften, die wir Gesetze nennen, eingespannt, ist die beste unter allen sechsen [nicht-idealen Herrschaftsformen].«[24] Dies scheint der Zustand zu sein, auf den Platon und Dion mit Dionysios hinarbeiteten, und *Politikos* schildert den wahren Staatsmann auch als König.[25] Seine Aufgabe besteht darin, das menschliche Material auszusuchen und vorzubereiten (besonders indem er die Ausbildung seiner Bürger organisiert), aus dem sich ein harmonisches soziales Gefüge weben lässt. Um Fraktionsbildung zu vermeiden, verknüpft er die energetischen und ruhigen Elemente des Volkes miteinander zu einem funktionierenden Ganzen. Wer über zu viel Temperament verfügt oder sich nicht in die gegebene Ordnung fügt, wird aussortiert. Schließlich soll er einen starken politischen Körper erschaffen, indem er alle Bürger so zu indoktrinieren vermag, dass sie den gleichen Überzeugungen davon anhängen, was gut, schön und gerecht sei.[26] So werden die Bürger zu einer Gemeinschaft von Tugendhaften. Staatsführung ist eher eine theoretische als eine angewandte Wissenschaft, sie ist vor allem in der Hinsicht praktisch orientiert, als dass sie sich auf die offiziellen Amtsträger bezieht, die den Staat am Laufen halten sollen. Der Staatsmann oder König darf deswegen verordnen, weil er der Einzige ist, der erkennt, wann der richtige Zeitpunkt für die jeweilige Handlung gekommen ist. Seine Kunst des Regierens herrscht über die anderen Künste, und er weiß, wann die jeweiligen Künste welche Handlung ausführen müssen. Ein General ist also ein Experte in der Kriegsführung, aber ein Staatsmann weiß, wann ein Krieg geführt werden sollte und wann nicht.

Wie bereits gesagt, denke ich nicht, dass Platon nach Syrakus ging, um aus Dionysios einen Philosophenherrscher zu machen. Dennoch verbannten seine Erfahrungen in Syrakus seine Vorstellung von einem solchen Philosophenherrscher spätestens jetzt endgültig in den Bereich des Fantastischen Selbst der Experte, der Staatsmann ist, scheint ein unerreichbares Vorbild abzugeben. Der Idealismus aus *Politeia* wurde durch ein neues Bewusstsein dafür gezügelt, wie schwierig es in der realen Welt wäre, ein solches Ideal umzusetzen. In Syrakus versuchte Platon, wie er selbst sagt,[27] seine Vorstellung von der zweitbesten Herrschaftssituation umzusetzen, die Herrschaft eines Königs, dessen Handlungsmacht eine solide Gesetzgebung beschränkt. Er scheiterte, doch nach einigen Zielen lohnt es sich zu streben, selbst wenn man wahrscheinlich scheitern wird.

Der dritte Besuch in Syrakus

Platon kam im Jahr 365 v. Chr. nach Athen zurück. Aristoteles war bereits seit zwei Jahren an der Akademie, und Dion studierte mittlerweile ebenfalls seit ungefähr einem Jahr dort – ein Prinz an der Akademie. Dion erhielt außerdem die spartanische Ehrenbürgerschaft; vielleicht als Belohnung für seine

Dienste, als Dionysios I. noch an der Macht war, oder es handelte sich um eine Art »Goldenen Pass«, eine Gegenleistung für finanzielle Investitionen, die er in Sparta getätigt hatte. Jedenfalls scheint er Land in Peloponnes besessen und dort auch für eine Weile gelebt zu haben. In Athen wohnte Dion bei einem Freund, dem Astronomen Kallippos,[28] außerdem hatte er ein Anwesen auf dem Land, außerhalb von Athen, erworben. Zudem verband Speusippos und Dion eine enge Freundschaft. Platon kehrte in sein ruhiges altes Leben zurück und widmete sich dem Schreiben, der Lehre und der Akademie.

Währenddessen verbrachte Dionysios II. in Syrakus seine freie, nicht vom Krieg beanspruchte Zeit mit der Philosophie. Schließlich war Platons Projekt nicht an Dionysios' mangelndem Interesse gescheitert, sondern weil die Beziehung zwischen dem Tyrannen und Dion zerbrochen war. Dionysios umgab sich mit Intellektuellen, beschäftigte sich eigenständig weiter mit dem Thema und bereute es, die Sache nicht ernster genommen zu haben, als Platon noch bei ihm war. Zwei der Intellektuellen kennen wir aus dem *Siebten Brief*, die Pythagoreer Archytas und Archedemos; auch Aristippos war nach wie vor dort und wahrscheinlich Aischines, die Namen der anderen sind leider nicht bekannt.[29] In dem einige Jahre später verfassten *Siebten Brief* sagte Platon Folgendes dazu:[30]

> Nebst Archytas waren auch noch andere Männer in Syrakus, welche durch Belehrung von Dion einige philosophische Bildung hatten, und unter diesen andre welche, die tiefer in die gehörigen philosophischen Wahrheiten eingedrungen waren. Diese Philosophen scheinen mir nun sich mit Dionysios in eine philosophische Unterredung eingelassen zu haben, um mit ihm eine Diskussion anzustellen, weil sie voraussetzten, Dionysios habe alle meine Ideen gründlich aufgefasst.

Dionysios war sich dagegen bewusst, dass er von Platon kaum unterwiesen worden war, aber das Wenige, was er durch Archytas und andere erfuhr, motivierte ihn, sich weiter mit Platons Lehren auseinanderzusetzen. Oder zumindest wollte er seinen Hof mit dem Philosophen schmücken, den alle als den größten seiner Zeit ansahen. Am Ende des Jahres 363 lud er Platon also zu einem erneuten Besuch ein. Er hatte ja bereits gesagt, er werde nach Platon schicken, sobald der Krieg vorbei sei, und das war nun der Fall. Auch Dion erhielt, genau wie Platon, Berichte über Dionysios' erneutes Interesse an der Philosophie, und er drängte Platon, der Einladung zu folgen – schon weil er wusste, dass nur Platon seine Rückkehr nach Syrakus sichern konnte. Platon lehnte jedoch ab und schob sein angeblich zu hohes Alter vor.

Im Jahr 361 versuchte es Dionysios ein weiteres Mal:[31]

> Denn es schickte, wie bekannt, Dionysios zum dritten Male eine Trireme zur Bequemlichkeit meiner Reise, er schickte zweitens den Archidemos, seiner Ansicht nach den größten Verehrer von mir in Sizilien, und einen von den Vertrauten des Archytas, nebst anderen von meinen sizilischen Anhängern,[32] welche mir alle einstimmig verkündeten, wie außerordentliche Fortschritte der Tyrann in der Philosophie gemacht habe. Er schickte auch einen langen Brief, weil er wohl wusste, in welchem Verhältnis ich zu Dion stand, und wie sehr Dion seinerseits wünschte, zu Schiffe zu gehen und nach Syrakus zu reisen. Denn in Bezug auf alle diese Verhältnisse war der Brief gleich von dem Anfange an angelegt und lautete etwa auf folgende Weise: Dionys an Platon: Nach dem gebräuchlichen Anfang war sein Hauptanliegen folgendes. »Wenn du dich jetzt durch diese Zeilen zu einer Reise nach Sizilien bewegen lässt, so sollen erstlich dir deine Wünsche in Bezug auf Dion so erfüllt werden, wie du es selbst für gut finden wirst. Du wirst aber, ich weiß es, nichts Übermäßiges verlangen, und ich werde willfahren. Kommst du aber nicht, so wird keine der Angelegenheiten Dions weder überhaupt noch insbesondere in Bezug auf seine eigne Person dir nach deinem Sinne in Erfüllung gehen.« So sprach er sich in Bezug auf jene Verhältnisse aus. Der übrige Inhalt des Briefes wäre hier zu lang, und auch nicht hierher gehörig. Nebst dem kamen auch noch andere Briefe von Archytas und anderen Tarentinern, voll Lobeserhebung des philosophischen Eifers des Dionysius und insbesondere des Inhalts, dass ich im Falle meines jetzigen Nichtkommens das durch meine Bemühung zwischen ihnen und Dionysius zu Stande gekommene Freundschaftsverhältnis ganz und gar zerwerfen würde. Während dieser auf solche Weise an mich ergangenen Einladung, wobei einerseits die in Sizilien und Italien vorn an mir zogen, die zu Athen aber andererseits bittend gleichsam mich von hinten hinaus drückten, kam auch wieder dasselbe Lied, ich dürfe Dion sowie auch die andren Gastfreunde und Bekannten von Tarent nicht im Stiche lassen, endlich kam mir auch selbst der Gedanke, es wäre ja nichts Unerhörtes, dass ein junger Mann mit der nötigen Fassungsgabe durch Anregung beachtenswerter Gedanken Liebe

> und heißes Verlangen nach dem sittlich tadellosen Leben bekommen könne, es wäre also meine Schuldigkeit, mich über allen Zweifel zu vergewissern, nach welchen von beiden Lebenswegen er seinen angeborenen Zug habe; an der Wichtigkeit dieser Frage an und für sich dürfte ich auf keinerlei Weise einen Verrat begehen, und falls die Berichte von irgend einer Seite wahr wären, dürfte ich mich auch nicht eines so großen wirklich gegründeten Vorwurfs schuldig machen. Da reiste ich denn ab, gedeckt von dem Schilde einer reifen und nach vernünftigen Gründen entschiedenen Überlegung, nicht ohne Besorgnisse und mit manchen gar nicht guten Ahnungen, wie begreiflich.

Platon vertraute die Akademie Herakleides Pontikos an und nahm zwei Akademiker mit auf die Reise. Einer der beiden war Helikon von Kyzikos, der während seines Aufenthalts eine Sonnenfinsternis voraussagte, weswegen wir tatsächlich sagen können, dass Platon und seine Begleiter am 12. Mai im Jahr 361 v. Chr. in Syrakus waren. Bei Platons zweitem Begleiter handelte es sich um Speusippos.[33] Dionysios hieß sie überschwänglich willkommen, allerdings erscheint die Geschichte, Platon sei, ohne vorher durchsucht worden zu sein, von ihm allein empfangen worden, unwahrscheinlich. Vor allem wenn man bedenkt, wie eng sich Platon und Dion standen und wie paranoid Tyrannen in der Regel sind.[34]

Als Erstes stellte Platon nach seiner Ankunft Dionysios auf die Probe, wie der *Siebte Brief* weiter berichtet, um zu ermitteln, ob dieser wirklich für die Philosophie brannte. Platon erklärte Dionysios, was zum Philosophendasein dazugehörte, indem er die fundamentalen Lehrsätze und Prinzipien seiner Philosophie umriss und Dionysios aufzeigte, welch mühselige Arbeit er absolvieren müsste, um die dargelegten Ziele zu erreichen. Im Grunde beschrieb Platon also den Lehrplan der Akademie. Dabei betonte er besonders, was Dionysios alles aufgeben müsste, um seinen Charakter ernsthaft zu bessern, was den notwendigen Ausgangspunkt für alles Weitere darstellte. Dieser Test sollte die Spreu vom Weizen trennen; jeden, der sich wirklich für Philosophie interessierte, würde der Ausblick auf die bevorstehende Arbeit begeistern, alle anderen würde er abschrecken. Platon wies außerdem darauf hin, Dionysios müsse sich einem Lehrer unterordnen – natürlich Platon selbst –, »bis er das Ende seiner Reise erreicht hatte oder bis er in der Lage war, ohne Führung seinen eigenen Weg zu finden«. Dies würde jemandem, der es gewohnt war, über andere zu entscheiden, schwerfallen – es würde auch die Angst der Höflinge schüren, Dionysios' Interesse an der Philosophie könnte ihnen Nachteile einbringen.

Dionysios scheiterte spektakulär an diesem Test: Es war ausgeschlossen, dass er sich je ändern würde. Er war der arroganten Überzeugung, er habe in der Zeit seit Platons erstem Besuch bereits genug von Archytas und seinen beiden anderen Lehrern gelernt. Platon erzählt uns sogar, Dionysios hätte später ein Handbuch über Platonismus verfasst. In Platons Dialogen beschämt Sokrates seine Gesprächspartner immer wieder, indem er ihnen ihre Ignoranz aufzeigt, er setzt Scham wie einen Hebel ein, mit dem er ihre psychologischen Abwehrmechanismen einen Spalt weit öffnet; allerdings fühlte Dionysios keinerlei Scham. Er ging schlichtweg davon aus, keine weitere Unterweisung zu benötigen, und Platon gab alle Versuche in diese Richtung auf, als er erkannte, dass der Tyrann nur den Ruf eines Philosophen erlangen, aber im Grunde keiner sein wollte. Seine Philosophie war rein oberflächlich, sie reichte nicht tiefer als eine Sonnenbräune auf der Haut.[35] Es wurden keine weiteren Präambeln für mögliche Gesetze geschrieben, um Syrakus zu reformieren; es gab keinen erneuten Versuch herauszufinden, ob Dionysios vielleicht doch philosophisch weiterkommen wollte; es fanden keine Gespräche über verantwortungsvolles Regieren statt. Stattdessen nutzte Platon seine Audienzen mit dem Tyrannen, um Dion und Dionysios wieder miteinander zu versöhnen, obwohl bereits klar war, dass Dionysios nicht beabsichtigte, Dion wieder nach Syrakus zu holen, wie er es eingangs versprochen hatte. Zu diesem Zeitpunkt wusste Platon sicherlich bereits von Dions Umsturzabsichten und wollte einen Bürgerkrieg in Syrakus vermeiden, indem er versuchte, die beiden Männer wieder zu vereinen.

Die Beziehung zwischen Dionysios und Platon verschlechterte sich weiter, als Platon herausfand, dass Dionysios die Zahlung der Erträge aus den Ländereien Dions an diesen eingestellt hatte. Dionysios behauptete, er lege das Geld für Dions Sohn Hipparinos zurück, seinen Neffen, für den er seit Dions Verbannung die Vormundschaft übernommen hatte. Platon war wütend – auf sich selbst, weil er sich erneut in die Syrakuser Politik hatte hineinziehen lassen; auf Dionysios und auf Archytas und all die anderen, die Dionysios eingeredet hatten, der Platonismus verkörpere in erster Linie eine Doktrin, anstatt auf einer Charakteränderung aufzubauen. Wie schon bei seinem vorangegangenen Besuch fühlte sich Platon im Palast gefangen. Er bat umgehend um die Erlaubnis abzureisen. Dionysios vertröstete ihn mit einem Kompromiss: Er würde Dion sein Geld geben, wenn Platon, oder jemand, dem er vertraute, dafür sorge, dass Dion das Geld nur nach und nach erhielte, sodass Dion nie über genug Vermögen verfügen würde, um sich gegen Dionysios zu stellen und beispielsweise eine Armee aufzubauen. Unter diesen Bedingungen sollte Platon bis zum nächsten Jahr am Hof bleiben.

Während des gesamten Aufenthalts schien Dionysios mit Platon zu spielen. Gerade der vorgeschlagene Kompromiss war ein besonders kluger Schachzug, da er Platon, der seinen Freunden gegenüber äußerst loyal war, in eine Zwickmühle brachte. Akzeptierte er den Vorschlag, machte es ihn zu Dions Aufpasser und zu Dionysios' Lakai; lehnte er ab, wäre Dions Vermögen verloren gewesen, was Dionysios praktischerweise Platon vorwerfen konnte und was Platons Beziehung zu Dion schwer belasten würde. Zudem hätte dann das Risiko eines Bürgerkriegs in Syrakus bestanden. Dass Dionysios Platon auf diese Weise ausspielen konnte, lässt eine gewisse naive und weltfremde Seite im Charakter des Philosophen vermuten.

Am nächsten Tag ging Platon zu Dionysios und erklärte, er werde den Vorschlag annehmen, wenn Dion der finanziellen Regelung zustimme. Dion erhielt jedoch nie einen entsprechenden Brief, da Dionysios hinter Platons Rücken Dions Anwesen und Ländereien umgehend verkaufte. Schon bald entstand endgültig eine Kluft zwischen beiden. Dionysios verwies Platon der Zitadelle, der bei seinem Freund Archedemos unterkam. Das kam ihm sicherlich gelegen, allerdings war er außerhalb der Zitadelle ein leichtes Ziel für feindlich gesinnte Personen. Platon muss gespürt haben, dass sein Leben in Gefahr war. Philodemos schreibt, man habe Platon unterstellt, er plane gemeinsam mit Dion Dionysios' Ermordung, und dass Platon deswegen in Lebensgefahr schwebte. Dies stützt Plutarchs Behauptung, Speusippos habe sich in Syrakus umgehört, um herauszufinden, wie viel Rückhalt ein Staatsstreich Dions im Volk hätte. Platon befürchtete, man könne ihm ein Mordkommando aus Dionysios' Söldnern auf den Hals hetzen;[36] so sieht das Leben unter einem Tyrannen nun einmal aus. Die Angst verstärkte sich noch dadurch, dass sich Platon gut mit Herakleides verstand, einem Verbündeten Dions, den die Söldner für eine versuchte Kürzung ihres Lohns verantwortlich machten. Hinzu kam, dass Dionysios – wie sich herausstellte zu Recht – in Herakleides ein wichtiges Mitglied von Dions Verschwörung gegen ihn sah.

Platon musste dringend aus Syrakus herauskommen. Er schrieb an Archytas, damit dieser ein gutes Wort für ihn bei Dionysios einlegte. Archytas sandte einen Mann namens Lamiskos unter dem Vorwand eines regulären diplomatischen Besuchs nach Syrakus. Lamiskos setzte sich erfolgreich für Platon ein, wobei er Dionysios zweifellos subtil darauf hinwies, wie wichtig es sei, die Freundschaft zwischen Tarent und Syrakus aufrechtzuerhalten. Schließlich verließ Platon die Stadt an Bord des tarentinischen Schiffs. Die Auseinandersetzung mit Monarchen ist eine heikle Angelegenheit; immerhin entging Platon einer Hinrichtung, nicht alle philosophischen Berater hatten so viel Glück wie er: Der römische Kaiser Nero zwang Seneca zum Suizid, und Thomas Morus wurde vom englischen König Heinrich VIII. hingerichtet.

Es gibt eine schöne Anekdote, die zu gut klingt, um wahr zu sein, wonach Platon gerade abreisen wollte, als Dionysios zu ihm sagte: »Ich nehme an, dass ihr den anderen Philosophen einiges Schlechtes über mich erzählen werdet.« Worauf Platon mit einem Lächeln antwortete: »Möge uns der Moment erspart bleiben, an dem uns an der Akademie der Gesprächsstoff soweit ausgeht, dass wir euren Namen nennen müssten.«[37] Wahrscheinlich reisten Speusippos und Helikon gemeinsam mit Platon ab, falls sie nicht schon vorher heimgekehrt waren. Vielleicht blieb Platon auch eine Weile in Tarent, um sich zu erholen. Womöglich erfuhr er dort, dass Dionysios Dions Frau Arete erneut verheiratet hatte, an einen seiner Unterstützer, den er auf diese Weise fester an die königliche Familie binden wollte. Der dritte Besuch in Syrakus war ein absolutes Desaster, mit dem Platons praktische politische Arbeit zu einem bitteren Ende kam.[38]

Wir wissen nicht, wie man in Athen auf Platons Syrakuser Interventionen reagierte. Übte sein Scheitern irgendeinen Einfluss auf seinen Ruf aus? Was sagten seine Athener Mitbürger, die in einer Demokratie lebten, dazu, dass er mit einem Monarchen zusammenarbeitete? Es scheint aber, als hätten die Athener Platon immer schon in Ruhe arbeiten gelassen und ihn toleriert, auch wenn er offen die Gedanken von Sokrates weiterführte, den die Demokratie getötet hatte. Und obwohl jeder, der Platons Schriften gelesen hatte, wusste, wie feindlich er der Demokratie gegenüberstand. Sie sahen in dem Theoretiker keine praktische Bedrohung, und Platon kehrte zu seinem ruhigen Gelehrtendasein an der Akademie zurück.

Dions Staatsstreich und Tod

Wir befinden uns nun im Sommer des Jahres 360 v. Chr. Platon ging an der peloponnesischen Westküste an Land, und da es ein olympisches Jahr war, begab er sich direkt nach Olympia, das nur wenige Kilometer von der Küste entfernt in Elis lag. Alle vier Jahre versammelten sich dort mehrere Tausend Griechen für das Festspiel zu Ehren des Zeus. Unter den Besuchern waren sowohl die Schönen und Reichen, die in ihren teuren Pavillons logierten, als auch das gemeine Volk, das unter freiem Himmel schlief. Manche unter ihnen verkauften Essen und Getränke an die Zuschauer – oder stahlen ihnen ihre Geldbörsen. Sie waren dort, um zu sehen, wie die besten Athleten Griechenlands gegeneinander antraten, aber es geschah noch viel mehr als nur das. Es gab Opfergaben und Festmähler, politische und diplomatische Erklärungen, Vorträge von Philosophen und Wissenschaftlern und Redner hielten Vorträge. Zudem fanden verschiedene andere Arten der Unterhaltung und ein Markt statt. Zu Recht galt es als das glorreichste panhellenische Treffen schlechthin. Besucher und Wettstreiter reisten aus der gesamten griechischen Welt an – aus Sizilien und Süditalien, vom griechischen Festland und aus Kleinasien –, es war also auch eine gute Gelegenheit, um internationale Beziehungen für gemeinsame außenpolitische Absprachen zu pflegen.

Es gibt eine schöne Anekdote über Platon in Olympia, wobei nicht klar ist, ob sie sich bei diesem Festspielbesuch ereignete; Platon war vermutlich mehrmals dort. Er unterhält sich mit einer Gruppe Fremder und stellt sich ihnen nur als »Platon« vor (wie erwähnt, ein durchaus gebräuchlicher Name). Später besuchen diese neuen Freunde ihn in Athen und fragen ihn nach dem Weg zur Akademie, weil sie den berühmten Philosophen Platon kennenlernen wollen. Erst dann gibt Platon seine volle Identität preis.[39] Wie auch immer, bei diesem betreffenden Besuch begegnete Platon Dion, wahrscheinlich hatten sie dies vorher geplant, und Platon teilte ihm die Neuigkeiten aus Syrakus mit. Vielleicht wusste Dion bis dahin nichts von der Zwangsheirat seiner Frau. Platon erzählt uns von dieser Begegnung im *Siebten Brief*:[40]

> Und unter Anrufung Gottes zum Zeugen beteuerte er mir, meinen Vertrauten und Freunden, er werde Anstalten treffen um Dionysios zu bestrafen, für mich wegen seines an mir begangenen »Treubruchs am heiligen Rechte der Gastfreundschaft«, dies war sein Gedanke hierüber und sein Wort, und für

> seine eigene Person wegen der ungerechten Landesvertreibung und Verbannung. Nach Hören dieser seiner Äußerungen sagte ich zu meinen Freunden, sie könnten für ihre Person ihn nach Belieben in diesem Gedanken bestärken, ich für meine Person aber machte ihm folgende Vorstellung: »Mich hast du nebst den übrigen Freunden auf eine gewisse Art veranlasst mit Dionysios an einem Tische zu essen, unter einem Dache zu wohnen und in Gemeinschaft mit demselben den Göttern zu opfern, und dieser Mann hegte in Folge vieler Verdächtigungen nach aller Vermutung den Gedanken, dass ich und du ihm nach Leben und Herrscherthrone strebten, und doch hat er mich nicht töten wollen, sondern sein Herz bebte vor solcher Tat zurück. In Rücksicht dessen ist das also mein Entschluss: ich stehe nicht in einem Alter um irgendwem noch grade in einem Kriege mit den Waffen beizustehen, habt ihr gegenseitig Freundschaft nötig und gilt's was Gutes zu stiften, so ruft mich zu Hilfe, so lange ihr Böses beabsichtigt, ruft euch Andre bei!«

Platon kehrte also nach Athen zurück, und Dion begann mit Kriegsvorbereitungen. Vielleicht sahen sich die beiden Männer in Olympia zum letzten Mal. Speusippos bestärkte Dion in seinem Vorhaben, da er in Syrakus auf Zuspruch gestoßen war, als er sich umgehört hatte. Dion hatte nicht vor, nach Athen zurückzukehren, weswegen er sein Anwesen Speusippos schenkte; was mit seinem Gut auf dem Peloponnes passierte, wissen wir nicht, vielleicht hatte er es auch nur gepachtet. Herakleides kam aus Syrakus. Söldner wurden angeworben und auf der Insel Zakynthos stationiert; zusätzliche Waffen und Rüstungen wurden geschmiedet; ein professioneller Seher namens Miltas, der die Akademie besucht hatte, wurde rekrutiert (keine militärische Unternehmung kam ohne jemanden aus, der in der Lage war, Opfergaben auf gute und schlechte Omen hin zu deuten). Eudemos, ein Freund von Aristoteles und selbst Exilant aus Zypern, bot seine Hilfe an, wie auch andere; es schlossen sich außerdem mehrere Syrakuser an, die Dionysios ebenfalls verbannt hatte. Auch Kallippos, bei dem Dion in Athen eine Zeit lang gewohnt hatte, beteiligte sich. Am Ende umfasste Dions Streitmacht jedoch lediglich 800 Mann, mit denen er einer der mächtigsten Städte im Mittelmeer entgegentreten wollte. Dennoch hatte er Erfolg:[41]

> In diesem Jahr schiffte Dion, der Sohn des Hipparinos, nach Sizilien, um den Tyrannen Dionysios zu stürzen. Mit geringeren Hilfsmitteln, als je zu einem

> solchen Zweck angewendet waren, machte er der Herrschaft des größten Fürsten in Europa ein Ende. Denn wer mag es glauben, daß ein Mann der mit zwei Lastschiffen gelandet, einen Herrscher überwunden hat, der vierhundert Kriegsschiffe und gegen hunderttausend Mann zu Fuß und zehntausend Reiter hatte, und von Waffen, Lebensmitteln und Geld einen solchen Vorrath, wie er ihn besitzen mußte, wenn er so viele Truppen reichlich versorgen wollte, dem überdieß die größte unter den Griechischen Städten, dem Häfen und Schiffswerfte und wohlversehene unüberwindliche Burgen, dem endlich eine Menge mächtiger Bundesgenossen zu Gebote stand? Die Hauptursache, warum Dion die Oberhand gewann, war sein edler Sinn und seine Tapferkeit und die Zuneigung derer, die er befreien wollte; vor allem andern aber die Schwäche des Tyrannen und der Haß der Unterthanen gegen ihn. Alles das vereinigte sich, um unerwartete Ereignisse herbeizuführen, die allen Glauben überstiegen.[42]

Dion segelte im Jahr 357 v. Chr. nach Sizilien – am 10. August, um genau zu sein, einen Tag nach einer in den Quellen belegten Mondfinsternis. Anstatt an der Küste entlang, wie zu dieser Zeit aus Sicherheitsgründen üblich, segelte Dion direkt von Zakynthos über die offene See nach Sizilien, da er wusste, dass Philistos im Südosten Italiens mit Truppen auf ihn wartete. Dion landete in Herakleia Minoa im Südwesten der Insel. Von dort aus marschierte er nach Syrakus, unterwegs schlossen sich ihm mehrere Tausend aus anderen Syrakuser Städten an; Dionysios' Macht über sein Reich bröckelte bereits. Als Dion die Stadt Syrakus erreichte, hieß ihn die Bevölkerung willkommen, genau wie Speusippos es vorausgesagt hatte. Dion hatte einiges an Ausrüstung mitgebracht und bewaffnete nun die Syrakuser; der paranoide Tyrann hatte den Besitz von Waffen für gewöhnliche Bürger verboten.

Allerdings waren Dionysios' Truppen auf Ortygia hinter den ausgeklügelten Wehranlagen nach wie vor sicher. Bald war auch Dionysios wieder im Land, er hatte sich in Süditalien aufgehalten, als ihn die Nachricht von Dions Ankunft erreichte. Dions Truppenstärke vergrößerte sich, als Herakleides mit neuen Rekruten aus Griechenland eintraf, genauso allerdings Dionysios' Truppen, als Philistos aus Süditalien zurückkehrte. Nach Siegen und Niederlagen auf beiden Seiten entschied Herakleides eine bedeutende Seeschlacht für sich, bei der Philistos ums Leben kam, woraufhin Dionysios bei Nacht und Nebel floh und seine Truppen auf Orytgia unter dem Kommando seines Sohnes Apollokrates zurückließ.

Abbildung 7.1 Münze im Wert einer halben Drachme, die während der kurzen Regentschaft von Platons Freund Dion geprägt wurde. Sie stellt Zeus, den Spender der Freiheit, dar, da Dion glaubte, Syrakus von der Tyrannei befreit zu haben.

Schlussendlich bezwang Dion die Zitadelle, und Apollokrates segelte zu seinem Vater nach Lokroi in Süditalien. Nun ging es um große Macht – im Grunde stand die Kontrolle über ganz Sizilien zur Debatte, einer an landwirtschaftlichen Erzeugnissen und Holz reichen Insel – und so brachen unter den Rebellen erbitterte Machtkämpfe aus. Herakleides führte nun beispielsweise eine populistische Bewegung an, und Dion duldete seine Ermordung. Schließlich übernahm Dion die Macht in Syrakus. Er hätte sich selbst als Tyrann einsetzen können, wovon viele ausgingen, vielleicht lag dies aber auch daran, dass die Syrakuser schlichtweg an Tyrannen gewöhnt waren. Plutarch zufolge plante Dion eine Verfassungsreform, die auf die Mischung aus Demokratie und Monarchie abzielte, die Platon und er ursprünglich erschaffen wollten. Nach wie vor wollte Dion Platons Agenda umsetzen.[43] Allerdings ließ Kallippos, der nach Herakleides' Tod die Demoraten anführte, Dion im Jahr 354 ermorden.

Bald darauf verlor Kallippos die Kontrolle über Syrakus und sein eigenes Leben, woraufhin die Stadt ins Chaos stürzte. Dazu gehörte auch die Rückkehr von Dionysios, der erneut für ein paar Jahre als Tyrann herrschte, bis er schließlich endgültig nach Korinth in Griechenland verbannt wurde, wo er unter deutlich ärmlicheren Umständen lebte und im Jahr 343 verstarb. Platon erlebte den Wiederaufbau von Syrakus und des griechischen Teils der Insel durch Timoleon aus Korinth in den späten 340er- und frühen 330er-Jahren nicht mehr, da er 347 starb. So erfuhr er auch nie, dass Timoleon Syrakus zu einer Demokratie machte. Zwar hielt diese nicht lang, aber Timoleon zeigte, dass eine Reform in Syrakus möglich war – solange sie militärisch durchgedrückt wurde.

Platons Reaktion

Wie stand Platon zu dem Ganzen? Der *Siebte Brief* richtet sich an Dions Freunde, kurz nachdem ihr Anführer ermordet wurde. Er stellt also Platons Antwort auf einige Fragen dar, die sie in dieser Zeit beschäftigt haben müssen. Warum verließ Platon Syrakus nicht sofort nach Dions Verbannung? Wieso hatte er nicht mehr getan, um Dionysios und Dion wieder miteinander zu versöhnen und Dions Wiedereinsetzung zu sichern? Warum blieb er auch dann noch in Syrakus, als Dionysios Dions Besitz gestohlen hatte? Auf den ersten Blick schien Platon Dion in den Rücken gefallen zu sein. Es handelte sich hier um weithin bekannte Ereignisse, und Platons Brief liefert den Lesern einen Einblick in das, was sich hinter den Kulissen abspielte und erklärt auf diese Weise, wie es so weit kommen konnte.

Im Brief[44] meint er, er fühle sich indirekt für die ganze Misere verantwortlich, weil er es war, der bei seinem ersten Besuch in Syrakus, als Dionysios I. noch an der Macht war, Dion auf den Pfad der Tugend brachte. Dies ist eine merkwürdige Aussage, und ich halte sie für absichtlich unaufrichtig. Schließlich trug Platon deutlich mehr Verantwortung für Dions Staatsstreich oder zumindest für sein Gelingen, als er es im *Siebten Brief* zugeben mochte. Der *Dritte Brief* wurde irgendwann zwischen 358 und 356 verfasst.[45] Hier handelt es sich um einen offenen Brief, in dem er Dionysios II. rügt und sich gegen Vorwürfe verteidigt, die der Tyrann, wahrscheinlich unter dem Einfluss von Philistos, gegen ihn vorgebracht hatte. Schaut man auf den Zeitpunkt, zu dem der Brief entstand, dann ermutigte Platon Dions Freunde in Syrakus nahezu unverhohlen, indem er ihren Unwillen gegenüber Dionysios noch schürte. Platon lastet alle Missstände unter Dionysios' Herrschaft direkt dem Tyrannen an – und deutet an, dass jemand diese bereinigen sollte. Sicherlich ermutigte es Dions Unterstützer, dass der größte Denker seiner Zeit auf ihrer Seite war.

Platon meint, er verabscheue Blutvergießen und hätte daher Dions ursprüngliches Vorhaben unterstützt, Dionysios und mit ihm Syrakus zum Positiven zu verändern und so eine gewaltsame Revolution zu vermeiden. Als klar wurde, dass ihre Bemühungen bei Dionysios auf taube Ohren stießen, war er Dions Ziel, Dionysios als Herrscher zu ersetzen, nicht abgeneigt. Schließlich ging er davon aus, Dion werde seine Macht so einsetzen, dass es der Stadt nutzen werde (indem er eine gerechte Verfassung etablieren würde und einen rechtlich bindenden Kodex). Er unterstützte also das mögliche Ergebnis, nicht aber die Mittel, um es herbeizuführen: Wie wir bereits erfahren haben, sah Platon Dions Kriegstreiberei als ein Übel an. Natürlich schmerzte Platon Dions Ermordung, und er verfasste einen treffenden Nachruf auf ihn, dennoch endet er mit der Feststellung, dass Dion kein besonders guter Menschenkenner war und im Besonderen seinen späteren Mördern Kallippos und Hippothales zu leichtfertig vertraut hatte. Platon verfasste folgenden ergreifenden Epitaph: »Denn wenn einer nach den wahren Gütern sowohl für seine Person wie für den Staat strebt, da ist jedes Leiden vernünftig und schön, was immer er auch leiden mag.«[46]

Wahrscheinlich stand Platon ähnlich zu Dions Staatsstreich wie zu den Staatsstreichen anderer Akademiker, die er mehr oder weniger unterstützte, wie die von Python von Ainos oder Chion von Herakleia. Dions Handlungen wirkten sich lediglich mehr auf die internationale politische Lage aus, bedenkt man, welche Bedeutung Syrakus hatte. Es wäre falsch zu behaupten, dass diese Affäre Platons Ansehen schadete, denn er versuchte unter den gegebenen Umständen lediglich sein Bestes. Allerdings zeugt die Idee, man müsse Dionysios nur mit genug Philosophie überschütten, bis dieser Syrakus reformieren würde, von einer gewissen Naivität und fehlendem Urteilsvermögen. Platons Zuneigung für Dion und sein Glaube an sokratische politische Überzeugungen verleiteten ihn anzunehmen, er könne in der echten Welt bedeutende und nachhaltige Veränderungen anstoßen.

8

Die letzten Jahre

Es gibt einen außergewöhnlichen Hinweis auf eine vierte Reise Platons nach Süditalien im Jahr 349 v. Chr. Cicero, der im 1. Jahrhundert v. Chr. schreibt, lässt seine Figur Folgendes anmerken:

> So sprach Archytas zu Gaius Pontius, dem Samniten [gegen den Hedonismus] [...]; erzählt hat es mir mein Gastfreund Nearchos aus Tarent, der ein treuer Anhänger des römischen Volkes geblieben war; er sagte, er habe es ältere Personen so erzählen hören; auch Platon aus Athen soll bei der Unterhaltung dabei gewesen sein - er ist nach meinen Ermittlungen im Konsulatsjahr des Lucius Camillus und des Appius Claudius nach Tarent gekommen.[1]

Die Geschichte erscheint suspekt, vor allem da die anekdotische Tradition gerne Platon mit anderen Denkern aus ungewöhnlichen Orten zusammenbringt. Platon trifft hier »Gaius Pontius, de[n] Samniten«, einen bekannten italienischen Lehrer der Weisheit, der oskisch sprach, nicht Latein (und dessen Sohn die Römer bei der Schlacht an den Kaudinischen Pässen im Jahr 321 v. Chr. demütigte). Allerdings ist es nicht vollkommen abwegig, dass sich die Geschichte so zugetragen hat. Platon wäre bei dieser Reise 75 Jahre alt gewesen. Er war also schon älter, besonders nach damaligen Standards. Aber wenn jemand rüstig ist, dann kann er auch mit 75 Jahren durchaus noch reisen.[2] Außerdem sagt die Tatsache, dass Platon im Jahr 347 starb, nichts über seinen gesundheitlichen Zustand im Jahr 349 aus. Alles in allem würde ich die Geschichte dennoch eher als Fiktion einordnen, selbst wenn man sich dann fragen muss, weshalb Cicero, ein hoch seriöser Schriftsteller, sich entschloss, sie weiterzugeben.

Platon und Dions Anhänger

Der *Siebte Brief* entstand entweder Ende des Jahres 353 v. Chr. oder Anfang 352 und der *Achte Brief* später im selben Jahr. Beide Briefe richten sich nach Dions Tod an »Dions Angehörige und Vertraute«. Nachdem er im Jahr 360 aus Syrakus zurückgekehrt war, achtete Platon weiterhin darauf, was auf Sizilien vor sich ging. Viele seiner Ratschläge im *Siebten Brief* bleiben vage. Er rät seinen Adressaten Verschiedenes, sie sollen tyrannische Macht vermeiden und sich für das Allgemeinwohl der Stadt einsetzen, Dions Liebe für Syrakus und seinem gemäßigten Lebensstil nacheifern, dessen Pläne für Syrakus weiterführen – also die Verfassung so reformieren, dass sie zu einer platonischen Mischung aus Monarchie und Demokratie werde. Zudem sollen sie Siedler aus ganz Griechenland einladen, um die verwüsteten griechischen Städte auf Sizilien neu zu bevölkern. Ein solches Programm der Neubesiedelung führte einige Jahre später Timoleon von Korinth durch.

Der *Achte Brief* geht dagegen wesentlich mehr ins Detail, was aufgrund der kritischen Lage notwendig war. Die Karthager drangen von Westen her vor, und Dionysios II. positionierte sich im nahen Lokroi. In Syrakus und in den anderen griechischen Städten Siziliens wechselten die politischen Anführer häufig – im Grunde handelte es sich bei ihnen um Tyrannen. Nach Dions Ermordung waren seine Freunde und Anhänger aus der Stadt geflohen und hatten Leontinoi übernommen, eine Stadt die sich weniger als 30 Kilometer nordwestlich von Syrakus befand. Sie wollten Dions Sohn Aretaios zu ihrer Galionsfigur machen, obwohl dieser noch ein Säugling war, den Dions Frau Arete erst nach dem Tod ihres Mannes zur Welt gebracht hatte – Dion hatte seine Frau nach seinem Sieg über Dionysios wieder für sich beansprucht. Dions Anhänger schlossen eine Abmachung mit Hipparinos, einem Halbbruder von Dionysios II. Dieser war gleichzeitig auch Dions Neffe, hatte die Ideale seines Onkels aber nie übernommen. Dennoch verbündeten sie sich mit ihm gegen den gemeinsamen Feind und unterstützten Hipparinos bei der Übernahme von Syrakus, die gelang, während sich Kallippos mit dem Großteil seines Heeres außerhalb der Stadt auf einem Feldzug befand. In Syrakus brodelte es, die gesamte Stadt war in Fraktionen zerfallen: Da waren nicht nur Dions Freunde und Hipparinos' Unterstützter, sondern auch die demokratische Fraktion, die Herakleides einst angeführt hatte, und diejenigen, die Dionysios wieder auf den Thron helfen wollten. So sah die politische Situation aus, in der man sich an Athen wandte und um Rat bat; im *Achten Brief* antwortet Platon auf diese Bitte.

Platon besteht darauf, dass zuerst einige unparteiische Gesetze gelten müssen, die keiner der Fraktionen den Vorzug geben. Diese Gesetze sollten 50 ältere und verantwortungsbewusste Männer aus ganz Griechenland verfassen. Außerdem umreißt Platon eine Verfassung, die ihm zufolge allen Parteien gerecht werden könnte. Er legt diese Worte dem toten Dion in den Mund und gibt dessen Freunden auf diese Weise zu verstehen, dass Dion diese Verfassung unterstützt hätte. Ähnlich der spartanischen Dyarchie (eine Doppelherrschaft, bei der sich zwei Könige die Macht teilen), schlägt Platon eine Triarchie vor, die Herrschaft von drei Königen: Aretaios, Hipparinos und Dionysios. Unter den gegebenen Umständen scheint dies ein vernünftiger Vorschlag zu sein. Der junge Aretaios brauchte einen Vormund oder mehrere, so wie es bei dem Säugling Alexander IV. von Makedonien der Fall war, als dessen Vater Alexander der Große im Jahr 323 v. Chr. starb (in Makedonien herrschte anschließend eine Dyarchie: Alexander IV. teilte die Herrschaft mit seinem Onkel, Philip III.).

Alle drei Könige sollten als konstitutionelle Monarchen regieren, wobei Platon diesen Punkt besonders mit Blick auf Dionysios noch einmal deutlich betont. Sie sollten den geltenden Gesetzen unterstehen, welche die 50 Gesetzesgeber zuvor ausgearbeitet hatten. Er überlässt die Entscheidung, ob die Könige über die gleiche Autorität verfügen sollten wie die Könige der Spartaner (direkte Befehlsgewalt über die Armee und Weisungsbefugnis in gewissen juristischen Bereichen) den Syrakusern.[3] Die drei Könige sollten allen zeremoniellen und religiösen Dingen vorstehen, wenn es dagegen um »Krieg und Frieden geht«, sollten 35 »Gesetzeswächter […] gemeinsam mit Volk und Rat« entscheiden.[4] Die Könige sollten außerdem nicht in Fällen richten, in denen es um Todesstrafe oder Verbannung geht, da sie als religiöse Oberhäupter ihre Hände nicht mit Blut besudeln sollten. Solche Gerichtsprozesse sollten die 35 Gesetzeswächter entscheiden, und wie im Athen dieser Zeit sollten diverse andere Gerichte über bestimmte Fälle bestimmen. Die Könige, die Gesetzeswächter (wahrscheinlich durch die Volksversammlung gewählt), der Rat und das Volk würden einander überwachen und im Gleichgewicht halten, sodass keine einzelne Fraktion zu viel Macht erlangen und die eigenen Interessen durchsetzen könnte.

Die Geschichte liefert uns Beispiele für einige erfolgreiche Triarchien, wenn sie auch nur von kurzer Dauer waren. Im 1. Jahrhundert v. Chr. regierten drei Männer als Vormünder des chinesischen Kindskaisers Han Zhaodi, bis dieser volljährig war; die »Drei Paschas« herrschten über das Osmanische Reich während des Ersten Weltkriegs. Bedenkt man jedoch, wie vorbelastet Syrakus mit politischen Rivalitäten war, wird man eher bezweifeln, ob Platons Vorschlag praktikabel war. Vollkommen sicher können wir uns allerdings nicht sein, schließlich kam es anders, und die Ratschläge wurden nie umgesetzt. Außerdem wissen wir nicht, wie Dions Freunde und Anhänger den Brief aufnahmen. Schlussendlich scheint Platon die praktische Politik nach seinen Enttäuschungen in Syrakus aber nicht vollkommen aufgegeben zu haben; er beschränkte sich lediglich aufs Schreiben und schritt nicht mehr persönlich ein. Soweit wir es überblicken können, war der *Achte Brief* jedoch das letzte Mal, dass Platon sich aktiv den politischen Entwicklungen in Syrakus widmete.

Nomoi

Platons politische Einstellung entwickelte sich nach wie vor weiter, und seine Erfahrungen in Syrakus wirkten in ihm nach. Zwar umreißt er im *Achten Brief* nur grob die gesetzlichen Veränderungen, die er sich für Syrakus wünscht, dennoch lassen sich Parallelen zu einigen der Vorschläge erkennen, die er in *Nomoi* anbringt. Dieser Dialog ist nicht nur der längste, sondern auch der anspruchsvollste, den Platon geschrieben hat. In ihm lassen drei ältere Männer – der Spartaner Megillos, Kleinias aus Knossus auf Kreta und ein »Fremder aus Athen« (offensichtlich ein Stellvertreter Platons) – in ihrem Gespräch einen Stadtstaat mit Namen Magnesia auferstehen. Der Athener wird deswegen als »Fremder« bezeichnet, weil der Dialog auf Kreta spielt.

Diese drei entwerfen eine detaillierte und recht umfassende imaginäre politische Gemeinschaft: Sie zählen alle Magistrate einzeln auf sowie die Größe ihrer jeweiligen Räte und ihren Aufgabenbereich. Sie benennen die Aufgaben der Versammlung und des Rats genau; es wird eine Gewaltenteilung geschaffen, um zu verhindern, dass Einzelne oder Gruppen zu viel Einfluss gewinnen können. Sie beschreiben die Gerichte und den juristischen Ablauf, das Strafrecht, das Bildungssystem, die Religion und die religiösen

Vorsteher – alles, manchmal sogar bis ins kleinste Detail. Zwar handelt es sich um ein theoretisches Modell, allerdings verfasste Platon das gesamte Buch mit einem praktischen Anspruch, was sich vor allem dadurch zeigt, dass es Elemente von allen möglichen existierenden Verfassungen mit einbezieht. Besonders schöpft es aus den Verfassungen von Athen und Sparta. Zwar soll es keine Blaupause für eine tatsächliche Staatsgründung darstellen, allerdings sind einige Vorschriften so formuliert, dass man sie direkt einsetzen könnte. Wie bereits an anderer Stelle dargelegt, sollten diese Bestimmungen den Akademikern als Vorbild für ihre praktische politische Arbeit dienen. Zwar handelt es sich bei dem Stadtstaat in *Nomoi* um eine Utopie, allerdings keine *bloße* Utopie, wobei Magnesias Erfinder realistischerweise nicht davon ausgehen konnte, dass sie in angepasster Form oder auch nur in Teilen verwirklicht werden würde.[5] *Nomoi* lässt sich als ein Produkt des Realismus ansehen, den Syrakus Platon aufgezwungen hatte.

Wir haben bereits gesehen, dass es bei *Politikos* und *Politeia* genauso viele Gemeinsamkeiten wie Abweichungen gibt. Es sind jedoch die Unterschiede, die uns darauf hinweisen, inwieweit Platons Erfahrungen mit Dionysios II. ihn bewogen, seine Ansichten über politische Führung zu überdenken. Was er in *Politikos* ändert, erlangt in *Nomoi* noch größere Bedeutung. Verglichen mit *Politeia* und *Politikos* legt *Nomoi* wesentlich mehr Wert auf Gesetze. Das Zeitalter von Kronos, in dem Götter Menschen beherrschten, ist vorbei. Nun regieren die Sterblichen einander, da man aber keinem Sterblichen mit uneingeschränkter Macht vertrauen kann,[6] braucht es Gesetze. Dass sich alle politischen Amtsträger und Amtsträgerinnen – sogar Frauen können niedrigere politische Ämter ausüben – in Magnesia den Gesetzen unterordnen, gewährleistet ein ausgefeiltes Bildungssystem, zu dem auch das Studium der erläuternden Präambeln der Gesetze gehört. Im Grunde ist der Staat eine einzige Bildungseinrichtung. Die Präambeln sollen auf Basis der Vernunft überzeugen, aber sie verfallen hie und da ins Predigen und appellieren mitunter sogar an den Aberglauben. Womöglich sollen wir an diesen Stellen an die ideale Rhetorik in *Phaidros* denken, bei der sich die Art der Rede nach ihrem Publikum richtet. Die Präambeln sollen überzeugen, einerseits damit die allgemeine Bevölkerung von Magnesia die Gesetze akzeptiert. Andererseits sollen sie dem Volk Beispiele für gutes Verhalten liefern und dadurch Lücken oder Mängel in den Gesetzestexten ausgleichen.

In Magnesia wird die Gesellschaft stark reguliert, Platon meinte, er könne auf diese Weise einige der großen zivilen Probleme seiner Zeit lösen: die große Schere zwischen Arm und Reich, die zu Konflikten und sogar Bürgerkrieg führen konnte (in Magnesia liegt das Verhältnis lediglich bei 4:1); dass ein klar definierter juristischer Kodex fehlt; dass man Bildung geringschätzt, besonders in Bezug auf Frauen, und dass die Gesetzgebung nicht auf das Wohl der Bürger achtet. Jeder Bürger soll »freiwillig Sklave der Gesetze«[7] sein, da die Bevölkerung zu guten Menschen und damit guten Bürgern ausgebildet wurde und dementsprechend begreifen kann, dass die Gesetze allein zum Wohle der Bürgerinnen und Bürger entworfen wurden. Hier treten die Gesetze an die Stelle, die bei Platon zuvor die menschlichen Anführer einnahmen. Wie auch in *Politikos* war Platon nach wie vor davon überzeugt, die Führung eines weisen politischen Experten sei am besten, in *Nomoi* formuliert er hingegen eindeutig »denn solche Menschen gibt es nun einmal nicht oder doch höchst wenige«[8]. Die Gesetze verkörpern die Vernunft, das göttliche Element in uns, und Platon macht es nahezu unmöglich, sie zu verändern. Da das Gesetz der Vernunft gleichkommt, kommen wir Kraft des Gesetzes realistisch gesehen der Herrschaft eines Philosophen oder idealen Staatsmannes am nächsten.

Die ausführliche Schilderung des Stadtstaates gleicht die dürftigen Beschreibungen Platons im *Achten Brief* wieder aus. Es soll sich um eine Mischung aus Monarchie und Demokratie handeln. Vielleicht erinnert das den ein oder anderen an die konstitutionelle Monarchie, zu der Platon und Dion Dionysios II. drängten. In *Nomoi* existiert an sich erst einmal keine Monarchie; die »monarchischen« Elemente der Verfassung ergeben sich aus der Weisungsmacht, die den hohen Beamten des Staates erteilt wird, in einer echten Monarchie befände sich diese allein in der Hand des Königs. Demokratie neigt zu einer übermäßigen Freiheit, während Monarchie zu übermäßigem Autoritarismus tendiert; in *Nomoi* versucht Platon, zwischen beidem zu vermitteln. Die demokratischen Elemente stellen die Einbeziehung und Teilhabe des Volkes sicher, während die monarchischen dafür sorgen, dass die Stadt und alle in ihr sich tugendhaft verhalten, wodurch es ihnen auch wohlergeht. Die ausführende Macht liegt nicht, wie in *Politeia*, bei einem Philosophenherrscher, sondern bei den Bürgern mit Landbesitz. Sie teilt sich auf viele verschiedene Behörden auf, bestehend aus Magistraten, die sich gegenseitig im Auge behalten, da jedes Gremium einem bestimmten Staatsorgan Rechenschaft ablegen muss. Außerdem können Aufseher alle Amtsinhaber jederzeit überprüfen. Diese Kontrollmechanismen sollen die Souveränität des Gesetzes sichern. In Magnesia steht keine Amtsperson über dem Gesetz; es gibt keinen Expertenstaatsmann wie in *Politikos.*

Allerdings gibt es noch ein unkonventionelles Element – die »Nächtliche Versammlung«, so bezeichnet, weil sie jeden Tag während der Dämmerung zusammenkommt. Die Versammlung (deren Mitglieder kooptiert und nicht durch demokratische Mittel ausgewählt werden) besteht aus den ältesten Gesetzeswächtern des Staates, die ihrerseits jeweils einen vielversprechenden jüngeren Bürger, zwischen 30 und 40, zu den Treffen einladen. Die Eingeladenen bekommen so die Gelegenheit, ihr Verständnis von den Abläufen im Staat zu vertiefen. Sie scheiden aus dem Rat aus, sobald sie das 40. Lebensjahr erreichen und werden dann entsprechend ersetzt. Auf diese Weise bildet sich im Staat eine kompetente Gruppe von Menschen, von denen jeder in der Lage ist, das, was sie während der Nächtlichen Versammlung gelernt haben, als politische Führungspersonen umzusetzen. Hier hallt die sokratische Forderung nach, bei politischen Anführern solle es sich um Experten handeln.

Die Ratsmitglieder sollen unter anderem im Gefängnis Atheisten aufsuchen, die dort wegen ihrer Ansichten gelandet sind, und versuchen, ihnen die Augen zu öffnen. Der Schwerpunkt ihrer Aufgaben besteht allerdings darin, die Gesetze von Magnesia zu diskutieren, damit sie dieselben umfassend verstehen und sie theoretisch durchdringen. Dabei helfen ihnen mehrere 50 Jahre alte Bürger, die man zuvor für zehn Jahre in die Welt hinausgeschickt hat, damit sie sich anderswo die herrschenden Gesetze und agierenden Institutionen ansehen. Nach ihrer Rückkehr erstatten sie dann der Nächtlichen Versammlung Bericht. Platon zufolge ist es zwingend notwendig, dass einige Menschen die Gesetze umfassend verstehen, da diese Bestimmungen sonst nicht mit Sicherheit überdauern könnten. Außerdem soll der Rat darüber entscheiden, ob man irgendeines von Magnesias Gesetzen verbessern kann. Der Rat steht an der Spitze der bürgerlichen Behörden und soll so sicherstellen, dass die Gesetze immer rational und nicht impulsiv ausgelegt oder umgesetzt werden.[9]

Die Nächtliche Versammlung soll sich außerdem mit dem Tugendhaften auseinandersetzen, denn die Gesetze zielen darauf ab, der Bevölkerung Tugendhaftigkeit einzuimpfen, etwas, wonach auch verantwortungsvolle

Politiker streben sollten. Um ihren Aufgaben gerecht zu werden, müssen die Ratsmitglieder eine höhere Bildung durchlaufen haben, welche Dialektik, Metaphysik, Theologie, Psychologie (über die Beschaffenheit der Seele), Arithmetik, Geometrie, Harmonielehre und Astronomie umfasst.[10] Ein solches Bildungsprogramm entspricht demjenigen, das die Philosophenherrscher in *Politeia* absolvieren sollen (beziehungsweise dem der Akademie), dennoch herrschen die Ratsmitglieder im Grunde nicht über Magnesia. Muss eines der Gesetze in Magnesia verändert werden, nehmen nicht sie die Korrekturen vor; das wäre die Aufgabe der Gesetzeswächter, obwohl diese wahrscheinlich den Vorschlägen der Nächtlichen Versammlung folgen würden.[11] Alles andere ergäbe wenig Sinn, spricht Platon doch davon, dass der Rat der »Anker« der Stadt sei. Die Ratsmitglieder beeinflussen die Stadt, aber sie beherrschen sie nicht. Sie wirken auf den Lauf der Dinge ein, weil sie die jüngeren Ratsmitglieder fördern und ausbilden, die ihrerseits später Ämter in der Stadt übernehmen werden, und weil einige ihrer Ratskollegen bereits weitere Ämter ausüben. Die Ratsmitglieder ähneln eher den politischen Experten in *Politikos* als den Philosophenherrschern, nur dass sie eben nicht über dem Gesetz stehen. Von einem anderen Standpunkt aus gesehen, könnte man sie als die Akademie von Magnesia bezeichnen – sie bilden eine moralische und intellektuelle Berateraristokratie.

Vergleichen wir *Nomoi* mit den politischen Vorschriften in den drei zuvor besprochenen Briefen – besonders die Verfassungsmischform im *Achten Brief* und die Präambeln zu den Gesetzen im *Dritten Brief* – lässt sich mit Fug und Recht behaupten, dass der Stadtstaat in *Nomoi* dem entspricht, was Platon gerne in Syrakus etabliert hätte. Hier handelt es sich nicht um ein unerreichbares Ideal, bei dem Philosophen oder fehlerfreie Staatsmänner herrschen, weswegen Platon es auch als zweitbeste Staatsform bezeichnet.[12] Er ging schon immer davon aus, dass das Volk unter einer weisen Regentschaft gut leben und gedeihen könnte; *Politeia, Politikos* und *Nomoi* sind drei Versuche darzustellen, wie man so etwas in die Tat umsetzen könnte. Durch alle drei Texte hinweg ändert sich diese Vorstellung langsam von der Utopie zu einem relativen Realismus. Als Platon *Nomoi* schrieb, war er bereits zu der Ansicht gelangt, dass Menschen nicht in der Lage sind, sich aus eigener Kraft heraus positiv zu entwickeln, sie brauchen dafür gesetzliche Vorgaben.

Die späten Dialoge

Mit seinem mondänen Realismus unterscheidet sich *Nomoi* in vielerlei Hinsicht von Platons übrigen Schriften. Sogar die restlichen Dialoge, die wir als »spätes Cluster« bezeichnet haben, weichen davon ab. Bei diesen handelt es sich um: *Sophistes, Politikos, Timaios, Kritias* und *Philebos*. Diese Dialoge sind recht unterschiedlich, weswegen sie sich schwerer als Gruppe zusammenfassen lassen, als das für die früheren und mittleren Dialoge der Fall war. Was sie eint, ist Platons späterer Schreibstil, während ihr Inhalt recht verschieden bleibt. Im Vergleich zu den Vorgängern lesen sich die späten Dialoge fast so, als hätte sie jemand anderes geschrieben. Sie folgen weniger dem Ton eines Gesprächs und zeigen sich eher didaktisch und systematisch. Die Gesprächspartner erscheinen weniger lebensecht und üben keinen Einfluss mehr auf den Verlauf eines Gesprächs aus, wie es in den früheren Dialogen zutraf. Die Beschreibung der Gesprächssituation und die Charakterisierung der Figuren fällt nur noch sehr knapp aus. Die wesentlichen Sprecher in *Sophistes, Politikos* und *Nomoi* bleiben sogar mit Absicht anonym: der eleatische Fremde in den ersten beiden Dialogen und der Athener in *Nomoi*. Auch in den späten Dialogen sind sokratische Themen wichtig, allerdings kann Platon einige von Sokrates' Überlegungen in den früheren Dialogen noch einmal neu verhandeln, indem er Sokrates als Figur verschwinden lässt. Außerdem sind die Dialoge auf diese Weise gewissermaßen zeitlos, da sie nicht mehr an das 5. Jahrhundert v. Chr. gebunden sind, in dem Sokrates lebte. Letzterer taucht erst wieder in *Philebos* als Protagonist auf. Obwohl dieser wohl der leichteste und zugänglichste der späten Dialoge ist, hat Sokrates als Figur hier an Glanz verloren.

Fast der gesamte *Timaios* besteht aus einem Monolog, so auch das fünfte Kapitel (oder Buch) von *Nomoi*. Weil Platon den Hiatus in den späteren Dialogen vermeidet,[13] erscheint der Text deutlich komplizierter und schwer verständlich. Im Allgemeinen ließe sich Platons später Stil durchaus als »wuchtig« beschreiben – was miteinschließt, dass er mitunter etwas schwerfällig wirkt. Am besten lassen sich Platons Entscheidungen in dieser Hinsicht wohl damit erklären, dass diese Schriften wahrscheinlich in erster Linie als Diskussionsthemen innerhalb der Akademie dienen sollten und sich nicht unbedingt an ein allgemeines Publikum richteten. Sie wenden sich an Menschen, die bereits ausführlich philosophisch tätig waren und stets so lange an einem Text arbeiten, bis sie ihn verstehen. Diese Dialoge denken nicht länger über die menschliche Natur nach und darüber, wie man sein Leben führen sollte. Es hallt nur noch leise das Axiom nach, die Grundlage der Philosophie sei eine Reformation des eigenen Charakters, denn das Zielpublikum wusste dies längst.

Wir haben uns bereits mit den wichtigsten politischen Aspekten in *Politikos* auseinandergesetzt. Wie der ihm anverwandte Dialog *Sophistes* fokussiert auch er sich unter anderem auf Methodologie, besonders indem er ausführt, wie Dihairesis funktioniert. Dies ist eine Methode, um über Unterteilung (indem man das Suchfeld einengt) zu einer Definition zu gelangen. Oder, anders formuliert, um herauszufinden, welche Struktur der Realität zugrunde liegt. Dazu ordnet man das zu definierende Objekt seinem *genus*, seiner Gattung, zu, die sich wiederum in Arten und Unterarten unterteilen lässt. Jede Unterteilung ist in der Regel dichotom, und nach jeder Teilung fragt man sich erneut, zu welcher der beiden Arten das zu definierende Objekt gehört, und lehnt damit diejenige ab, zu der es nicht passt. In *Sophistes* wird auf diese Weise ein Sophist definiert. Zunächst wird er den nachbildenden Künsten zugeteilt, die »Abbilder herstellen«, diese Gruppe zerfällt wiederum in diejenigen, die »Ebenbilder«, und diejenigen, die »Trugbilder« herstellen (bei den Trugbildern erscheint die Ähnlichkeit nur oberflächlich). Der Sophist gehört zu denen, die Trugbilder herstellen. Die nächste Unterscheidung besteht zwischen dem trügerischen Nachahmen mit Werkzeugen oder der Nachahmung mit dem eigenen Körper. So kommen wir schließlich zur Definition eines Sophisten als jemandem, der Trugbilder erschafft, indem er imitiert, weil er es nicht besser weiß, also unkundig ist, und der dabei unaufrichtig bleibt.

Wie in *Politikos* findet sich auch in *Sophistes* wesentlich mehr als nur die Definition eines Sophisten. Die Annahme, ein Sophist ließe die Dinge als etwas erscheinen, das sie nicht wirklich sind, führt vor allem zu einem wichtigen Exkurs darüber, was es bedeutet, wenn »etwas nicht ist«. Schließlich bringt der Sophist etwas hervor, was *nicht ist*, was aber gleichzeitig etwas *ist*, ein Trugbild. Hier geht Platon erstmals die verschiedenen Bedeutungen durch, die das griechische Verb »sein« aufweist. Eine weitere wichtige Entwicklung ist die Beschäftigung mit den Ideen, die an den vielen verschiedenen Bereichen des Wissens teilhaben. Hier sind diese Ideen nicht voneinander getrennt, wie die der mittleren Periode, sondern stehen untereinander in Kontakt. Typische Ideen sind Sein und Nichtsein (wenn sie richtig verstanden werden), Gleichheit und Unterschiede, dasselbe und das Verschiedene, Einheit und Vielheit, Bewegung und Ruhe, Erschaffung und Zerstörung.[14] Diese Konzepte sind für unser Denken grundlegend.

Timaios und *Kritias* sind allgemein vor allem wegen ihrer Geschichte über Atlantis bekannt. Sie wird in *Timaios* umrissen und wäre in *Kritias* auserzählt worden, hätte Platon den Dialog nicht abgebrochen. Obwohl er unvollständig geblieben ist, hat kaum ein anderer Text Platons so viel Interesse hervorgerufen. Viele Bücher befassen sich derart mit Atlantis, als hätte es wirklich eine fortschrittliche Gesellschaft auf einer Insel gegeben, die nun auf dem Grund des Atlantischen Ozeans liegt. Es handelt sich hier allerdings eindeutig um eine Erfindung Platons. Die Geschichte wird vor *Timaios* nirgendwo anders erwähnt; Platon hat sie erschaffen. Zwar wurden *Timaios* und *Kritias* viele Jahre nach *Politeia* verfasst, aber sie handeln nur einen Tag nach dem Gespräch in *Politeia* und zeigen, auf Wunsch von Sokrates, eine idealisierte Gesellschaft (nicht die aus *Politeia*, sondern ein fiktives, vorsintflutliches Athen), die sich im Krieg mit den räuberischen Invasoren von Atlantis befindet. Die Gesellschaft von Atlantis, die bei Weitem nicht aufgeklärt ist, korrumpierte der Reichtum, wohingegen in Athen die Herrschenden (wie die Wächter in *Politeia*) über keinen privaten Besitz verfügen.

Da *Kritias* unvollständig geblieben ist, muss man ein wenig raten, aber höchstwahrscheinlich sollte das alte Athen die Leser an das historische Athen erinnern, wie es zu Beginn des 5. Jahrhunderts v. Chr. aussah – Aristokraten wie Platon bewunderten viele Aspekte der Athener Gesellschaft dieser Zeit. Dagegen verweist Atlantis auf das Athen Ende des 5. Jahrhunderts v. Chr., das, Platons Meinung nach, vom persönlichen Wohlstand und einer radikalen Demokratie verdorben worden war. Die Geschichte von Atlantis diente Platon als eine politische Allegorie, jedoch ließen sich Generationen unachtsamer Leser von einem typischen Stilmittel antiker Belletristik in die Irre führen: dass die Erzählung die historische Genauigkeit der dargestellten Fiktion hervorhebt. So betonen etwa die Gespräche von Sokrates, die Xenophon schreibt, zu Beginn oft ihre Historizität, wie »Ich war anwesend, als Sokrates zu dem und dem sprach« – obwohl Xenophon überhaupt nicht hätte anwesend sein können.

Abbildung 8.1 Platons mathematisierte Vorstellung von der Arbeit des Schöpfergottes in *Timaios* ist die Grundlage für das christliche Bild von Gott als Geometer. Die Abbildung zeigt das Frontispiz einer französischen Bibel aus dem 13. Jahrhundert. Codex Vindobonensis 2554, f.1 verso.

Timaios ist einer von Platons reichhaltigsten und beeindruckendsten Texten (siehe Abbildung 8.1). Im Großen und Ganzen stellt er den Versuch dar, so ziemlich das gesamte Universum zu gleichen Teilen wissenschaftlich wie sinnhaft zu beschreiben: den Makrokosmos und den Mikrokosmos, das Sichtbare und das Unsichtbare, das Göttliche und das Menschliche. Alles an diesem Bericht ist verblüffend innovativ, von seiner mächtigen teleologischen Stoßrichtung (warum es gut ist, dass die Welt in all ihren Teilen so ist, wie sie ist), bis hin zu den spezifischen Vorstellungen des Göttlichen, der Götter, der Beschaffenheit und des Ursprungs des Universums und seiner Grundprinzipien. Eine rationale und wohlwollende Gottheit unterwarf das existierende Chaos einer mathematischen Struktur, womit sie ein Vorbild der Ordnung erschuf, dem Wesen mit einer rationalen Seele (menschliche Wesen) nacheifern konnten. *Timaios* sticht deswegen besonders hervor, weil der Text die physische Welt, welche die früheren Dialoge vor allem geringschätzig behandelten, als etwas betrachtet, das es verdient, ernsthaft erforscht zu werden. Die Diskussionen in der Akademie hatten Platons Verständnis des Seins erweitert.

Gott erschuf das Universum im mathematischen Sinne: Musikalische Intervalle strukturieren die Weltseele, und der Weltkörper besteht aus Urdreiecken. Hier wird deutlich, dass Platons Interesse an den Pythagoreern, das er während seiner ersten Reise nach Süditalien und Sizilien im Jahr 384 vertiefte, seine schriftlichen Arbeiten nach wie vor durchdrang.[15] *Timaios* ist eine geniale Adaption der grundlegenden pythagoreischen Axiome, wonach das Universum mathematisch strukturiert ist und mathematische Prinzipien für das Schöne und Gute in der Welt verantwortlich sind: »Indem nämlich der Gott wollte, daß alles gut und nach Möglichkeit nichts schlecht sei, so nahm er also alles, was sichtbar war und keine Ruhe hielt, sondern in ungehöriger und ordnungsloser Bewegung war, und führte es aus der Unordnung zur Ordnung, da ihm dieser Zustand in jeder Beziehung besser schien als jener.«[16]

Das Hauptthema in *Philebos* ist uns schon aus den früheren Dialogen vertraut (deswegen taucht hier auch Sokrates wieder auf): Er beschäftigt sich mit der Frage, was ein gutes Leben für einen Menschen ausmacht, eines, in dem sich das Potenzial eines menschlichen Wesens erfüllt. Man könnte spekulieren, der Text sei als Reaktion auf die Verwirrung entstanden, die sein Vortrag »Über das Gute« auslöste – dass Platon eine zugänglichere Version seiner Ansichten über das menschliche Gute darlegen wollte, bei der er die Mathematik außen vor ließ. Der Dialog präsentiert uns eine grundlegende Wahl zwischen Hedonismus, der die Lust als das Gute und den Ursprung des menschlichen Glücks annimmt, und Intellektualismus, der beides an die Vernunft und an Wissen knüpft. Wenig überraschend gewinnt am Ende des

Dialogs das Wissen die Oberhand über die Lust. In seinen Darlegungen entwickelt Platon nicht nur seine eigene Theorie davon, was Lust ist. Er bezieht sich auch auf die Definitionen anderer Denker, sodass der Dialog, wie bereits weiter oben erwähnt, eine Art Sammlung verschiedener akademischer Ansichten über Lust darstellt und so eindeutig die Diskussionen über dieses Thema dokumentiert.

Erneut lässt Platon das Wissen mithilfe pythagoreischer Prinzipien siegen. Die Figur eines »Prometheus« soll behauptet haben »aus Einem und Vielem sei alles, wovon gesagt wird, dass es ist und habe Bestimmung und Unbestimmtheit, in sich verbunden«[17]. Die Figur des Prometheus entspricht hier Philolaos aus Kroton, dem wichtigsten pythagoreischen Theoretiker nach Pythagoras. Philolaos ging auf eine dogmatische, für die Philosophie des 5. Jahrhunderts v. Chr. typische Weise davon aus, dass die Welt als Ganzes und alles in ihr aus »Grenzbildendem« und »Unbegrenztem« besteht. In *Philebos* argumentiert Platon, dass aus unbegrenzten Dingen nichts Gutes entstehen kann; sie müssen durch etwas Grenzbildendes bestimmt werden. Wissen wird der Klasse an Dingen zugeschrieben, die begrenzt sind, und Lust den Dingen, die unbegrenzt sind. Platons letzte Worte über das gute Leben und darüber, was menschliches Wohlbefinden ausmacht, entwickeln auf anspruchsvolle Weise seine früheren Überlegungen weiter.

Tod und Heroisierung

Platon starb im Jahr 347 v. Chr. im Alter von ungefähr 76 Jahren. Wir kennen weder den Monat noch den genauen Todestag: Im ersten Kapitel habe ich die fantasievolle Idee verworfen, er sei an seinem Geburtstag verstorben – als ob man sich seines Geburtstages sicher sein könnte. Wir wissen auch nicht, woran er starb, obwohl die älteste der uns überlieferten Biografien erwähnt, er habe ein paar Tage vor seinem Tod gefiebert.[18] Hätte sich etwas Dramatischeres als dies ereignet, hätten wir wahrscheinlich davon erfahren. Dennoch ließ es sich die biografische Tradition nicht nehmen, einige seltsame Umstände für seinen Tod zu erfinden, er sei beispielsweise bei einem Hochzeitsmahl gestorben oder an Läusen. Eine weniger fragliche Tradition spricht davon, dass er bis kurz vor seinem Tod noch mit wachem Geist arbeitete. Vielleicht behauptete man daher auch, dass er starb, weil er sich weigerte, sein Fieber im Bett auszukurieren. Er starb also »mit der Feder in der Hand«, und nach seinem Tod fand man eine Tafel, auf die er mehrere mögliche Anfangssätze für *Politeia* geschrieben hatte.[19] Seine letzten Tage verbrachte er in Gesellschaft eines Gasts aus Chaldäa – eines mesopotamischen Astrologen – der ihn, wie es scheint, mit Musik zu heilen versuchte.[20]

Platon hatte miterlebt, wie Athen und Griechenland sich immer wieder wandelten. Er wuchs in einer Stadt auf, die sich als die mächtigste der griechischen Welt bezeichnen konnte, dann jedoch im Peloponnesischen Krieg von Sparta besiegt wurde. Obwohl die Athener und ihre Verbündeten während des Korinthischen Krieges (in dem Platon wahrscheinlich kämpfte) versuchten, Spartas Vormachtstellung zu beenden, währte diese dennoch mehr als 30 Jahre, bis die Spartaner schließlich von den Thebanern bei der Schlacht von Leuktra im Jahr 347 v. Chr. besiegt wurden. Die Vorherrschaft der Thebaner dauerte wiederum nur zehn Jahre, woraufhin die wichtigsten Staaten auf dem griechischen Festland wieder zu ihrer alten angespannten Pattsituation zurückkehrten. Für die Freiheit der Griechen stand allerdings das Menetekel an der Wand. Im Norden erstarkte eine neue Macht: Makedonien unter Philipp II. Philipp bestieg im Jahr 359 v. Chr. den makedonischen Thron, und nachdem er Makedonien geeint hatte, begann er einzelne griechische Städte in der nördlichen Ägäis zu übernehmen und fügte sie seinem Nationalstaat hinzu, den er gerade aufbaute. Mehrere dieser Städte unterstanden entweder Athen oder waren ehemalige Verbündete, und im Jahr 357 erklärte Athen Makedonien den Krieg. In erster Linie handelte es sich hierbei um einen kalten Krieg; es passierte nicht viel, und als Platon starb, war noch nichts gelöst worden. Für Platons Nachfolger war Philipp ein neuer mächtiger Herrscher, mit dem sie sich auseinandersetzen mussten.

Auf dem Gebiet der Literatur hatte Platon miterlebt, wie der sanftere Humor der Mittleren Komödie die freie Alte Komödie ablöste. Ferner ging zu seinen Lebzeiten das große Zeitalter der Griechischen Tragödie zu Ende. Bestimmt las er die monumentale und unvollendete Geschichte des Peloponnesischen Krieges von Thukydides und deren Fortsetzungen von Xenophon, Theopompos und Kratippos. Er war mit den fachlichen Abhandlungen vieler verschiedener Felder vertraut, besonders in der Medizin. Besorgt hatte er erlebt, wie professionelle Redner aufkamen, und hatte den Aufstieg der professionellen Philosophie bezeugt, die er, zusammen mit seinen sokratischen Kollegen und den Gelehrten der Akademie, voranbrachte.

Dem Reiseschriftsteller Pausanias zufolge, der im 2. Jahrhundert n. Chr. Platons Grab besuchte, beziehungsweise was noch davon übrig war, lag es nicht weit vom Akademiepark entfernt. Dagegen schreibt Diogenes Laertios, es befände sich »in der Akademie«, womit er das Gelände der Schule meint. Der fragmentarisch überlieferte Bericht von Philodemos bestätigt Diogenes insofern, als er besagt, das Grabmal hätte sich in der Nähe des Schreins der Musen befunden, im Garten von Platons Schule.[21] Das Grabmal schmückten ein Adler und eine Statue von Platon, die, einem Bericht zufolge ein weiser Besucher aus Zentralasien gespendet hatte.[22] Wie es scheint, schlossen sich viele Athener Platons Trauerzug an.[23] Sie wussten, dass es ihre Toleranz von Philosophen und Intellektuellen war, der ihre Stadt einen Großteil ihrer Bekanntheit während des 4. Jahrhunderts v. Chr. verdankte. Zudem war Platon nicht nur ein Sohn Athens, sondern auch der berühmteste Philosoph in der griechischen Welt. Athen hatte endlich das illusorische Bild von sich als Militärmacht abgelegt und begann nun zu einer »Universitätsstadt« zu werden.

Das Grabmal schmückte außerdem ein poetisches Epitaph. In den Anthologien und Biografien finden sich ungefähr ein Dutzend dieser Epitaphe, die alle das Original sein sollen. Ihnen allen sind zwei Motive gemeinsam. Das Erste bezieht sich auf den Gott Apollon, der zwei bedeutsame Kinder gehabt haben soll: Asklepios, Heiler des menschlichen Körpers, und Platon, Heiler der menschlichen Seele. Das Zweite besteht in dem dualistischen Kontrast zwischen dem weltlichen Ort, an dem sich Platons Körper befindet, auf Erden, und dem himmlischen Aufenthalt seiner Seele.

Gewiss sind die meisten Epigramme nicht authentisch; sie wurden nicht in Platons Grabmal gemeißelt, sondern sind spätere literarische Kompositionen. Was wir bereits weiter oben im Text für die Epigramme feststellten, die dem jugendlichen Platon zugeschrieben werden,[24] gilt auch an dieser Stelle. Die Epigramme wurden im Stil des 3. Jahrhunderts v. Chr. verfasst, manche weisen sogar noch spätere Stilmittel auf. Ein bei Diogenes Laertios zitiertes Epigramm nennt Platon außerdem »Aristokles«, was einmal mehr für dessen mangelnde Authentizität spricht. Das Epitaph, das noch am ehesten authentisch sein könnte, ist der, höchstwahrscheinlich fälschlich, Speusippos zugeschriebene Zweizeiler:[25]

> Auch wenn die Erde hier Platons Körper in ihrem Schoß hält,
> Weilt seine Seele unter den Gesegneten, die den Göttern an Rang gleichkommen.

Nach seinem Tod wurde Platon zum Objekt eines Heldenkults – so wie es Sokrates womöglich innerhalb der Akademie war. Mit Sicherheit befand sich eine geweihte Statue von Sokrates in der Akademie. Im religiösen Sinn der Griechen war ein Held ein Sterblicher, den man nach dessen Tod als von den Göttern besonders begünstigt betrachtete, wodurch er das Menschliche schließlich überstieg. Typische Helden waren die Begründer von Städten oder besonders erfolgreiche Athleten – oder eben Menschen wie Platon, die Außergewöhnliches erreicht hatten. Wenn sich Platons Todes- beziehungsweise Geburtstag jährte (nach allgemeiner Annahme das gleiche Datum), ehrte man ihn als Gründer der Akademie und des dort herrschenden Lebensstils sowie als Abkömmling Apollons. Regelmäßig goss man Libationen (Trankopfer) am Grab aus, und an den Festtagen fanden größere Rituale statt. Man opferte ein Tier am Grabmal und dankte den Göttern mit Gebeten für Platons Leben und seine Errungenschaften. Wahrscheinlich schloss sich ein bescheidenes Festmahl an, bei dem man das Fleisch des Opfertieres gemeinsam verzehrte; vielleicht trug man auch etwas aus seinen Schriften vor. So wollte man Platons Gunst erlangen und unter den Anhängern ein Gemeinschaftsgefühl fördern. Auf diese Weise lebte Platon weiter, nicht nur durch seine Dialoge und die Schule, die er der Nachwelt hinterlassen hatte, sondern auch in den Köpfen und Herzen derjenigen, die sich fortan als Platoniker bezeichneten. Er lebte fort als jemand, der sich der Suche nach Wahrheit und Wissen verschrieben hatte.

Die Akademie nach Platons Tod

Zum nächsten Leiter der Akademie wählte man Speusippos. Zwar halten wir heutzutage Aristoteles für den Besten aus der jüngeren Generation von Akademikern, allerdings gibt es keinen Grund, weshalb Platon und die anderen Gelehrten der gleichen Meinung gewesen sein sollten. Unser Urteil beeinflusst zwangsläufig die Tatsache, dass Speusippos' Schriften verloren gingen, während so vieles von Aristoteles überliefert wurde. Außerdem war Speusippos ungefähr 60 Jahre alt und Aristoteles erst 37. Mit seinem fundierten Interesse an der Mathematik war Speusippos fest in der Akademie verwurzelt, während Aristoteles für dieses Gebiet wenig übrig hatte und auch kein besonderes Talent dafür mitbrachte. Abgesehen davon war Speusippos Platons

Neffe. Wahrscheinlich hatte Platon Speusippos bereits zu Lebzeiten zu seinem Nachfolger ernannt, denn Philodemos schreibt, dass er »die Leitung der Schule direkt von Platon selbst übernahm.«[26]

Nach Platons Tod verließen Aristoteles und Xenokrates gemeinsam die Akademie und reisten nach Atarneus im Nordwesten Kleinasiens. Sorgte Speusippos' Ernennung dafür, dass die beiden überstürzt abreisten? Im Fall von Xenokrates scheint das unwahrscheinlich, schließlich leitete er ab dem Jahr 339 v. Chr. nach Speusippos' Tod die Akademie. In Bezug auf Aristoteles heißt es, dass dieser kurz vor Platons Tod »mit Platon gebrochen hätte«. Die Anekdoten über das Verhältnis zwischen Platon und Aristoteles weisen in beide Richtungen, einige gehen von einer gegenseitigen Wertschätzung aus, andere deuten auf Spannungen hin. Hier scheint eine Kombination von beidem wahrscheinlich – sowohl Wertschätzung als auch Spannung. Kurz bevor Aristoteles sich kritisch mit dem Begriff des universalen Guten auseinandersetzt, sagt er, hier bestehe ein Hindernis darin, dass »uns befreundete Männer die Ideen eingeführt haben«[27]. Falls Aristoteles die poetische »Elegie an Eudemos« verfasst hat, was durchaus sein kann, dann lobt er in ihr Platon als einen Mann, »der als Einziger oder als Erster der Sterblichen deutlich kundgetan hat durch das eigene Leben und durch die Darlegung seiner Lehre, daß der Mensch gut und glücklich zugleich wird«[28].

Wahrscheinlich hatte Platon seine Wünsche in dieser Sache bereits vor seinem Tod bekannt gegeben. Aristoteles mag also verstimmt gewesen sein, dass die Leitung der Akademie nicht ihm zukam, was dann zum Bruch zwischen beiden führte. Das Gleiche passierte, als die Wahl für den Leiter der Schule im Jahr 339/8 auf Xenokrates fiel. Herakleides Pontikos und Menedemos von Pyrrha hatten ebenfalls kandidiert, anschließend kehrte Herakleides in seine Heimatstadt Herakleia Pontike zurück, und Menedemos eröffnete im Gymnasion der Akademie seine eigene Schule. Obwohl Aristoteles schließlich im Jahr 335 v. Chr. wieder nach Athen kam, kehrte er doch nie an die Akademie zurück, sondern gründete seine eigene Schule. Dennoch scheint der Grund für die Abreise von Aristoteles und Xenokrates eher Trauer als Groll gewesen zu sein. 35 Jahre lang war Platon der Leitstern der Akademie gewesen, und nach seinem Tod drohte die Schule sich tatsächlich aufzulösen. Vielleicht meinte Aristoteles, die Akademie böte nach Platons Tod für ihn nicht länger ein attraktives Arbeitsumfeld. Nicht zuletzt hatten sich Aristoteles' philosophische Prinzipien weiterentwickelt und unterschieden sich mittlerweile fundamental von denen Platons und den anderen Akademikern. Für ihn war es an der Zeit, sich etwas Eigenes aufzubauen.

Dank der Autorität, die Speusippos ausstrahlte, und seiner Fähigkeiten, Spenden einzutreiben, zerfiel die Akademie nicht. Ein Scholarch folgte regelmäßig auf den nächsten, und so existierte die Schule mehr als 250 Jahre am gleichen Ort fort, dem Gymnasion der Akademie. Als Letzter nutzte Polemon, der 269 v. Chr. starb, Platons Haus als Schule. Im Jahr 307/6 verabschiedeten die Athener ein Gesetz, demzufolge kein Philosoph mehr ohne Erlaubnis der Regierung eine Schule in Athen leiten durfte. Einige Philosophen verließen daraufhin die Stadt, wahrscheinlich schloss die Akademie in dieser Zeit aber nicht. Die Arbeit dort scheint weitergangen zu sein, obwohl Sophokles, der das Gesetz eingebracht hatte, zur Begründung auf die undemokratischen politischen Aktivitäten einiger Akademiemitglieder verwies. So oder so wurde das Gesetz nach nur wenigen Monaten wieder aufgehoben.

Im Jahr 200 v. Chr. beschädigten die Truppen von Philipp V. von Makedonien den Park stark. Im Jahr 86 v. Chr. richteten die Truppen des römischen Generals Lucius Cornelius Sulla während der Belagerung Athens noch größeren Schaden an. Die Stadt hatte sich törichterweise mit dem König von Pontus, Mithridates VI., verbündet, der die Römer endgültig aus Kleinasien und dem östlichen Mittelmeerraum vertreiben wollte. Zwar berichten die Quellen nur, Sullas Männer hätten im Akademiepark Bäume gefällt, aus denen sie Belagerungsmaschinen bauten. Bedenkt man aber, dass (soweit wir es wissen) fortan nicht mehr in der Akademie unterrichtet wurde, ging die Zerstörung vielleicht doch weiter oder war zumindest umfassend genug, dass der Park anschließend kein schöner Ort mehr war, um dort gerne zu lernen und lehren. Zur gleichen Zeit wurde auch das Gymnasion in Lykeion zerstört. Man führte den Unterricht der Akademie nun in der Athener Innenstadt fort und unterrichtete auch anderswo im Mittelmeerraum Platonismus, besonders im ägyptischen Alexandria, das nun das neue Zentrum der griechischen Kultur darstellte. Auch nachdem die physische Schule nicht mehr bestand, sahen sich einige Philosophen in Athen nach wie vor als Platoniker und »Akademiker«. Im Jahr 176 n. Chr. stiftete der philosophisch veranlagte römische Kaiser Mark Aurel, Autor der uns bekannten *Selbstbetrachtungen*, in Athen kaiserliche Lehrstühle, an denen die vier wesentlichen philosophischen Schulen gelehrt werden sollten: Platonismus, Aristotelismus, Stoizismus und Epikureismus.

Auf diese Weise bestanden Versionen der Arbeit Platons weiter fort, oft verbreitet durch das Schreiben von gelehrten Kommentaren zu seinen Dialogen. Dabei bildeten sich zwei Hauptströmungen. Ab der Mitte des 3. Jahrhunderts v. Chr. betonten die Akademiker 200 Jahre lang das Fragende, das besonders in den frühen Dialogen präsent ist. Zudem verwiesen sie darauf, wie schwer es ihnen fiel, eine Art Platonische Doktrin aus den Dialogen herauszuarbeiten. Sie sahen die Dialoge als skeptische Arbeiten; ihrer Auffassung nach sollten Philosophen nicht davon ausgehen, auf irgendeinem Gebiet je zur Wahrheit finden zu können, sondern fortwährend die Meinung anderer hinterfragen und sich nicht auf ihre eigenen Ansichten verlassen. Nach der Zerstörung der Akademie änderten die Denker, welche die Wissenschaft heute als »Mittelplatoniker« oder »Neuplatoniker« bezeichnet, ihre Einstellung und gingen fortan davon aus, dass die Dialoge positive Lehren enthielten.

Im späten 4. Jahrhundert n. Chr. eröffnete ein Platoniker namens Plutarch von Athen erneut ein physisches Schulgebäude, allerdings nicht im Akademiepark. Im Jahr 529 n. Chr. verbot der christliche Kaiser Justinian allen Nichtchristen zu lehren; sie sollten sich entweder zum »wahren Glauben« bekennen oder aber man verbannte sie aus ihren Heimatstädten ins Exil. In Athen konzentrierte sich Justinian besonders auf die Akademie, da der Platonismus dieser Zeit tief spirituell war und zum Okkulten und zur Magie neigte; somit stand er in direkter Rivalität zum Christentum. Trotz der starken Kirche in Athen wurde das Gesetz jedoch nie rigoros durchgesetzt, und so wurde Platonismus in Athen über mehrere Jahrzehnte hinweg weiterhin unterrichtet, wenn auch wahrscheinlich weniger öffentlich. Allerdings befand sich die Akademie nach 529 im Niedergang, und im letzten Viertel des ausgehenden Jahrhunderts, womöglich in Folge der Eroberung Athens durch slawische und awarische Angreifer im Jahr 582, existierte sie nicht mehr.

Ein Leben für die Philosophie und ein philosophisches Nachleben

Was Platon während seinen Lebzeiten erreichte, ist erstaunlich, aber seine Errungenschaften gehen weit über sein Leben hinaus. Er begründete eine Tradition, die bis heute nachwirkt. Sie hat seitdem nichts von ihrem Glanz eingebüßt, sondern sich dadurch bewiesen, dass sie immer weiter fortgeführt wurde. Sie konnte in einer Ära skeptisch und in einer anderen dogmatisch sein; sie inspirierte die unterschiedlichsten Denker wie Aristoteles und Speusippos. So wie Sokrates ungefähr ein halbes Dutzend Rezeptionslinien auslöste, von denen alle authentisch sokratisch waren, konnte sein größter Schüler eine Philosophie gründen, die umfassend genug war, um Widersprüche auszuhalten und dennoch intakt zu bleiben. Sicherlich kann es kein höheres Lob für einen innovativen Philosophen geben. Platon gelang dieser Spagat, indem er sich an der Akademie mit eindeutigen Aussagen und Erklärungen zurückhielt und vor allem durch seine vielseitigen Dialoge. Sie sind dogmatisch und undogmatisch zugleich; sie ziehen die Leser in ihren Bann und zwingen sie, auf ihre eigenen Ressourcen zurückzugreifen. Sie lassen erst alles klar und eindeutig erscheinen, nur um einem im nächsten Moment den Boden unter den Füßen wegzuziehen. Platon ersann eine Figur namens Sokrates, die ihn bei seiner Arbeit unterstützen sollte. Genau darin besteht die Hommage an seinen Lehrer, bei dieser Figur handelt es sich um eine platonische Erfindung. Sie ist ein Werkzeug, um Sokrates' Arbeit, wie Platon sie verstand, fortzusetzen. Andere Sokratiker versuchten das Gleiche, jedoch spricht die Tatsache, dass Platons Schriften überlebten und ihre nicht, für sich.

Platon eröffnete der zukünftigen Philosophie unendliche Möglichkeiten – nicht nur für die akademischen Philosophen, sondern für alle unter uns, die nachdenken, die sich fragen, wer wir sind und was aus uns werden wird, aus uns als Individuen aber auch aus uns als Menschheit. Für jeden, der danach strebt, Wissen höher zu schätzen als Meinung, und der eher kritisch denkt als blinde Akzeptanz an den Tag zu legen, für jeden, der weiß, dass die Welt mehr bereithält, als man auf den ersten Blick sehen kann, der davon überzeugt ist, dass Tugend mehr ist als eine verstaubte viktorianische Wertvorstellung, und der diese Erkenntnis nicht abtut, sondern ihr gewährt, seine Welt für immer zu verändern, egal wie schwierig oder unbeliebt eine solche Entscheidung sein mag: Für all diese Menschen stellt Platons Leben ein Paradigma dar, und seine Anleitung wird sich für sie als äußerst lohnenswert herausstellen.

Die Philosophie setzt sich mit den großen Fragen auseinander: Was ist der Sinn des Lebens? Was ist das Bewusstsein? Wie sieht die beste Regierungsform aus? Was ist gut? Was ist wahr? Sollten wir unserer eigenen Fähigkeit zur logischen Schlussfolgerung trauen? Verfügen wir über einen freien Willen?

Und so viele weitere Fragen. Menschen sind von Natur aus neugierig, und die Philosophie stellt den ultimativen Versuch dar, diese Neugier zu stillen. Platon meinte, die Philosophie beginne mit Wundern.[29] Verlieren wir diesen Sinn für das Wunderbare – wenn uns die Trivialität des Alltags einfängt und wir uns dem hingeben, was als Populär-»Kultur« durchgeht – wird das Universum um uns herum fade. Platons Gedanken überdauerten die Zeit deswegen so gut, weil es immer Menschen geben wird, die ihre Neugier nicht zügeln wollen.

Platon entwarf eine eigene Art zu philosophieren, die nach wie vor wichtig ist. Indem er Philosophie als Gespräch niederschrieb, stellte er die Suche nach Wahrheit als stetig fortwährenden Prozess dar. Wissen ist möglich, aber genauso wichtig ist es, immer weiter danach zu suchen und zu bezweifeln, ob man es bereits erlangt hat. Philosophie, so wie Platon sie praktizierte, trainiert den Verstand und ermöglicht uns, Probleme zu lösen; sie lehrt uns, klar zu denken. Ohne diesen geschärften Blick haben wir in all unseren Vorhaben wenig Aussicht auf Erfolg. Es gibt kaum einen besseren Einstieg ins philosophische Denken, als Platons Dialoge zu lesen und anschließend über die darin enthaltenen Einfälle und Methoden zu reflektieren. Es ist eher unwichtig, ob er »recht hatte«. Die Dialoge zu lesen, lässt uns eigenständig über philosophische Dinge nachdenken.

Platon übte sich bereits früh mit Sokrates und anderen in der Philosophie. Für ihn gab es kein Gebiet des menschlichen Handelns, das nicht von der Philosophie hätte profitieren können. Bei allem, was er tat, praktizierte er philosophisches Handeln und wandte philosophische Grundsätze an. Er schrieb nicht nur anregende und tiefgreifende Bücher, er kehrte in die düstere Höhle unserer Wirklichkeit zurück. Nachdem er zum ersten Mal in Syrakus gescheitert war, hatten sicher viele angenommen, dass er nie wieder dorthin zurückkehren würde, doch er tat es. Damit lieferte er uns ein Beispiel dafür, wie man sich einer Sache verschreiben und wie ein Philosoph versuchen kann, einem politischen Kontext zu dienen – ein Vorbild, das jüngere Denker wie Bernard Williams aufgegriffen haben. Und er gründete die Akademie, eine Schule, die über beinahe 1000 Jahre hinweg Philosophie lehrte. Platon stellte sein Leben wahrhaftig in den Dienst der Philosophie, weshalb sein Leben auch für uns nach wie vor bedeutsam sein sollte. Denn die großen Fragen bleiben bestehen.

Dank

Mein Dank an Stefan Vranka von der Oxford University Press bezieht sich diesmal auf weit mehr als sein lektorisches Können. Denn er war es, der mir vorschlug, dieses Buch zu schreiben, zudem stand er mir anschließend mit gutem Rat zur Seite. Lori Meek Schuldt war erneut eine ausgezeichnete Korrektorin. Debra Nails ermutigte mich von Anfang an und schickte mir Anmerkungen, die im Grunde einer zweiten Auflage ihres unverzichtbaren Werkes *The People of Plato* gleichkamen. Ich danke weiterhin William Altman für das Manuskript seines Buches *Plato and Demosthenes: Recovering the Old Academy*; Matthew Farmer für eine hilfreiche E-Mail über Anspielungen auf Platon in den Komödien des 4. Jahrhunderts; David Fideler für die Erlaubnis, das Foto auf Seite 148 zu verwenden; Kilian Fleischer dafür, dass ich die relevanten Seiten zu Platons Leben aus seiner noch unveröffentlichten Ausgabe von Philodemos' *Index Academicorum* einsehen durfte sowie für unseren anschließenden Austausch via E-Mail; Dorothea Frede für die Kopie eines unveröffentlichten Vortrags; Ian Maclean für die Berechnung auf Seite 95/96 und James Romm dafür, dass er mir von dem Papyrusfragment des *Dritten Briefes* erzählt hat.

Ich habe dieses Buch während der Einschränkungen durch die Coronapandemie verfasst. Es ist ohnehin meine Art, Freunde und Kollegen zu bitten, mir ihre Artikel zuzusenden, die nicht in den Online-Archiven verfügbar sind. Da mir der Zugang zu Bibliotheken verwehrt war, war ein solcher Austausch für mich diesmal besonders wichtig. Ich danke auch Andrew Erskine, Alexander Meeus und James Lockwood Zainaldin ausgesprochen dafür, mir Material aus ihren Universitätsbibliotheken zur Verfügung gestellt zu haben; genauso all jenen – es sind zu viele, um sie hier alle zu nennen – die auf meine Anfrage nach Material reagiert haben, die ich auf der »Liverpool listserv for classicists« gepostet habe; sowie John Dillon und Sir Richard Sorabji, welche die Verweise in den neuplatonischen Kommentaren überprüft haben, als mir die Texte nicht zugänglich waren.

Anhang

Liste der Platonischen Dialoge

Alle Werke Platons bezeichnet man praktischerweise als »Dialoge«, obwohl die Sprechenden in einigen davon kaum miteinander interagieren und eines, die *Apologie des Sokrates,* im Grunde ein Transkript der Verteidigungsreden von Sokrates darstellen soll, die Platons Lehrer im Jahr 399 v. Chr. vor Gericht hielt. In diesem Buch halte ich mich an die üblichen Zitierkonventionen der platonischen Texte. So verweise ich vielleicht auf *Lysis* 222a-c. Diese Zahlen und Buchstaben beziehen sich auf die Seiten und Seitenabschnitte einer Platonausgabe von Henri Estienne (oder Stephanus), veröffentlicht 1578 in Genf. Diese Ausgabe verfügte über drei Bände mit jeweils eigener Paginierung. Jede Seite war in zwei Spalten aufgeteilt, rechts stand der griechische Text und links die lateinische Übersetzung. Die Spalte mit dem griechischen Text teilte Stephanus (meistens) in fünf Abschnitte auf, die er mit a bis e bezeichnete. Bei *Lysis* 222a-c handelt es sich also um einen Textblock, der mehrere oder alle Abschnitte auf Seite 222 in einem von Stephanus' Werken umfasst (im zweiten Band, um genau zu sein). Diesen Konventionen folgen alle Platonausgaben, und auch diejenigen, die über ihn schreiben, halten sich an sie.

Uns wurden die gesamten Schriften Platons überliefert. Heutzutage stimmen die Forschenden darin überein, welche Dialoge authentisch sind, Platon also zweifelsfrei zugeordnet werden können, und welche nicht. Ich halte 28 Schriften für authentisch. Das ist zwar eine ordentliche Anzahl an Texten, allerdings war Platon kein besonders produktiver Schriftsteller: Die 28 Dialoge kommen insgesamt auf 540 000 Worte, [1] das entspricht ungefähr dem Umfang von David Foster Wallaces Roman *Unendlicher Spaß*. Im Vergleich dazu sind uns ungefähr eine Million Worte von Aristoteles überliefert, und hätten wir auch Zugriff auf seine verloren gegangenen Schriften, kämen wir wahrscheinlich auf ganze drei Millionen. Aber wie viel Autoren produzieren, ist kein ausschlaggebendes Kriterium für deren Bewertung; alles, was Platon verfasste, war kreativ und originär.

Im Folgenden finden Sie eine alphabetische Liste der authentischen Dialoge, viele davon sind nach einem der zentralen darin auftretenden Charaktere benannt. In den meisten von ihnen leitet Sokrates die Diskussion.

Erster Alkibiades
Apologie des Sokrates (oft auch einfach nur als *Apologie* bezeichnet)
Charmides
Kratylos
Kritias
Kriton
Euthydemos
Euthyphron
Gorgias
Größerer Hippias
Kleinerer Hippias
Ion
Laches
Nomoi (Gesetze)
Lysis
Menexenos
Menon
Parmenides
Phaidon
Phaidros
Philebos
Protagoras
Politeia (*Der Staat*; wahrscheinlich entstand das erste Kapitel zunächst als eigenständiger kurzer Dialog mit Namen *Thrasymachos*)
Sophistes
Politikos (oder *Der Staatsmann)*
Symposion
Theaitetos
Timaios

Der platonische Korpus enthält noch weitere Werke. Wenn wir diejenigen ignorieren, die schon während der Antike als zweifelhaft galten, verbleiben: *Zweiter Alkibiades, Kleitophon, Epinomis, Hipparchos, Anterastai (Die Liebhaber* oder *Die Rivalen), Minos* und *Theages*. Meiner Meinung nach stammen davon *Zweiter Alkibiades, Hipparchos, Anterastai* und *Minos* sicher nicht von Platon. Auch *Kleitophon* und *Theages* sind wahrscheinlich nicht platonisch, als Dialoge des 4. oder frühen 3. Jahrhunderts v. Chr. sind sie dennoch von Bedeutung und wurden vielleicht sogar von Mitgliedern von Platons Akademie verfasst. *Hipparchos, Anterastai* und *Minos* könnten ebenfalls von Akademiemitgliedern stammen. *Epinomis,* eine Art Ergänzung zu *Nomoi*, schrieb Platons Schüler und Sekretär Philippos von Opus. Dieser Text soll als Kommentar zu *Nomoi* und *Timaios* dienen und bestimmte Teile der Dialoge weiterentwickeln. In den letzten 200 Jahren bewerteten Forschende fast jeden Dialog, den ich als authentisch ansehe, als zweifelhaft, dennoch ist man auch heute noch bei zwei Dialogen am ehesten unsicher: beim *Ersten Alkibiades* und beim *Größeren Hippias*. Über die Zuverlässigkeit einiger von Platons Briefen schreibe ich auf den Seiten 20-25.

Zeittafel

Zur Chronologie von Platons Texten siehe Seiten 109-116.

469 v. Chr. Geburt von Sokrates
431–404 Peloponnesischer Krieg
430 Geburt von Platons Bruder Adeimantos
429 Geburt von Platons Bruder Glaukon
426 Geburt von Platons Schwester Potone
424 oder 423 Geburt von Platon
423 Platons Vater Ariston stirbt.
422 Periktione (Mutter Platons) heiratet Pyrilampes.
421 Geburt von Platons Halbbruder Antiphon
413 Pyrilampes stirbt.
411–410 Herrschaft der Oligarchen in Athen
407 Geburt von Platons Neffen Speusippos
404 Der Peloponnesische Krieg endet mit der Niederlage Athens.

404–403 Herrschaft der 30 Tyrannen in Athen; Platon wird volljährig.

399 Prozess und Tod des Sokrates

circa 396 Platon bei Eukleides von Megara

395–386 Korinthischer Krieg

390s Erste Dialoge sowie *Proto-Politeia* werden verfasst.

384 Platon bei den Pythagoreern in Süditalien; trifft Dion und Dionysios I. in Syrakus.

383 Gründung der Akademie in Athen

circa 370 Eudoxos kommt an die Akademie.

367 Aristoteles kommt nach Athen.

366–365 Platons zweite Reise nach Syrakus, besucht dort Dion und Dionysios II.

361–360 Platons dritte Reise nach Syrakus

359 Philipp II. wird König von Makedonien.

357 Dion übernimmt in Syrakus die Macht.

354 Ermordung des Dion

349 Platon reist nach Süditalien?

347 Tod des Platon; Speusippos übernimmt die Leitung der Akademie.

338 Xenokrates wird Leiter der Akademie.

86 Zerstörung (?) der physischen Akademie durch die römischen Truppen unter Sulla

529 n. Chr. Der römische Kaiser Justinian befiehlt die Schließung der Akademie und aller anderen Schulen, die heidnische Philosophie unterrichten.

Karten

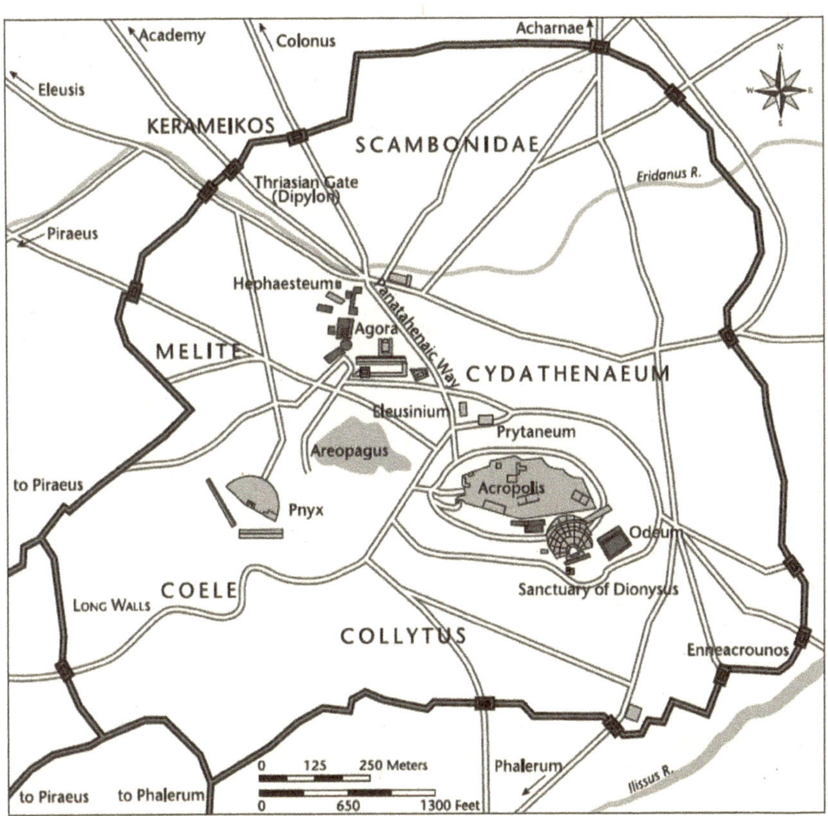

Karte 1: Die Stadt Athen

Karte 2: Sizilien und Süditalien

Weiterführende Literatur

Übersetzungen bedeutender Denker

Vorsokratiker:

R. Waterfield, *The First Philosophers: The Presocratics and Sophists*, Oxford 2000.

J. Barnes, *Early Greek Philosophy*, London 1987.

Die Vorsokratiker, Auswahl der Fragmente und Zeugnisse, übers. u. erl. v. M. L. Gemelli Marciano, 3 Bde, Berlin 2011.

Sophisten:

Waterfield, *The First Philosophers* (siehe oben).

J. Dillon und T. Gergel, *The Greek Sophists,* London 2003.

Über die Sophisten hinausgehend, aber mit einem engeren Fokus: M. Gagarin und P. Woodruff, *Early Greek Political Thought from Homer to the Sophists,* Cambridge 1995.

Sokratiker:

G. Boys-Stones und C. Rowe, *The Circle of Socrates: Readings in the First- Generation Socratics*, Indianapolis/Cambridge 2013.

Isokrates:

J.D. Mikalson, *The Essential Isocrates,* Austin 2022.

Übersetzungen der antiken Platon-Biografien

Anonymous:

L.G. Westerink, *Anonymous Prolegomena to Platonic Philosophy*, Amsterdam 1962.

Apuleios:

Paolo Siniscalco (Hg.), *Platon und seine Lehre*, eingel. u. übers. v. K. Albert, Texte zur Philosophie Bd. 4, St. Augustin 1981.

Diogenes Laertius:

Diogenes Laertius, *Leben und Meinungen berühmter Philosophen*, übers. u. erl. v. Otto Apelt, Bd. 1, Leipzig 1921.

Hesychios:

online audio text: https:// archive.org/ details/ hesychius (posted 2016).

Olympiodorus:

Cagla Umsu-Seifert, *Olympiodors Kommentar zu Platons Alkibiades, Untersuchung, Text, Übersetzung und Erläuterungen*, Tübingen 2023.

M. Griffin, Olympiodorus: *Life of Plato and On Plato, First Alcibiades 1-9*, London 2015.

Philodem:

K. Fleischer, *Philodems Geschichte der Akademie: Edition, Übersetzung, Kommentar*, Leiden/Boston 2023.

Weitere wichtige Quellen zu Platons Leben

Plutarch, *Dion*, in: *Biografien des Plutarchs*, mit Anm. von J. F. S. Kaltwasser, Bd. 9, Wien/Prag 1806.

Cornelius Nepos, *Dion*, in: Cornelius Nepos, *Berühmte Männer, De viris illustribus, Lateinisch–Deutsch*, hrsg. u. übers. v. Michaela Pfeiffer unter Mitarbeit von Rainer Nickel, Sammlung Tusculum, Düsseldorf 2006.

Geschichte und Kultur

J. Billings, *The Philosophical Stage: Drama and Dialectic in Classical Athens*, Princeton 2021.

B. Caven, *Dionysius I: War-Lord of Sicily*, New Haven/London, 1990.

K.J. Dover, *Greek Homosexuality*, Neuaufl. m. V. v. S. Halliwell, M. Masterson und J. Robson, London 2016.

M. Golden, *Children and Childhood in Classical Athens*, 2. Aufl., Baltimore 2015.

S. Goldhill, *The Invention of Prose,* Oxford 2002.

W.V. Harris, *Ancient Literacy,* Cambridge/London 1989.

M. Joyal, I. McDougall und J.C. Yardley, *Greek and Roman Education: A Sourcebook,* London 2009.

C.H. Kahn, »Writing Philosophy: Prose and Poetry from Thales to Plato«, in: H. Yunis (Hg.), *Written Texts and the Rise of Literate Culture in Ancient Greece,* Cambridge 2003, S.139-161.

C. Moore, *Calling Philosophers Names: On the Origin of a Discipline*, Princeton 2019.

J. Ober, *Political Dissent in Democratic Athens: Intellectual Critics of Popular Rule*, Princeton 1998.

T.E. Rihll, »Teaching and Learning in Classical Athens«, in: *Greece & Rome* 50 (2003), S. 168-190.

A. Rubel, *Stadt in Angst: Religion und Politik in Athen während des Peloponnesischen Krieges*, Darmstadt 2000.

L. Sanders, *The Legend of Dion*, Toronto, 2008.

E. Turner, *Athenian Books in the Fifth and Fourth Centuries*, London 1952.

R. Waterfield, *Creators, Conquerors, and Citizens: A History of Ancient Greece*, Oxford 2018.

H. Yunis, *Taming Democracy: Models of Political Rhetoric in Classical Athens*, Ithaca, 1996.

Die Vorsokratiker

P. Curd, »Presocratic Philosophy«, in: Edward N. Zalta (Hg.), *Stanford Encyclopedia of Philosophy* (Fall 2020 Edition), https://plato.stanford.edu/archives/fall2020/entries/presocratics/.

G.S. Kirk, J.E. Raven, und M. Schofield, *The Presocratic Philosophers*, 2. Aufl., Cambridge 1983.

R.D. McKirahan, *Philosophy before Socrates*, 2. Aufl., Indianapolis 2010.

J. Warren, *Presocratics*, Stocksfield; Berkeley 2007.

Pythagoreismus

G. Cornelli, R. McKirahan und C. Macris (Hg.), *On Pythagoreanism*, Berlin/Boston 2013.

C.A. Huffman, *Archytas of Tarentum: Pythagorean, Philosopher and Mathematician King*, Cambridge 2005.

C.A. Huffman (Hg.), *A History of Pythagoreanism*, Cambridge 2014.

C.H. Kahn, *Pythagoras and the Pythagoreans: A Brief History*, Indianapolis 2001.

Die Sophisten

M. Bonazzi, *The Sophists*, Cambridge 2020.

W.K.C. Guthrie, *The Sophists,* Cambridge 1971, zuerst erschienen als erster Teil der Reihe *A History of Greek Philosophy*, Bd. 3, *The Sophists and Socrates,* Cambridge 1969.

G.B. Kerferd, *The Sophistic Movement,* Cambridge 1981.

C. Moore und J. Billings (Hg.), *The Cambridge Companion to the Sophists,* Cambridge 2022.

C.C.W. Taylor und Mi- Kyoung Lee, »The Sophists«, in: Edward N. Zalta (Hg.), *Stanford Encyclopedia of Philosophy* (Fall 2020 Edition), https://plato.stanford.edu/archives/fall2020/ entries/ sophists/.

H. Tell, *Plato's Counterfeit Sophists,* Washington, D.C. 2011.

Sokrates

J. Bussanich und N.D. Smith (Hg.), *The Bloomsbury Companion to Socrates,* London 2013.

W.K.C. Guthrie, *Socrates,* Cambridge 1971, Teil zwei der Reihe *A History of Greek Philosophy*, Bd. 3, *The Sophists and Socrates,* Cambridge 1969.

D.R. Morrison (Hg.), *The Cambridge Companion to Socrates*, Cambridge 2011.

D. Nails und S. Monoson, »Socrates«, in: Edward N. Zalta (Hg.), *Stanford Encyclopedia of Philosophy* (Summer 2022 Edition), https://plato.stanford.edu/archives/sum2022/entries/socrates/.

S. Peterson, »Plato's Reception of Socrates: One Aspect«, in: C. Moore (Hg.), *Brill's Companion to the Reception of Socrates,* Leiden/Boston 2019, S. 98-123.

W.J. Prior, *Socrates,* Cambridge 2019.

G. Rudebusch, *Socrates,* Malden, MA/Oxford 2009.

C.C.W. Taylor, *Socrates: A Very Short Introduction*, Oxford 1998.

R. Waterfield, *Why Socrates Died: Dispelling the Myths*, London 2009.

Die Sokratiker

F. Decleva Caizzi, »Minor Socratics«, in: M. L. Gill und P. Pellegrin (Hg.), *A Companion to Ancient Philosophy,* Malden, MA 2006, S. 119-135.

A. Ford, »The Beginnings of Dialogue: Socratic Discourses and Fourth-Century Prose«, in: S. Goldhill (Hg.), *The End of Dialogue in Antiquity,* Cambridge 2008, S. 29-44.

A. Ford, »*Sōkratikoi logoi* in Aristotle and Fourth-Century Theories of Genre«, in: *Classical Philology* 105 (2010), S. 221-235.

D.M. Johnson, *Xenophon's Socratic Works,* Abingdon/New York 2021.

S. Prince, *Antisthenes of Athens: Texts, Translations, and Commentary*, Ann Arbor 2015.

H.D. Rankin, *Sophists, Socratics and Cynics,* London/Canberra 1983.

L. Rossetti, »The Context of Plato's Dialogues«, in: A. Bosch-Veciana und J. Monserrat-Molas (Hg.), *Philosophy and Dialogue: Studies in Plato's Dialogues*, Bd. 1, Barcelona 2007, S. 15-31.

L. Stavru und C. Moore (Hg.), *Socrates and the Socratic Dialogue,* Leiden/Boston 2018.

R. Waterfield, »Xenophon's Socratic Mission«, in: C. Tuplin (Hg.), *Xenophon and His World,* Stuttgart 2004, S. 79-113.

U. Zilioli, *The Cyrenaics,* Stocksfield 2012.

U. Zilioli (Hg.), *From the Socratics to the Socratic Schools: Classical Ethics, Metaphysics and Epistemology*, Abingdon/New York 2015.

Isokrates

R. Johnson, »Isocrates' Methods of Teaching«, in: *American Journal of Philology* 80 (1959), S. 25-36.

M. McCoy, »Alcidamas, Isocrates, and Plato on Speech, Writing, and Philosophical Rhetoric«, in: *Ancient Philosophy* 29 (2009), S. 45-66.

K. Morgan, »The Education of Athens: Politics and Rhetoric in Isocrates and Plato«, in: T. Poulakos und D. Depew (Hg.), *Isocrates and Civic Education,* Austin 2004, S. 125-154.

D.J. Murphy, »Isocrates and the Dialogue«, in: *Classical World* 106 (2013), S. 311-353.

E.J. Power, »Class Size and Pedagogy in Isocrates' School«, in: *History of Education Quarterly* 6 (1966), S. 22-32.

T. Wareh, *The Theory and Practice of Life: Isocrates and the Philosophers*, Washington, D.C. 2012.

Die frühe Akademie

W.H.F. Altman, *Plato and Demosthenes: Recovering the Old Academy*, Lanham/ London [u. a.] 2022.

M. Baltes, »Plato's School, the Academy«, in: *Hermathena* 155 (1993), S. 5-26.

F.A.G. Beck, *Greek Education, 450-350 BC*, London 1964.

P.A. Brunt, »Plato's Academy and Politics«, in: *Studies in Greek History and Thought*, Oxford 1993, S. 282-342.

H. Cherniss, *The Riddle of the Early Academy*, Berkeley 1945.

A.-H. Chroust, »Plato's Academy: The First Organized School of Political Science in Antiquity«, in: *Review of Politics* 29 (1967), S. 25-40.

R.M. Dancy, *Two Studies in the Early Academy*, Albany, NY 1991.

R.M. Dancy, »Speusippus«, in: Edward N. Zalta (Hg.), *Stanford Encyclopedia of Philosophy* (Fall 2021 Edition), https://plato.stanford.edu/archives/fall2021/entries/speusippus/.

R.M. Dancy, »Xenocrates«, in: Edward N. Zalta (Hg.), *Stanford Encyclopedia of Philosophy* (Summer 2021 Edition), https://plato.stanford.edu/archives/sum2021/entries/xenocrates/.

D.R. Dicks, *Early Greek Astronomy to Aristotle*, London 1970.

J. Dillon, *The Heirs of Plato: A Study of the Old Academy (347-274 BC)*, Oxford 2003.

D. El Murr, »The Academy from Plato to Polemo«, in: L. Perilli und D. Taormina (Hg.), *Ancient Philosophy: Textual Paths and Historical Explanations*, Abingdon/New York 2018, S. 337-353.

D. Frede, »A Superannuated Student: Aristotle and Authority in the Academy«, in: J. Bryan, R. Wardy und J. Warren (Hg.), *Authors and Authority in Ancient Philosophy*, Cambridge 2018, S. 78-101.

F. Fronterotta, »Eudoxus and Speusippus on Pleasure (according to Aristotle): A Debate in the Ancient Academy«, in: *Revue de Philosophie Ancienne* 4 (2018), S. 39-72.

H.B. Gottschalk, *Heraclides of Pontus*, Oxford 1980.

P. Kalligas, C. Balla, E. Baziotopoulou-Valavani und V. Karasmanis (Hg.), *Plato's Academy: Its Workings and Its History*, Cambridge 2020.

H.I. Marrou, *Geschichte der Erziehung im klassischen Altertum*, übers. v. Charlotte Beumann, Freiburg 1957.

C. Natali, *Aristotle: His Life and School*, hg. v. D.S. Hutchinson, Princeton 2013.

A.F. Natoli, *The Letter of Speusippus to Philip II*, Stuttgart 2004.

A. Nehamas, »The Academy at Work: The Target of Dialectic in Plato's *Parmenides*«, in: *Oxford Studies in Ancient Philosophy* 57 (2019), S. 121-152.

T.J. Saunders, »The RAND Corporation in Antiquity? Plato's Academy and Greek Politics«, in: J. Betts, J. Hooker und J. Green (Hg.), *Studies in Honour of T.B.L. Webster*, Bd. 1, London1986, S. 200-210.

E. Schütrumpf (Hg.), *Heraclides of Pontus: Text and Translation*, Abingdon/New York 2008.

D. Sedley, »Xenocrates' Invention of Platonism«, in: M. Erler, J.E. Hessler und F.M. Petrucci (Hg.), *Authority and Authoritative Texts in the Platonist Tradition*, Cambridge 2021, S. 12-37.

L. Trelawny- Cassity, »Plato: The Academy«, in: *Internet Encyclopedia of Philosophy* https://iep.utm.edu/academy.

E. Watts, »Creating the Academy: Historical Discourse and the Shape of Community in the Old Academy«, in: *Journal of Hellenic Studies* 127 (2007), S. 106-122.

S.A. White, »Socrates at Colonus: A Hero for the Academy«, in: N.D. Smith und P.B. Woodruff (Hg.), *Reason and Religion in Socratic Philosophy*, Oxford 2000, S. 151-175.

R.E. Wycherley, »Peripatos: The Athenian Philosophical Scene II«, *Greece & Rome* 9 (1962), S. 2-21.

L. Zhmud, »Plato as ›Architect of Science‹«, in: *Phronesis* 43 (1998), S. 211-244.

Platon: Briefe und biografische Details

G.J.D. Aalders, »The Authenticity of the Eighth Platonic Epistle Reconsidered«, in: *Mnemosyne* 22 (1969), S. 233-257.

R.S. Bluck, *Plato's Seventh and Eighth Letters*, Cambridge 1947.

G. Boas, »Fact and Legend in the Biografy of Plato«, in: *Philosophical Review* 57 (1948), S. 439-457.

C.M. Bowra, »Plato's Epigram on Dion's Death«, in: *American Journal of Philology* 59 (1938), S. 394-404.

M.F. Burnyeat und M. Frede, *The Pseudo-Platonic Seventh Letter*, hg. v. D. Scott, Oxford 2015.

J. Dillon, »Aristoxenus' *Life of Plato*«, in: C.A. Huffman (Hg.), *Aristoxenus of Tarentum: Discussion*, New Brunswick, NJ/London 2012, S. 283-296.

L. Edelstein, *Plato's Seventh Letter*, Leiden/Boston 1966.

M.C. Farmer, »Playing the Philosopher: Plato in Fourth-Century Comedy«, in: *American Journal of Philology* 138 (2017), S. 1-41.

M.I. Finley, »Plato and Practical Politics«, in: *Aspects of Antiquity*, 2. Aufl., London 1977.

M.I. Finley, »Plato, Dion and Dionysius II«, in: *Ancient Sicily*, 2. Aufl., London 1979, 88-93.

P. Gooch, »The Celebration of Plato's Birthday«, in: *Classical World* 75 (1982), S. 239-240.

N. Gulley, »The Authenticity of Plato's Epistles«, in: K. von Fritz (Hg.), *Pseudepigrapha I,* Genève 1972, S. 103-130.

R. Hackforth, *The Authorship of the Platonic Epistles,* Manchester 1913; Neudruck, Hildesheim 1985. Zitate folgen der Ausgabe von 1985.

T.H. Irwin, »The Inside Story of the Seventh Platonic Letter: A Sceptical Introduction«, in: *Rhizai* 2 (2009), S. 127-160.

N.F. Jones, »Plato: Deme, Place of Residence, and Urban Outlook«, in: *Rural Athens under the Democracy,* Philadelphia 2004, S. 235-245.

C.H. Kahn, *Rezension von The Pseudo-Platonic Seventh Letter*, von M.F. Burnyeat und M. Frede, hrsg. v. D. Scott, Notre Dame Philosophical Reviews, 9. November 2015, https://ndpr.nd.edu/news/the-pseudo-platonic-seventh-letter/.

G.E.R. Lloyd, »Plato and Archytas in the Seventh Letter«, in: *Phronesis* 35 (1990), S. 159-174.

W. Ludwig, »Plato's Love Epigrams«, in: *Greek, Roman, and Byzantine Studies* 4 (1963), S. 59-82.

D. Massimo, »Defining a ›Ps.- Plato‹ Epigrammatist«, in: R. Berardi, M. Filosa und D. Massimo (Hg.), *Defining Authorship, Debating Authenticity: Problems of Authority from Classical Antiquity to the Renaissance,* Berlin/Boston 2020, S. 47-66.

G.R. Morrow, *Plato: Epistles,* Indianapolis/New York 1962.

D. Nails, *The People of Plato: A Prosopography of Plato and Other Socratics,* Indianapolis 2002.

N. Notomi, »Plato, Isocrates, and Epistolary Literature: Reconsidering the *Seventh Letter* in Its Context«, in: *Plato Journal* 23 (2022), S. 67-79.

J.A. Notopoulos, »The Name of Plato«, in: *Classical Philology* 34 (1939), S. 135-145.

J.A. Notopoulos, »Porphyry's Life of Plato«, in: *Classical Philology* 35 (1940), S. 284-293.

J.A. Notopoulos, »Plato's Epitaph«, in: *American Journal of Philology* 63 (1942), S. 272-293.

W.H. Porter, »The Sequel of Plato's First Visit to Sicily«, in: *Hermathena* 61 (1943), S. 46-55.

F. Poulsen, »A New Portrait of Plato«, in: *Journal of Hellenic Studies* 40 (1920), S. 190-196.

H. Reid und M. Ralkowski (Hg.), *Plato at Syracuse: Essays on Plato in Western Greece,* Sioux City, IA 2019.

A.S. Riginos, *Platonica: The Anecdotes Concerning the Life and Writings of Plato,* Leiden/Boston 1976.

L. Sanders, »Nationalistic Recommendations and Policies in the Seventh and Eighth Platonic Epistles«, in: *Ancient History Bulletin* 8 (1994), S. 76-85.

L. Tarán, »Plato's Alleged Epitaph«, in: *Greek, Roman, and Byzantine Studies* 24 (1984), S. 63-82.

M. Trapp, *Rezension von The Pseudo-Platonic Seventh Letter*, by M.F. Burnyeat und M. Frede, hrsg. v. D. Scott, in: *Histos* 10 (2016), S. 76-87, https://research.ncl.ac.uk/histos/documents/2016RD08TrapponFredeB urnyeat.pdf.

G. Verhasselt, »Philodemus' Excerpt from Dicaearchus on Plato in the *Historia Academicorum* (PHerc. 1021, coll. 1*- 1– 2): Edition, Translation, and Commentary«, in: *Cronache Ercolanesi* 47 (2017), S. 55-72.

M. Ypsilanti, »Lais and Her Mirror«, in: *Bulletin of the Institute of Classical Studies* 49 (2006), S. 193-212.

Platon und die Politik

G.J.D. Aalders, »Political Thought and Political Programs in the Platonic Epistles«, in: K. von Fritz (Hg.), *Pseudepigrapha I,* Genève 1972, S. 145-175.

D. Allen, »Culture War: Plato and Athenian Politics, 350– 330 BC«, in: C. Tiersch (Hg.), *Die Athenische Demokratie im 4. Jahrhundert: Zwischen Modernisierung und Tradition,* Stuttgart 2016, S. 279-292.

C. Bobonich, *Plato's Utopia Recast: His Later Ethics and Politics*, Oxford 2002.

J.R. Cohen, »Rex aut Lex«, in: *Apeiron* 29 (1996), S. 145-161.

G.C. Field, »Plato's Political Thought and Its Value Today«, in: *Philosophy* 16 (1941), S. 227-241.

G. Klosko, *The Development of Plato's Political Theory*, 2. Aufl., Oxford 2006.

M. Lane, »Plato's Political Philosophy«, in: M.L. Gill und P. Pellegrin (Hg.), *A Companion to Ancient Philosophy,* Malden, MA 2006, S. 170-191.

V.B. Lewis, »*Politeia kai Nomoi*: On the Coherence of Plato's Political Philosophy«, *Polity* 31 (1998), S. 331-349.

V.B. Lewis, »The *Seventh Letter* and the Unity of Plato's Political Philosophy«, *Southern Journal of Philosophy* 38 (2000), S. 231-250.

S. Monoson, *Plato's Democratic Entanglements: Athenian Politics and the Practice of Philosophy*, Princeton 2000.

C.J. Rowe und M. Schofield (Hg.), *The Cambridge History of Greek and Roman Political Thought*, Cambridge 2000.

M. Schofield, »The Disappearing Philosopher King«, in: *Saving the City: Philosopher-Kings and Other Classical Paradigms,* Abingdon/New York 1999, S. 31-50.

M. Schofield, *Plato: Political Philosophy*, Oxford 2006.

T. Shiell, »The Unity of Plato's Political Thought«, *History of Political Thought* 12 (1991), S. 377-390.

Über die Reihenfolge der Dialoge

Neben den hier aufgelisteten Texten verfügen auch einige Bücher unter »Allgemeines zu Platon« über relevante Kapitel zu diesem Thema, besonders Annas und Rowe 2002 sowie Nails 1995.

W.H.F. Altman, »The Reading Order of Plato's Dialogues«, in: *Phoenix* 64 (2010), S. 18-51.

L. Brandwood, *The Chronology of Plato's Dialogues*, Cambridge 1990.

J. Howland, »Re-Reading Plato: The Problem of Platonic Chronology«, in: *Phoenix* 45 (1991), S. 189-214.

G. Ledger, *Re-Counting Plato: A Computer Analysis of Plato's Style*, Oxford 1989.

C. Poster, »The Idea(s) of Order of Platonic Dialogues and Their Hermeneutic Consequences«, in: *Phoenix* 52 (1998), S. 282-298.

Allgemeines zu Platon

Ich habe diejenigen Bücher, die sich besonders für einen Einstieg in Platons Denken eignen, mit einem Sternchen versehen. Vor allem würde ich Ihnen die Bücher von Evans und Mason ans Herz legen.

J. Annas, *Platonic Ethics Old and New*, Ithaca 1999.

*J. Annas, *Plato: A Very Short Introduction*, Oxford 2003.

J. Annas, *Virtue and Law in Plato and Beyond*, Oxford 2017.

J. Annas und C.J. Rowe (Hg.), *New Perspectives on Plato, Modern and Ancient,* Washington, D.C. 2002.

J.A. Arieti, *Interpreting Plato: The Dialogues as Drama*, Savage, MD 1991.

H.H. Benson (Hg.), *A Companion to Plato,* Malden, MA 2006.

J. Beversluis, »A Defence of Dogmatism in the Interpretation of Plato«, in: *Oxford Studies in Ancient Philosophy* 31 (2006), S. 85-111.

D.L. Blank, »The Arousal of Emotion in Plato's Dialogues«, in: *Classical Quarterly* 43 (1993), S. 428-439.

R. Blondell, *The Play of Character in Plato's Dialogues*, Cambridge 2002.

T.C. Brickhouse und N.D. Smith, *Plato's Socrates,* Oxford/New York 1994.

L. Brisson, *Plato the Myth Maker*, übers. v. G. Naddaf, Chicago 1998.

R. Brock, »Plato and Comedy«, in: E. Craik (Hg.), *Owls to Athens: Essays on Classical Subjects Presented to Sir Kenneth Dover*, Oxford 1990, 39-49.

M.F. Burnyeat, »Plato on Why Mathematics Is Good for the Soul«, in: T. Smiley (Hg.), *Mathematics and Necessity: Essays in the History of Philosophy,* Oxford 2000, S. 1-81.

N.G. Charalabopoulos, *Platonic Drama and Its Ancient Reception*, Cambridge 2012.

D. Clay, *Platonic Questions: Dialogues with the Silent Philosopher*, University Park 2000.

C. Collobert, P. Destrée und F.J. Gonzalez (Hg.), *Plato and Myth: Studies on the Use and Status of Platonic Myths,* Leiden/Boston 2012.

J.A. Corlett, *Interpreting Plato's Dialogues*, Las Vegas 2006.

A.K. Cotton, *Platonic Dialogue and the Education of the Reader*, Oxford 2014.

I.M. Crombie, *An Examination of Plato's Doctrines*, 2 Bde, London 1962/1963.

*I.M. Crombie, *Plato: The Midwife's Apprentice*, London 1964.

*D. Ebrey und R. Kraut (Hg.), *The Cambridge Companion to Plato*, 2. Aufl., Cambridge 2022.

*J.D.G. Evans, *A Plato Primer,* Stocksfield 2010.

G.C. Field, *Plato and His Contemporaries: A Study in Fourth-Century Life and Thought*, 3. Aufl., London 1967.

J. Findlay, *Plato: The Written and Unwritten Doctrines*, London 1974.

G. Fine (Hg.), *Plato*, 2 Bde, Oxford 1999.

*G. Fine (Hg.), *The Oxford Handbook of Plato*, 2. Aufl., Oxford 2019.

M. Finkelberg, *The Gatekeeper: Narrative Voice in Plato's Dialogues*, Leiden/Boston 2019.

K. Gaiser, »Plato's Enigmatic Lecture ›On the Good‹«, in: *Phronesis* 25 (1980), S. 5-37.

L.P. Gerson, *From Plato to Platonism,* Ithaca 2013.

L.P. Gerson, »The Myth of Plato's Socratic Period«, in: *Archiv für Geschichte der Philosophie* 96 (2014), S. 403-430.

C. Gill, »The Platonic Dialogue«, in: M.L. Gill and P. Pellegrin (Hg.), *A Companion to Ancient Philosophy,* Malden, MA 2006, S. 136-150.

C. Gill und M.M. McCabe (Hg.), *Form and Argument in Late Plato,* Oxford 1996.

*R.N. Goldstein, *Plato at the Googleplex: Why Philosophy Won't Go Away*, New York/ Toronto 2014.

F.J. Gonzalez, *Dialectic and Dialogue: Plato's Practice of Philosophical Inquiry*, Evanston 1998.

F.J. Gonzalez (Hg.), *The Third Way: New Directions in Platonic Studies*, Lanham/London 1995.

J. Gordon, *Turning toward Philosophy: Literary Device and Dramatic Structure in Plato's Dialogues*, University Park 1999.

J.C.B. Gosling, *Plato,* London 1973.

A. Gregory, *Plato's Philosophy of Science*, London 2000.

C.L. Griswold (Hg.), *Platonic Writings, Platonic Readings,* Abingdon/New York 1988.

*G.M.A. Grube, *Plato's Thought,* London 1935.

*W.K.C. Guthrie, *Plato: The Man and His Dialogues: Earlier Period*, Bd. 4, *A History of Greek Philosophy*, Cambridge 1975.

*W.K.C. Guthrie, *The Later Plato and the Academy*, Bd. 5, *A History of Greek Philosophy*, Cambridge 1978.

P. Hadot, *Wege zur Weisheit - oder was lehrt uns die antike Philosophie?*, übers. v. Heiko Pollmeier, Frankfurt a.M. 1999.

*R.M. Hare, *Platon: Eine Einführung,* Stuttgart 1990.

R. Hathaway, »Skeptical Maxims about the ›Publication‹ of Plato's Dialogues«, in: R. Freis (Hg.), *The Progress of Plato's Progress*, Berkeley 1969, S. 28-42.

R. Hunter, *Plato and the Traditions of Ancient Literature: The Silent Stream*, Cambridge 2012.

D.A. Hyland, »Why Plato Wrote Dialogues«, in: *Philosophy and Rhetoric* 1 (1968), S. 38-50.

T.H. Irwin, *Plato's Ethics,* Oxford 1995.

T.H. Irwin, »Art and Philosophy in Plato's Dialogues«, in: *Phronesis* 41 (1996), S. 335-350.

C. Janaway, *Images of Excellence: Plato's Critique of the Arts*, Oxford 1995.

W.A. Johnson, »Dramatic Frame and Philosophical Idea in Plato«, *American Journal of Philology* 119 (1998), S. 577-598.

C.H. Kahn, *Plato and the Socratic Dialogue: The Philosophical Use of a Literary Form*, Cambridge 1996.

C.H. Kahn, *Plato and the Post-Socratic Dialogue: The Return to the Philosophy of Nature*, Cambridge 2013.

E. Kaklamanou, M. Pavlou und A. Tsakmakis (Hg.), *Framing the Dialogues: How to Read Openings and Closures in Plato*, Leiden/Boston 2021.

R. Kamtekar, *Plato's Moral Psychology: Intellectualism, the Divided Soul, and the Desire for the Good*, Oxford 2017.

J. Klagge und N.D. Smith (Hg.), *Methods of Interpreting Plato and His Dialogues*, Oxford 1992.

*R. Kraut, *How to Read Plato,* Granta 2008.

*R. Kraut, »Plato«, in: Edward N. Zalta (Hg.), *Stanford Encyclopedia of Philosophy* (Spring 2022 Edition), https://plato.stanford.edu/archives/spr2022/entries/plato/.

*R. Kraut (Hg.), *The Cambridge Companion to Plato*, Cambridge 1992.

A.A. Krentz, »Dramatic Form and Philosophical Content in Plato's Dialogues«, in: *Philosophy and Rhetoric* 7 (1983), S. 32-47.

*M. Lane, *Plato's Progeny: How Plato and Socrates Still Captivate the Modern Mind*, London 2001.

A.G. Long, »Plato's Dialogues and a Common Rationale for Dialogue Form«, in: S. Goldhill (Hg.), *The End of Dialogue in Antiquity,* Cambridge 2008, S. 45-59.

A.G. Long, *Conversation and Self-Sufficiency in Plato*, Oxford 2013.

*S. Lovibond, »Plato's Theory of Mind«, in: S. Everson (Hg.), *Psychology*, *Companions to Ancient Thought 2*, Cambridge 1991, S. 35-55.

*A.S. Mason, *Plato,* Berkeley/Stocksfield 2010.

M.M. McCabe, *Plato and His Predecessors: The Dramatisation of Reason*, Cambridge 2000.

M. McCoy, *Plato on the Rhetoric of Philosophers and Sophists*, Cambridge 2008.

*C. Meinwald, *Plato,* Abingdon/New York 2016.

*A.I. Mintz, *Plato: Images, Aims, and Practices of Education*, Cham 2018.

M.L. Morgan, *Platonic Piety: Philosophy and Ritual in Fourth-Century Athens*, New Haven/London 1990.

G.R. Morrow, »Plato and Greek Slavery«, in: *Mind* 48 (1939), S. 186-201.

D. Nails, *Agora, Academy, and the Conduct of Philosophy*, Dordrecht 1995.

D. Nails und H. Thesleff, »Early Academic Editing: Plato's *Laws*«, in: S. Scolnicov und L. Brisson (Hg.), *Plato's* Laws: *From Theory into Practice,* Sankt Augustin 2003, S. 14-29.

A. Nehamas, »Eristic, Antilogic, Sophistic, Dialectic: Plato's Demarcation of Philosophy from Sophistry«, in: *Virtues of Authenticity: Essays on Plato and Socrates,* Princeton 1999, S. 108-122.

*A.W. Nightingale, *Genres in Dialogue: Plato and the Construct of Philosophy*, Cambridge 1995.

A.W. Nightingale, *Philosophy and Religion in Plato's Dialogues*, Cambridge 2021.

C. Partenie (Hg.), *Plato's Myths,* Cambridge 2009.

G. Press (Hg.), *Plato's Dialogues: New Studies and Interpretations*, New York 1993.

G. Press (Hg.), *Who Speaks for Plato? Studies in Platonic Anonymity*, New York 2000.

*G. Press (Hg.), *The Continuum Companion to Plato*, New York 2012.

W.J. Prior, *Unity and Development in Plato's Metaphysics*, London/Canberra 1985.

W.J. Prior, »Why Did Plato Write Socratic Dialogues?«, in: M.L. McPherran (Hg.), *Wisdom, Ignorance, and Virtue: New Essays in Socratic Studies*, Edmonton 1997, S. 109-123.

M. Ralkowski, »The Place of Doctrines in Plato's Philosophy«, in: *Journal of Practical Philosophy* 8 (2007), S 21-26.

G. van Riel, *Plato's Gods*, Farnham 2013.

C.J. Rowe, *Plato*, 2. Aufl., London 2004.

C.J. Rowe, *Plato and the Art of Philosophical Writing*, Cambridge 2007.

D. Russell, *Plato on Pleasure and the Good Life*, Oxford 2005.

R.B. Rutherford, *The Art of Plato*, London 1995.

K. Sayre, *Plato's Literary Garden: How to Read a Platonic Dialogue*, Notre Dame Press 1995.

M. Schofield, »When and Why Did Plato Write Narrated Dialogues?«, in: E. Moutsopoulos und M. Protopapas-Marneli (Hg.), *Plato: Poet and Philosopher: In Memory of Ioannis N. Theodorakopoulos*, Athen 2013, S. 87-96.

*D. Sedley, »An Introduction to Plato's Theory of Forms«, in: *Royal Institute of Philosophy*, Supplement 78 (2016), S. 3-22.

D. Sedley, »Plato's Self-References«, in: B. Bossi und T.M. Robinson (Hg.), *Plato's* Theaetetus *Revisited*, Berlin/Boston 2020, S. 3-9.

P. Shorey, *The Unity of Plato's Thought*, Chicago 1903.

D. Sider, »Did Plato Write Dialogues before Socrates' Death?«, in: *Apeiron* 14 (1980), S. 15-18.

N.D. Smith (Hg.), *Plato: Critical Assessments*, 4 Bde., London 1998.

T.A. Szlezák, *Platon Lesen*, Stuttgart 1993.

H. Tarrant, *Plato's First Interpreters*, London 2000.

H. Tarrant, D.A. Layne, D. Baltzly und F. Renaud (Hg.), *Brills Companion to the Reception of Plato in Antiquity*, Leiden/Boston 2018.

V. Tejera, *Plato's Dialogues One by One: A Dialogical Interpretation*, Lanham 1999.

H. Thesleff, *Platonic Patterns: A Collection of Studies*, Las Vegas 2009.

*E.N. Tigerstedt, *Interpreting Plato*, Stockholm 1977.

N. Tuana (Hg.), *Feminist Interpretations of Plato*, University Park 1994.

I. Vasiliou, *Aiming at Virtue in Plato*, Cambridge 2008.

G. Vlastos, *Plato's Universe*, Seattle 1975.

K.M. Vogt, *Belief and Truth: A Skeptic Reading of Plato*, Oxford 2012.

C. Warne, 2013.

A. Wedberg, *Plato's Philosophy of Mathematics*, Stockholm 1955.

N.P. White, *Plato on Knowledge and Reality*, Indianapolis 1976.

D. Wolfsdorf, *Trials of Reason: Plato and the Crafting of Philosophy*, Oxford [u. a.] 2008.

C.H. Zuckert, *Plato's Philosophers: The Coherence of the Dialogues*, Chicago 2009.

Anmerkungen

Vorwort

1 Trotz seines Titels handelt es sich bei Ludwig Marcuses unterhaltsamem Buch *Plato and Dionysius: A Double Biografy* (1947) kaum um eine richtige Biografie des Philosophen, und es kann auch kaum als *kritische* Biografie bezeichnet werden.

Einleitung

1 Alfred North Whitehead, *Prozeß und Realität: Entwurf einer Kosmologie*, Frankfurt 1987, S.91.

2 Ralph Waldo Emerson, *Repräsentanten der Menschheit*, übersetzt und mit einer einleitenden Studie über den Autor versehen von Dr. Karl Federn, Halle a. d. S. 1897.

3 Georg Wilhelm Friedrich Hegel, *Vorlesungen über die Geschichte der Philosophie*, Bd. 2, Berlin 1842, S.147.

Die Quellen

1 Es gibt außerdem einen biografischen Eintrag (II 1707) in der als *Suda* bekannten Enzyklopädie, der aus dem 10. Jahrhundert n. Chr. stammt, allerdings ist er äußerst kurz und berichtet nichts, was wir nicht schon anderswo erfahren.

2 Viele dieser komischen Fragmente sammelte Diogenes Laertios (*Leben und Meinungen berühmter Philosophen* 3.26– 28) und ebenso Athenaios von Naukratis, der Autor von *Das Gelehrtenmahl* (1./2. Jahrhundert n. Chr.), vgl. 11.504e–509e und anderswo.

3 Ich bin nicht direkt mit den arabischen Lebensbeschreibungen vertraut oder mit den Biografischen Details, die ab und zu in der *Syrischen Chronik* aus dem 13. Jahrhundert des christlichen Bischofs Gregorius Bar-Hebraeus auftauchen. Doch davon ausgehend, was ich über sie gelesen habe, scheinen sie nichts Elementares beizutragen.

4 Die wachsenden Bibliotheken, wie jene im ägyptischen Alexandria im 3. Jahrhundert v. Chr., führten zu einer zunehmenden Produktion von Fälschungen. Dies war einer der Gründe, weshalb man in Alexandria zu dieser Zeit wissenschaftliche Methoden und eine kritische Literaturwissenschaft entwickelte: Man musste Wege finden, einen Text auf seine Echtheit hin zu bewerten, um zu entscheiden, ob er es wert war, in die Sammlung aufgenommen zu werden.

5 Für eine Erklärung dieses Terminus vgl. die Auflistung von Platons Dialogen auf S.247-249 in diesem Buch.

6 *Siebter Brief* 341c–d.

7 Vgl. *Zweiter Brief* 312d–314c, hier wird der philosophische Exkurs aus dem *Siebten Brief* 341a–344d nachgeahmt.

8 Neben einigen kurzen Zitaten findet sich ein längeres Zitat aus diesem Brief in Kapitel 7.

9 C. Gallazzi, »Plato: *Epistulae VIII* 356a, 6–8«, in: F. Hoogendijk und B. Muhs (Hg.), *Sixty-five Papyrological Texts*, Leiden/Boston 2020, 1–4.

10 David Hume, *Traktat über die menschliche Natur: Ein Versuch die Methode der Erfahrung in der Geisteswissenschaft einzuführen,* in deutscher Bearbeitung hrsg. v. Theodor Lipps, Bd. 1, Leipzig 1904, S. 346.

11 Mitunter bezeichnet man diese in älteren Büchern auch als »Formen«. Weder Idee noch Form kann den Begriff ganz fassen. »Form« impliziert eine Gestalt und Materialität, wobei *eidē* immateriell sind und »Idee« impliziert, dass *ideai* (das zweite Wort, das Platon verwendet) nichts mehr als geistige Konstrukte sind, während sie bei Platon doch unabhängig vom menschlichen Geist existieren. Es handelt sich eher um eine Theorie der »Typen«, wobei die Einzelheiten, die zu jedem Typ gehören, dessen »Merkmale« bilden. In der Tat verwendet Platon in seinen späteren Dialogen einen weiteren Terminus, *genos*, was so viel wie »Gattung« oder »Typ« bedeutet. Allerdings ist die Bezeichnung »Idee« beziehungsweise »Platonische Idee« in der Platon-Forschung tief verwurzelt.

12 Zu diesen zähle ich die Referenz in *Menon* 90a nicht hinzu. An dieser Stelle bleibt die Formulierung ungenau, verweist aber vermutlich auf ein Ereignis, das ungefähr im Jahr 404 v. Chr. stattfand, also ein paar Jahre vor dem Handlungsdatum des Dialogs.

13 Der Verweis bezieht sich nicht, wie oft angenommen, auf eine Kampfhandlung im Jahr 369. Theaitetos wurde circa 415 geboren, es ist also unwahrscheinlich, dass er sich 369 noch im aktiven Dienst befand.

14 *Nomoi* 715d–e.

15 Die Geschichte in Diogenes Laertios' *Leben und Meinungen berühmter Philosophen* 2.41, wonach Platon während der Verhandlung aufgeregt aufsprang und sich an das Gericht wandte, ist so sicherlich nicht passiert.

16 *Anonyme Prolegomena zu Platons Philosophie* 15.

17 *Phaidon* 91c.

Kapitel 1

1 Wir schreiben die Jahresangabe so, weil der Neujahrstag der Athener auf unseren Mittsommer fiel (auf den Tag des ersten Neumonds nach der Sommersonnenwende). Wenn möglich, werden wir Ereignisse nach unserem Gregorianischen Kalender datieren, indem wir ihn ins antike Athen rückdatieren; beispielsweise sprechen wir davon, dass die Sizilienexpedition der Athener im Jahr 415 begann.

2 Sophronius Eusebius Hieronymus, *Gegen Jovinian* I. 42-43, in: *Ausgewählte Schriften des heiligen Hieronymus, Kirchenlehrers*, nach dem Urtexte übers. v. Peter Leipelt, Bd. 2, Kempten 1874, S. 366.

3 Plutarch, *Moralia* 717a-b (Tischreden); Porphyrios, *Über Plotins Leben und die Anordnung seiner Schriften* 2.40. Auch die anonymen *Prolegomena* (6.16-18) berichten, dass die Athener gemeinsam Platons Geburtstag feierten und sangen: »An diesem Tag schenkten die Götter der Menschheit Platon.«

4 348/7 + 81 = 429/8, allerdings verwendeten die Griechen die Inklusivzählung. Dabei zählten sie sowohl den Beginn als auch das Ende einer Reihe mit. Nehmen wir also

an, dass heute Samstag ist, dann sind es bis zum nächsten Samstag acht Tage, da der heutige Samstag in die Zählung als Tag eins mit aufgenommen wird.

5 *Brief* 7 324b-d.

6 Das einzig Gute an diesem Krieg war, dass Thukydides darüber berichtete, den viele als den größten Historiker ansehen, den es je gegeben hat.

7 Thukydides, *Geschichte des Peloponnesischen Krieges*. 6.89.6, in: *Thukydides' Geschichte des peloponnesischen Krieges: Griechisch und deutsch mit kritischen und erläuternden Anmerkungen*, Bd. 6, Leipzig 1853.

8 *Politeia* 462a-b.

9 Vgl. ebd. 422e-423a.

10 *Timaios* 40d-e.

11 *Politeia* 368a.

12 Vgl. dazu die Geschichte auf S. 216-2017 (MS: 201-202).

13 Vielleicht enthält folgende Geschichte (Olympiodoros, *Kommentar zu Platons Erstem Alkibiades* 2.36) einen winzigen Funken Wahrheit, wonach sich einer von Platons Lehrern, Ariston von Argos, den mutmaßlichen Spitznamen ausdachte. Schließlich gab ein anderer Ariston, Platons Vater, ihm seinen eigentlichen Namen.

14 *Charmides* 158a.

15 Platon äußerte in seinem späteren Leben ebenfalls Bewunderung für die Verfassung der Spartaner; im *Achten Brief* 354b-c, und in *Nomoi* (*Gesetze*) zeigte er sich von vielen Aspekten der spartanischen Gesellschaft beeindruckt, sodass er sie in seinen imaginierten Stadtstaat miteinbezog. Dennoch bewunderte er die Spartaner nicht uneingeschränkt, es gab durchaus Aspekte, die er verachtete.

16 Xenophon, *Symposion* 4.30-32.

17 *Charmides* 155d-e.

18 Falls dem so war, dann war er dennoch kein selbstbewusster offen homosexuell lebender Mann, das lässt sich jedenfalls aus den zahlreichen Stellen in seinen Dialogen schließen, in denen er Sex zwischen Männern verurteilt: *Phaidros* 250e–251a, 253c–256e; *Politeia* 402e–403b; *Nomoi* 636c–d, 836c–841e. Diogenes Laertios (*Leben und Meinungen berühmter Philosophen* 3.31) und Athenaios (*Das Gelehrtenmahl* 13.589c) sprechen davon, dass Platon eine Kurtisane namens Archeanassa hatte, allerdings handelt es sich dabei wahrscheinlich um eine falsche Schlussfolgerung daraus, dass ihm ein Epigramm auf Archeanassa zugeschrieben wurde.

19 *Theages* 122e.

20 Der Dialog *Anterastai* (*Die Liebhaber*) spielt in Dionysios' Schule.

21 Apuleius, *Über Platon und seine Lehre* I.2.

22 *Protagoras* 325c-e.

23 *Menon* 93b-94c.

24 Olympiodoros, *Kommentar zu Platons Alkibiades* 2.53.

25 *Gorgias* 502b-d.

26 *Phaidros* 248d-e liefert uns eine Rangliste der verschiedenen Tätigkeiten, die Dichtung schafft es auf den sechsten von insgesamt acht Plätzen, während die Philosophie auf Platz eins steht.

27 *Politeia* 595c.

[28] Apuleius gibt drei von Platons Epigrammen wieder (nicht in seinem Text *Über Platon und seine Lehre,* sondern in seiner Verteidigungsrede *In eigener Sache über die Magie* 10.6-9), interessanterweise zitiert er aber nur die letzte Zeile dieses Gedichts. Handelte es sich vielleicht ursprünglich um einen eigenständigen Einzeiler?

[29] *Griechische Anthologie*, übers. v. Dr. W. E. Weber und Dr. G. Thudichum, Bd.1, Stuttgart 1838-1858, S. 286.

[30] Ich habe hier die Version übersetzt, die man bei Philostratos *Das Leben des Apollonios von Tyana* 1.24 findet und nicht die aus der *Anthologia Palatina,* einer der überlieferten Ausgaben der *Griechischen Anthologie.* Das Gedicht wurde wahrscheinlich deshalb Platon zugeschrieben, weil dieser die historischen Ereignisse in *Menexenos* 240a-c und *Nomoi* 689c-d erwähnt.

[31] *Phaidros* 245a.

[32] Aristoteles, *Staat der Athener* 42.1-2, in: Aristoteles, *Werke in deutscher Übersetzung*, begr. v. Ernst Grumach, hrsg. v. Hellmut Flashar, Bd.10, Berlin 1990, S. 46. Womöglich verfasste nicht Aristoteles selbst diesen Text, sondern einer seiner Schüler; es ist auch möglich, dass einer seiner Schüler auf Basis von Aristoteles' Notizen geschrieben hat.

[33] P.J. Rhodes und R. Osborne, *Greek Historical Inscriptions, 404–323 BC,* Oxford 2003, Nr. 88.

[34] *Anonyme Prolegomena zu Platons Philosophie* 5.24-25.

[35] In diesem Fall von Dion, siehe: Plutarch, *Dion* 17.5, *Aristeides* 1.4.

[36] *Nomoi,* 653d-658a.

[37] Diogenes Laertios, *Leben und Meinungen berühmter Philosophen* 3.41-43. Diogenes fügte seinen Lebensbeschreibungen der Philosophen insgesamt sechs Testamente hinzu, und wir können von einigen (besonders in Bezug auf die Testamente der Peripatetiker) sicher behaupten, dass sie authentisch sind.

[38] Sein Testament erwähnt nicht, was mit diesem Grundstück geschehen soll. Es lag ungefähr im selben Stadtteil wie die Akademie, daher gehen einige Forscher davon aus, dass es sich um das Grundstück handelt, auf dem die Akademie stand. Dies scheint allerdings unwahrscheinlich. Hätte Platon die Akademie in sein Testament mit aufgenommen, hätte er auch die Bibliothek und andere Werte erwähnt. Es handelt sich also um ein privates Grundstück und wurde wahrscheinlich zusammen mit allem anderen Adeimantos überlassen.

[39] Diogenes Laertius, *Leben und Meinungen berühmter Philosophen*, übers. u. erl. v. Otto Apelt, Bd. 1, Leipzig 1921, S. 145 f.

[40] *Politeia*, 494a-496a.

[41] Ebd., 495e.

[42] *Politeia* 378d.

[43] *Phaidros* 279b-c.

[44] Hauptsächlich diskutiert Platon diese Punkte im zehnten Buch seiner *Gesetze* (*Nomoi*).

[45] *Politeia* 500c, *Theaitetos* 176b–c, *Phaidros* 253b, *Timaios* 90d, *Nomoi* 716c.

[46] *Phaidros* 294a.

[47] *Nomoi* 897c.

[48] *Phaidros* 245b, 248b.

[49] *Phaidros* 249c.

[50] *Charmides* 155c.

51 Für diese und alle weiteren Anekdoten vgl.: Riginos, *Platonica* (vollständige bibliografische Angabe unter »Weiterführende Literatur« am Ende dieses Buchs, in der Sektion »Platon: Briefe und biografische Details«).

Kapitel 2

1 Er meint an einer Stelle sogar (*Nomoi* 811c-812a), einige seiner moralischen Schriften eigneten sich für die Ausbildung von Kindern. Der vielleicht entscheidendste Vorschlag von ihm ist, dass die Ausbildungsumgebung von Kindern »nicht also mit Gewalt [...] sondern spielerisch« (*Politeia* 536e-537a) gestaltet werden sollte. Einige Beispiele nennt er in *Nomoi* 819b-c, wenn es um die spielerische Vermittlung von Mathematik geht.

2 Thukydides, *Geschichte des Peloponnesischen Krieges* 2.41.1; vgl. auch Platon, *Protagoras* 337d.

3 *Sophistes* 242c–243a; *Nomoi* 891c–892c.

4 *Phaidon* 96a-99c.

5 Besonders *Timaios* 49b-d.

6 *Theaitetos* 183e.

7 Diogenes Laertios nennt diese Person »Hermogenes«, allerdings ist dies ein Fehler, der sich leicht aufklären lässt: Hermogenes ist zusammen mit Kratylos einer von Sokrates' Gesprächspartnern in Platons Dialog *Kratylos*. Die anonyme *Prolegomena* zu Platons Philosophie nennt den korrekten Namen.

8 Aristoteles, *Metaphysik* 987a32–33. Diogenes Laertios, *Leben und Meinungen berühmter Philosophen* 3.6 zufolge wandte Platon sich nach Sokrates' Tod Kratylos und Hermogenes (sic) zu, alle anderen scheinen jedoch davon auszugehen, dass das bereits früher geschah. Es gibt keinen Grund, weshalb Platon nicht die Vorlesungen anderer Denker besucht haben sollte, selbst während er Mitglied von Sokrates' Gruppe war.

9 Diogenes Laertios, *Leben und Meinungen berühmter Philosophen* 3.8.

10 Einer der Gründe, weshalb die Sophisten in Scharen nach Athen kamen, war der Reichtum, den die Stadt aus ihrem Herrschaftsgebiet schöpfte. Vermögen schafft Müßiggang, und Müßige haben Zeit für wenig praktische Maßnahmen wie etwa Ausbildung. Das griechische Wort für »Müßiggang/freie Zeit« lautet *skholē*, woraus sich das Wort »Schule« ableitet. Platon kommentiert die Gebühren der Sophisten in *Menon* 91d, *Größerer Hippias* 282d–e und *Apologie des Sokrates* 19d–20c.

11 *Menon* 92e. Vergleiche auch den Kommentar eines anderen Anhängers von Sokrates: Xenophon, *Von der Jagd* 13.

12 Gorgias, *Lobrede auf Helena* 8-14.

13 Plutarch, *Perikles* 32.1, in: *Perikles*, aus dem Griechischen des Plutarchos mit Anmerkungen übersetzt von D.J.G. Kunisch, Breslau 1818, S. 53.

14 Obwohl Thukydides die Krankheit genau beschreibt (*Geschichte des Peloponnesischen Kriegs* 2.47-54), konnte man die Attische Seuche bisher trotz zahlreicher Versuche, diese zu definieren, nicht identifizieren.

15 Plutarch, *Aristeides* 1.7.

16 Isokrates, *Lobrede auf Helena* 3, in: Isokrates, *Werke*, übers. v. Adolph Heinrich Christian, Bd. 1, Stuttgart 1835, S. 490. Vgl. außerdem die Kritik von Isokrates' Schüler Theopompos von Chios an Platon in vorliegendem Buch auf S. 18 (MS: xxviii–xxix).

17 Mit diesen Worten endet *Phaidon*, eine Trauerrede, nachdem Sokrates' Tod im Gefängnis durch den Schierlingsbecher beschrieben wurde. Sie werden im Wesentlichen im *Siebten Brief* 324e wiederholt.

18 Plutarch, *Marius* 46.1.

19 Wahrscheinlich wird Platon hier mit Xenophon, ebenfalls Sokratiker, verwechselt, der gegen den Rat von Sokrates Berufssoldat wurde. Er schrieb seine Erfahrungen in *Anabasis* nieder, was viele als sein bestes Buch ansehen.

20 Diogenes Laertios, *Leben und Meinungen berühmter Philosophen* 3.35.

21 Cicero, *Gespräche in Tusculum* 5.4.10, in: *Gespräche in Tusculum, Tusculanae disputationes*, hrsg. von Olof Gigon, 7. Aufl., München Zürich 1998, S. 325.

22 Aristoteles, *Metaphysik* 987b1-4; vgl. auch *Metaphysik* 1078b7-32.

23 Aristoteles, *Metaphysik* 987b1-4.

24 Diogenes Laertios, *Leben und Meinungen berühmter Philosophen* 6.53.

25 Xenophon, *Memorabilia, Erinnerungen an Sokrates* 3.9.10, übers. v. Otto Güthling, Leipzig, 1883; siehe im Besonderen auch 3.6-7, und Platon, *Kriton* 47a-d und *Apologie des Sokrates* 25b.

26 An dieser Stelle sei angemerkt, da der Begriff des »Tyrannen« öfter auftauchen wird, dass er im griechischen Kontext lediglich jemanden beschrieb, der verfassungswidrig an die Macht gekommen war. Einige unter ihnen waren durchaus Tyrannen in unserem heutigen Sinne, Gewaltherrscher, aber bei Weitem nicht alle.

27 *Siebter Brief* 324e, 325b.

28 Xenophon, *Erinnerungen an Sokrates* 1.6.14.

29 In Bezug auf das Denken – jedenfalls die Art von Denken, die wir als »Durchdenken« bezeichnen – als inneren Dialog, vergleiche *Theaitetos* 189e, *Sophistes* 263e und *Philebos* 39c-e. In *Topik* 163b3-4 empfiehlt Aristoteles, man solle mit sich selbst diskutieren, wenn einem ein Gegenüber fehlt. Der englische Philosoph William Godwin (1756-1836) stimmte ihm zu: Die Wahrheit werde »herausgeschlagen […], wenn ein Verstand auf einen zweiten trifft« (*Political Justice*, Bd.1 [1793], S. 21). Dennoch schrieb auch Godwin seine Gedanken, genau wie Platon, auf.

30 *Politeia* 534e.

31 Diogenes Laertios, *Leben und Meinungen berühmter Philosophen* 6.6.

32 *Apologie des Sokrates* 38a.

33 Die Athener: Aischines, ein gewisser Antiphon, Antisthenes, Apollodor, Aristodemos, die Brüder Chairekrates und Chairephon, Charmides, Kritias, Kriton, Kritobulos, Ktesippos, ein gewisser Diodoros, Epigenes, Euthydemos, Hermogenes, Lysanias, Menexenos, Simon, Sokrates der Jüngere, Theages, Theodotos, Xenophon und Platons Brüder Adeimantos und Glaukon. Die Nicht-Athener: Aristippos von Kyrene, Kebes von Theben, Kleombrotos von Ambrakia, Eukleides von Megara, Phaidon von Elis, Phaidondas von Theben, Simmias von Theben, Terpsion von Megara. Wahrscheinlich könnten einige der Personen, die Platon in seinen Dialogen auftreten lässt, ebenfalls als Sokratiker gelten, traditionell werden sie diesen aber nicht zugeordnet, wie es zum Beispiel bei Diogenes Laertios deutlich wird.

34 PKöln 205.

35 Xenophon, *Symposion* 4.39.

36 Aristoteles, *Rhetorik*, 1398b32, übers. u. hrsg. v. Gernot Krapinger, Stuttgart 1999, S. 137.

37 Xenophon, *Erinnerungen an Sokrates* 1.2.60.

38 *Gorgias* 507e-508a.

39 Lysias, Fragment 1 Carey (das bedeutet, das erste Fragment in Careys Edition von Lysias' Werken).

40 Aristotleles, Fragment 72 Rose.

41 Ein kleiner Hinweis darauf ist, dass Platon Sokrates in der *Apologie des Sokrates* 39c-d die versammelten Athener darauf hinweisen lässt, dass seine jungen Anhänger seine Arbeit *nach seinem Tod* weiterführen werden und den Athenern dementsprechend ihre falsche Lebensweise vorhalten werden.

42 Vgl. z. B. *Politeia* 516e–517e, *Gorgias* 486a–b, *Gorgias* 521e–522a, *Menon* 94e, *Theaitetos* 172c–d.

Kapitel 3

1 Xenophon, *Erinnerungen an Sokrates* 3.6, 3.7, and 4.2; Platon, *Erster Alkibiades* und *Theages.*

2 *Politeia* 494c-e.

3 Aristophanes, *Die Acharner* 716, *Die Wolken* 1088-94.

4 *Apologie des Sokrates* 31c-32e.

5 *Siebter Brief* 324d.

6 Lysias, *Gegen Eratosthenes* 5.

7 Platon, *Apologie des Sokrates* 32c–e; Xenophon, *Erinnerungen an Sokrates* 1.2.31–38.

8 Zumindest waren sie auf dem Festland die Ersten: Dionysios I. hatte nur ein paar Jahre zuvor so ziemlich das Gleiche in Syrakus veranstaltet.

9 *Siebter Brief* 325a.

10 Ebd. 325b-c.

11 Diogenes Laertios, *Leben und Meinungen berühmter Philosophen* 2.40. Diogenes bezieht sich an dieser Stelle auf eine vertrauenswürdige Quelle, deren Verfasser eine Kopie der Klageschrift im Metroon (dem Athener Staatsarchiv) gesehen hatte.

12 Xenophon, *Erinnerungen an Sokrates* 1.1.16.

13 Aischines, *Rede gegen Timarchos* 173.

14 *Gorgias* 521e-522a.

15 *Theaitetos* 172c-d.

16 *Politeia* 496d-e.

17 *Apologie des Sokrates* 31e-32a.

18 *Apologie des Sokrates* 36a.

19 *Siebter Brief* 325b.

20 Xenophon, *Hellenika* 2.4.43.

21 Diogenes Laertios, *Leben und Meinungen berühmter Philosophen* 3.6.

[22] Die von Philodemos von Gadara geschriebene und früheste antike Biografie von Platon erwähnt *nur*, dass Platon nach Süditalien und Sizilien reiste, und spricht in keiner Weise (jedenfalls nicht in den erhaltenen Fragmenten) von fantastischeren und weitreichenderen Reisen.

[23] Strabon, *Geographika* 17.1.29; Diodoros, *Historische Bibliothek* 1.96-98.

[24] Diogenes Laertios, *Leben und Meinungen berühmter Philosophen* 3.8.

[25] *Symposion* 220d–221b. Siehe auch *Laches* 181b.

[26] Arrians Vorwort zu seinen *Unterredungen*, das er früh im 2. Jahrhundert n. Chr. verfasste. Vgl. ebenfalls Cicero, *Atticus-Briefe* 13.21a, und Diodoros, *Historische Bibliothek* 40.8, die beide aus dem 1. Jahrhunderts v. Chr. stammen.

[27] *Phaidros* 278d-e.

[28] *Politeia* 501b.

[29] Riginos, *Platonica* S.185-86.

[30] Der erste Abschnitt beginnt bei 437d10; der zweite geht von 385b2 bis d1.

[31] Als Platon *Sophistes* und *Politikos* schrieb (die inhaltlich zusammengehören), hatte er diesen anderen Beginn von *Theaitetos* im Kopf und nicht den Anfang, wie wir ihn heutzutage kennen. Die Gespräche in *Sophistes* und *Politikos* ereignen sich zeitlich einen Tag nach denen in *Theaitetos*, allerdings finden sie in Athen statt und nicht, wie in der heutigen Rahmung von *Theaitetos,* in Megara.

[32] *Politik* 1266a, 1274b. Die kurze Erwähnung, bei Herodot (*Historien* 4.104), eines skythischen Stamms, der sich die Frauen teilt, ist nicht detailliert genug, um die Grundlage für Aristophanes' oder Platons Ausführungen zu sein. Es scheint außerdem so, dass Isokrates einige Inhalte aus *Politeia* in *Busiris* parodiert (vor allem 15-17 und 23), allerdings bleibt unklar, wann *Busiris* entstand – möglicherweise um das Jahr 390 herum, der Text könnte aber auch erst später geschrieben worden sein. Unabhängig davon bleibt er natürlich eine Parodie von *Politeia.* Sollte er jedoch später entstanden sein, sagt uns dies nichts über eine mögliche Proto-*Politeia* in den 390er-Jahren.

[33] Gellius, *Attische Nächte* 14.3.3.

[34] Im Jahr 1982 listete ein Forscher 132 verschiedene Dialogreihenfolgen auf (Thesleff, *Studies in Platonic Chronology,* erneut abgedruckt in seinen *Platonic Patterns*). Wahrscheinlich hat sich die Zahl der Möglichkeiten mittlerweile verdoppelt.

[35] *Phaidon* 98b-99b.

[36] *Politeia* 476c.

[37] Die Gebildeten unter den Zuhörenden oder Lesern wären in der Lage gewesen, Verbindungen zwischen dem gerade Gehörten oder Gelesenen und den vorherigen Werken Platons herzustellen.

[38] Plutarch, *Tischreden* 711b-c; Athenaios, *Das Gelehrtenmahl* 9.381f–382b.

[39] In folgenden Dialogen finden sich ausgedehnte Mythen: *Protagoras* (der Ursprung der Tugend), *Gorgias* (das Richten der Seelen nach dem Tod), *Symposion* (die Kugelmenschen; die Geburt der Liebe), *Phaidon* (das alternative Modell der Erde), *Politeia* (die Jenseitserfahrung von Er), *Phaidros* (die geflügelte Seele; die Entdeckung der Schrift), *Politikos* (die zwei kosmischen Epochen) und *Timaios/ Kritias* (Atlantis und das vorsintflutliche Athen).

[40] In *Ikaromenippus,* geschrieben im 2. Jahrhundert n. Chr., lässt der Satiriker Lukian von Samostra Zeus klagen, »daß meine Altäre wo möglich noch kälter sind, als Plato's Gesetze« (Lukian von Samostra, *Icaromenippus oder die Luftreise*, in: *Lucian's Werke*,

übers. v. August Friedrich Pauly, Bd. 10, Stuttgart 1829, S. 1219-1247). Zur gleichen Zeit gab Plutarch zu, der sich als Platoniker bezeichnete, dass nur »wenige Menschen *Nomoi* gelesen haben« (*Moralia* 328e [*Von Alexanders des Großen Glück oder Tapferkeit*]).

41 Es gibt einige Hinweise darauf, dass zumindest einige der Dialoge allein für ein wissenschaftliches Publikum gedacht waren. Galenos, der im 2. Jahrhundert n. Chr. schreibt, meint, dass Platon »nur sehr wenigen Menschen, solchen, die einer philosophischen Diskussion folgen konnten« Zugang zu *Timaios* gewährte (*On the Natural Faculties* [4.758 Kühn]). In *Parmenides* 136d–e spricht Platon davon, wie schwierig philosophische Argumentation für das »gemeine Volk« sei und in *Politikos* 286d–287a behauptet er, völlig richtig, seine weitschweifige Methodik müsse die meisten Menschen langweilen.

42 Sie interpretierten die Dialoge als »peirastisch« (prüfend) und weniger als dogmatisch.

43 Siehe in diesem Zusammenhang auch Diogenes Laertios, *Leben und Meinungen berühmter Philosophen* 3.52: »Das aber, was nach seiner Meinung richtig ist, gibt er durch vier Personen kund, durch Sokrates, Timaios [*Timaios*], den Athenischen Gastfreund [*Nomoi*] und den Fremdling aus Elea [*Sophistes, Politikos*].« Er hätte noch Parmenides in *Parmenides* hinzufügen können, obwohl das umstritten gewesen wäre.

44 Vielleicht ist Platons politische Einstellung der am einfachsten nachzuvollziehende Entwicklungsprozess in seinen Dialogen. Im Folgenden werde ich an manchen Stellen darauf eingehen, da die politischen Überzeugungen einer Person uns mehr über sie als Mensch verraten als etwa ihre Einstellung gegenüber der Metaphysik oder der Epistemologie.

45 Besonders *Re-Counting Plato* von Ledger; die vollständige bibliografische Angabe befindet sich unter »Weiterführende Literatur« im Abschnitt »Über die Reihenfolge der Dialoge«. Hierbei handelt es sich in der Tat um die einzige zufriedenstellende stilometrische Analyse von Platon, da nur sie multivariate Verfahren anwendet. Allerdings geht Ledger über das Formen von Dialog-Clustern hinaus und nutzt die Daten, um die Dialoge innerhalb der Cluster sequenziell zu ordnen – etwas, was die Daten einfach nicht hergeben können.

46 *Nomoi* 739b–e, 807b, 875c–d. Der Verweis auf Aristoteles stammt aus *Politik* 1264b26.

47 *Nomoi* 638b1- 2; Plutarch, *Moralia* 370f (*Über Isis und Osiris*).

48 Diogenes Laertios, *Leben und Meinungen berühmter Philosophen* 3.37: »Einige behaupten, Philippos der Opuntier habe seine ›Gesetze‹ [*Nomoi*], die auf Wachstafeln aufgezeichnet waren, umgeschrieben.« Allerdings ist *Nomoi* viel zu lang, als dass man es auf Wachstafeln hätte schreiben können, solche waren klein und wurden lediglich für kurze und vorläufige Texte genutzt. Entweder handelt es sich hier um eine verfälschte Version der Aussage, einige Passagen hätten sich noch auf Wachstafeln befunden oder aber der Ausdruck »in Wachs«/»auf Wachstafeln« ist nur eine Redensart, um auszudrücken, dass sie noch nicht fertig überarbeitet waren, und es gab gar keine physischen Tafeln.

49 Vergleiche dazu die anonymen *Prolegomena* 24.10-15 und 25.5-7, die aus dem unfertigen Zustand des Dialogs ebenfalls ableitet, dass es sich um Platons letztes Werk gehandelt haben muss.

50 Wenn wir davon ausgehen, dass Platon diesen Teil nie schrieb, weil er vorher starb, dann könnte das ein weiteres Argument für den späten Entstehungszeitpunkt dieser

Dialoge sein. Die Reihenfolge *Sophistes – Politikos* kann als gesichert gelten, aber es gibt auch einen Rückverweis auf *Sophistes* in *Politikos* 284b.

51 Für die Trilogie vgl., *Politikos* 217a. Verweise auf *Parmenides*: *Theaitetos* 183e and *Sophistes* 217c.

52 *Timaios* und *Kritias* bilden ein Paar, und vielleicht hatte Platon die beiden ebenfalls als Teile einer Trilogie angedacht. Allerdings schrieb er nicht nur nie den dritten Teil, der *Hermokrates* geheißen hätte (vgl. *Kritias* 108a-b), aber *Kritias* ist unvollständig geblieben (der Text endet buchstäblich in der Mitte eines Satzes). Da es sich um einen von Platons späten Texten handelt, müssen wir uns zwangsläufig fragen, ob er starb, bevor er ihn fertigstellen konnte. Plutarch ging jedenfalls davon aus (*Solon* 32).

53 Ein großer Teil von *Parmenides* nutzt simples Vokabular, mithilfe dessen Platon abstrakte Argumente aufbaut, die sich mit Einheit und dem Sein beschäftigen. Wahrscheinlich liegt es an dem eingeschränkten Fokus und dem sich wiederholenden Vokabular, dass die Stilometrie den *Parmenides* anders einordnet als ich, in Übereinstimmung mit anderen Wissenschaftlern. Ich bin außerdem der Meinung, dass *Kratylos* etwas später einzuordnen ist, da die stilometrische Analyse durch das viele Etymologisieren im Dialog verfälscht wurde.

54 *Menexenos* 244d–246a; *Symposion* 179a und 193a.

55 Isokrates war lange schriftstellerisch tätig und verfasste manche seiner Verweise auf die Platonischen Dialoge erst, als Platons Leben sich schon dem Ende zuneigte oder sogar nach Platons Tod, die Reden helfen uns also nicht bei einer genauen Datierung.

56 In Fußnote 32 in diesem Kapitel habe ich bereits jegliche Möglichkeit zurückgewiesen, die uns Isokrates' *Busiris* liefern könnte, um *Politeia* zeitlich einzuordnen.

57 Isokrates hatte guten Grund, sich auf Platon zu beziehen, da beide über verschiedene Themen miteinander debattierten, aber die Versuche, Anklänge an Platon in anderen Reden des 4. Jahrhunderts v. Chr., von Aischines und Lykurgos, zu finden, überzeugen nicht.

58 In *Über die Sophisten* 27-28 schreibt Alkidamas: »Meiner Meinung nach ist es falsch, den Begriff ›Reden‹ für geschriebene Texte auch nur zu verwenden. Sie sollten eher als Bilder, Repräsentationen und Imitationen von Reden verstanden werden. [...] Genauso wie reale Körper weitaus weniger attraktive Formen haben als Statuen, dafür aber in der Wirklichkeit bei Weitem nützlicher sind, ist auch eine Rede, die spontan, direkt aus dem Geist heraus gesprochen wird, beseelt und lebendig.« Dies bezieht sich entweder auf Platon, oder aber Alkidamas' Text hallt in *Phaidros* 276a nach, wo Platon Phaidros Folgendes in den Mund legt: »Du meinst die lebende und beseelte Rede des wahrhaft Wissenden, von der man die geschriebene mit Recht wie ein Schattenbild ansehen könnte.«

59 Theopompus, Fragment 16 Kassel/Austin. Darin steht: »Da eines nicht einmal eins ist und zwei gerade so eines, wie Platon sagt.« Dies sieht nach einem Verweis auf *Phaidon* 96e–97a aus, aber vielleicht ist es auch ein Verweis auf etwas im zweiten Teil von *Parmenides*.

60 *Menon* 71c.

61 Diese beginnt bei *Cratylus* 438a.

62 *Theaitetos*, 143b-c.

Kapitel 4

1 Auszüge aus *Phaidros*, 274e-275a.

2 Hermias, *Kommentar zu Platons Phaidros* 275c.

3 *Phaidros*, 275d. Vgl. ebenfalls *Protagoras* 329a: »[...] aber wenn einer etwas weiter fragt, so wissen sie wie die Bücher nichts weiter, weder zu antworten noch selbst zu fragen [...].«

4 *Phaidros* 275a, 275c–d, 276d.

5 *Phaidros* 250a. Die Vorstellung, dass Informationen beziehungsweise unsere Eindrücke hier auf der Erde uns an die Ideen erinnern können, zieht sich als ein ständiges Thema durch die Dialoge.

6 *Phaidros* 278c.

7 *Menon* 85c-d.

8 *Siebter Brief* 341c-d, ein Abschnitt, den ich in der Einleitung bereits zitiert habe. Hier handelt es sich um eine ausgefeilte Textpassage, da der Ausschnitt, den ich mit »durch langwieriges Auseinandersetzen mit der Sache und indem er sich in sie hinein begibt« übersetzt habe, ebenso als »nach vielen Gesprächen über die Sache und nachdem man sein Leben mit ihr verbracht hat« übersetzt werden kann. Wissen beziehungsweise Erkenntnis kann entweder durch die eigene, tiefgehende Gedankenarbeit oder durch lange Unterredungen mit einem Lehrer, wie Sokrates, erlangt werden.

9 *Nomoi* 890e-891a.

10 Am bekanntesten ist die Rede von Perikles aus dem Jahr 431 v. Chr., die Thukydides in seiner *Geschichte des Peloponnesischen Kriegs* paraphrasierte und so für die Nachwelt festhielt, vgl. Thukydides, *Geschichte des Peloponnesischen Kriegs* 2.34-46.

11 Sie wurde sogar schon in der Antike angezweifelt: Plutarch, *Moralia* 1116e–f (*Gegen Kolotes*).

12 Spätere Dialoge führen diese Art des Suchens fort: *Charmides*: Was ist Selbstkontrolle? *Menon*: Was bedeutet Tugend? *Theaitetos*: Was heißt Wissen? In allen drei Fällen bleibt die Suche erfolglos.

13 Schlussendlich werden einige dieser moralischen Begriffe im vierten Buch, oder Kapitel, der späteren *Politeia* definiert.

14 *Laches* 192a–b, *Menon* 76a, *Menon* 76d, *Theaitetos* 147c, *Euthyphron* 12d.

15 *Laches* 187e–188a, Nikias spricht hier mit Lysimachos.

16 Natter: *Symposion* 217e–218a. Bremse/Sporn: *Apologie des Sokrates* 30e–31a. Stachelrochen: *Menon* 80a.

17 *Sophistes* 230b–e.

18 Vgl. *Theaitetos* 201a–c.

19 *Menon* 98a.

20 *Euthyphron* 4e.

21 *Euthydemos* 273d.

22 *Erster Alkibiades* 123d.

23 *Phaidros* 260b-d.

24 Heraklit, Fragment D10 Laks/Most. In: *Die Vorsokratiker, Auswahl der Fragmente und Zeugnisse*, Übersetzung und Erläuterung von M. Laura Gemelli Marciano, Bd. 1, Berlin 2011, S. 289.

25 *Politeia* 607b.

26 *Siebter Brief* 324a.

27 Siehe hierzu besonders den pythagoreeischen Text *The Theology of Arithmetic* (*Die Theologie der Arithmetik*).

28 *Politeia* 600b.

29 *Siebter Brief* 326a–b; siehe *Politeia* 473c–d, 487e, 499b, 501e.

30 Ebd. 326d.

31 Wenn Platon davon spricht, Dionysios habe ganz Sizilien unter einem einheitlichen politischen System vereint (vgl. *Siebter Brief* 332c), dann meint er damit den griechischen Teil Siziliens.

32 *Siebter Brief* 324a–b, 326b–327b, gefolgt von Plutarch, *Dion* 4.3–5.7.

33 Obwohl Olympiodoros sie Platons zweitem Besuch von Syrakus und damit dem jüngeren Dionysios II. zuschreibt. Philodemos scheint das Ganze ungefähr um das Jahr 399 einzuordnen, da er davon spricht, Platon hätte befürchtet, dass man ihn zu König Archelaos I. nach Makedonien bringen könnte, der im Jahr 399 v. Chr. starb. Allerdings ergibt das keinen Sinn: Platon reiste nicht im Jahr 399 v. Chr. nach Sizilien.

34 Was relevant ist, wenn wir uns fragen, ob der *Siebte Brief* authentisch ist: Es ist recht unwahrscheinlich, dass ein Fälscher eine so sensationelle und weithin bekannte Geschichte ausgelassen hätte, sollte sie seiner Zeit bekannt gewesen sein.

35 Aristoteles, *Physik* 199b20-21.

Kapitel 5

1 Immerhin schreibt der Autor vom *Zweiten Brief*, der sich als Platon ausgibt, im Jahr 363, dass die Leute seit 30 Jahren von ihm »Unterweisungen erhalten« haben.

2 Vgl. u. a. Plutarch, *Moralia* 71e (*Wie man den Schmeichler vom Freund unterscheidet*).

3 Plutarch, *Moralia* 491f-492a (*Über die Bruderliebe*), in: *Plutarchs moralische Abhandlungen*, übers. von Johann Friedrich Salomon Kaltwasser, Bd 4, Johann Christian Hermann, Frankfurt am Main 1789, S. 406 f.

4 Plutarch, *Moralia* 1126c (*Gegen Kroton*).

5 Diogenes Laertios, *Leben und Meinungen berühmter Philosophen* 3.20.

6 *Politeia* 548b.

7 *Kratylos* 406a.

8 Anaxandrides, Fragment 20 Kassel/Austin.

9 Plutarch, *Kimon* 13.8. Es wurde ein kurzer Abschnitt der Bewässerungsleitung aus Terrakotta, die den Park mit Wasser versorgte, gefunden.

10 Aristophanes, *Die Wolken* 1005–1008; Eupolis, Fragment 36 Kassel/Austin.

11 Später fügte Speusippos eine Gruppe Statuen der Chariten hinzu (Diogenes Laertios, *Leben und Meinungen berühmter Philosophen* 4.1).

12 Alexis, Fragment 151 Kassel/Austin.

13 Vgl. hierzu: Alexis, Fragment 163 Kassel/Austin; Theopompos, Fragment 16 Kassel/Austin; Cratinus Junior [Kratinos der Jüngere], Fragment 10 Kassel/Austin; Epikrates, Fragment 10 Kassel/Austin.

14 Alexis, Fragment 247 Kassel/Austin; Fragment 1 Kassel/Austin.

15 Nach Platons Tod lebten Xenokrates und Polemon, jeweils dritter und vierter Vorsitzender der Schule, in diesem Haus (vgl. Plutarch, *Moralia* 603b [*Die Verbannung*]), dagegen lebte Speusippos, der die Schule direkt von Platon übernahm, offenbar nicht dort. Wahrscheinlich besaß er bereits ein Anwesen in der Nähe, um genau zu sein das Haus Dions, das dieser während seiner Zeit in Athen besaß und anschließend Speusippos vermachte, als er nach Sizilien zurückkehrte (vgl. Plutarch, *Dion* 17.2-3).

16 Diogenes Laertios, Leben und Meinungen berühmter Philosophen 4.19.

17 Die Komödiendichter machten sich ab und zu über die Eleganz der Akademiker lustig: Antiphanes, Fragment 35 Kassel/Austin; Ephippus, Fragment 14 Kassel/Austin. Besonders Aristoteles und Herakleides legten großen Wert auf gute Kleidung.

18 Diogenes Lartios, *Leben und Meinungen berühmter Philosophen* 4.38; Athenaios, *Das Gelehrtenmahl* 4.168a–b. Es ist sicher, dass die Akademie, zumindest später, über einen Stiftungsfond verfügte, zu sehen bei Olympiodoros, *Kommentar zu Platons Erstem Alkibiades* 141.1–3: »Vielleicht erhob Platon keine Gebühren, weil er selbst reich war. Deswegen haben die Spenden bis heute gereicht, trotz vieler Konfiszierungen.«

19 Plutarch, *Moralia* 686a–c (*Tischreden*).

20 Hohn: *Protagoras* 347c–d. Anekdote: Diogenes Laertios, *Leben und Meinungen berühmter Philosophen* 3.39.

21 *Nomoi* 639c–641a; siehe auch 671c–672d.

22 Antigonos von Karystos (der im 3. Jahrhundert v. Chr. schrieb), zitiert von Athenaios in *Das Gelehrtenmahl* 12.547f–548a. Platon stellt sich in *Politeia* 458c vor, wie die Oberen von Kallipolis gemeinsam dinieren.

23 Proklos, *Kommentar zu Platons Timaios* 1.90.20–24 Diehl.

24 Athenaios behauptet, Lastheneia sei eine Kurtisane gewesen, die eine Affäre mit Speusippos gehabt habe (*Das Gelehrtenmahl* 7.279e, 12.546d). Das ist nicht vollkommen abwegig, da Kurtisanen zu dieser Zeit oft höher gebildet waren als ihre Zeitgenossinnen.

25 Diogenes Laertios zitiert in diesem Zusammenhang Dikaiarchos, der etwa 50 Jahre nach Platons Tod schrieb (vgl. *Leben und Meinungen berühmter Philosophen* 3.46).

26 Wahrscheinlich sollten wir die Geschichten mit Vorsicht genießen, die behaupten, Platons Ruf hätte noch weiter nach Osten gereicht, wie beispielsweise die Erzählung, »der Perser Mithridates« hätte eine Statue von Platon für den Akademiepark in Auftrag gegeben, oder Pythagoras sei nach Persien gereist, weil er von der Weisheit der Mager lernen wollte, die Mager aber seien wegen Platon nach Athen gekommen, begierig darauf, von ihm in seine Philosophie eingeführt zu werden. (Vgl.: *Anonyme Prolegomena* 6.19-22). Diese Geschichten kamen wahrscheinlich bald nach Platons Tod zu einer Zeit auf, als einige Akademiker (Eudoxos, Aristoteles, Hermodoros von Syrakus und Herakleides Pontikos) anregten, die persische Denkschule hätte manchen von Platons zentralen Ideen bereits vorgegriffen.

27 *Siebter Brief* 344a. Olympiodoros spricht in seiner *Einführung in die Logik* 11.31-32 davon, dass Platon seine angehenden Schüler auf ihre Fähigkeit hin prüfte, die mathematischen Wissenschaften zu erlernen.

28 *Politeia* 487a.

29 *Siebter Brief* 340b–341a.

30 Isokrates, *Antidosis* 261-269.

31 Platon bezieht sich in seinen Schriften zweimal auf Isokrates, einmal implizit (*Euthydemos* 304d-306d) und einmal namentlich (*Phaidros* 278e–279b), wo er andeutet, dass Isokrates bei seinem Talent vielleicht eine wahrhaft philosophische Rhetorik hätte erschaffen können. Über die Rivalität zwischen beiden berichtet die anekdotische Tradition in einer plausiblen Geschichte, wonach Platon Isokrates dafür kritisierte, dass er für seinen Unterricht Geld verlangte.

32 Isokrates, *Antidosis* 86–88.

33 In *Antidosis* imaginiert Isokrates, er müsse sich gegen dieselben Anschuldigungen verteidigen, denen sich Sokrates in Platons *Apologie des Sokrates* gegenübersieht.

34 Isokrates, *Antidosis* 93–94, 101–139.

35 Athenaios, *Das Gelehrtenmahl* 1.4e.

36 Unsere Quellen bezeichnen die Schüler und Gelehrten der Akademie oft als »Jungs«; wahrscheinlich hängt das damit zusammen, dass die jüngeren Schüler, die meistens nur ein bis zwei Jahre blieben, die älteren, die blieben und forschten, zahlenmäßig weit überstiegen.

37 Alle diese Themen galten als Teil der »Philosophie«, bis sie sich schließlich zwischen dem 17. und 19. Jahrhundert langsam als eigenständige Fachgebiete herausbildeten. So meint Jonathan Swift etwa in *Gullivers Reisen* (1726): »Der König [...] war besonders in Philosophie und Mathematik unterrichtet worden«, In: Jonathan Swift, *Gulliver's Reisen, Zweiter Theil, Reise nach Brobdingnag*, Deutsch von Dr. Fr. Kottenkamp, Verlag von Adolph Krabbe 1843, Kapitel 3.

38 Olympiodoros, *Einführung in die Logik* 9.1–2.

39 Die ausführlichste Auflistung steht im *Siebten Brief* 342d; in *Politeia* 596a vereinfacht Platon das Ganze dagegen stark und meint: »Üblicherweise stellen wir uns eine einzige Idee in Verbindung mit jedem der vielen Dinge vor, die wir mit dem gleichen Wort bezeichnen.«

40 Bett: *Politeia* 597a–b. Weberlade: *Kratylos* 389a–b.

41 *Politikos* 262c-e.

42 Olympiodoros, *Kommentar zu Platons Erstem Alkibiades* 2.154.

43 *Timaios* 89d–90d.

44 *Politeia* 521c–541b.

45 *Politeia* 525d, 526b–c; vgl. außerdem 527b, 529a und *Theaitetos* 173e–174a.

46 Plutarch, *Marcellus* 14.5–6; *Moralia* 718e–f (*Tischreden*).

47 Aristoteles, *Metaphysik* 992a32-34.

48 Epikrates, Fragment 10 Kassel/Austin.

49 Platon selbst scheint einem kleinen Spaß während des Defintionsprozesses nicht abgeneigt gewesen zu sein, wenn wir seine angebliche Definition eines menschlichen Wesens als federlosen Zweifüßler zurecht ironisch lesen dürfen (vgl. Diogenes Laertios, *Leben und Meinungen berühmter Philosophen* 6.40).

50 Aristoteles, *Metaphysik* 1079b21.

51 Dies hilft uns, den Dialog zeitlich einzuordnen, da Eudoxos erst circa im Jahr 370 v. Chr. an die Akademie kam.

52 Ideen als Voraussetzung für Denken: *Parmenides* 135b-c. Übung: 135c136c.

53 Die Ideenlehre wird ebenfalls (wesentlich vorsichtiger) in *Sophistes* 248a-249d kritisiert, dort diskutiert Platon die Ansichten einer Gruppe von Leuten, die er »Freund[e] der Ideen« nennt. Der Abschnitt 246a–248a setzt sich mit den Meinungen einer anderen Gruppe, den »Riesen«, auseinander; deren Einstellung ähnelt stark der von Eudoxos.

54 *Politikos* 286e–287a; auch 285c–d.

55 Im achten Buch seiner *Topik* formuliert Aristoteles in typisch pedantisch und sorgfältiger Weise die Regeln für solche Gespräche.

56 Philodemos, *Index Academicorum* (Geschichte der Akademie), col.Y.

57 *Politeia* 528b–c.

58 Simplikios, *Kommentar zu Aristoteles Schrift über den Himmel* 488.18–24 und 492.31–493.5 Heiberg.

59 Aristoteles, *Über den Himmel* 292a3-6.

60 *Nomoi* 817e–822d.

61 Sie stammt aus dem 3. Jahrhundert v. Chr. und geht auf Eratosthenes von Kyrene zurück, dem wiederum die gesamte Bibliothek von Alexandria zur Verfügung stand.

62 Proklos, *Kommentar zum ersten Buch von Euklids Elementen* 67.23–68.6 Friedlein.

63 *Politeia* 537c.

64 Diogenes Laertios, *Leben und Meinungen berühmter Philosophen* 3.37.

65 Riginos, *Platonica*, 124–126.

66 Aristoteles Fragment 28 Rose; Aristoxenos *Harmonische Elemente* 2.30-31. Aristoxenos ist die Quelle, der wir die anderen Berichte über den Vortrag entnehmen können: Themistios (*Reden* 21.245c-d) und Proklos (*Kommentar zum platonischen Parmenides*, 127b [S. 688 bei Cousin]). Bei Themistios hält Platon seinen Vortrag in Piräus, dem Hafen von Athen, allerdings scheint das Gymnasion der Akademie weitaus eher der Veranstaltungsort gewesen zu sein.

67 Philippides, Fragment 6 Kassel/Austin. Vgl. auch Alexis, Fragment 98 Kassel/Austin, und Amphis, Fragment 6 Kassel/Austin. All diese Texte entstanden erst nach Platons Tod, sein Vortrag muss also einen bleibenden Eindruck hinterlassen haben.

68 Vergleiche hierzu im Besonderen Aristoteles, *Metaphysik* A6 und M-N, obwohl die Überlegungen, welche die Bücher M-N kritisieren, nicht nur die von Platon, sondern auch die von Speusippos und Xenokrates sind. Darüber hinaus finden sich bei Aristoteles und anderen Denkern viele weitere Passagen, die diese Annahmen erwähnen; diese Texte findet man in englischer Übersetzung am Ende von J. Findlays Buch *Plato*, das in diesem Buch unter »Weiterführende Literatur«, im Unterkapitel »Allgemeines zu Platon« aufgeführt wird.

69 Vergleiche in diesem Buch S. 21-22 MS:xxxii–xxxiii und S. 120 MS: 95–9.

70 Genau dies schreibt Simplikios in seinem *Kommentar zu Aristoteles' Physik*, vgl. 187a12–21. Er schrieb zwar im 6. Jahrhundert n. Chr., allerdings war er ein exzellenter Wissenschaftler, dessen Recherchen man vertrauen dürfte.

71 Das Gleichnis findet sich in *Politeia* 514a-518b, das Zitat stammt aus 539e.

72 Zusätzlich zu den üblichen Quellen gibt es auch relevante Passagen bei Plutarch *Moralia* 1126c–d [*Gegen Kolotes*]) und Athenaios (*Das Gelehrtenmahl* 504e–509e).

73 Einige der Belege dafür stammen von [Platon], *Sechster Brief.* Isokrates' Schüler Theopompos greift Hermias in einem fragmentarisch überlieferten *Brief an Philip* an: »barbarisch wie er ist, philosophiert er mit Platonikern«.

74 Plutarch, *Moralia* 70a (*Wie man den Schmeichler vom Freund unterscheidet*).

75 Plutarch, *Moralia* 779d (*An einen ununterrichteten Fürsten*).

Kapitel 6

1 *Symposion* 199e–207a.

2 *Phaidros* 246a–257b.

3 *Symposion* 211a–b.

4 *Phaidros* 250c–d.

5 Die Lehre der mittleren Periode, wonach jede Idee nur eine Eigenschaft erfüllt, wird in den späteren Dialogen eingeschränkt, besonders in *Sophistes.* So verfügt etwa Schönheit über die Eigenschaft der Übereinstimmung (mit sich selbst) und der Unterscheidung (von anderen Ideen).

6 *Politeia* 479a.

7 *Phaidros* 247c.

8 *Politeia* 530d. Die Formulierung von den verschwisterten Wissenschaften ist Archytas entlehnt (Fragment 1 Huffman).

9 In *Gorgias* 493a-b schreibt Platon die Metapher der Unersättlichkeit des Verlangens einem cleveren Geschichtenerzähler »aus Sizilien oder vielleicht Italien« zu – also einem Pythagoreer.

10 Aristoteles, *Metaphysik* 1078b12–15.

11 *Politeia* 474b–480a.

12 *Politeia* 514a–518b.

13 *Phaidros* 246d.

14 *Phaidros* 246a–248b.

15 *Politeia* 444d, am Ende der ersten psychologischen Sektion des Dialogs, die bei 434d beginnt. Weitere Einsichten in die Psychologie folgen, wenn die Überlegungen später im Dialog angewendet werden, vgl: 580d–588a, 602c–605c und 543a–576b.

16 *Politeia* 506d–509c.

17 Vgl. besonders *Euthydemos* 278e–282d.

18 *Phaidros* 268a-c.

Kapitel 7

1 Plutarch *Dion* 9.1, in: *Biografien des Plutarchs*, mit Anm. von J. F. S. Kaltwasser, Bd. 9, Wien/Prag 1806, S. 280.

2 Diogenes Laertios, *Leben und Meinungen berühmter Philosophen* 2.61, 2.66– 67; Plutarch, *Moralia* 67d–e (*Wie man den Schmeichler vom Freund unterscheidet*).

3 *Siebter Brief* 335d.

4 Ebd., 328c. Die anekdotische Tradition schmückt das Ganze durch ein weiteres waghalsiges Motiv aus: Platon wollte, dass Dionysios ihm Land übertrug, auf dem er seinen idealen Stadtstaat aus *Politeia* gründen konnte (Diogenes Laertios, *Leben und Meinungen berühmter Philosophen* 3.21).

5 *Nomoi* 709e. Siehe auch *Siebter Brief* 328c (»[…] jetzt müsse es versucht werden. Denn ich mußte nur einen einzigen Mann hinreichend überzeugen […].«) und *Politeia* 502b (»Wenn nur Einer unverdorben bleibt in einer Gemeinschaft, die bereit ist, ihm zu folgen, reicht das aus: alles, was jetzt noch unglaublich scheint [die Existenz der imaginären Stadt] würde ganz und gar Realität werden«). Eine historische Parallele stellt Mustafa Kemal dar, der in den 1920er-Jahren seine Position als Diktator dazu nutzte, die Türkei in erstaunlich kurzer Zeit zu einer demokratischen Republik zu machen.

6 Zum Vergleich: Der außerordentliche »schnellste und einfachste« Weg, um die imaginäre Stadt in *Politeia* zu errichten, besteht darin, alle die älter als zehn Jahre sind, zu verbannen (*Politeia* 540e–541a).

7 *Politeia* 473c–d.

8 Im *Siebten Brief* 328a formuliert Dion, nicht Platon, diese Hoffnung. Nicht alle Übersetzungen verdeutlichen dies ausreichend.

9 *Siebter Brief* 7 332e, 336a; siehe auch *Achter Brief* 353e und 357a.

10 Platon war also, entgegen der landläufigen Meinung, noch in Athen, als Aristoteles im Jahr 367 als Schüler dorthin kam.

11 *Siebter Brief* 329b–330b, 338a–b.

12 Plutarch erzählt (*Dion* 14.4-7), Dion habe einen Brief an die Karthager geschrieben, um sie anzuhalten, keine Verhandlungen mit Dionysios zu führen, solange Dion nicht anwesend sei. Dieser Brief soll Dionysios in die Hände gefallen sein. Zumindest war dies eine Beleidigung von Dionysios' Verhandlungsgeschick und seiner außenpolitischen Fähigkeiten; Dionysios sah den Brief allerdings als Zeichen dafür, dass Dion sich mit den Karthagern gegen ihn verbündete.

13 In der Zitadelle untergebracht zu werden, war vordergründig eine Ehre, Platon stellt sich allerdings als Gefangenen dar. Die feindlicheren Elemente der biografischen Überlieferung beschreiben ihn dagegen als Schmarotzer, der es sich am Hof des Syrakuser Tyrannen gut gehen ließ.

14 Über diesen Krieg wissen wir rein gar nichts, noch nicht einmal, gegen wen gekämpft wurde. Wir wissen, dass Dionysios einen Krieg gegen die Lukaner in Süditalien führte, den wahrscheinlich die Kolonien auslösten, die er entlang der südöstlichen italienischen Küste gründete (Diodoros, *Historische Bibliothek* 16.5.2). Kann Platon versehentlich »in Sizilien« geschrieben haben?

15 In erster Linie von Plutarch, *Dion* 13–16, und *Moralia* 52d (*Wie man den Schmeichler vom Freund unterscheidet*).

16 Homer *Ilias* 5.838-839, in: Homer, *Ilias*, übers. v. Johann Heinrich Voß, Frankfurt a. M. 1990.

17 Zu dieser Zeit zeichnete man geometrische Figuren in den Sand, da Papyrus teuer war.

18 Diogenes Laertios, *Leben und Meinungen berühmter Philosophen* 3.9.

19 J. van Leeuwen, *Prolegomena ad Aristophanem* 172.

20 Cornelius Nepos übertreibt in *Dion* 3.3, wenn er behauptet, Platon hätte Dionysios davon überzeugt, seine Tyrannei niederzulegen und Philistos habe den Tyrannen anschließend von diesem Kurs abgebracht.

21 *Siebter Brief* 338c.

22 Juvenal, *Satiren* 6.347–348.

23 *Politikos* 294a.

24 *Politikos* 302e. Die sechs nicht-idealen Herrschaftsformen sind Monarchie und ihr schlechter Gegenspieler Tyrannei; Aristokratie (die Herrschaft weniger Männer, die sich am besten zum Herrschen eignen) und Oligarchie; Demokratie und die Herrschaft des Mobs. Der Unterschied innerhalb der Paare besteht darin, ob in der jeweiligen Herrschaftsform Gesetze gelten oder nicht.

25 Der wahre Staatsmann, der sich als König herausstellt, ist eine Idee, die bereits in einer faszinierenden, aporetischen Passage eines früheren Dialogs angedeutet wurde: *Euthydemos* 291c–292e.

26 *Politikos* 308b-311c.

27 *Achter Brief* 356b–357a.

28 Oft liest man, dass Kallippos der Akademie angehörte, dies verneint Platon jedoch ausdrücklich im *Siebten Brief* 333e–334c (er schreibt dort über Kallippos und dessen Bruder Hippothales, ohne sie direkt beim Namen zu nennen), und Plutarch schließt sich Platon an, vgl. *Dion* 54.1. Der Fehler (sofern es einer ist) geht auf eine Stelle bei Diogenes Laertios zurück, in *Leben und Meinungen berühmter Philosophen* 3.46.

29 Einer von ihnen war vielleicht Polyarchos, ein Hedonist, der einmal als Botschafter von Dionysios zu Archytas von Tarent entsandt wurde (Athenaios, *Das Gelehrtenmahl* 12.545a).

30 *Siebter Brief* 338c-d.

31 *Siebter Brief* 339a-340a. Außerdem finden wir im *Dritten Brief* 317a–319c eine Zusammenfassung des dritten Besuchs in Syrakus.

32 Plutarch meint in *Dion* 18.5, Dionysios habe sie manipuliert, damit sie so etwas aussagen.

33 In einer Anekdote erzählt Ailianos in *Vermischte Forschung* 7.17, Eudoxos sei ebenfalls in Syrakus gewesen, allerdings nur kurz, um Platon zu besuchen.

34 Plutarch, *Dion* 19.3; Ailianos, *Vermischte Forschung* 4.18.

35 *Siebter Brief* 340d.

36 Philodemos, *Index Academicorum* col. X, 35–43; Plutarch, *Dion* 22.1–2; Platon, *Siebter Brief* 350a.

37 Die Geschichte wurde zusammen mit anderen Anekdoten immer wieder neu als Beispiel für Platons schonungslose Offenheit erzählt: Riginos, *Platonica* 79–83. Diogenes Laertios schreibt die Geschichte dem älteren Dionysios zu.

38 Es gibt eine Geschichte, die nie ausreichend bestätigt wurde, wonach der Philosoph Martin Heidegger, Mitglied der NSDAP, Adolf Hitler in einen Philosophenherrscher verwandeln wollte. Als er schließlich aufgab, soll ein Freund ihn wie folgt begrüßt haben: »Hallo Martin. Du bist also wieder zurück aus Syrakus.«

39 Ailianos, *Vermischte Forschung* 4.9-13.

40 *Siebter Brief* 350b-d.

41 Die atemberaubenden, gewalttätigen Ereignisse, gewiss einer Blockbuster-Verfilmung würdig, schildert Plutarch in beachtlicher Länge in seiner Lebensbeschreibung von *Dion*. Vieles in diesem Bericht baut auf dem von Timonides auf, der mit Dion segelte und somit ein Augenzeuge war, allerdings vielleicht ein nicht ganz unvoreingenom-

mer. Für weitere Details vgl. die Berichte des Historikers Diodoros, denen der folgende Abschnitt entstammt (*Historische Bibliothek* 16.9).

42 Diodoros von Sicilien, *Historische Bibliothek*, übers. v. Julius Friedrich Wurm, Bd. 11, Stuttgart 1838, S. 1451.

43 *Nomoi* 756e–757a.

44 *Siebter Brief* 326e–327a und passim.

45 Er muss in dieser Zeit verfasst worden sein, weil in 315d-e deutlich wird, dass Dionysios bereits von Dions Vorhaben gegen ihn wusste.

46 *Siebter Brief* 334e, dt. Übersetzung nach Wiegand.

Kapitel 8

1 Cicero, *Über das Alter* 12.41, in: Cicero, *Cato Maior & Laelius*, Sammlung Tusculum, übers. v. Max Faltner, Berlin 2011. Cicero folgt der üblichen römischen Methode, das Jahr über die Nennung der zwei in diesem Jahr tätigen Konsule anzugeben. Die gleiche Geschichte findet sich auch in Plutarch, *Marcus Cato der Ältere* 2.3; dort ist Nearchos derjenige, der sich antihedonistisch äußert und nicht Archytas.

2 Seneca, der im 1. Jahrhundert n. Chr. schreibt, berichtet, dass die Seereisen Platon sehr anstrengten (*Briefe* 58.30). Allerdings erfand er dies höchstwahrscheinlich, um zu erläutern, wie ein bescheidener Lebensstil jemandem dabei helfen kann, sich von Erschöpfung zu erholen.

3 Die spartanische Geschichte zeigt uns jedoch deutlich, dass auch Könige mit eingeschränkter Handlungsmacht ihr Prestige und ihre Popularität erfolgreich für ihre eigene politische Agenda nutzen können.

4 *Achter Brief* 356b–357a. Die genaue Zahl der Gesetzeswächter ist von entscheidender Bedeutung, da Platon in *Nomoi* von 37 Gesetzeswächtern spricht. Wenn es sich beim *Achten Brief* um eine Fälschung handeln sollte, hätte der Fälscher sicherlich darauf geachtet, Platons Zahl aus *Nomoi* zu übernehmen.

5 Platon zweifelt selbst an der Umsetzbarkeit seiner Utopie, vgl. *Nomoi* 745e–746c.

6 John Dalberg-Acton war bewandert in Sachen Platon, und sein berühmter Ausspruch »Macht korrumpiert und absolute Macht korrumpiert absolut« geht möglicherweise auf *Nomoi* zurück. Vgl. im Besonderen *Nomoi* 691c–d, 713c und 875a–d.

7 *Nomoi* 700a.

8 *Nomoi* 875d.

9 *Nomoi* 960b–969c.

10 *Nomoi* 817e–818a, 964d–968e.

11 Für das Anpassen der Gesetze durch die Gesetzeswächter, vgl. *Nomoi* 770a–b und 772c–d.

12 *Nomoi* 739a–e, 807b, 875d. In den ersten beiden der angegebenen Passagen wird die fiktive Stadt in *Nomoi* ausdrücklich mit dem höheren Ideal in *Politeia* verglichen, vgl. hierzu außerdem *Nomoi* 807b–c.

13 Vgl. S. 109-110 (MS: 86-87) im vorliegenden Text.

14 Die zwei Hauptpassagen in Bezug auf diese »allgemeine Wahrnehmung« sind *Theaitetos* 185a–186b und *Sophistes* 254c–259b.

15 Aristoteles schrieb ein Buch, das uns nicht überliefert ist, in dem er Archytas' Arbeiten mit Platons *Timaios* verglich.

16 *Timaios* 30a.

17 *Philebos* 16c-d. Prometheus war ein Titan (er gehörte also zu den göttlichen Wesen, die den Göttern des Olymp vorausgingen), der sich gegen Zeus wandte und der Menschheit das Feuer brachte, womit er den Grundstein für die menschliche Zivilisation legte.

18 Philodemos, *Index Academicorum* col.III.42.

19 Cicero, *Über das Alter* 5.13, 7.23; Dionysios von Halikarnassos, *Über die Anordnung der Wörter* 25.

20 Philodemos, *Index Academicorum* col. III.40– V.18.

21 Pausanias, *Beschreibung von Griechland* 1.30.3; Diogenes Laertios, *Leben und Meinungen berühmter Philosophen* 3.40; Philodemos, *Index Academicorum* col. II.31–33.

22 Diogenes Laertios, *Leben und Meinungen berühmter Philosophen* 3.25. Bei dem Adler handelt es sich um einen Rückschluss, da eines der mutmaßlichen Epitaphe (mehr dazu weiter unten) mit folgender Zeile beginnt: »Adler, weshalb landetest du auf seinem Grab?«

23 Diogenes Laertios, *Leben und Meinungen berühmter Philosophen* 3.41; Olympiodoros, *Kommentar zu Platons Erstem Alkibiades* 2.164.

24 Vgl., S. 47-50 (MS: S. 21–23).

25 Mit einigen Änderungen kommen diese zwei Zeilen auch am Anfang des zweiten Epitaphs vor, das Diogenes Laertios zitiert.

26 Philodemos, *Index Academicorum* col.VI.28– 30. Nachdem Speusippos gestorben war, wählten die jüngeren Gelehrten Xenokrates zum Nachfolger. Von da an wurden die Nachfolger entweder vom derzeitigen Leiter benannt oder von den Akademiemitgliedern gewählt.

27 Aristoteles, *Nikomachische Ethik* 1096a13, in: Aristoteles, *Die Nikomachische Ethik, Sammlung Tusculum*, übers. v. Olof Gigon, neu herausgegeben von Rainer Nickel, Düsseldorf 2007, S. 19. Aristoteles sagt unmittelbar darauf so viel wie: »Ich bin zwar Platons Freund, aber ein noch größerer Freund der Wahrheit.« Für die Anekdoten vgl. Riginos, *Platonica* 129-134. Die Überlieferungstradition, die von einem Zerwürfnis zwischen beiden ausgeht, wird festgehalten in Diogenes Laertios, *Leben und Meinungen berühmter Philosophen* 5.2.

28 Aristoteles, Fragment 673 Rose. Deutsche Übersetzung aus: Konrad Gaiser, »Die Elegie des Aristoteles an Eudemos.«, in: *Museum Helveticum* 23, no. 2 (1966), S. 85.

29 *Theaitetos* 155d.

Liste der Platonischen Dialoge

1 J. Ziolkowski, »Plato's Similes: A Compendium of 500 Similes in 35 Dialogues; Chart D,« aufgerufen am 26. Oktober 2022, https://plato.chs.harvard.edu/chartD.

Stichwortverzeichnis

365 tägliche Inspirationen

Robin Sharma

Wir alle brauchen jeden Tag aufs Neue Inspiration. Um in der Arbeit, die wir verrichten, und in dem Leben, das wir führen, herausragend zu sein. Um unsere Träume verwirklichen zu können und um uns zu dem Menschen zu entwickeln, der wir sein wollen. Wir brauchen aber auch Inspiration, um schwere Zeiten im Leben zu überstehen und die besten Zeiten genießen zu können. Mit seiner Reihe Der Mönch, der seinen Ferrari verkaufte erlangte Robin Sharma weltweit Bekanntheit. In diesem Werk destilliert er die kraftvollsten Ideen aus seinen internationalen Bestsellern in ein leicht zu lesendes, immerwährendes Kalenderformat, das jeden Tag zu einem Geniestreich macht. Die 365 täglichen Inspirationen zeigen, wie exponentieller Erfolg, die Überwindung von Widrigkeiten und Enttäuschungen sowie der Aufbau bemerkenswerter Beziehungen funktionieren können. Es ist gleichsam ein lebenslanger Begleiter auf Ihrem Weg, ein außergewöhnlicher Mensch zu sein – um ein Leben zu führen, auf das Sie stolz sein werden.

384 Seiten | Hardcover | 22,00 € (D) | ISBN 978-3-95972-611-5

Die sokratische Methode

Ward Farnsworth

Vor etwa 2500 Jahren schrieb Platon eine Reihe von Dialogen, die Sokrates im Gespräch mit Schülern darstellen. Seine Gesprächsführung zeichnet sich durch das Bestreben aus, einem Lernenden durch geeignete Fragen zu ermöglichen, seine Irrtümer selbst herauszufinden und so sein Erkenntnispotenzial zu aktivieren. Bekannt als die sokratische Methode, ist sie bis heute eine der berühmtesten Techniken des philosophischen Diskurses. Ward Farnsworth macht die sokratische Methode für jeden an Philosophie Interessierten leicht zugänglich. Er erklärt anhand zahlreicher Originalzitate, wie sie funktioniert und warum sie in unserer Zeit mehr denn je von Bedeutung ist: nämlich als alltägliche Tätigkeit, um den großen Fragen des Lebens auf den Grund zu gehen, dem Leben einen Sinn zu geben und herauszufinden, wie man es besser leben kann.

368 Seiten | Hardcover | 22,00 € (D) | ISBN 978-3-95972-577-4

Denke wie ein römischer Herrscher

Donald Robertson

Mark Aurel ist als »Philosoph auf dem Kaiserthron« in die Geschichte eingegangen, als der letzte Stoiker der Alten Welt. Den Großteil seiner neunzehn Jahre währenden Herrschaft verbrachte er damit, Barbarenstürme abzuwehren, die das Römische Reich bedrohten. Die Philosophie der Stoa half ihm dabei, Ruhe und inneren Frieden zu bewahren. Denke wie ein römischer Herrscher zeigt, wie dieser große Herrscher die Prinzipien und psychologischen Konzepte der Stoa im täglichen Leben anwandte. Jedes Kapitel fokussiert einen anderen Abschnitt aus seinem Leben und damit jeweils ein Thema aus dem Feld der persönlichen Entwicklung, das heute so relevant ist wie damals.
Der Autor greift auf seine eigene Expertise als Psychotherapeut zurück, um zu zeigen, wie sich die immer noch hochaktuellen Lehren der Stoa auf das eigene Leben anwenden lassen und Schicksalsschläge und Herausforderungen gemeistert werden können.

304 Seiten | Hardcover | 24,99 € (D) | ISBN 978-3-95972-251-3

Frühstück mit Seneca

David Fideler

Der Stoizismus, die einflussreichste Philosophie des Römischen Reiches, bietet erfrischend moderne Wege, um unseren Charakter angesichts einer unberechenbaren Welt zu stärken. Lucius Annaeus Seneca, Philosoph, Staatsmann und Erzieher Neros, gilt als einer der wichtigsten Autoren des Stoizismus. Er lehrt uns in den Briefen an Lucilius, wie man mit Widrigkeiten umgeht, Trauer, Angst und Wut überwindet, Rückschläge in Wachstumschancen verwandelt und die wahre Natur der Freundschaft erkennt. Das Buch ist nicht nur eine leicht zugängliche Einführung in Senecas Werk und in die stoische Praxis und Philosophie im Allgemeinen, sondern zeigt: Obwohl Seneca vor 2000 Jahren lebte, spricht er uns heute unmittelbar an und lädt uns ein, über die Herausforderungen des Lebens zu diskutieren.

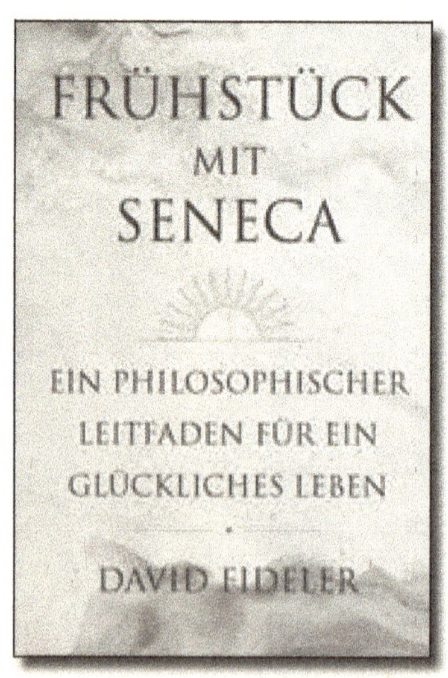

320 Seiten | Hardcover | 18,00 € (D) | ISBN 978-3-95972-602-3

Das Leben der Stoiker

Ryan Holiday, Stephen Hanselman

Von Epiktet bis Mark Aurel, von Sklaven bis zu Kaisern – Ryan Holiday zeigt, warum auch 2300 Jahre nach der Gründung der Stoa ihre Lehren noch immer von universeller Gültigkeit sind: Ihre Lektionen zu Selbstbeherrschung, Tugend und Gleichgültigkeit gegenüber dem, was wir nicht kontrollieren können, sind heute genauso essenziell wie im Chaos des Römischen Reiches. Holiday enthüllt die zentralen Ideen der Stoa, die Seneca, Cato oder Cicero über die Jahrhunderte hinweg verbinden. Mit kurzen, leicht zu lesenden Biografien aller bekannten – und weniger bekannten – Stoiker hilft er dem Leser, die Philosophie im eigenen Leben anzuwenden.

400 Seiten | Hardcover | 19,99 € (D) | ISBN 978-3-95972-377-0

Der Club der alten Weisen

Christoph Quarch

Wie kann ich in der Informationsflut einen kühlen Kopf bewahren? Muss ich mich wirklich selbst optimieren? Ist Reichtum erstrebenswert? Die Fragen, die uns heute umtreiben, stellten sich in ähnlicher Gestalt auch den Denkerinnen und Denkern der Vergangenheit. Ihre Antworten aber fielen oft anders aus als dasjenige, was uns heute Psychologen, Coaches oder Buchautoren nahelegen. Gerade deshalb können sie uns nützlich sein. Sie laden ein zum Selbstdenken, zum Nachdenken und Weiterdenken – etwas, das nicht nur Orientierung in einer zunehmend komplexen Welt gibt, sondern auch Freude bereiten kann. Der Philosoph Christoph Quarch hat in fiktiven Interviews den Weisen der Vergangenheit eine Vielzahl grundlegender Fragen der Gegenwart vorgelegt. Die oft überraschenden und manchmal provokanten Antworten, die er ihnen in den Mund legt, öffnen neue geistige Horizonte. Manch lieb gewonnene Denkweise wird dabei erschüttert, manche neue Einsicht ermöglicht. Am Ende geht es aus Sicht der alten Weisen Europas immer nur um eines: offen bleiben für das, was die Welt und die Menschen uns zu sagen haben. Ein Buch, das Mut und Lust macht, sich und die Welt mit neuen, wachen Augen zu sehen.

192 Seiten | Hardcover | 18,00 € (D) | ISBN 978-3-95972-730-3